21世纪高等院校教材

投资估价原理

（第二版）

主　编　黄良文
副主编　杜兴强　戴平生　赵　华

科学出版社
北京

内 容 简 介

本书主要介绍投资估价的理论和方法论基础，深入探讨了估价的要素和信息渠道，并提供了基本的估价模型，在学术上有了一定的创新。另外，本书介绍了主要专业的投资估价方法，如房地产估计、股票估价、无形资产估价等，对投资估价实践具有重要的指导意义。

本书可作为经济类、管理类本科高年级学生和研究生的教材或参考书，也可供实际经济管理部门的工作人员和科研机构的研究人员参考。

图书在版编目（CIP）数据

投资估价原理／黄良文主编．—2版．—北京：科学出版社，2012

21世纪高等院校教材

ISBN 978-7-03-035141-8

Ⅰ．①投… Ⅱ．①黄… Ⅲ．①投资－评估－高等学校－教材 Ⅳ．①F830.59

中国版本图书馆CIP数据核字（2012）第161433号

责任编辑：兰 鹏／责任校对：黄江霞

责任印制：徐晓晨／封面设计：蓝正设计

科学出版社出版

北京东黄城根北街16号

邮政编码：100717

http://www.sciencep.com

北京虎彩文化传播有限公司印刷

科学出版社发行 各地新华书店经销

*

2002年7月第 一 版 开本：787×1092 1/16

2012年8月第 二 版 印张：19

2020年1月第三次印刷 字数：410 000

定价：56.00元

（如有印装质量问题，我社负责调换）

第二版序言

本书初版迄今已整整十个年头。在这十年中我国资本市场取得了很大进展，投资品种和投资规模都迅速增加。通过投融资发挥资本市场功能，把人们的储蓄转化为资本，为我国社会、经济、文化保增长、调结构、改革创新、惠及民生等方面都做出了重要贡献。另外，在这十年历程中我们也深刻认识到，要建立一个真正健康的、能够抵御外部压力的、能够优化资源和资产配置的资本市场，而不是一个过度投机、脱离上市公司质量的资本市场；能够保障公众投资者在总体上获得合理回报的资本市场，而不是少数大投资者利用中小投资者投资来攫取暴利的资本市场，这是一项不容易完成的系统工程。对此，务必小心谨慎，总结经验，吸取教训，大胆改革创新，有序施行。2004 年 4 月国务院公布《关于推进资本市场改革开放和稳定发展的若干意见》，总结了我国当前资本市场存在的问题和改革方向。例如，国有股减持，协调同股不同价的矛盾问题；引导社会各项基金以不同的方式投入资本市场，以拓宽证券公司融资渠道的问题；建立健全证券的主板市场和创业板市场形成的多层次服务体系，以满足社会不同投资对象的需求问题；加强对上市公司的监管，增加透明度，提高企业经营管理素质和诚信度的问题等。我们要清醒地认识到国际外部环境的变化，特别是美元贬值、欧元债务危机对我国美元、欧元资产的安全性所造成的威胁。建立全球储备多元化的国际货币体系的呼声日益高涨，这又为我国资本市场的开拓和国际化提供了良好的机遇。我们要化压力为动力，抓住机遇，应对挑战。2012 年 1 月国家发展和改革委员会公布《“十二五”时期上海国际金融中心建设规划》，提出要加快构建人民币跨境投融资中心，巩固我国金融对外开放和人民币跨境使用中心的主导作用。我们期待规划的实施为我国金融资本市场开创新局面，做出新成绩。

根据以上对我国证券资本市场新情况、新问题的分析，当前我国证券资本市场必须抑制过度投机、盲目炒作，提倡科学投资、坚持理性投资。《投资估价原理》作为科学投资、理性投资的基础，就是根据以上认识进行新编的。全书共 14 章，着重研究投资估价的以下几个问题：①投资估价的理论基础和方法论基础；②投资估价的市场环境和信息基础；③投资估价的方法和模型；④投资估价方法和模型在实际部门的应用。

本书由黄良文教授担任主编，由杜兴强教授、戴平生副教授、赵华教授担任副主编。各章编写分工如下：黄良文，第一章投资估价概论；杜兴强，第二章投资估价的信息基础，第九章资源与环境估价，第十一章无形资产估价；戴平生，第三章资本的时间价值和风险溢价，第五章红利贴现模型，第六章现金流估价模型，第七章比例估价模型，第十四章公司整体价值评估；赵华，第四章资本资产定价与套利定价模型，第八章期权定价理论，第十章房地产估价，第十二章债券投资定价，第十三章期货合约定价。

感谢研究生徐涛、崔婧、方兴、班倩倩、朱合娟、沈林、吴谷、丁钢等协助参加部分章节的编写工作；感谢本书第一版的编者同仁为本书的改版奠定基础。

由于水平有限，经验不足，书中难免存在不妥之处，殷切期望同行专家学者与广大读者批评指正。

黄良文

2012 年阳春于厦门嘉盛豪园

第一版序言

在市场经济社会里，投资估价是寻找商机、规范市场、引导经济的一项基础工作，逐步受到人们的重视。随着市场经济的发展，特别是资本市场、技术市场、人才市场、劳动力市场等纷纷出现，投资估价的对象不断扩大，既有实物资产的估价，又有无形资产的估价；既有传统产品的估价，又有金融产品的估价；既有劳动产品的估价，又有知识产品的估价；既有经济产品的估价，又有资源、环境的估价等。投资估价使人们感到困惑。在纷繁的估价中有没有共同的理论依据，有没有自己的方法论？在我国长时期的经济体制过渡阶段，确实存在两种极端的认识。一种思想认为土地、资金、人才本身没有价值，不计成本，可以无偿使用，不付代价，甚至把它作为廉价资源优势，可以任意践踏。另一种极端思想则认为价格总是市场形成的，客观存在的，不是投资者所能左右的，价值不可认识，也无须认识，幸运者是上帝恩赐的，估价是徒劳无功的事。在我国证券市场上，证券价格长期与公司经营基本面严重脱节，也许不仅与监管力度有关，还与投资理念有密切联系，这也阻碍着这门学科的发展。

我们认为，市场价格是客观存在的，人们参与市场固然是价格的接受者，但需要怎样的投资组合，人们参与市场才是积极的主导者。投资价值评估正是在市场的风险中找机遇，因势利导争主动的有力手段。在纷繁的估价中，有它应遵循的原则和基本的理论依据，有适用的公共方法论。本书努力探索投资估价的一般理论，包括价值的内涵、投资估价特点、投资估价市场环境和定价的一般方法论。然后比较系统地总结带有通用性质的各种投资估价模型和方法，包括红利和现金流估价模型、比例估价模型和期权定价模型等。最后研究这些模型和方法在各项资产、资源估价中的应用，以及企业整体价值的评估。

本书是大家共同努力的研究成果。由黄良文教授担任主编，由高鸿桢教授、杜兴强博士担任副主编。各章编写分工如下：黄良文，第一章投资估价概论；林嘉永，第二章投资估价的信息基础；戴平生，第三章资本的时间价值与风险溢价；朱小斌，第四章资本资产定价与套利定价理论；王若平，第五章红利贴现模型；王学军、戴平生，第六章现金流估价模型；陈建明，第七章比例估价模型；李少斌，第八章期权定价理论；杜兴强，第九章资源与环境估价；张金明，第十章房地产估价；杜兴强，第十一章无形资产估价；黄瑞庆，第十二章债券投资估价；江晓东，第十三章期货合约定价；宋建彪，第十四章公司整体价值评估。在编写过程中得到厦门大学教务处领导的关心和支持，我们在此表示衷心的感谢。

由于水平所限，书中存在不妥之处，殷切希望同行专家和广大读者不吝指教。

黄良文

2002 年阳春于厦门大学白城新村

目录

第一章

投资估价概论

第一节　估价的意义和作用

一、估价的意义

实体经济物质产品的价值评估，是估价的一般形式和最初状态。它起源于现代商品生产，而实现于市场经济。在自给自足的社会里，生产完全是满足自身生活和生产需要的，生产和消费同属于一个主体，生产中的工资和利润都构成生产者的可支配收入，不可能也不需要分清彼此的界限，产品的价值评估就成了不必要而多余的事。社会经济的发展特别是大工业分工协作的兴起，大大提高了社会生产力，也改变了生产关系。生产不是为了自身的需求，而是为了满足别人生产、生活消费的需求，生产主体和消费主体完全分离，工资和利润分属于不同的主体，产品的估价就必不可少了。

物质产品总是由劳动加工而成的，因此很自然地，人们考虑根据劳动消耗来评估产品价值。马克思论证了商品生产的平均必要抽象劳动量决定商品的价值量。这就是从生产的投入方面来衡量价值的大小。将商品的价值量作为变量，其前提必须假定商品的使用价值是确定不变的。例如，一尺布的价值、一斤米的价值、一台电视机的价值等，这里的布、米、电视机的品种、规格、质量都是固定不变的。在交换过程中正是由于商品异质使用价值的确定性，才使商品之间异量的价值有可能建立起等价的方程。例如，一尺布的价值等于两斤米的价值等。

但是，在现实生活中，商品使用价值体现在它可供满足社会某种需要的效用也是可变的。一种商品的价值和使用价值同是商品的属性，它们互相依存、互相制约，而且在量上也是相互影响的。使用价值是劳动价值的结果，而价值则是创造使用价值的条件。也可以说使用价值是价值实现的载体，而价值则是形成使用价值的前提，但是并不能说价值与使用价值按同一比例变化。如果生产一种过时的商品，积压在仓库里，没有使用价值，那么再大的价值也实现不了，不能实现的价值等于没有价值。要想在经济市场上提高竞争力、占领市场份额、创建新增长点，尽可能地减少劳动耗费、降低成本固然重要，但更重要的是在于质量上提高档次，技术上更新换代，创造名优品牌。由此可见，从使用价值的角度，也即从产出的角度来考虑商品价值的实现程度，也是一个很现实、很重要的问题。

在评价时，必须综合考虑价值与使用价值的特点以及在评价中的作用。一项资产同时具有价值和使用价值的特征，我们可以这样理解，价值表现为资本的投入，而使用价值则表现为将来使用中可能获得的效益，即资本的产出。因此，价值与使用价值的关系是投入与产出的关系。这种关系是动态的、不确定的，而且是有风险的。资产估价就是从这个关系中求得该项资产现在可能实现的价值的。

【例 1-1】 某跨国公司投资 700 亿美元，预期年利润为 49 亿美元，要求最低年利润率(或称资本成本)为 3%，试推算该公司的价值。由于该公司预期年利润率为 49 ÷ 700＝7%，远超过资本最低收益率要求，说明该公司的资本活力和创造力的价值也远超过 700 亿美元。可以用下式来推算该公司的资本价值：

$$某公司资产价值=\frac{公司收益}{资本成本}=\frac{49}{0.03}=1\,633.3(亿美元)$$

我们还要考虑公司投资是当年支出，而收益则是以后的逐年收入，这里还存在货币时间价值和风险溢价，即公司资产的终值与现值的调整和转换问题。

在市场经济的商品交换中，商品的价值和使用价值又代表着不同方面的利益和不同的期望，卖方要以使用价值去交换价值，而买方则相反，要以价值去交换使用价值。因而在市场议价中卖方总是先考虑劳动消耗，从价值上保证经营不亏本，然后在这个基础上尽量提高价格，以增加利润；而买方总是先考虑商品是否满足需要，从使用价值上达到要求，然后在这个基础上尽量压低价格，以节省开支。从理论上说，当市场的供给与需求达到均衡时，价值与使用价值的矛盾解决了，由供需交集所决定的价格应该是价值的表现。当然，市场实际的价格可能在价值的上方或下方，价格与价值的离差有时可能大一些，有时可能小一些，但从总体上说，价格的平均水平应该是价值的无偏估计。在一定条件下，根据市场价格的实际数据来评估推算该商品的价值，我们称它为价值评估，简称估价。

二、估价的作用

商品的内在价值是实际存在的，它通过交换来实现，由市场的供需均衡状况表现出来，个人的经济行为不能改变它的变动趋势。那么，为什么还需要对它进行估价呢？估价的作用可以归纳为以下几点。

1. 估价是测定资产价值的手段

实物资产和金融资产都有它的内在价值。资产内在价值是由劳动耗费投入和使用价值产出综合决定的，它反映该资产的实际生产能力或使用效益。当资产的市场价格过分地高于价值时，就表明价格被高估了，由此就会产生经济泡沫，形成虚假的繁荣景象，以至最终破灭，回归价值时。相反，当市场价格过分地低于价值时，就表明价格被低估了，经济便趋于紧缩，又会促使价格回涨，回归价值。价值是吸引价格偏离、使市场价格围绕价值变动的轴心力量，认识价值才能利用价值，但是资产的内在价值又是不能直接观察或计算出来的，它只能通过间接评估并加以推断，取得价值的近似值或理想值。估价为资产内在价值提供了各种可行的定量方法。

2. 估价是投资决策的基础

资产价值与价格的离差在给投资带来风险的同时，也带来了机遇。如果我们测定了资产内在价值，又知道实际市场价格与价值的差异，这就存在套利机会，即根据价格回归价值的原理，对价格被高估的资产做出做空的决策，对价格被低估的资产做出做多的决策，就可以获得利润甚至超额利润。当市场同时存在被高估和被低估的资产，或高估、低估的程度不相同时，做出空投和多投的投资组合决策，就可以在不增加资本也不承担风险的条件下获得超额利润的“免费午餐”。当然也要注意到市场价格是不断变化的，而资产价值也不是固定不变的，所以投资决策也要适时地相应变化。

3. 估价为经济结构调整提供条件

随着社会经济的发展、科学的进步、社会需求结构的变化，以及市场的激烈竞争和优胜劣汰，国民经济结构必须相应进行调整。企业通过重组、兼并、转让乃至破产达到新生的目的。经济结构调整意味着企业产权的更换，对企业的资产、资源、技术和商誉等的估价则是必要的条件，因为估价是反映当前某一时点的企业资产实际状况，它是以现存资产的实际能力，以及现存资产为基础预测的潜在能力为依据来计算的，而不能用过去的资产价格记录资料来代替。

4. 估价是优化资源配置的导向

在市场经济活动中，价值规律的作用引导着社会劳动资源向最有利的部门流动，通过市场调节和驱动，使不利的产业部门转向有利的产业部门，淘汰亏损的企业，扩大获利的企业，使社会劳动资源的配置趋向优化。但是单项资产或整体企业的价值是不断变化的，原来有利的企业现在可能会变为无利企业，原来亏损的企业现在却可能会成为获利的企业，只有通过估价测定资产或企业当前的价值，才能确定资本的投向和投资数量。

第二节　投资估价的对象

投资是一定的经济主体为了获得预期的、不确定的收益而将现期的收入转化为资本的一种经济活动。投资自身的特点，给投资估价从市场平衡转入企业平衡的过程注入了投资目标、投资战略等新的因素，而且投资产品的对象也不局限于劳动物质产品，这就大大扩大了它的活动范围，如信贷资本的金融产品及其复杂多样的衍生产品、知识型的技术经济产品、人力资源与自然资源产品、环境与安全产品等。这些非劳动型投资产品使投资估价理论与方法的难度都日益增加。下面介绍若干主要的投资估价产品对象。

1. 金融产品

在市场经济中，一种投资总是有明确的产权关系，包括所有权和经营权，由投资的当事人为主体策划安排经营活动。随着社会经济的发展和市场经济机制的完备，许多事业不是个别资本的所有者所能兴办的，如区域性铁路系统；而且，许多事业也不是有了资本就能够经营的，如跨国公司。于是资本的所有权与使用权发生分离，而股份制经济的出现大大加速了这种分离过程。资本所有者让渡自己的资本使用权，形成种种金融产品，其中使用权与债权的交换形成了支票、债券产品，使用权与股权的交换形成了股票产品等。虽然支票、债券和股票本身没有价值，但它们却代表了一定的权利，所以金融产品和实物产品一样，可以在市场上买卖、交换、流通，因此也应该有自己的交换价值，如债券的利率、支票的利率、股票的股息、金融衍生产品的收益率等都可以说是金融产品交换价值的表现形式。

从经济学的角度来考察，金融产品的价值只是实物产品价值的派生价值，因为金融产品的交换、流通所起的作用只体现在社会资本的转移上，并不增加社会总资本，也不提高社会生产能力。金融产品价值并不构成社会产品总价值的一部分。金融产品对于实物产品生产的间接作用在于金融产品流通的资本市场为生产实物产品的公司、企业提供更有效的融资和筹资渠道，创造更多的投资机会，促进社会经济的发展，所以金融资产对于实物资产所创的利润要求自己的回报。这就是说，利率、股息、红利等是实物资产的利润派生的。如果一旦社会上停止了实物产品的生产，资本活动也就不存在了，金融产品也就没有意义了。

从公司资产负债表的关系中也可以体会到实物资产和金融资产的不同特点。将公司在某一时点的资产归纳为三大类：①实物资产，包括固定资产和其他耐用性质的资产；②无形资产；③金融资产，包括长、短期投资，资金货款，应收预付账款等。另外，公司在某一时点的负债包括长、短期借款，应付债券，应付、预收账款等。将公司在该时点的资产减去负债就是公司的净资产，净资产表示公司资产扣除金融负债以后的余额，属于公司的所有者权益。从整个社会来看，一个公司发生金融资产，同时就有另外一个或几个公司(或个人)发生相同数额的金融负债，所以全社会资产负债的加总等于实物资产与无形资产的总和，而金融资产则相互抵消。这也表明一个国家的资产是由实物资产和无形资产构成的。金融资产可以在经济商业活动中清除，如偿还一笔债务后，则债权人的金融负债和债务人的金融资产都不存在了，而实物资产和无形资产不存在这种特点，在没有耗用之前是不会消失的。

金融资产的流动，虽然并不直接生产实物产品，但对于社会资金的集中、集聚，对于社会资金的分配都起着十分重要的作用，从而大大促进乃至改变社会经济的发展。在现代经济社会中，金融机构往往成为整个经济活动的中心，支配着经济。如果说一般商品生产是按“货币—商品—货币′”的模式，货币′是在投入货币资本的基础上增长的，一元资本只能做一元钱的生意，那么金融产品生产则按“货币—货币′”的模式，货币′可以在投入货币资本倍数的基础上增长，一元资本可以做几十元甚至上百元的生意，如五元的保证金可以做一百元的期货，所以金融产品的增长速度要比一般商品快得多。再加上以基本金融产品为基础的衍生金融产品或经过金融工程设计的新金融产品不断涌现，产品品种和周转速度都迅速增加。随着各国的开放和世界经济一体化，这种变化趋势也更加明显。

正因为如此，金融产品有自己的生产、分配、交换和使用形式，而且有自己的流通渠道。金融产品有自己相对独立的价格体系以及定价的决定因素。怎样对股票、债券、期货、期权等金融产品定价，是投资定价中一项新的研究课题。

2. 金融衍生产品

金融衍生产品是以金融基本产品，如股票、债券的价格为基础，根据约定，以某种证券为标的物，按标的物的价格变动来确定效益的金融产品。其主要衍生产品有期权合约、期货合约和金融互换等。

(1)期权合约。期权合约实际上是一种选择权的交易。它是通过合约的形式由签约的一方给另一方在未来一定时间内或某个约定的日期，按约定的价格买进或卖出某种商品的权利，签订合同的买方可以行使这种权利，也可以放弃这种权利，以达到获利、分散风险和减少损失的目的。

例如，甲买入股票期权的执行价格为100元，到期市场价格为110元，则买入持有者可执行期权，以100元买入股票，再在市场上以110元卖掉，可赚10元，如果市场股票价格为90元，则买入持有者不执行期权，买入期权价值为0，但不会是负数(不考虑期权手续费问题)。卖出期权的情况恰好相反，原理相同。因此期权的价值是以区间的形式表现的，而且是动态的，随着标的股票价格的变动而变动。

(2)期货合约。期货合约实际上是一种风险交易。买卖双方约定在未来的某一时刻交易某种符合交易所统一规定的品种、规格、质量和标准格式要求的商品，这种商品可以是实物商品，如农产品、矿产品等；也可以是金融商品，如外汇期货、利率期货、股票指数期货等。金融期货合约的出现，不仅为防范各种风险提供了有效途径，而且提供了多种多样的金融工具，增加了金融资产的总量和品种，促进了资本市场的发展。期货合约的价值可以由从签订合约到交易这一时段内市场利率与资产营运利润率利差的收支平衡式(无套利状态)推算得到，其方法将在本书第十三章介绍。

(3)金融互换。金融互换又称金融掉期(financial swap)，是金融衍生产品的一个品种。它由两个不同的主体签订，相互为对方偿付应付款项。以利率互换为例，在固定利率与浮动利率互换中，互换一方同意按固定利率偿还互换的另一方所需支付的固定利息，而作为固定利率的接受方，同意按浮动利率偿还对方所需支付的浮动利息。在接受方不论是固定利率还是浮动利率都低于互换方、无绝对优势可言的情况下，只要存在两种利率的不同差距，接受方仍可利用其相对优势，即优势者取最优利率，劣势者取次劣利率，仍可以降低融资成本，收到良好效果。利率互换的价值可以这样考虑，由于它不互换本金，只互换利率的差异，所以将利率互换与同类国债利率对比，按无套利分析方法进行定价。

3. 知识经济产品

所谓知识经济是指以信息、网络、数字化等高新技术为特征，以知识资本为主体，把知识、技术创新转化为强大的生产力，以及相应的管理变革和制度变革所形成的经济体系。在知识经济条件下，知识产品形态以及它的价值和使用价值表现都发生了深刻的变化。

不是所有的知识都能够形成产品，也不是自古就有知识经济。知识经济和知识产品的出现是社会经济技术变革的新阶段，是社会经济发展和科学技术进步的结果。当人类社会处在农业经济以及以前的自然经济阶段时，劳动只是适应自然力的过程，劳动力和土地作为两大生产要素，进行着简单的或原始的生产活动。知识只是少数有闲阶级的特权或享受，游离于生产过程之外，谈不上知识经济。在工业经济阶段，劳动成为改造自然界的手段，劳动力、劳动资料和劳动对象是生产的三大要素，而知识则是人类与自然界变换的中介。劳动力掌握知识，运用知识，提高劳动技能，改进劳动工具，开发劳动资源，促进生产效率的提高，推动物质资料生产的发展，凸显经济知识的重要作用。但这时知识从属于资本，为资本所雇用，知识被吸引到资本的生产过程中，所以知识的创造性只作为资本创造性的一部分，为资本的所有者所有。随着知识经济威力的继续膨胀，一方面，在技术上，从工业时代以大机器的自然力代替人力，发展到新经济时代以智能的电脑代替人脑。特别是电子技术、信息网络的普遍推广，使生产、分配、交换、消费的时间、空间距离大大缩短，提高了工作效率，也使社会物质、精神、文化生活更加丰富多彩。另一方面，在社会分工和组织制度上，新经济在工业时代资本与经济群体分离的基础上，创业群体又从资本与经营群体之间分离出来。这批创业人才有效地把知识创新孵化为技术创新，而且将新技术转化为现实的生产力，并且形成知识资本主体。这样不但改变了经济结构，而且也改变了产权结构、分配结构，从而改变了社会生产关系。

由此可见，知识产品只有当知识与经济相结合，并作为生产独立要素，在推动经济发展起主导作用时，才具有价值和使用价值。知识产品和物质产品对比，虽然知识产品也需要物质产品作为载体，但产品价值的主体却是知识本身。例如，一个电脑软件，其磁盘的价值只有3～5元，而软件的价值却可达到成千上万元。因为人们购买软件就是为了获取知识和应用知识的能力。因此，知识产品的使用价值表现在技术创新、管理创新能力上。而知识产品价值不决定于产品的劳动耗费，而是决定于产品价值的增值。从宏观经济角度考察，知识产品价值也可以通过计算国民经济增长中高新技术贡献率指标表现出来。这从国民经济高增长率、低通货膨胀率和低失业率的经济效益的相关分析中也能得到说明。在知识经济市场中，技术专利、技术入股、知识产权等知识资本显示了社会生产关系的变化，说明知识不再从属于资本，而成为独立的关键的生产要素，不再是资本雇用知识，而是知识雇用资本，从而成为知识产品生产的主体，并支配着产品的生产、分配、交换和消费全过程。

4. 资源与环境评估

在投资估价中，资源与环境的评价是亟待研究的新课题。资源包括人力资源与自然资源，自然资源又分为可再生资源与不可再生资源。不论哪种资源都是发展生产的基本要素，缺少它就会影响甚至扼杀生产的发展。特别需要认识的是，破坏资源、滥施开发会引起连锁性的影响，阻挠社会可持续发展。所以对资源的评价不但要考察其储藏量、开发量，而且要考察其利用程度，以及改革、创新所引起的经济、社会效果。

评估自然突变现象的变化及其对社会生活的影响是一项复杂的社会系统工程。在我国乃至全世界，自然灾害(包括地震、海啸、水灾、旱灾、冰灾、雪灾等)发生的频率和损失程度都有增加的趋势。其中二氧化碳(CO_2)大量排放导致全球气候发生变化，从而对人类赖以生存的环境造成诸多影响。一方面经济要发展不能缺少能源，要保证能源的供应和消费；但另一方面能源消费多了又会增加二氧化碳的排放，影响环境的恶化。我国是经济发展速度较快的国家，也是二氧化碳排放量较大的国家，这两者似乎是一对矛盾。如何实现节能减排，走“低碳经济”的发展道路，这关系到人类的健康和幸福生活以及可持续发展。我国已经将能耗降低和污染减排完成情况纳入各地经济社会发展的综合评价体系中。环境估价就是要从质量与数量上探明能源消耗与二氧化碳排放的关系、二氧化碳排放与温室气体效应的关系、温室气体效应与经济社会发展的关系等，依此来制定节能减排目标，并监督检查执行情况。

第三节　投资估价的方法

一、投资估价的理论和方法论基础

随着市场经济的发展，投资估价的对象也日益扩大，包括实物资产和无形资产的估价，传统商品和金融产品的估价，劳动产品和知识产品的估价，经济产品和资源、环境的估价等。估价的方法也随之层出不穷，并且更加复杂多样。这样自然就会提出诸多的投资估价中有没有共同的理论和方法论基础的问题。回答这个问题对于学习这门学科是很重要的。

首先，投资估价是投资学的核心内容，它以投资经济学乃至经济学作为自己的理论基础。投资是社会产品再生产和社会资金循环运动中的一个基本环节，它对国民经济的发展发挥着重要的作用。一方面，投资的结果增加了社会供给，它是保证经济持续增长、建立和调整国民经济结构、促进社会经济技术改造和进步、保障人民群众物质文化生活水平提高的物质基础；另一方面，投资活动又对社会提出了需求，是拉动经济发展的重要力量。如果说扩大消费、增加净出口、增加投资是拉动经济发展的三大杠杆力量，增加投资则是最集中、最直接、最易见成效的。一切投资估价都应该在这些理论原则的指导下来开展。

其次，投资作为资本运动过程，它以金融产品为中介，在资本市场上有自己的生产、分配、交换、使用形式，也有自己的发展变化规律。由此而总结的投资理论，特别是金融资产投资理论，也是投资估价的直接理论基础，如收益与风险理论、期望效用函数理论、均值-方差分析、资产组合选择理论、利率期限结构理论、金融衍生产品与金融工程理论、资产市场效率理论等。这些理论为投资定价提供了丰富的源泉。

最后，从资本市场研究总结的资本资产定价理论，为投资估价提供了评估框架，并理清了价格各要素之间的关系。例如，资本资产定价理论是研究资本市场的均衡价格的决定机制，即在假设所有投资者都按均值-方差原则寻求最优投资组合的条件下，市场怎样决定证券供需均衡时的价格，并指出证券收益率与风险之间的关系。套利定价理论则是资本资产定价理论的进一步扩展，并且以无套利均衡来代替供需均衡，放松了许多约束条件的限制。债券定价原理指明了收益率与资本风险、利率风险之间的关系，期货定价原理指明了收益率与市场利率的关系，期权定价原理则指明了影响将来价格变动的诸因素在决定期权价值中的作用。

二、投资估价基本方法

在评估资产价值时可以应用多种估价方法，归纳起来这些方法有三种类型。

1. 贴现法

贴现法的基本观点是资本资产的市场价值和它的预期未来收益水平有着直接的联系，因而资本资产的市场价值应等于预期未来收益进行资本化形成的价值，即将预期的收益按统一的资本成本率折算为现值。

由于人们对未来收益有不同的理解和要求，贴现法估价模型可以有红利贴现模型和现金流贴现模型两种。

红利贴现模型是以核算为基础，企业净利润扣除未分配利润之后就是分配给股东的红利。预期红利的现值即为股票的价值，考虑到会计永续经营的假设，股票的市场价值公式为

$$P=\sum_{t=1}^{\infty}\frac{\text{DPS}}{(1+K_c)^t}=\frac{\text{DPS}}{K_c}$$

式中，P 为股票市场价值；DPS 为每股预期红利(假定各期不变)；K_c 为股票的资本成本(要求的最低收益率)。

红利贴现模型以股东可能分到手的权利为标准，含义明确、具体，易为人们所接受，所以是一种常用的估价模型。但不足的是，红利的多少会受会计规则、分配政策变动的影响，红利未必都能体现股东的权利，红利少未必表示股东权利就少。

现金流贴现模型是用以现金流入、流出为标准的净现金流量来代替红利，不包括只属会计转账的非现金收支的款项，如折旧费、摊销费、应收及应付账款等，因而排除了会计方法或分配政策变化可带来的影响。

企业在一定期间内产生的现金流量可分为三类：①经营活动产生的现金流量是指由销售商品或提供劳务等经营活动产生的现金流量；②投资活动产生的现金流量是指企业长期资产购建的现金流量；③筹资活动产生的现金流量是指导致企业资本、债务规模及其结构变化，如吸收投资、发行股票、分配利润等产生的现金流量。由于所包含项目的不同，现金流估价模型又分为股权资本自由现金流估价模型和公司自由资金流估价模型，它们所用的资本成本率(贴现率)也相应配套调整。因此估价的结果就各有不同的意义，本书将作详细讨论。

2. 比例推断法

根据事物普遍联系的原理，寻找与证券市场价格关系最密切的一种比率，然后根据这个比率变化来推断证券价值的方法称为比例推断法。

市盈率即价格与收益比率是比例估价中最常用的方法。市盈率是股票市价与每股净收益的比率，记为 P/E(price-earning ratio)。用作估价的市盈率是股票当前市价与预期收益的比，记为 P_0/E_1 ，它表明股票市价为预期收益的倍数。倍数越大，表明需要投资回收的时间越长。市盈率的倒数(E/P)称为市价收益率(或回报率)，市盈率与

收益率成反比关系，较高的市盈率表示较低的收益率，反之亦然。

市盈率是社会经济效益水平的标志。不同国家、地区的市盈率可能差别较大，但同一国家或地区的市盈率应该相对稳定。公司发行股票按稳定的市盈率定价：

股票价格＝市盈率×每股收益

【例 1-2】 某公司增发股票，预计每股收益 0.35 元，按 20 倍市盈率定价为 20×0.35 元＝7 元。这种定价可以说是理性定价，或称价格回归价值。

不同公司的成长类型可能不同，有的公司成长性显著，投资者看好这种股票，争相抢购，使其股份不断提高，而市盈率也随之提高。这时市盈率不但表示收益率降低，而且表示成长性的期望收益提高，风险加大，相应投资者要求的回报率也提高。在这种情况下，要分析公司的成长类型及其对市盈率的影响，据此来定价。

比例估价除了市盈率比率估价外，还可以选用其他有关比率，如价格与账面值比率定价、价格与销售收入比率定价等。

3. 期权估价法

期权(option)是一种衍生证券，它提供了一项在期权到期日或到期日之前以一个商定价格(称为执行价格)购买或出售一定数量的标的资产的权利。期权的价值就是购买选择权利(不包括义务)的价值。期权价值不是标的资产价值本身，但却和到期的标的资产的市场价格和商定的执行价格差异有关，而这种差异又和标的资产的价格变动分布、到期时间长短以及风险利率有关。1973 年美国的布莱克(Black)和斯科尔斯(Scholes)提出了 Black-Scholes 期权定价模型，使期权的定价方法由猜想到科学，被实际部门广泛采用。

期权定价原来是为了解决金融衍生证券的估价。但它的估价原理也适用于临危公司的资产估价、自然资源型公司的开采估价以及高科技公司的开发估价等广泛领域，这使期权定价方法带有一般性的意义。

三、本书的内容体系结构

本书共 14 章，由三部分内容构成：

第一部分为第一章至第四章，阐述投资估价的理论和方法论基础。其中第一章投资估价概论，包括估价的意义和作用、投资估价的对象、投资估价的方法、投资估价的市场环境等。第二章投资估价的信息基础，包括主要的会计报表和基本的财务指标，说明投资估价的资料来源和基本的分析指标。第三章资本的时间价值和风险溢价，研究资本价值的表现形式，以及由于补偿投资风险所追加的价值。第四章资本资产定价与套利定价模型，研究资本资产均衡定价的原理，以及收益与风险的关系。

第二部分为第五章至第八章，研究投资估价的模型和方法。其中第五章红利贴现模型，包括红利贴现模型概述、红利贴现模型估价中应注意的问题以及实证研究，阐述红利贴现模型的建模及其应用。第六章现金流估价模型、包括股权资本自由现金流估价模型、公司自由现金流估价模型，以及现金流估价模型中的特殊问题；研究在股东价值最大化的经营理念下，红利贴现模型的拓宽，从不同角度研究股权资本自由现金流估价模型和公司自由现金流估价模型的建模和应用问题。第七章比例估价模型，包括市盈率估价模型、价格与账面价值比例估价模型、价格与销售收入比例估价模型、其他比例估价模型，研究以各种相关比例为基础推断投资价值的方法。第八章期权定价理论，包括期权概述、期权价格分析、期权定价模型、期权定价理论在权益资本估价中的应用，研究资本资产选择权的定价，以及它的推广应用问题。

第三部分为第九章至第十四章，研究各专业的投资估价问题，也是投资估价模型和方法在各领域工作中的具体应用。其中第九章资源与环境估价，包括自然资源、环境与人力资源概述、资源与环境的价值、环境估价方法、自然资源估价方法、人力资源估价方法等。第十章房地产估价，包括房地产估价的基本理论与方法、城市土地价格评估、房产价格评估、房租评估等。第十一章无形资产估价，包括无形资产概述、可辨认无形资产估价、不可辨认无形资产估价等。第十二章债券投资定价，包括利率与收益率概述、债券定价的一般方法、债券价格的敏感性分析、债券价格的环境影响因素。第十三章期货合约定价，包括期货与期货市场概述、期货合约的定价方法、期货合约定价方法的应用。第十四章公司整体价值评估，包括公司整体价值概述、公司整体价值评估方法、公司整体价值评估在我国的应用。如果说，第三部分的前面各章是研究各单项资产资源的价值评估，那么公司整体价值评估则是研究公司综合价值的评估。公司整体价值不但决定于各单项资产资源价值，而且还因公司整合、重组、兼并等组织变动而得以提高。

第四节　投资估价的市场环境

一、投资估价与市场效率

投资估价的目的在于参与市场，针对市场的变化制定更切实可行的投资策略，争取获得更高的回报。投资估价不但要注意自己方法的好坏，而且更要注意识别市场环境。其中市场效率便是投资估价应用中必须弄清楚的问题。

可以从多方面理解市场效率的含义，其可以分为市场内在效率和市场外在效率。所谓市场内在效率是指市场的交易营运的效率，它可以从一笔交易所需支付的时间和交易费用表现出来，所需的时间和费用越少，内在效率越高。市场外在效率是指市场对资源(资金)配置的效率，可以用资金是否优化配置到了绩优公司来表现，即绩优公司股价高，劣绩公司股价低等。科学技术的进步，特别是电子信息技术，包括信息收集系统、信息处理系统、信息传输和信息发布系统的完备，使世界上不同市场内在效率的差异逐渐缩小。大家所关注的便是市场外在效率，其也是估价要重点讨论的焦点。

市场有效性就是市场价格对市场信息反映的有效性。以证券市场为例，当证券的有关信息很快在证券价格中得到反映时，随着新的市场信息的出现，证券价格会迅速、准确地调整，并且其变化程度完全反映所有市场新的信息，我们称这种市场为有效的市场。市场不会自动地变为有效市场，而是投资者为了追求和获取超过市场平均水平的收益，不断改变交易策略，实施新的投资方案，导致市场价格变动的结果。在现实市场中可以设想投资者总是不断地收集有关证券的信息，包括国内外的政治、经济动态，行业发展状况，公司的经营和财务状态以及发展前景等。接着采用各种方法迅速处理这些信息，从而比较准确地判断有关证券价位、收益率和风险程度。如果所有的投资者都是理性的，就会抛售高估的股票，而吸纳低估的股票，从而调整市场供需情况，使高估股票降价，而低估股票升价。当然市场的有效化也是有条件的，如造成市场无效的资产可以无限制被交易，实施投资方案的交易成本小于投资方案的预期收益。而且投资者具备识别潜在的超额收益能力，有不断重复可行的获取超额利润的投资方案和足够的资金实力，直到市场无效状态消失。

在本章第一节已提到市场价格围绕商品的内在价值波动。在市场有效的情况下，所有可预测的信息都反映到市场价格上，如果市场价格同价值仍存在波动，就是随机的波动，因此有效市场的市场价格是服从随机游走(random walk)且不可预测的波动。这并不说明在有效市场的市场价格是非理性的，而恰好说明高明的投资家在市场的其他人尚未注意到该信息之前已发现信息并在这个基础上进行相应的购买或抛售行为的必然结果。

从投资估价角度来考察，在有效市场下，市场价格是内在价值的最优估计。它并不要求每一时点资产的市场价格都相等于价值，而只要求这种偏离是随机的，这也意味着每一时点上，任一资产价格被高估或被低估的概率是相等的，任何投资者都不可能通过采取任何投资策略而持续发现被高估或被低估的资产。从总体说，投资活动只能获取平均收益水平的投资回报。

用数学形式来表达，设价值的模式是时间 t 的函数，记作 $V(t)$ ，而市场价格也是时间 t 的函数，记作 $P(t)$ 。在有效的市场里，市场价格在时段(a，b)内围绕价值随机波动，应该有

$$\int_a^b (V(t)-P(t))\mathrm{d}t \approx 0 \tag{1.1}$$

式(1.1)说明虽然价格与价值也可能发生离差，有时是正离差，有时又成负离差，有时离差可能大一些，有时离差又相对小一些，但在整个 (a,b) 时段内它们的总离差趋于0，即总体无离差。

在有效市场里，资产的市场价格是真实价值的最优估计，符合投资估价所确定的价值水平。投资估价的作用在于说明资产为何以当前的价格出售，以及资产市场价格的合理性，但无助于挖掘市场无效部分而获取超额利润的信息。

事实上市场的有效性总是有限的、局部的、暂时的，因而市场有效性是相对的。一方面新的信息不断出现，另一方面不是所有信息都能在市场价格上得到反映，要市场整体都达到有效很难，而且也无法检验。当有关信息不能反映在市场价格上时，这种市场称为无效市场，这意味着市场资产价格有些被高估，或被低估，因而存在套利机会。例如，欠发达国家或地区由于账户披露要求比较宽松，价格分析水平不高，因而市场有效性比发达国家或地区差。又如，小公司的股票往往得不到证券市场的关注，不能及时把信息反映到市场价格上，市场有效性比起大型股票相对不足等。西方学者

经过多方面的研究发现了大量的市场无效的证据，如小规模公司效应、低 P/E(市盈率)效应、星期五(周末)效应、年末效应等，这些都证明了无效市场的存在。在市场存在无效部分的情况下，资产的市场价格就会偏离真实价值，投资估价的作用就在于得出资产真实价值的合理估价值，从而判断资产是被高估还是被低估，做出有利的投资决策。这样，能够准确估价的投资者将比其他投资者获得更高的收益。

二、有效市场假定的类型

市场的有效性是和有关信息的充分反映直接联系在一起的，而信息反映的充分程度又受信息本身的内涵和外延的影响。“充分反映于价格”的信息有三个不同层次，以证券价格而论：第一层次信息是指证券价格的历史资料信息，这是过去公开的信息，如历史的证券价格、成交量、价格指数等，这类信息也是最容易获得的。第二层次信息是指所有公开可用的信息，包括过去公开的信息以及现在公开的信息，如公司财务会计报表、有关政府机关的公告等。第三层次信息是指所有可用的信息，其不但包括所有公开的信息，还包括未公开的内部和个人信息。

由此可见，第三层次信息包含第一、第二层次信息，第二层次信息包含第一层次信息。各层次信息的关系如图 1-1 所示。

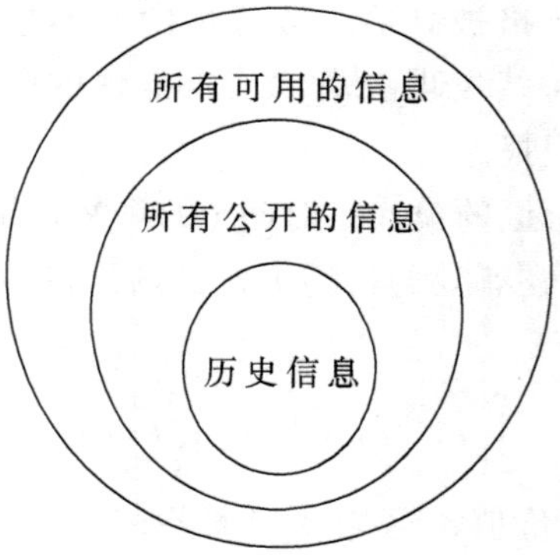

图 1-1　各层次信息的关系

根据所反映的信息层次的不同，有三种有效市场的假定类型：

(1)弱式有效(weak-form)。该假设认为市场证券价格已经反映了全部能从过去市场交易数据所得到的信息。弱式有效市场说明这些历史价值已经在过去为投资者所用，它对现在或未来的证券价值没有任何影响，现在的证券价值是过去证券价格随机变动的结果。任何投资者都不可能通过使用任何方法来分析这些历史信息以获取超额收益。坚信历史不会重演，技术分析在弱式有效市场已失效。

在弱式有效市场条件下，不能从历史资料中寻找获取超额收益的信息，相对而言，采用“购买–持有”(buy and hold)的投资策略更为有利，即不做短期的“买低卖高”的交易，而是累积某些绩优的股份并长期持有，着眼于这些股份的长期资本增值。因为任何利用历史信息的投资策略所获取的收益都不会超过“购买–持有”策略所获取的收益。

(2)半强式有效(semistrong-form)。该假设认为，市场证券价格不仅已充分反映了过去的市场行为信息，而且也充分反映了与公司前景有关的全部公开信息。换句话说，如果有关证券的公开发表的资料(如企业公布的盈利报告或投资专业机构公开发表的资料)对现在证券价格的变动没有任何影响，这就表明证券市场达到了半强式有效。因为在半强式有效市场的假定下，证券市场价格完全反映了所有公开的可得到的信息，信息一公布，证券价格立即相应调整，在这种情况下，除非投资者了解内部信息，从事内部交易，否则不可能通过分析已公开的信息来获取超额收益。因而不仅技术分析失效，基本分析也失效。

(3)强式有效(strong-form)。该假设认为，市场证券价格已经充分、及时地反映了所有有关公开的和内部的信息。即有关证券信息对于现在证券价格的变动没有任何影响，则证券市场达到强式有效。在强式有效市场条件下，证券市场价格反映了所有相关信息，没有所谓"小道消息"、"庄家操纵"，也没有人能靠消息获利，证券价格变成完全独立的随机变量。反过来说，大凡有内幕交易的证券市场，都不具备强式有效。

三、有效市场的检验

有效市场检验的目的是为了判断证券市场是否具备有效性。如果具备，其究竟是弱式有效、半强式有效，还是强式有效。所以有效市场的检验也就是市场效率的识别问题。

1. 弱式有效市场假设的检验

弱式有效市场的效率检验可以有两种思路。一种是如果弱式有效市场成立，表明历史资料对现在价格的变动没有任何影响，因此价格时间序列的变动是随机的，前、后期价格水平相互独立，彼此无关。将实际的价格时间序列用统计上的时间序列检验方法，建立随机游走模型，如果检验结果证明价格的时间序列是随机游走状态，即说明证券市场达到弱式有效。证券价格随机游走模型为

$$P_t = P_{t-1} + \varepsilon_t \tag{1.2}$$

式中，$E(\varepsilon_t)=0$，$\mathrm{VaR}(\varepsilon_t)=\sigma^2$；$P_t$ 为证券在 t 时的价格；P_{t-1} 为证券在 $t-1$ 时的价格；ε_t 为随机干扰项。

如果 P_t 与 P_{t-1} 之间是相互独立的，其相关系数等于0，就表示证券市场具备弱式有效；如 P_t 与 P_{t-1} 的相关系数不等于0，则说明证券市场不具备弱式有效。

在实际检验中，如果将绝对水平的价格变数 P_t 变换为相对水平的收益率 R_t，检验结果会更加合理。模型改为

$$R_t = R_{t-1} + \varepsilon_t \tag{1.3}$$

式中，R_t 为证券在 t 时的收益率；R_{t-1} 为证券在 $t-1$ 时的收益率；ε_t 为随机干扰项。

如果 $\{\varepsilon_t\}$ 是白噪声序列，即 $E(\varepsilon_t)=0$，$\mathrm{VaR}(\varepsilon_t)=\sigma^2$，则所建模型具有稳定性，说明证券市场是弱式有效的。

另一种思路是采用过滤检验法。美国学者亚历山大(Alexander)指出，如果证券前、后期的价格不存在线性关系，那么证券价格之间是否相互独立未必能证明证券市

场是否达到弱式有效。他提出用“过滤对比原则”来检验证券市场的效率，对某种证券建立简单的“购买-持有”投资策略进行投资，并在一个时期内保持不变。对同种证券建立另一种投资策略，如当证券的价格比前面一个低价格上涨 $x\%$，价格看好，就买入证券并持有它，直到价格跌到比前一个高价低了 $y\%$，价格看跌，就卖出做空，在一个较长时期内反复按这个规则投资，然后计算这种投资策略所获得的收益率，再和简单的“购买-持有”投资策略的收益率相比，如果后者的收益率高于前者的收益率，就表明还有可用的信息没有反映到证券价格中，不能认为证券市场是弱式有效的。

2. 半强式有效市场假设的检验

半强式有效市场假设的检验是检验公开信息是否被证券价格所充分反映。公开信息的种类很多，可以检验其中特定事件的信息的市场有效性，特定事件的信息可以是涉及宏观市场的信息，如国民经济发展公告，也可以是针对某个特定公司的信息，如某上市公司的利润和红利公告等。通常认为同一市场公开信息的市场有效性是一致的，不存在有些公开信息有效而另一些信息无效的情况，所以只要检验一种公开信息的市场有效，即可认为其他公开信息同等市场有效。

以某特定事件信息的公布日期为中心，前后各取 n 天，收集样本 N 个单位中，每个公司前后每天的收益率 R_{it} $(t=-n,\cdots,0,\cdots,n;i=1,\cdots,N)$，然后再与经过风险调整后的市场平均收益 $\beta_i R_{mt}$ 对比，计算每个公司的超额收益：

$$\mathrm{ER}_{it}=R_{it}-\beta_i R_{mt}，t=-n，\cdots，0，\cdots，n；i=1，\cdots，N \tag{1.4}$$

再计算超额收益 ER_{it} 的平均数和标准差：

$$\overline{\mathrm{ER}}_{it}=\sum_{i=1}^{N}\frac{\mathrm{ER}_{it}}{N} \tag{1.5}$$

$$\sigma^2=E(\mathrm{ER}_{it}-\overline{\mathrm{ER}}_{it})^2 \tag{1.6}$$

最后用 t 检验值来判断信息公布前后每天的超额收益是否为零：

$$t\text{ 检验值}=\text{平均超额收益}/\text{标准差}=\frac{\overline{\mathrm{ER}}_{it}}{\sigma}$$

如果 t 检验值在统计上是显著的，则说明该事件的信息影响收益，超额收益的符号反映了该种影响是正面的还是负面的。

3. 强式有效市场假设的检验

强式有效市场假设的检验是检验市场的参与者是否获取了超额收益，并且这些超额收益是否来自内部非公开信息这两方面的情况。在证券市场上总归有少数人掌握未公开信息，如果有人利用这样的信息来获取超额收益，就说明证券市场还未达到强式有效。由于只有某些管理阶层才能得知内部信息，所以对这些人的投资要着重观察。现在各国法律都严禁利用内幕信息进行交易，检验强式有效市场假设是比较困难的，还需进一步探讨。

➤思考与练习

1. 怎样认识价值的内涵？
2. 估价的作用是什么？

3. 资本所有权和经营权的分离对投资估价有什么影响?
4. 怎样认识金融产品的价值?为什么说金融产品价值不构成社会产品总价值的一部分?
5. 什么是金融的衍生产品?期权产品、期货产品、互换产品的定价有哪些不同特点?
6. 怎样认识知识产品的价值和使用价值?
7. 资源与环境评价主要解决哪些问题?
8. 在投资估价中,红利贴现模型和现金流贴现模型有哪些异同点?
9. 试分析市盈率估价法的优缺点。
10. 什么是市场效率?市场效率与投资估价有什么关系?
11. 为什么说在有效市场里,资产的市场价格是真实价值的最优估计?
12. 有效市场有哪些类型?
13. 试阐述有效市场的检验方法。

第二章

投资估价的信息基础

第一节　投资估价财务信息概述

一、财务报告的基本概念

投资者对一项资产(如股票)进行评估，首先依据的是与其相关的财务信息。这些信息是相关的财务人员根据一定的要求编制的。财务会计是由确认、计量、记录和报告四个基本工作程序组成的。通过初始确认、计量所做成的会计分录，都是为编报财务报告作准备的，产生财务报告是财务会计的目的。从财务会计的观点看，与财务报告相关的概念包括财务报表、报表附注、其他财务报告、其他报告、年度报告等。为此，必须对这些基本概念的联系和区别进行简单介绍：

年度报告＝财务报表＋报表附注＋其他财务报告＋其他报告

从上面的等式可以看出，目前企业对外提供的信息已经超越了财务报告的范畴，财务会计的边界已日益模糊。尽管如此，财务会计作为一个人造的信息系统，在与其他信息源进行竞争的过程中，当且仅当在“财务报告”范畴内才具有优势。所以财务报告是企业报告的核心，而财务报表是财务报告的核心。

我国《企业会计准则第 30 号——财务报表列报》指出，财务报表是对企业财务状况、经营成果和现金流量的结构性表述。列报是指交易和事项在报表中的列示和在附注中的披露。在财务报表的列报中，“列示”通常反映资产负债表、利润表、现金流量表和所有者权益(或股东权益)变动表等报表中的信息，“披露”通常反映附注中的信息。

二、财务报表的分类

财务报表可以按照不同的标准进行分类。

按财务报表编报期间的不同，其可以分为中期财务报表和年度财务报表。中期财务报表是以短于一个完整会计年度的报告期间为基础编制的财务报表，包括月报、季报和半年报等。中期财务报表至少应当包括资产负债表、利润表、现金流量表和附注。

中期资产负债表、利润表和现金流量表应当是完整报表，其格式和内容应当与上年度财务报表相一致。企业在编制中期财务报表时，应当将中期视同为一个独立的会计期间，所采用的会计政策应当与年度财务报表所采用的会计政策相一致，包括会计要素确认和计量原则相一致。

按财务报表编报主体的不同，其可以分为个别财务报表和合并财务报表。个别财务报表是由企业在自身会计核算的基础上对账簿记录进行加工而编制的财务报表，它主要用以反映企业自身的财务状况、经营成果和现金流量情况。合并财务报表是以母公司和子公司组成的企业集团为会计主体，根据母公司和所属子公司的财务报表，由母公司编制的综合反映企业集团财务状况、经营成果及现金流量的财务报表。

三、财务报表的组成部分

一般来说，财务报表是由一些基本报表组成的。例如，英国会计准则委员会(ASB)要求企业对外报告的基本财务报表包括资产负债表、利润表、全部已确认利得与损失表和现金流量表等；美国财务会计准则委员会(FASB)规定企业应当报告的基本财务报表包括资产负债表、利润表、全面收益表和现金流量表等。我国《企业会计准则第30号——财务报表列报》指出："财务报表是对企业财务状况、经营成果和现金流量的结构性表述。财务报表至少应当包括下列组成部分：资产负债表；利润表；现金流量表；所有者权益(或股东权益)变动表；附注。"

第二节　资产负债信息

一、资产负债表的性质和作用

资产负债表是指反映企业在某一特定日期的财务状况的会计报表。它是根据"资产=负债+所有者权益"这一基本会计恒等式编制的。资产负债表的主要目的是反映企业在某一特定时点的财务状况，如年末、季度末或月末。所谓财务状况，通常指企业在某一时点资产、负债、所有者权益的构成及其相互关系。因此，资产负债表就是报告企业在某一时点的资产、负债和所有者权益状况及其相互关系的基本财务报表。

资产负债表是企业对外提供的主要财务报表之一。它把企业在特定时日所拥有或控制的经济资源和与之相应的企业在该时日所承担的负债以及偿债之后属于所有者的权益都充分体现出来。这些信息对于实现财务会计的目标、为信息使用者提供对决策有用的信息都具有重要的意义。

一般来说，资产负债表的作用包括：

第一，可以提供某一日期资产的总额及其结构，表明企业拥有或控制的资源及其分布情况。使用者可以一目了然地从资产负债表上了解企业在某一特定日期所拥有的资产总量及其结构。

第二，可以提供某一日期的负债总额及其结构，表明企业未来需要用多少资产或劳务清偿债务以及清偿时间。

第三，可以反映所有者所拥有的权益，据以判断资本保值、增值的情况以及对负债的保障程度。

此外，资产负债表还可以提供进行财务分析的基本资料。信息使用者可以通过依据资产负债表计算的相关指标来分析、评价和预测企业的偿债能力、资本结构、变现能力、财务弹性和经营业绩等。总之，资产负债表作为企业必须报告的第一张报表，具有不可替代的重要作用。

二、资产负债表的项目分类

1. 资产的列报

资产负债表中的资产反映由过去的交易、事项形成并由企业在某一特定日期所拥有或控制的、预期会给企业带来经济利益的资源。资产应当按照流动资产和非流动资产两大类别在资产负债表中列示，在流动资产和非流动资产类别下进一步按性质分项列示。

1)流动资产和非流动资产的划分

资产负债表中的资产应当分流动资产和非流动资产列报，因此区分流动资产和非流动资产十分重要。资产满足下列条件之一的，应当归类为流动资产：

(1)预计在一个正常营业周期中变现、出售或耗用的。这主要包括存货、应收账款等资产。需要指出的是，变现一般针对应收账款等而言，是指将资产变为现金；出售一般针对产品等存货而言；耗用一般是指将存货(如原材料)转变成另一种形态(如产成品)。

(2)主要为交易目的而持有的。这主要是指根据《企业会计准则第 22 号——金融工具确认和计量》划分的交易性金融资产。

(3)预计在资产负债表日起一年内(含一年)变现的。

(4)自资产负债表日起一年内，交换其他资产或清偿负债的能力不受限制的现金或现金等价物。在实务中存在用途受到限制的现金或现金等价物，如用途受到限制的信用证存款、汇票存款、技术改造资金存款等，这类现金或现金等价物如果作为流动资产列报，可能高估了流动资产金额，从而高估流动比率等财务指标，影响到使用者的决策。

2)正常营业周期

判断流动资产、流动负债时所称的一个正常营业周期，是指企业从购买用于加工的资产起至实现现金或现金等价物的期间。

正常营业周期通常短于一年，在一年内有几个营业周期。但是，也存在正常营业周期长于一年的情况，如房地产开发企业开发用于出售的房地产开发产品，造船企业制造的用于出售的大型船只等，从购买原材料进入生产，到制造出产品出售并收回现金或现金等价物的过程，往往超过一年。在这种情况下，与生产循环相关的产成品、应收账款、原材料尽管是超过一年才变现、出售或耗用，仍应作为流动资产列示。

当正常营业周期不能确定时，应当以一年(12 个月)作为正常营业周期。

2. 负债的列报

资产负债表中的负债反映在某一特定日期企业所承担的、预期会导致经济利益流出企业的现时义务。负债应当按照流动负债和非流动负债在资产负债表中进行列示，在流动负债和非流动负债类别下再进一步按性质分项列示。

流动负债的判断标准与流动资产的判断标准相类似。负债满足下列条件之一的，应当归类为流动负债：

(1)预计在一个正常营业周期中清偿。

(2)主要为交易目的而持有。

(3)自资产负债表日起一年内到期应予以清偿。

(4)企业无权自主地将清偿债务推迟至资产负债表日后一年以上。

值得注意的是，有些流动负债，如应付账款、应付职工薪酬等，属于企业正常营业周期中使用的营运资金的一部分。尽管这些经营性项目有时在资产负债表日后超过一年才到期清偿，但是它们仍应划分为流动负债。此外，还要注意资产负债表日后事项对流动负债与非流动负债划分的影响。

3. 所有者权益的列报

资产负债表中的所有者权益是企业资产扣除负债后的剩余权益，反映企业在某一特定日期股东投资者拥有的净资产的总额。资产负债表中的所有者权益类一般按照净资产的不同来源和特定用途进行分类，应当按照实收资本(或股本)、资本公积、盈余公积、未分配利润等项目分项列示。

三、资产负债表的格式[①]

财务报表一般分为表首和正表两部分。

1. 表首

在表首部分企业应当概括说明下列基本信息：

(1)编报企业的名称，如企业名称在所属当期发生了变更，还应明确标明。

(2)对资产负债表而言，须披露资产负债表日，而对利润表、现金流量表、所有者权益变动表而言，须披露报表涵盖的会计期间。

(3)货币名称和单位，按照我国企业会计准则的规定，企业应当以人民币作为记账本位币列报，并标明金额单位，如人民币元、人民币万元等。

(4)财务报表是合并财务报表的，应当予以标明。

① 我国企业会计准则指出，财务报表格式和附注分别按一般企业、商业银行、保险公司、证券公司等企业类型予以规定。企业应当根据经营活动的性质确定本企业使用的财务报表格式和附注。本章介绍的财务报表格式均为一般企业适用的格式。

2. 正表

按照我国企业会计准则的规定，资产负债表正表的列报格式一般有两种：报告式资产负债表和账户式资产负债表。报告式资产负债表是上下结构，上半部列示资产，下半部列示负债和所有者权益。具体排列形式又有两种：一是按“资产=负债+所有者权益”的原理排列；二是按“资产-负债=所有者权益”的原理排列。账户式资产负债表是左右结构，左边列示资产，右边列示负债和所有者权益。根据财务报表列报准则的规定，资产负债表采用账户式的格式，即左侧列报资产方，一般按资产的流动性大小排列；右侧列报负债方和所有者权益方，一般按要求清偿时间的先后顺序排列。账户式资产负债表中的资产各项目的合计等于负债和所有者权益各项目的合计，即资产负债表左方和右方平衡。因此，通过账户式资产负债表，可以反映资产、负债、所有者权益之间的内在关系，即“资产=负债+所有者权益”。

另外，根据财务报表列报准则的规定，企业需要提供比较资产负债表，以便报表使用者通过比较不同时点资产负债表的数据掌握企业财务状况的变动情况及发展趋势。所以，资产负债表还就各项目再分为“年初余额”和“期末余额”两栏分别填列。

账户式资产负债表的格式如表 2-1 所示。

表 2-1 资产负债表

会企 01 表

编制单位： 年 月 日 单位：元

资 产	期末余额	年初余额	负债和所有者权益(或股东权益)	期末余额	年初余额
流动资产：			流动负债：		
货币资金			短期借款		
交易性金融资产			交易性金融负债		
应收票据			应付票据		
应收账款			应付账款		
预付款项			预收款项		
应收利息			应付职工薪酬		
应收股利			应交税费		
其他应收款			应付利息		
存货			应付股利		
一年内到期的非流动资产			其他应付款		
其他流动资产			一年内到期的非流动负债		
流动资产合计			其他流动负债		
非流动资产：			流动负债合计		
可供出售金融资产			非流动负债：		
持有至到期投资			长期借款		

续表

资　产	期末余额	年初余额	负债和所有者权益（或股东权益）	期末余额	年初余额
长期应收款			应付债券		
长期股权投资			长期应付款		
投资性房地产			专项应付款		
固定资产			预计负债		
在建工程			递延所得税负债		
工程物资			其他非流动负债		
固定资产清理			非流动负债合计		
生产性生物资产			负债合计		
油气资产			所有者权益（或股东权益）：		
无形资产			实收资本（或股本）		
开发支出			资本公积		
商誉			减：库存股		
长期待摊费用			盈余公积		
递延所得税资产			未分配利润		
其他非流动资产			所有者权益（或股东权益）合计		
非流动资产合计					
资产总计			负债和所有者权益（或股东权益）总计		

第三节　企业经营损益信息

一、利润表的性质和作用

利润表是指反映企业在一定会计期间经营成果的会计报表。一般而言，利润是企业经营效益的综合表现，追求利润是企业的目的之一，对企业的生存和发展至关重要。利润不但是衡量企业业绩的主要指标，而且是对企业经营成果进行分配的重要依据，因此，企业各利益相关者都十分重视利润信息。

与资产负债表所提供的时点信息不同，利润表提供的是期间信息，如一个月、一个年度等。利润表中的信息可以反映企业在一定会计期间收入的实现情况，如实现的营业收入有多少、实现的投资收益有多少、实现的营业外收入有多少等；可以反映一定会计期间的费用耗费情况，如耗费的营业成本有多少，营业税金及附加有多少及销售费用、管理费用、财务费用各有多少，营业外支出有多少等；可以反映企业生产经营活动的成果，即净利润的实现情况，据以判断资本保值、增值等情况。将利润表中的信息与资产负债表中的信息相结合，还可以提供进行财务分析的基本资料，如将净利润与资产总额进行比较，计算出资产收益率等。利润表所提供的信息有助于分析、评价、预测企业的经营成果、获利能力和未来现金流动情况，有助于分析、评价、预测企业的偿债能力，也有助于评价考核管理人员的绩效。

二、利润表的格式

利润表也包括表首和正表两部分。表首部分的格式在介绍资产负债表时已经进行了说明。利润表的正表一般有两种格式：单步式和多步式。单步式利润表是将当期所有的收入列在一起，然后将所有的费用列在一起，两者相减得出当期净损益。多步式利润表是通过对当期的收入、费用、支出项目按性质加以归类，按利润形成的主要环节列示一些中间性利润指标，分步计算当期净损益。

我国财务报表列报准则规定，企业应当采用多步式列报利润表，将不同性质的收入和费用类别进行对比，从而可以得出一些中间性的利润数据，便于使用者理解企业经营成果的不同来源。企业可以分以下三个步骤编制利润表：

第一步，以营业收入为基础，减去营业成本、营业税金及附加、销售费用、管理费用、财务费用、资产减值损失，再加上公允价值变动收益(减去公允价值变动损失)和投资收益(减去投资损失)，计算出营业利润；

第二步，以营业利润为基础，加上营业外收入，再减去营业外支出，计算出利润总额；

第三步，以利润总额为基础，减去所得税费用，计算出净利润(或净亏损)。

上面三个步骤可以用公式表示为

营业利润＝营业收入－营业成本－营业税金及附加－销售费用－管理费用－财务费用
　　　　－资产减值损失＋公允价值变动收益(－公允价值变动损失)
　　　　＋投资收益(－投资损失)

利润总额＝营业利润＋营业外收入－营业外支出

净利润(或净亏损)＝利润总额－所得税费用

普通股或潜在普通股已公开交易的企业，以及正处于公开发行普通股或潜在普通股过程中的企业，还应当在利润表中列示每股收益信息。

这里需要指出的是，准则规定的上述利润表格式中费用的列报采用的是“功能法”，即按照费用在企业所发挥的功能进行分类列报，通常分为从事经营业务发生的成本、管理费用、销售费用和财务费用等，并且将营业成本与其他费用分开披露。从企业的角度来说，其活动通常可以划分为生产、销售、管理、融资等，对于每一种活动所发生的费用，其发挥的功能并不相同，因此，按照费用功能法将其分开列报，有助于使用者了解费用发生的活动领域。例如，企业为销售产品发生了多少费用、为一般行政管理发生了多少费用、为筹措资金发生了多少费用等。这种方法通常能向报表使用者提供具有结构性的信息，能更清楚地揭示企业经营业绩的主要来源和构成，提供的信息也更为相关。费用列报的另外一种方法是“性质法”，即将费用按其性质分为耗用的原材料、职工薪酬费用、折旧费、摊销费等，而不是按照费用在企业所发挥的不同功能分类。关于费用性质的信息有助于预测企业未来现金流量，企业可以在附注中披露按性质分类的费用作为利润表补充资料。

另外，根据财务报表列报准则的规定，企业需要提供比较利润表，以使报表使用者通过比较不同期间利润的实现情况，判断企业经营成果的未来发展趋势。所以，利润表还就各项目再分为"本期金额"和"上期金额"两栏分别填列。

多步式利润表的格式如表 2-2 所示。

表 2-2　利润表

会企 02 表

编制单位：　　　　　　年　月　　　　　　单位：元

项　目	本期金额	上期金额
一、营业收入		
减：营业成本		
营业税金及附加		
销售费用		
管理费用		
财务费用		
资产减值损失		
加：公允价值变动收益(损失以"－"号填列)		
投资收益(损失以"－"号填列)		
其中：对联营企业和合营企业的投资收益		
二、营业利润(亏损以"－"号填列)		
加：营业外收入		
减：营业外支出		
其中：非流动资产处置损失		
三、利润总额(亏损总额以"－"号填列)		
减：所得税费用		
四、净利润(净亏损以"－"号填列)		
五、每股收益：		
(一)基本每股收益		
(二)稀释每股收益		

第四节 现金流量信息

一、现金流量表的概念和作用

现金流量表是指反映企业在一定会计期间现金和现金等价物流入和流出的报表。与利润表类似，现金流量表也反映期间信息。但是现金流量表是以现金为基础编制的，通过报告企业现金的来源、运用、净额的增减等，向信息使用者提供对决策有用的信息。现金流量表与资产负债表、利润表相结合，能够分别从权责发生制和收付实现制两种角度反映企业财务状况、经营业绩和财务状况变动(主要是现金流量)。

编制现金流量表的主要目的是为财务报表使用者提供企业在一定会计期间内现金和现金等价物流入和流出的信息，以便于财务报表使用者了解和评价企业获取现金和现金等价物的能力，并据以预测企业的未来现金流量。现金流量表的作用主要体现在以下几个方面：一是有助于评价企业的支付能力、偿债能力和周转能力；二是有助于预测企业的未来现金流量；三是有助于分析企业收益质量及影响现金净流量的因素，掌握企业经营活动、投资活动和筹资活动的现金流量，可以从现金流量的角度了解净利润的质量，为分析和判断企业的财务前景提供信息。

二、现金流量的分类

根据企业业务活动的类型，我国现金流量准则将企业在一定期间内的现金流量分为三类：经营活动产生的现金流量、投资活动产生的现金流量和筹资活动产生的现金流量。

1. 经营活动产生的现金流量

经营活动是指企业投资活动和筹资活动以外的所有交易和事项。各类企业由于行业特点不同，对经营活动的认定存在一定差异。一般来说，经营活动主要包括销售商品、提供劳务、购买商品、接受劳务、支付税费等。经营活动是直接与产品生产销售有关的活动，其所包括的交易和事项直接影响企业净利润的确定，是企业最主要的业务活动，也是影响企业现金流量的最重要因素。经营活动产生的现金流量属于企业现金的内部来源，其使用的约束远小于外部资金。通过这类现金流量可以判断企业在不进行外部筹资的情况下，仅依靠内部融资是否足以偿还贷款、维持企业生产经营、支付股利和对外投资等。

一般企业经营活动产生的现金流入包括：销售商品、提供劳务收到的现金，收到的税费返还，收到的其他与经营活动有关的现金等；经营活动产生的现金流出包括：购买商品、接受劳务支付的现金，支付给职工以及为职工支付的现金，支付的各项税费，支付其他与经营活动有关的现金等。

2. 投资活动产生的现金流量

投资活动是指企业长期资产的购建和不包括在现金等价物范围内的投资及其处置活动。长期资产是指固定资产、无形资产、在建工程、其他资产等持有期限在一年或一个营业周期以上的资产。投资活动既包括实物资产投资，也包括金融资产投资。这里之所以将“包括在现金等价物范围内的投资”排除在外，是因为已经将包括在现金等价物范围内的投资视同现金。不同企业由于行业特点不同，对投资活动的认定也存在差异。例如，交易性金融资产所产生的现金流量，对于工商业企业而言，属于投资活动现金流量，而对于证券公司而言，属于经营活动现金流量。在现金流量表中单独披露投资活动产生的现金流量非常重要，因为这部分现金流量代表着企业为了获得未来收益和现金流量而导致资源转出的程度。

一般企业投资活动产生的现金流入包括：收回投资收到的现金，取得投资收益收到的现金，处置固定资产、无形资产和其他长期资产收回的现金净额，处置子公司及其他营业单位收到的现金净额，收到其他与投资活动有关的现金等。投资活动产生的现金流出包括：构建固定资产、无形资产和其他长期资产支付的现金，投资支付的现金，取得子公司及其他营业单位支付的现金净额，支付其他与投资活动有关的现金等。

3. 筹资活动产生的现金流量

筹资活动是指导致企业资本及债务规模和构成发生变化的活动。这里所说的资本，既包括实收资本(股本)，也包括资本溢价(股本溢价)；这里所说的债务，指对外举债，包括向银行借款、发行债券以及偿还债务等。通常情况下，应付账款、应付票据等属于经营活动，不属于筹资活动。企业有效的筹资活动能够及时为经营和投资提供各种可靠的和低成本的资金，是企业开展经营活动和投资活动的基础和前提。

一般企业筹资活动产生的现金流入包括：吸收投资收到的现金，取得借款收到的现金，收到其他与筹资活动有关的现金等。筹资活动产生的现金流出包括：偿还债务支付的现金，分配股利、利润或偿付利息支付的现金，支付其他与筹资活动有关的现金等。

另外，对于企业日常活动之外特殊的、不经常发生的特殊项目，如自然灾害损失、保险赔款、捐赠等，应当归并到相关类别中，并单独反映。例如，对于自然灾害损失和保险赔款，如果能够确指属于流动资产损失的，应当列入经营活动产生的现金流量；如果属于固定资产损失，应当列入投资活动产生的现金流量。如果不能确指，则可以列入经营活动产生的现金流量。捐赠收入和支出可以列入经营活动。如果特殊项目的现金流量金额不大，则可以列入现金流量类别下的“其他”项目，不单列项目。外币现金流量以及境外子公司的现金流量，应当采用现金流量发生日的即期汇率或按照系统合理的方法确定的、与现金流量发生日即期汇率近似的汇率折算。汇率变动对现金的影响额应当作为调节项目，在现金流量表中单独列报。

三、现金流量表的格式

根据现金流量表准则的要求，现金流量表格式根据一般企业、商业银行、保险公司、证券公司等企业类型予以规定。企业应当根据其经营活动的性质，确定本企业适用的现金流量表格式。下面主要介绍一般企业现金流量表的格式。

一般企业现金流量表的表首部分与利润表类似，正表部分的格式如表 2-3 所示。

表 2-3 现金流量表

会证 03 表

编制单位： 年 月 单位：元

项 目	本期金额	上期金额
一、经营活动产生的现金流量：		
销售商品、提供劳务收到的现金		
收到的税费返还		
收到的其他与经营活动有关的现金		
经营活动现金流入小计		
购买商品、接受劳务支付的现金		
支付给职工以及为职工支付的现金		
支付的各项税费		
支付其他与经营活动有关的现金		
经营活动现金流出小计		
经营活动产生的现金流量净额		
二、投资活动产生的现金流量：		
收回投资收到的现金		
取得投资收益收到的现金		
处置固定资产、无形资产和其他长期资产收回的现金净额		
处置子公司及其他营业单位收到的现金净额		
收到其他与投资活动有关的现金		
投资活动现金流入小计		
购建固定资产、无形资产和其他长期资产支付的现金		
投资支付的现金		
取得子公司及其他营业单位支付的现金净额		
支付其他与投资活动有关的现金		
投资活动现金流出小计		
投资活动产生的现金流量净额		
三、筹资活动产生的现金流量：		
吸收投资收到的现金		
取得借款收到的现金		
收到其他与筹资活动有关的现金		
筹资活动现金流入小计		
偿还债务支付的现金		

续表

项 目	本期金额	上期金额
分配股利、利润或偿付利息支付的现金		
支付其他与筹资活动有关的现金		
筹资活动现金流出小计		
筹资活动产生的现金流量净额		
四、汇率变动对现金及现金等价物的影响		
五、现金及现金等价物净增加额		
加：期初现金及现金等价物余额		
六、期末现金及现金等价物余额		

除现金流量表正表之外，《企业会计准则第31号——现金流量表》还要求企业在现金流量表附注中披露现金流量表的补充资料。

现金流量表补充资料包括将净利润调节为经营活动现金流量、不涉及现金收支的重大投资和筹资活动、现金及现金等价物净变动情况等项目。现金流量表补充资料的格式如表2-4所示。

表2-4 现金流量表补充资料

补充资料	本期金额	上期金额
一、将净利润调节为经营活动现金流量：		
净利润		
加：资产减值准备		
固定资产折旧、油气资产折耗、生产性生物资产折旧		
无形资产摊销		
长期待摊费用摊销		
处置固定资产、无形资产和其他长期资产的损失(收益以“－”号填列)		
固定资产报废损失(收益以“－”号填列)		
公允价值变动损失(收益以“－”号填列)		
财务费用(收益以“－”号填列)		
投资损失(收益以“－”号填列)		
递延所得税资产减少(增加以“－”号填列)		
递延所得税负债增加(减少以“－”号填列)		
存货的减少(增加以“－”号填列)		
经营性应收项目的减少(增加以“－”号填列)		
经营性应付项目的增加(减少以“－”号填列)		
其他		
经营活动产生的现金流量净额		

续表

补充资料	本期金额	上期金额
二、不涉及现金收支的重大投资和筹资活动：		
债务转为资本		
一年内到期的可转换公司债券		
融资租入固定资产		
三、现金及现金等价物净变动情况：		
现金的期末余额		
减：现金的期初余额		
加：现金等价物的期末余额		
减：现金等价物的期初余额		
现金及现金等价物净增加额		

第五节　所有者权益变动信息

一、所有者权益变动表概述

所有者权益变动表是反映构成所有者权益的各组成部分当期的增减变动情况的报表。所有者权益总额的变动主要有两个原因：一个原因是企业与其所有者进行交易，如企业发行股票、分配股利等；另一个原因是企业的全面收益。全面收益(也叫综合收益)是指企业在某一期间与所有者之外的其他方面进行交易或发生其他事项所引起的净资产变动。所有者权益总额的变动还有其他原因，如会计政策变更、会计差错更正等。除总额变动外，所有者权益的各组成部分之间还会发生内部结转，如资本公积转增资本等，从而使所有者权益的组成结构发生变动。上述这些所有者权益的总额变动和内部结转，都可以通过所有者权益变动表来反映。

在所有者权益变动表中，净利润和直接计入所有者权益的利得和损失均单列项目反映，体现了企业全面收益的构成。

二、所有者权益变动表的格式

我国财务报表列报准则规定，所有者权益变动表应当反映构成所有者权益的各组成部分当期的增减变动情况。当期损益、直接计入所有者权益的利得和损失以及与所有者(或股东)的资本交易导致的所有者权益的变动，应当分别列示。根据准则要求，所有者权益变动表应当以矩阵的形式列示。一方面，列示导致所有者权益变动的交易或事项，改变了以往仅仅按照所有者权益的各组成部分反映所有者权益变动情况，而是按所有者权益变动的来源对一定时期所有者权益变动情况进行全面反映；另一方面，按照所有者权益各组成部分(包括实收资本、资本公积、盈余公积、未分配利润和库存股)及其总额列示。根据财务报表列报准则的规定，企业需要提供比较所有者权益变动表，因此，所有者权益变动表还就各项目再分为“本年金额”和“上年金额”两栏分别填列。

一般企业所有者权益变动表的格式如表 2-5 所示。

表 2-5　所有者权益变动表

会企 04 表

编制单位：　　　　　　　　年　月　　　　　　　　单位：元

项目	本年金额						上年金额					
	实收资本(或股本)	资本公积	减：库存股	盈余公积	未分配利润	所有者权益合计	实收资本(或股本)	资本公积	减：库存股	盈余公积	未分配利润	所有者权益合计
一、上年年末余额												
加：会计政策变更												
前期差错更正												
二、本年年初余额												
三、本年增减变动金额(减少以“－”号填列)												
(一)净利润												
(二)直接计入所有者权益的利得和损失												
1. 可供出售金融资产公允价值变动净额												
2. 权益法下被投资单位其他所有者权益变动的影响												
3. 与计入所有者权益项目相关的所得税影响												
4. 其他												
上述(一)和(二)小计												
(三)所有者投入和减少资本												
1. 所有者投入资本												
2. 股份支付计入所有者权益的金额												
3. 其他												

续表

项　目	本年金额						上年金额					
	实收资本（或股本）	资本公积	减：库存股	盈余公积	未分配利润	所有者权益合计	实收资本（或股本）	资本公积	减：库存股	盈余公积	未分配利润	所有者权益合计
（四）利润分配												
1. 提取盈余公积												
2. 对所有者（或股东）的分配												
3. 其他												
（五）所有者权益内部结转												
1. 资本公积转增资本（或股本）												
2. 盈余公积转增资本（或股本）												
3. 盈余公积弥补亏损												
4. 其他												
四、本年年末余额												

第六节　财务报告中的其他投资估价信息

一、财务报表附注

1. 财务报表附注的作用和形式

财务报表附注是对在资产负债表、利润表、现金流量表和所有者权益变动表等报表中列示项目的文字描述或明细资料，以及对未能在这些报表中列示项目的说明等。财务报表附注是财务报表的组成部分。

财务报表向信息使用者提供了企业最重要的财务信息，是财务报告的核心。但是，财务报表十分概括和抽象，仅仅报告了会计程序的最终结果，这些结果产生的基础、依据和方法却未提及。实际上，财务报表的编制基础、编制依据、编制原则和方法以及主要报表项目的详细解释等信息，对使用者更好地理解报表十分重要。因此，财务报表附注就成为财务报表信息的重要补充。通过财务报表附注，使用者可以更加全面、正确地理解和使用财务报表。

广义地看，财务报表附注有两种形式：财务报表表内的括号注释和报表之后的尾注。括号注释简单明了，是表内项目的直接说明，如“股本(发行在外 100 000 股，每股面值 1 元)”、“净利润(净亏损以‘—’号填列)”等。财务报表尾注是指在财务报表之后所加的注释，其中提供对财务报表起补充说明作用的更加详细的定性和定量信息，尾注所提供的信息十分丰富且日益增多，目前企业年度报告中尾注通常占据近一半的篇幅。因此，财务报表尾注是财务报表附注的主要形式。

2. 财务报表附注(尾注)的内容

根据我国财务报告准则的规定，财务报表附注应当按照以下顺序披露有关内容。

1)企业的基本情况

(1)企业注册地、组织形式和总部地址。

(2)企业的业务性质和主要经营活动，如企业所处的行业、所提供的主要产品或服务、客户的性质、销售策略、监管环境的性质等。

(3)母公司以及集团最终母公司的名称。

(4)财务报告的批准报出者和财务报告批准报出日。

2)财务报表的编制基础

一般企业编制的财务报表都应该以会计主体、会计分期、持续经营和货币计量这四项会计基本假设为基础。但有些情况下(如企业处于清算阶段)，企业无法满足上述四项基本假设中的一个或几个，此时，企业必须在附注中对财务报表的编制基础进行说明。

3)遵循企业会计准则的声明

企业应当声明编制的财务报表符合企业会计准则的要求，真实、完整地反映企业的财务状况、经营成果和现金流量等有关信息，以此明确企业编制财务报表所依据的制度基础。如果企业编制的财务报表只是部分地遵循了企业会计准则，附注中不得做出这种表述。

4)重要会计政策和会计估计

根据财务报表列报准则的规定，企业应当披露采用的重要会计政策和会计估计，不重要的会计政策和会计估计可以不披露。

(1)重要会计政策的说明。由于企业经济业务的复杂性和多样化，某些经济业务可以有多种会计处理方法，也即存在不止一种可供选择的会计政策。企业在发生某项经济业务时，必须从允许的会计处理方法中选择适合本企业特点的会计政策。企业选择不同的会计处理方法，可能极大地影响企业的财务状况和经营成果，进而编制出不同的财务报表，因此，有必要对这些会计政策加以披露。说明会计政策时还需要披露财务报表项目的计量基础(包括历史成本、重置成本、可变现净值、现值和公允价值)和会计政策的确定依据。

(2)重要会计估计的说明。财务报表列报准则强调了对会计估计不确定因素的披露要求，企业应当披露会计估计中所采用的关键假设和不确定因素的确定依据，这些关键假设和不确定因素在下一会计期间内很可能导致对资产、负债账面价值进行重大调整。

5)会计政策和会计估计变更以及差错更正的说明(略)

6)报表重要项目的说明

企业应当以文字和数字描述相结合、尽可能以列表形式披露报表重要项目的构成或当期增减变动情况，并且报表重要项目的明细金额合计应当与报表项目金额相衔接。

在披露顺序上，一般应当按照资产负债表、利润表、现金流量表、所有者权益变动表的顺序及其项目列示的顺序进行披露。

7)其他需要说明的重要事项

其主要包括或有和承诺事项、资产负债表日后非调整事项、关联方关系及其交易等。

二、其他财务报告[①]

1. 分部报告

随着市场经济的发展，企业的生产经营规模日益扩大，跨行业、跨国界的集团化公司日渐增多。这些集团公司往往面临各种不同的经营环境，此时以企业整体为基础披露的财务信息就无法清晰地体现企业面临的这些差异。在这种情况下，反映不同产品(或劳务)和不同地区经营的风险报酬信息越来越普遍地受到会计信息使用者的重视。分部报告就是向信息使用者提供以业务分部和地区分部为主体的分散财务信息的手段。企业提供分部信息，能够帮助会计信息使用者更好地理解企业以往的经营业绩，更好地评估企业的风险和报酬，以便更好地把握企业整体的经营情况，对未来的发展趋势做出合理的预期。

2. 简化年度报告

简化年度报告是摘录了传统年度报告中的一些主要信息并经过高度浓缩后形成的。它省略了年度报告中的许多财务信息，与完整的年度报告相比，简化年度报告简单、清晰，有利于使用者一目了然地了解企业的经营状况，有利于激励使用者阅读。然而需要注意的是，简化年度报告不能代替会计准则要求编制的完整年度报告，只能作为完整年度报告的一个补充。在企业发布简化年度报告时，还需要同时报告一套经过全面审计的报表和其他需要披露的财务信息。

我国《公开发行证券的公司信息披露内容与格式准则第 2 号——年度报告的内容与格式》(2007 年修订)第一章第七条规定："公司年度报告的全文应按本准则第二章的要求编制，年度报告摘要的内容摘自年度报告正文，编制和披露应遵循本准则第三章的要求，并按照附件的格式进行。"其中"年度报告摘要"就是简化年度报告。

3. 盈利预测报告

财务会计所提供的信息主要是历史信息，然而随着使用者对会计信息质量(主要是相关性)的要求不断提高，反映企业未来发展前景的预测性信息也越来越必要。盈利预测报告是预测性信息的一种，它是企业对未来期间(通常是一年)经营成果所做的预计和测算。

我国《公开发行证券的公司信息披露内容与格式准则第 1 号——招股说明书》(2006

---

① 年度报告中的其他财务报告和其他报告往往没有明确的界限，如社会责任报告，如果其中包括财务信息(如防治污染的成本、捐赠的金额等)，则可以说它是其他财务报告，如果没有财务信息，则只能说是其他报告。但如人事变动之类的信息则可以比较明确地归属于其他报告。

年修订)对初次发行股票公司的盈利预测信息披露做了规定。《公开发行证券的公司信息披露内容与格式准则第2号——年度报告的内容与格式》(2007年修订)中体现了对经常性盈利预测报告的鼓励态度(第二章第三十三条):“公司可以编制并披露新年度的盈利预测，该盈利预测必须经过具有证券期货相关业务资格的会计师事务所审核并发表意见。”

4. 董事会报告

董事会是公司治理的核心，是企业各项经营活动的主要决策者和执行者。按照我国《公开发行证券的公司信息披露内容与格式准则第2号——年度报告的内容与格式》(2007年修订)的规定，企业年度报告中应当包括董事会报告。

5. 监事会报告

监事会是公司内部的专职监督机构，监事会对股东大会负责，以出资人代表身份行使监督权利。监事会报告是公司监事会对报告期内公司的运行情况和监督情况所做的说明。

《公开发行证券的公司信息披露内容与格式准则第2号——年度报告的内容与格式》(2007年修订)规定，企业年度报告中应当包括监事会报告。公司应披露报告期内监事会的工作情况，包括召开会议的次数、各次会议的议题等。

6. 审计报告

审计报告是指注册会计师根据注册会计师审计准则的规定，在实施审计工作的基础上对被审计单位财务报表发表审计意见的书面文件。审计报告以独立第三方的身份对被审计单位财务报表的合法性和公允性发表意见，这种意见具有鉴证作用。在年度报告中，公司应当在经审计的财务报表之前披露审计报告。注册会计师出具的审计报告应包括以下内容：①标题；②收件人；③引言段；④管理层对财务报表的责任段；⑤注册会计师的责任段；⑥审计意见段；⑦注册会计师的签名和盖章；⑧会计师事务所的名称、地址及盖章；⑨报告日期。

7. 社会责任报告

随着经济和社会的进步，企业不仅要追求盈利，而且要承担相应的社会责任。在当今的市场环境下，不注重承担社会责任，企业就很难生存和发展。企业社会责任越来越受到企业管理当局的重视，主动履行社会责任的企业越来越多。现实当中，企业管理当局为了向利益相关者表明其履行社会责任的情况，一个主要的途径是对外披露企业社会责任报告。社会责任报告也就成为企业对外展示自身社会责任履行情况，以及利益相关者了解和评价企业履行社会责任情况的重要手段。

第七节 投资估价信息分析方法

一、财务报表分析概述

财务报表分析是在财务报表及其相关资料的基础上，通过一定的方法和手段，审视财务报表数字之间的关系，同时对这些数字在较长时间内可能表现的趋势做出预测，从而向使用者提供更相关和更全面深入的财务信息。财务报表分析的主要目的在于：一是评价企业的财务状况和经营成果，揭示财务活动过程中存在的矛盾和主要问题，为改善经营管理提供方向和线索；二是预测企业未来的报酬和风险，为债权人、投资者和经营者的决策提供帮助；三是检查企业财务目标的完成情况，考核经营管理人员的业绩，为完善合理的激励机制提供帮助。

财务报表分析是以财务报表为基础的，分析使用的数据大部分来源于公开发布的财务报表。企业公开发布的财务报表是一种通用报表，满足的是信息使用者的一般需要，并不适合特定信息使用者的特定要求。因此，信息使用者要结合自身的特定需要，对通用报表的信息重新整理排列，得出适合自己决策需要的财务信息。从这个意义上说，不同信息使用者财务报表分析的目的是不同的。一般来说，企业的股东关注企业的财务状况、未来收益和现金流量情况；债权人关注企业的偿债能力、资本结构和收益情况；供应商关注企业的信用状况；政府关注企业的盈利状况和纳税情况；职工关注企业的盈利与员工收入、保险、福利是否相适应；等等。

二、比率分析法

比率分析法是把同一张财务报表中的相关不同项目或者两张不同财务报表之间的相关项目进行比较，用比率的形式来揭示存在相关关系的项目之间的逻辑关系，并以此来评价企业的财务状况、经营绩效和现金流量状况等的方法。比率分析法是财务报表分析中运用最广泛的一种方法，许多比率甚至已成为一种基准，被人们普遍用作评价企业财务状况和经营成果的有用标准。这些指标也被企业内部或外部的使用者广泛用于经济决策。

企业财务分析理论和实务中经常使用的财务比率不下 30 种，涉及企业经营管理的各个方面。它们大致可以分为四类：流动性比率、经营效率比率、获利能力比率和资本结构比率。

1. 流动性比率

流动性比率是考察企业短期偿债能力的指标，企业偿付流动负债的变现能力对评价企业的财务状况是非常重要的。反映企业短期偿债能力的比率有流动比率、速动比率、现金比率和速动资产够用天数等。

1)流动比率

流动比率是企业流动资产与流动负债的比率，它通常表现为企业流动资产可偿付流动负债的倍数。其计算公式为

$$流动比率=流动资产/流动负债$$

流动比率是衡量企业短期偿债能力的一个重要财务指标。依照传统观点，流动比率为 2∶1 是比较合理的。然而，随着信息技术的发展，企业可以有效地最小化其对现金、存货及其他流动资产的持有需求，因此一些成功企业的流动比率经常低于 1。

实务当中也使用营运资本反映企业的短期流动性。营运资本是流动资产与流动负

债的差额。但在评价企业短期偿债能力时，流动比率要比营运资本优越。

2)速动比率

速动比率是企业速动资产与流动负债的比率，是对企业短期偿债能力的更为严格的一种测试。速动资产是指可以随时变现的资产，包括货币资金、交易性金融资产、应收账款和应收票据。速动比率的计算公式为

速动比率＝速动资产/流动负债

在计算速动比率时，从流动资产中扣除了变现能力较差的存货，而存货一般在流动资产中占50%，所以通常认为速动比率为1是比较合理的。但实际中还要考虑行业特点等因素，也要注意速动资产的构成项目，如应收账款的变现能力等。

3)现金比率

如果一个企业处于财务困境，它的存货和应收账款被抵押或流动不畅，企业的偿债能力降低，则企业资产的流动性只有依靠现金和有价证券。因此评价企业短期偿债能力的最佳指标就是现金比率。其计算公式为

现金比率＝(现金＋交易性金融资产)/流动负债

4)速动资产够用天数

不论是流动比率或是速动比率，都没有给企业的短期偿债能力一个满意的解释。流动资产与流动负债相比较，通常都假定流动资产全部用于偿付流动负债。但一些分析家认为，考察企业短期偿债能力的较好方法应该是速动资产的够用天数，它是指现有速动资产可以支持企业日常现金支出的天数。这个指标由速动资产与每日经营支出的比值构成。计算公式为

速动资产够用天数＝速动资产/每日经营支出

式中，每日经营支出为通过销售成本加上销售和管理费用及其他现金支出，计算出只涉及现金支出的总成本费用，再除以365天后计算求得的；速动资产够用天数为投资者在决定企业满足日常经营支出的能力方面建立了一个安全范围，反映企业可以用部分速动资产偿还短期债务而不会影响日常支付的能力。如果速动资产够用天数较高，一方面说明企业具有较强的短期偿债能力，另一方面也表明企业具有较高的自我保护能力。

2. 经营效率比率

经营效率比率，又称周转比率，是考察企业资产运转快慢、评价企业资产流动性的指标，该比率用于考核企业利效经济资源的有效性。常用的经营效率比率主要有应收账款周转率、存货周转率、应付账款周转率和总资产周转率等。

1)应收账款周转率

应收账款周转率是考察企业控制应收账款规模并将其转化为现金的效率。它是通过把产品销售收入除以会计期间内应收账款平均余额计算而来的，表现为应收账款周转的次数或周转天数。从理论上讲，这里的销售收入额应该是赊销净额，但在销售过程中通常赊销与现销混在一起而难以区分，所以在计算时往往以产品销售收入净额来代替净赊销额。其计算公式为

应收账款周转率＝产品销售收入/应收账款平均余额

应收账款平均收账期＝(应收账款平均余额/产品销售收入净额)×365
＝365/应收账款周转率

一般来说，周转率越高越好，应收账款平均收账期越短，表明企业占用在应收账款上的资金越少，同时在财务分析中流动比率和速动比率也就具有较高的可信度。

2)存货周转率

存货周转率是确定存货销售快慢的比率，是通过公司的产品销售成本除以存货平均余额计算的，表现为存货周转次数或周转天数。其计算公式为

存货周转率(次数)＝产品销售成本/存货平均余额

存货周转天数＝(平均存货/产品销售成本)×365
＝365/存货周转率

一般而言，存货周转次数越高或存货平均周转天数越少，表明企业的存货管理水平越高，企业就可以在存货上投入较少的资金，而将有限的资金投入到其他的盈利项目中去，以便为企业带来更多的收益。但过高的存货周转率或过低的存货平均周转天数可能使企业因存货不足而增加缺货成本。

3)应付账款周转率

应付账款周转率是指年内应付账款的周转次数或周转天数。周转次数越高或平均周转天数越低，表明购买存货和现金支付之间的时间就越短。但是，过高的周转次数或过低的平均周转天数也会使企业因付款过快而失去应付账款所应享有的灵活性。反之，则表明企业可能陷入财务困境，其财务信息也可能受到影响。计算周转率时可以用购货成本作为分子，购货成本是用销货成本加上期末存货成本再减去期初存货成本得出的。其计算公式为

应付账款周转率(次数)＝购货成本/应付账款平均余额

应付账款平均周转天数＝(应付账款平均余额/购货成本)×365
＝365/应付账款周转率

根据应收账款周转率、应付账款周转率和存货周转率，可以确定总周转期。总周转期是指从获得存货到存货销售并取得现金的平均期限。它是用存货周转天数与应收账款周转天数之和再减去应付账款周转天数得出的。考察总周转期及其三个组成部分对判断企业之间经营效率差异是相当有用的，它也可用于同一企业不同年度之间的比较，以评价企业市场营销、信誉和收款政策的有效性。

4)总资产周转率

总资产周转率是用产品销售收入净额除以总资产平均余额得出的。其计算公式为

总资产周转率＝产品销售收入净额/总资产平均余额

该指标用来考察企业资产的利用效率。如果周转率高，说明企业利用资产经营销售的效率较高，否则企业应该考虑提高资产的利用效率，或对闲置的资产进行及时处理。

3. 获利能力比率

获利能力比率也称收益比率，是考核企业利润目标，尤其是与投入资产相关的报酬实现效果的指标。该比率分为企业收益比率和股东收益比率。

1)企业收益比率

企业收益比率既可以以收入为基础计算，也可以以投资如总资产为基础计算。企业获利能力通常也是对管理效率的最好检验。

(1)销售利润率。销售利润率也称边际利润率，是企业产品销售利润总额和产品销售收入净额的比率。计算公式为

销售利润率＝产品销售利润总额/产品销售收入净额

该指标常用于衡量企业产品销售收入的获利能力，包括对销售过程成本和费用的控制能力。企业产品的销售成本和期间费用越低，企业销售收入的获利能力就越大。如果企业有非正常收入，那么公式分子应只包括持续经营的收入。

(2)资产报酬率。资产报酬率是考察企业全部资产获利能力的指标，反映企业管理当局对企业所拥有资源优化配置与使用的效率。其计算公式为

资产报酬率＝[利润净额＋利息费用×(1－税率)]/资产平均余额

扣抵税收影响后的利息费用应该加回净利润，因为财务费用是为获取资产而支付给债权人的理财成本，而不是销货成本。把利息费用加回净利润所得的收益数字代表企业未对债权人或股东分配前的收益。公式中的净利润应剔除非常项目、非持续经营项目和会计方法变化的影响，因为这些项目与应用于企业经营活动中的持续经营资产无直接关系。

(3)净资产报酬率。净资产报酬率有时也称股东权益报酬率或所有者权益报酬率，它是利润净额除以所有者权益平均余额或股东权益平均余额后的比率，这一比率反映所有者权益或股东权益的剩余报酬。计算公式为

净资产报酬率＝利润净额/股东权益平均余额

当企业实行举债经营，净资产报酬率高于资产报酬率时，说明企业的财务杠杆运用良好。净资产报酬率的缺点是没有考虑实收资本的现值，因为财务报表主要是基于历史成本编制的，而有些公司则从净利润中扣除优先股股利，只采用普通股权益，它们认为优先股在本质上与长期负债更为相似。

(4)财务杠杆。财务杠杆是指企业在安排资本结构时，合理安排借入资金与股东权益的比例。当借入资金的投资报酬率高于利息率时，借入资金对股东权益的比率越大，股东权益报酬率越高，反之亦然，这就是所谓的“财务杠杆”。根据“财务杠杆”原理，企业可以在不改变经营条件的情况下，采用举债经营的办法，提高股东权益报酬率。因为

股东权益报酬率＝投资报酬率＋负债/股东权益×(投资报酬率－利息率)

由此可见，“财务杠杆”是一把双刃剑，它既可以给股东带来收益，同时也可能给股东带来损失。这种在不改变企业生存经营条件的情况下，只是改变借入资金与股东权益比例而给企业收益带来的不确定性，称为财务风险。如果举债过度，企业就可能发生财务困难，严重时还可能导致破产。因此，企业在安排资本结构时，应充分权衡财务风险，合理确定负债对股东权益的比例关系。

2)股东收益比率

股东收益比率是反映公司满足所有者获利目标的指标。常用的股东收益比率主要

有每股收益、市盈率、股利支付率等。

(1)每股收益。每股收益是财务分析中最重要的比率之一，也是最具隐蔽性的比率之一。由于每股收益指标的重要性，所以有些国家要求公司在收益表中专门披露这一比率。每股收益的计算相当复杂，如果企业资本结构中没有可能冲减每股收益的证券，每股收益可以简单地通过净利润减去优先股股利再除以发行在外的普通股加权平均数计算，计算公式为

每股收益＝(净利润－优先股股利)/普通股加权平均数

我国企业会计准则要求企业在利润表中披露每股收益信息，包括基本每股收益和稀释每股收益。《企业会计准则第 34 号——每股收益》规定了这两种每股收益的计算方法。

(2)市盈率。市盈率也称价格与收益比率，是指普通股每股市价与每股收益的比率。其计算公式为

市盈率＝普通股每股市价/普通股每股收益

该比率常被投资者作为判断股票价格是否具有吸引力的一种依据，它反映股东每取得 1 元收益所需要支付的代价。从理论上讲，市盈率越低的股票越具有投资价值。与其他类似公司相比，市盈率越高，表明该公司股价中泡沫成分可能越多。但是，在运用这一指标时，还要考虑公司的成长性。同时，这一比率也受投资者对公司经营质量的直觉、盈利增长趋势、投资风险、备选会计方法的应用和其他因素的影响。

(3)股利支付率。股利支付率是现金股利与(净利润－优先股股利)的比率。该比率不考虑发行在外的优先股，主要衡量在普通股每股收益中，有多大比例用于支付股利。其计算公式为

股利支付率＝现金股利/(净利润－优先股股利)

一般来说，大多数投资者希望有较高的股利支付率。但一些长期投资者可能更看重企业股票的未来投资价值，他们愿意让企业将更多的收益用于再投资，以期获得更高的资本收入。一般而言，高成长性的公司股利支付率较低，而成熟期的公司可能会发放更多的股利。

4. 资本结构比率

资本结构比率也称企业稳定比率，它是反映企业长期偿债能力和稳定性的指标，向长期债券持有人、优先股股东和普通股股东提供其对公司投资的安全(风险)程度的信息。一个企业的资本结构中债务越多，普通股股东投资的回报就越不确定。

1)资产负债率

资产负债率是企业负债总额与资产总额的比率，表明债权人提供的资产在企业总资产中所占的百分比。它可以向债权人提供关于企业在不损害债权人权益的情况下，规避损失的能力。其用公式表示为

资产负债率＝负债总额/资产总额＝1－股东权益比率

在通常情况下，当企业经营处于下降趋势时，债权人希望企业的资产负债率越低越好，这样可以使他们的本金和利息收入得到保护。但就股票持有人而言，他们偏爱公司拥有较高的资产负债率，这样公司就可以利用“权益交易”和“财务杠杆”来获得超

额报酬。然而，过高的资产负债率可能会动摇企业的资本基础，影响企业吸收更多外部资本的能力。债权人和股东一般都认为，过度运用财务杠杆将使公司具有相对的不稳定性和更高的风险。

2)已获利息倍数

已获利息倍数是用税前利润和利息费用之和(即利润总额)除以利息费用得出的，常用于评价公司所赚收益支付利息费用的能力和债权人在公司投资的安全性。其计算公式为

已获利息倍数＝(税前利润＋利息费用)/利息费用

一般而言，已获利息倍数越高，公司支付利息的能力就越强。尽管支付利息费用是一种法定义务，但连续多期的低收益也会危及利息的连续支付。此外，已获利息倍数并非完全准确地反映企业支付利息的能力，因为公式中的数据来源于权责发生制会计，使用现金数据会得出更加准确的结果。

3)每股面值

每股面值反映的是每股净资产，它有时也被称之为每股清算值。如果公司以资产负债表所报告的数额为基础进行清算，每股面值就是每股所收到的数额。但如果资产的账面价值与其公允价值差距较大，那么这个比率在很大程度上就失去了相关性。其计算公式为

每股面值＝普通股股东权益/发行在外的普通股数

4)每股现金流量

每股现金流量是当今最流行也最难理解的指标之一。它是用净利润加上非现金支出(如折旧和摊销)除以发行在外的普通股数得出的。其计算公式为

每股现金流量＝(净利润＋非现金支出)/发行在外的普通股数

目前，每股现金流量尚未被广泛披露在年报中，因为一般讨论的现金流量都过于简单化，没有按影响营运资本的应收账款、应付账款和其他流动资产与流动负债的变化进行调整。此外，单纯考虑每股现金流量而不考虑其他比率如每股收益，可能会误导投资者。

三、比较分析法

比较分析法是将报告期的某项指标与某些选定的基准数进行对比，确定其增减差异，分析事物之间的联系、结构和发展趋势，用于评价企业财务状况和经营成果好坏的方法。根据比较基数的不同，比较分析法可分为若干对比形式，主要有实际与计划对比、不同时期实际数比较、同类企业之间的对比等。而依据比较范围来划分，则可以分为企业内部比较分析和企业间的比较分析。比较分析法可以是绝对数的比较，也可以是相对数的比较；可以是某一项指标的比较，也可以是整个财务报表的比较。最常见的形式是编制比较财务报表。若要进行同一企业不同时期的分析，则可采纳趋势分析法。

1. 企业内部比较分析

企业内部比较分析是指将不同期间的企业内部有关数据进行对比分析，通过这种不同时期的数据比较，可以了解其发展变化的趋势。

1)绝对数比较分析

绝对数比较分析是将企业现在与过去的历史资料相比较，以评价企业现在财务业绩和状况的一种方法。在这种比较过程中，可以发现企业的长期业绩状况是稳定的、发展的，还是恶化的。一般来说，大多数公司在财务报表中至少列示两年以上的可比数据。我国企业会计准则也要求企业报告比较财务报表。

2)比较财务比率

比较财务比率就是将企业连续几期的财务比率进行对比，从而分析企业财务状况的发展趋势，这种方法更加直观地反映了企业各方面的财务状况的变动趋势。

3)比较结构分析

结构分析通常被称为纵向分析。它是以百分比的形式表述企业在一个特定期间内，财务报表项目与某一共同项目之间的关系。结构分析可用于资产负债表、利润表和现金流量表的分析。在资产负债表、利润表和现金流量表中，分别以“资产总额”、“本年期销售收入”和“现金增加额”为其他项目的对比基数，来计算其余项目与之相比而得到的百分比。以百分比的形式表述的报表称为共同比报表。而把这种结构分析用于财务报表的多期比较时，可以更清晰地反映报表项目间的变化趋势。

2. 企业间的比较分析

企业间的比较分析是将企业的业绩与竞争对手的业绩相比、与整个行业相比或与相关的企业相比。在比较分析时，可以比较一期，也可以与过去多期相比较。比较的基础可以是比率、发展趋势或结构。使用者在运用比较分析方法编制财务分析信息时，不仅要考虑跨期数据的一致性与可比性，还要注意公司间数据的可比性，以得到更有实际意义的分析结果。

3. 趋势分析法

趋势分析法是对不同时期的财务指标进行对比以确定其增减差异和变动趋势的分析方法。从某种意义上说，它是将比率分析法和比较分析法结合起来运用的一种方法。

趋势分析法的计算指标包括差异数、差异率和趋势比率。计算公式为

$$差异数=报告期数-基期数$$

$$差异率=差异数/基期数\times 100\%$$

$$趋势比率=报告期数/基期数\times 100\%$$

在进行趋势分析时，确定好基期至关重要。可以以某选定时期为基期，即固定基期，以后各期数均以该期数作为共同基数计算出趋势比率，称为定比。也可以以上一期为基期，各期数分别以前一期数作为基期数，基期不固定且顺次移动，计算出的趋势比率称为环比。

➤思考与练习

1. 何谓财务报告体系？财务报告体系包括哪些基本内容？

2. 资产负债表的基本内容有哪些？如何填报？

3. 利润表的主要项目包括哪些？各有什么基本内容？

4. 每股收益的内涵是什么？如何计算每股收益？

5. 现金流量表的主要内容包括哪些？如何按照直接法和间接法编制现金流量表？

6. 所有者权益表包括哪些基本内容？

7. 财务报表分析有哪些基本的分析方法？比率分析法主要包括哪些基本的类别，分别可以得到哪些方面的基本信息？

8. 如何在投资估价的过程中充分利用财务报表分析的基本信息？

第三章

资本的时间价值和风险溢价

第一节　资本的时间价值

一、资本、资产和资金

（一）什么是资本

资本是指投资者投入企业的资本金，包括货币资金、实物以及无形资产等其他形态的资金。它主要表现为房屋、建筑物、工厂、机器设备以及库存，另外还包括用于研究和开发的经费所产生的知识、通过教育培训所取得的熟练技术、增加工人保健费所提高的生产力，以及因采取诸如修整山林、改良土壤、开发矿产、对周围的水和空气进行保养和改善而进行投资等措施提高的土地和自然资源的价值等。资本不管采用何种形式，其特点都是利用现时生产来创造那些不是现在要消费或享用，而是将来的生产要加以利用的某种资源，将来的生产，要么是提供消费服务，要么是形成更多的资本。

资本一般具有三大基本特性：增值性、流动性和风险性。增值性是指资本能够产生大于自身的价值，这是资本运动的最根本特性，也是资本的目的所在。流动性是指资本要求不断处于运动状态，这是资本增值的必要条件，什么地方能使资本获得更大的增值，资本就要流向那里；哪个地方、哪个行业、哪个产品所带来的利润丰厚，资本就一定要在那里集中，资本的价值增值只有在运动中才能实现。资本是为将来服务的，而将来具有许多不确定性，它始终处于外部环境的不断变化之中，因此资本具有风险性。

资本经营的目的在于资本的保值增值。在通常情况下，企业不仅以所投入的资本金从事经济活动，还根据实际情况尽可能利用可以利用的外部资源来保证所投入资本的最大增值。由于企业所投入的资源是以整体的形式从事经营活动，无法区分哪一部分是资本金，哪一部分是负债，所以在资本经营活动中营运的资本既包括所有者的投资，也包括全部负债。

(二)资产与资本的关系

资产是指某一特定主体由于过去的交易或事项而获得或控制的可预期的未来经济利益。它表现为直接或间接带给这一特定主体现金或现金等价物的潜在能力，是能以货币计量的经济资源。资产按其存在形式可分有形资产和无形资产，有形资产包括现金、设备、房产、办公用品等，无形资产包括专利权、品牌、商标、商誉等；按其在资本运动中的作用可分为金融资产和非金融资产，金融资产包括货币和有价证券，非金融资产一般由实物构成；按其能否在不受损失的条件下迅速转化为现金，又可分为流动性资产和固定性资产。

资本与资产就其概念而言，两者存在一定的差异。资本侧重于“本”——本钱，而资产则侧重于“产”——财产，前者通常意味着投入，后者则更多地与产出相联系。但资产一旦用于投资，也就成为资本。因此，随着市场经济的不断发展，没有必要、也不可能对两者给予严格的区分。

(三)资金的概念

资金通常指资本或资产的货币价值。无论是投资者投入的资本金，还是企业从债权人手中借入的贷款，只要在生产经营中起作用，就可以视为企业的资金。如果没有特别说明，以下的讨论不再考虑资本、资产和资金三者之间在概念上的差异，更多地使用资金这一名称。

二、利息率

(一)什么是利息率

利息率简称利率，是资金的增值额同投入资金数额之间的比率。这里，资金的增值额也称为利息。从资金的借贷关系看，利率是一定时期运用资金这一特殊商品的交易价格。在发达的市场经济条件下，资金一般从低利率的投资项目向高利率的投资项目转移。当金融市场发行较高利率的债券时，投资者可能出售其持有的较低利率的债券，转而购买较高利率的债券，以取得更多的投资报酬。这样通过市场机制，资金的价格差异导致了资源的再分配，这种行为一直到市场价格达到均衡为止。

确定利率的方式有市场利率和公定利率。市场利率由资金市场根据当时资金供求关系和其他相关因素确定，其利率水平的高低遵循市场规律自由变动；公定利率由政府金融管理部门或中央银行确定，是国家进行宏观经济调控的重要手段。影响利率水平的因素有很多，如经济周期、通货膨胀、货币汇率、国际政治经济关系、国家财政金融政策和国家利率管理体制等，它们通过影响资金的供应与需求而引导利率水平的变化。

（二）利率的构成

利率通常由纯利率、通货膨胀溢酬和风险补偿三部分构成。风险补偿又可分为违约风险溢酬、流动性风险溢酬和期限风险溢酬三种。其一般构成公式如下：

$$K = K_0 + \mathrm{IP} + \mathrm{DP} + \mathrm{LP} + \mathrm{MP} \tag{3.1}$$

式中，K、K_0 分别表示利率、纯利率；IP 表示通货膨胀溢酬；DP、LP、MP 分别表示违约风险溢酬、流动性风险溢酬和期限风险溢酬。K 也称为名义利率，其扣除通货膨胀溢酬后称为实际利率。

1. 纯利率

纯利率是在不考虑预期通货膨胀因素时无风险的均衡利率。影响纯利率的基本因素是资金供给量和需求量，随着资金供求关系的变化而变化。在实际工作中，一般以无通货膨胀情况下的无风险短期证券利率，如短期政府债券利率表示纯利率。

2. 通货膨胀溢酬

通货膨胀是影响利率的重要因素，它不仅使货币购买力下降，也会使投资的实际收益降低。因此，资金供应者应谨慎地评估通货膨胀，在纯利率之外加进通货膨胀溢酬，以消除通货膨胀对投资收益率的影响。设纯利率为 2%，预计下一年度的通货膨胀率为 5%，则一年期无风险证券的利率为 7%。

3. 违约风险溢酬

违约风险又称信用风险，是指借款人不能按期支付利息或偿还本金的可能性。违约风险表明借款人按期还本付息的信用程度，如果借款人经常不能按期支付本息，说明其违约风险高。为了弥补违约风险，就必须提高利率；违约风险越高，债权人要求的贷款利率也越高。违约风险溢酬就是利率中用于弥补违约风险的部分。国库券等公债由政府发行，一般无违约风险，而企业债券的违约风险要根据企业的信用程度来定。企业的信用程度通常分为若干等级（如标准普尔 AAA、AA、A、BBB、BB、B、CCC、CC、C、DDD、DD、D），等级越高，信用越好，违约风险就越低，违约风险溢酬也相应越低。在实际工作中，违约风险溢酬用到期日、变现能力相同的公债利率与不同信用等级企业债券利率之间的差额来衡量，如用长期公司债券利率与长期政府债券利率的差额来表示长期公司债券的违约风险溢酬。假定相同期限的国库券、AAA 债券、AA 债券和 A 债券的利率分别为 10%、11.1%、11.3%和 11.8%，那么 AAA 债券、AA 债券和 A 债券的违约风险溢酬就分别为 1.1%、1.3%和 1.8%。

4. 流动性风险溢酬

流动性是指某项资产转化为现金的能力。一项资产能迅速转化为现金，说明其流动性好，变现能力强，流动性风险小；反之，其流动性风险大。政府债券、著名公司的股票与债券和一些金融媒介有价证券，变现能力强，流动性风险小。如果一些企业发行的有价证券缺乏必要的流动性，投资者会要求在有价证券利率中加进一定的补偿流动性风险部分，称为流动性风险溢酬。流动性风险溢酬很难精确计量，通常采用流动性折扣系数法、相对比较法给予估算。

5. 期限风险溢酬

一般来说，借贷期限越长，期间所包含的不确定因素就越多，风险也就越大。为了弥补这种风险，就必须相应地提高利率。因此，长期债券和其他长期借款利率通常要高于短期债券和其他短期借款利率，高出的部分就是期限风险溢酬。通常用长期政府债券利率与短期政府债券利率的差额估算期限风险溢酬。

三、资本的时间价值与现金流量

(一)资本的时间价值

资本的时间价值是指资金在不同时点上的价值差额。随着商品经济的高度发展和借贷关系的普遍存在，资本分化为借贷资本和经营资本，货币所有者与货币使用者相分离，货币转化为资本，具有了能够带来增值的使用价值。资本的时间价值包含了两层意思：一是指货币的时间价值；二是指资金运用的时间价值。

一方面，从货币所有者这一角度来看，货币所有者把货币的这种使用价值让渡给货币使用者，用以进行生产经营活动，从而获得增值，货币使用者需要从其获得的增值中分出一部分给货币所有者，作为牺牲现时消费的报酬，这种按借用货币时间长短计算的报酬，叫做货币的时间价值。另一方面，从货币使用者这一角度来看，只有当资金代表的生产资料与劳动力相结合时，才能创造出新价值，货币的时间价值体现在这一新价值中便是资金运用的时间价值。如果资金不能尽快而有效地同劳动力结合，如原材料或产品积压、生产设备闲置等，就会使资金运用的时间价值遭受损失。如何用同样的时间取得更大的效益，或者取得同样的效益而占用更少的时间，是货币使用者必须认真面对的问题。因此，资金运用的时间价值既反映了速度与效益的有机结合，也包含了投资者对时间的有效把握。

资本的时间价值又被称为资金使用的“机会成本”。从总的经济活动来看，资金总是有限的，如果资金用于某个方面，就不能用于其他方面，那么用于其他方面的“机会”就丧失了。假如这部分资金用到别的方面一般可以获得10%的收益，那么投资者自然也要求把资金用在这一方面至少也要获得10%的收益，这是因为已放弃机会的可计量价值为10%，要从已采取的方案中得到补偿。

资本的时间价值的表现形态通常为利率，但它不是一般的利率。本质上资本的时间价值是在无通货膨胀、无风险情况下的社会平均资金利润率，它对应于利率结构式(3.1)中的纯利率部分K_0。如果排除通货膨胀因素，资本的时间价值就是无风险利率，它可以用短期国债利率来表示。

(二)终值、现值与现金流量

终值(terminal value)是指现在的资金到未来若干期期末的价值，也称为将来值。现值是指未来若干期期末收入或支出资金的现在价值。终值和现值是资金时间价值中两个最基本的概念。终值和现值的计算分为单利和复利两种。

1. 单利终值与现值

单利是指本金能带来的利息，而利息必须在提出以后再以本金形式投入才能生利。

单利终值就是利息不能生利的本利和。例如，年利率为10%的1 000元存款，从第1年到第3年，各年年末(假定第1年年初存入银行)的终值如下：

第1年年末终值为1 000×(1 + 10%×1)=1 100(元)

第2年年末终值为1 000×(1 + 10%×2)=1 200(元)

第3年年末终值为1 000×(1 + 10%×3)=1 300(元)

单利终值的一般表达式为

$$V_n = V_0 \times (1+i\times n) \tag{3.2}$$

式中，V_0 为现值，即第1年年初(0年年末)的价值；V_n 为终值，即第 n 年年末的价值；i 为年利率；n 为计息年数。

单利现值是指未来的资金按单利计算的现在价值。为支付1年年末的1 000元，现在应当存入银行多少钱？它可以用倒求本金的方式计算。假如年利率为10%，那么1年年末1 000元的现值为1 000/(1 + 10%×1)= 909 (元)。单利现值的一般表达式为

$$V_0 = V_n \times \frac{1}{1+i\times n} \tag{3.3}$$

2. 复利终值与现值

复利是指本金能够生利，本期利息在下一期列入本金参加计息，俗称“利滚利”。

复利终值是指每期都按上一期期末的本利作为本金计算的本利和。例如，假定年利率为10%，年初投资1 000元，从第1年到第3年，各年年末的复利终值如下：

第1年年末终值为1 000×(1 + 10%)^1=1 100(元)

第2年年末终值为1 000×(1 + 10%)^2=1 210(元)

第3年年末终值为1 000×(1 + 10%)^3=1 331(元)

复利终值的一般表达式为

$$V_n = V_0 \times (1+i)^n \tag{3.4}$$

式中，V_0 为现值，即第1年年初(0年年末)的价值；V_n 为终值，即第 n 年年末的价值；i 为年利率；n 为计息年数。

复利现值是指未来的资金按复利计算的现在价值。为获得第3年年末1 000元的收入，现在应当投入多少钱？用倒求本金的方式计算。假如年利率为10%，那么第3年年末1 000元的现值为1 000/(1 + 10%)^3= 751元。复利现值的一般表达式为

$$V_0 = V_n \times \frac{1}{(1+i)^n} \tag{3.5}$$

计算未来资金的现值又称为贴现(也称折现)，式(3.5)右边的第二部分称为复利贴现因子，i 也称为贴现率。

3. 连续复利

终值和现值通常是按年来计算的，计息期为一年。但有时也会遇到计息期少于一年的情况。如债券利息通常每半年支付一次，股票红利有时按季发放，一些储蓄或借贷甚至以月、日为计息期。

当计息期少于一年，而使用的利率又是年利率时，上面的复利终值与现值计算公式 $V_k = V_0 \times (1+r)^k$ 的计息期数 k 和计息率 r 必须按式(3.6)进行换算：

$$r = \frac{i}{m}, k = m \times n \tag{3.6}$$

式中，i 为年利率；n 为年数；m 为一年的计息次数。

【例 3-1】 某人准备在第 5 年年末获得 1 000 元的收入，年利率为 10%。试计算：①每年计息一次，现在应存入多少钱？②每半年计息一次，现在应存入多少钱？

若每年计息一次，那么现在应存入：

$$1\,000 \times \frac{1}{(1+10\%)^5} = 1\,000 \times 0.620\,92 = 620.92(\text{元})$$

若每半年计息一次，那么由式(3.6)有 $r = \frac{10\%}{2} = 5\%$，$k = 2 \times 5$ 。因此现在应存入：

$$1\,000 \times \frac{1}{(1+5\%)^{10}} = 1\,000 \times 0.613\,91 = 613.91(\text{元})$$

从例 3-1 中不难发现，为了获得若干年年末的固定收入，如果每年的计息次数越多，那么当前应存入的资金数额越少。人们不禁要问，在每年计息次数充分大的情况下，是不是可以不存钱或者存入很少的钱就能获得若干年后的较高收益？要回答这个问题，必须先来解决连续复利的问题。可以从一年 m 次计息的复利入手。

对于表达式 $(1+\frac{i}{m})^m$ 来说，当 m 充分大时(即相邻两次计息的时间间隔充分小)，它趋近于 e^i。这一变化趋势可以用数学符号表示为

$$\lim_{m\to\infty}(1+\frac{i}{m})^m = e^i$$

式中，e 表示自然对数的底，是一个无理数，通常取 2.781 8；i 表示年利率。在上例中，$e^i = 2.781\,8^{0.1} = 1.107\,7$ 为一年的连续复利，5 年的连续复利为 1.667 8。可见尽管每年的计息次数 m 充分大，当前应存入的钱数也不应低于 1 000/1.667 8 = 600(元)。更一般地，对于给定的年利率 i，从现在起的任何一段时间 t，其连续复利为 e^{it}，对应的贴现因子就是 e^{-it}。

4. 现金流量

现金流量是指由一个投资项目引起的、在未来一定期间内发生的现金支出与现金收入的数量。由于资金具有时间价值，在不同时间上的资金，如今天的 1 000 元，与若干年后的 1 000 元，其实际价值是不相等的。所以，一定数量的资金必须说明它发生的时间，才能确切表达其价值。为了简单明了地反映资金发生的时间和大小，常用现金流量来表示。这里的“现金”是广义的现金，它不仅包括各种货币资金，而且还包括因项目需要而投入的企业拥有的非货币资源，如原有的厂房、设备和材料的变现价值。现金流量主要包括现金流出量、现金流入量和现金净流量三个具体概念。

一个投资项目的现金流出量是指该项目引起的企业现金支出的增加额。它通常包括：固定资产的购入、建造、运输和安装，流动资产如库存、应收账款和货币资金的

增加，生产经营中的付现成本和各种税金支出。现金流入量是指该项目引起的企业现金收入的增加额。它通常包括：销售及其他业务现金收入，固定资产的报废残值收入或中途变价收入，垫支的流动资产回收。现金净流量则为现金流入量与现金流出量的差额。

根据现金流量发生的不同时期，现金流量也可以划分为初始现金流量、营业现金流量、终结现金流量三个部分。初始现金流量是指开始投资时发生的现金流量，一般表现为现金流出量，它包括固定资产投资、净流动资产垫支、其他投资费用、原有固定资产的变价收入四个部分。营业现金流量是指投资项目投入使用后，在其整个寿命周期内，由于生产经营所带来的现金流入和流出的数量，这种现金流量一般按年度计算，等于营业收入扣除付现成本和所得税后的差额；其中付现成本是指需要货币支付的生产成本和期间费用，因而计算时折旧费用不计入现金流出量。终结现金流量是指投资项目的经济寿命完结时所发生的现金流量，一般表现为现金的流入量，主要包括固定资产的残值收入或变价收入、原有垫支在各种流动资产上的资金的回收、停止使用的土地的变价收入。

现金流量包括项目的投资期、使用期和项目完结时的全部现金收支数，反映了项目投资的全部收益。在投资决策中，采用现金流量主要有两个方面的原因：一是有利于科学地考虑货币的时间价值因素，二是有利于客观地评价投资项目的经济效益。通过预测未来现金流量，可以客观地评价项目投资的经济效益，从而进行科学的投资决策。

【例 3-2】 一家运输公司正考虑花费 260 000 元购入一辆 20 吨的大卡车，这辆大卡车只能服役 4 年，然后报废。这家公司预期从这项投资获得的 4 年现金净流量分别为 60 000 元、70 000 元、90 000 元和 110 000 元。问这一项目是否值得投资？

对大卡车的折旧费用略加分析，每年平均折旧费用为 65 000 元，与 4 年的预期现金净流量相比较，似乎这项投资还是可以做的。然而一旦考虑到资金的时间价值，问题就不是这么简单了。我们可以比较以下两种选择：一种选择是投资 260 000 元购买大卡车，获得预期的现金流量；另一种选择是不买大卡车，这样公司在 4 年后只能得到 260 000 元年利率为 12%的本利和。表 3-1 列出了该公司投资项目的终值计算结果。

表 3-1 运输公司卡车投资项目经济效益分析

年末时间	现金流量/元	终值计算因子	四年末价值	效益比较
不购买卡车			按本利和计算	
1	$260\,000\times(1+12\%)^1$			
2	$260\,000\times(1+12\%)^2$			
3	$260\,000\times(1+12\%)^3$			
4	$260\,000\times(1+12\%)^4$	1.573 5	409 115	409 115
投资买卡车			按净流量计算	
1	60 000	$(1+12\%)^3=1.404\,9$	84 296	
2	70 000	$(1+12\%)^2=1.254\,4$	87 808	
3	90 000	$(1+12\%)^1=1.120\,0$	100 800	
4	110 000	$(1+12\%)^0=1.000\,0$	110 000	382 904
项目净收益				−26 211

在考虑资金时间价值的情况下，按当前12%的年利率计算，运输公司投资购入卡车进行经营，4年末的投资收益终值为382 904元，比资金的时间价值还少了26 211元。因此通过现金流量的计算比较，可以判断这项投资是不划算的。年利率在这里对投资起到了决定性的作用，不难验证在预期现金净流量不变的前提下，如果年利率小于9.22%，那么这一项目可以投资。

现金流量充分反映了资金的时间价值，不同时间的现金流量构成了一个时间数列。由于现金流量通常用增量表示，在资金的现值和终值计算中，涉及数列的求和。假定某项资产n期的现金流量为$F_t(t=1, 2, \cdots, n)$，年利率为i，那么该资产的现值可以用式(3.7)来表示：

$$V_0 = \frac{F_1}{(1+i)^1} + \frac{F_2}{(1+i)^2} + \cdots + \frac{F_n}{(1+i)^n} \tag{3.7}$$

可以简记为

$$V_0 = \sum_{t=1}^{n} \frac{F_t}{(1+i)^t}$$

相应的终值公式为

$$V_n = \sum_{t=0}^{n-1} F_t \times (1+i)^{n-t} \tag{3.8}$$

【例3-3】 有一项投资在随后的5年里产生的现金流量年末价值分别为1 000元、2 000元、2 500元、400元和3 000元，贴现率为8%，求这项投资的现金流量现值。

按式(3.7)，现金流量现值为

$$V_0 = \frac{1\,000}{(1+8\%)^1} + \frac{2\,000}{(1+8\%)^2} + \frac{2\,500}{(1+8\%)^3} + \frac{400}{(1+8\%)^4} + \frac{3\,000}{(1+8\%)^5} = 6\,960.945\,7(\text{元})$$

计算结果为6 960.95元。

【例3-4】 有一项投资在随后的5年里产生的现金流量年末价值以5%的增长率稳定增长，而第1年的年末价值为1 000元，市场利率为8%，求这项投资的现金流量现值。

按式(3.7)，现金流量现值为

$$\begin{aligned} V_0 &= \frac{1\,000}{(1+8\%)^1} + \frac{1\,000\times(1+5\%)^1}{(1+8\%)^2} + \frac{1\,000\times(1+5\%)^2}{(1+8\%)^3} + \frac{1\,000\times(1+5\%)^3}{(1+8\%)^4} \\ &\quad + \frac{1\,000\times(1+5\%)^4}{(1+8\%)^5} \\ &= \frac{1\,000}{(8\%-5\%)} \times \frac{(1+8\%)^5-(1+5\%)^5}{(1+8\%)^5} = 4\,379.473\,7(\text{元}) \end{aligned}$$

计算结果为4 379.47元。

现金流量通常简称为现金流。许多资产的价值来源于其为所有者产生现金流的能力。就企业而言，企业价值最大化的决定性因素是企业经营活动能够带来最大的现金流，因为企业的现金流最大，意味着企业管理层可直接支配的经济资源最大，流动性最强，不仅可以满足各类投资者对索偿权的要求，而且可以应对市场中各种竞争因素的变化，保证企业的顺利发展。因此，现金流量在资产定价中是一项必不可少的重要工具，它广泛地应用于债券、股票、期权、期货等金融产品的定价和理论研究中。

四、固定收入证券

固定收入证券是指定期支付给持有人固定收入的证券。常见的固定收入证券有存款账户、国库券、公司债券、优先股和分期付款单据等。固定收入证券因其风险小或几乎没有风险，又被称为无风险证券。一些固定收入证券只有一次现金流支付，而另一些则具有多次现金流支付。固定收入证券通常必须标明到期日(在这个时间以后，持有人就不再获得现金流支付)，此外还必须标明现金流的固定支付时间、相应的回报率。

(一)基本固定收入证券

1. 存款账户

存款账户是人们最为熟悉的固定收入证券。它具有安全、灵活、方便等诸多特点，给人们的工作和生活带来了极大的便利。但由于存款利率低，投资回报相对较少。近年来一些银行为了吸引客户储蓄，推出了整存零取、零存整取等业务。

整存零取是指存款人于期初一次性将现金存入银行，受益人在到期日之前定期从银行支取固定收入的现金储蓄方式。

【例 3-5】 某生将于明年进入大学学习，在校学习期间每年各项费用预计为 8 000 元，若银行存款利率为 8%，问为满足该生 4 年的学习生活需要，该生家长现在按整存零取方式应存入银行多少钱？

根据式(3.7)，其现金流量现值为

$$V_0 = 8\,000 \times \left[\frac{1}{(1+8\%)^1} + \frac{1}{(1+8\%)^2} + \frac{1}{(1+8\%)^3} + \frac{1}{(1+8\%)^4}\right]$$

$$= 8\,000 \times \frac{(1+8\%)^4 - 1}{8\% \times (1+8\%)^4} = 26\,497.014\,7(\text{元})$$

即学生家长应一次性存入 26 497.01 元。

零存整取是指存款人在到期日之前，于期初逐期将固定数额的现金存入银行，受益人在到期日一次性从银行获得协议收入的现金储蓄方式。

【例 3-6】 某人为了在 10 年后获得 100 000 元现金收入，从现在起以零存整取方式逐年将现金等额存入银行。银行年利率为 8%，问每次他应存入多少钱？

假定每年存入银行 A 元，根据式(3.8)，现金流量满足以下等式：

$$V_{10} = A \times (1+8\%)^{10} + A \times (1+8\%)^9 + \cdots + A \times (1+8\%)^1$$

其中，$V_{10} = 100\,000$ 元。由上式可解出 A：

$$A = \frac{100\,000}{(1+8\%)^{10} + (1+8\%)^9 + \cdots + (1+8\%)^1}$$

$$= \frac{100\,000}{(1+8\%)} \times \frac{8\%}{(1+8\%)^{10} - 1} = 6\,391.62(\text{元})$$

即每年应定期存入银行 6 391.62 元。

2. 国库券

国库券是指中央政府为了弥补国家财政赤字和为建设大型工程项目筹集资金而发行的固定收入证券。国库券也称国债，它具有发行人地位特殊和无违约风险两大特点，是最高信誉等级的证券。因为它是由政府自己来偿还的，而政府又能在任何需要的时候印制货币，所以在名义上不存在是否能够按时偿还贷款的问题。国库券按到期时间的长短可大致分为长期国债和短期国债。

【例 3-7】 3 年期国库券面值为 1 000 元，票面利率为 5%，每年年末付息一次，并于第 3 年年末偿还国库券面值本金。若市场利率为 8%，问该项资产的现值是多少？

根据现金流量进行计算的过程由表 3-2 列出。

表 3-2　投资项目的现金流量现值计算

年末时间	现金流量/元	贴现因子	现值/元
1	1 000×5%=50	$\frac{1}{(1+8\%)^1}=0.925\ 926$	46.296 3
2	1 000×5%=50	$\frac{1}{(1+8\%)^2}=0.857\ 339$	42.866 9
3	1 000+1 000×5%=1 050	$\frac{1}{(1+8\%)^3}=0.793\ 832$	833.523 9
合计			922.687

这项资产的现值为 922.69 元。

3. 企业债券

企业债券是指企业为了筹集生产或新上项目所需要的资金，依照法定程序在约定时限还本付息的固定收入证券。金融机构发行的金融债券实际上也是一种企业债券。企业债券也称为公司债券，通常它应有确定的偿还期限、指定的利率和固定的利息支付时间。在确定债券利率时，应参考债券有效期限内银行定期的存款利率或国库券的利率水平，并考虑本企业的信誉等级等因素。随着市场经济的发展，金融市场日趋活跃，企业债券日趋多样化。除了普通债券外，还有可转换债券、无息债券、浮动利率债券、收益债券等。可转换债券是指在一定时期内，可以按规定的价格或按一定的比例，由持有人自由地选择是否转换为普通股的债券；无息债券是指票面上不标明利息，按面值折价出售，到期按面值归还本金的债券；浮动利率债券是指其纯利率部分随着国库券利率的变动而变动，是具有抗通货膨胀特性的债券；收益债券是指企业不盈利时可暂不支付利息，而获利时支付累积利息的债券。

【例 3-8】 某债券面值为 1 000 元，票面利率为 10%，期限为 5 年，投资者要对这一债券进行投资，要求必须获得 12%的报酬率(即要求收益率为 12%)。问债券价格多少时，才能投资？

按投资者要求的收益率计算现金流量的现值：

$$V_0=\frac{1\ 000\times10\%}{(1+12\%)^1}+\frac{1\ 000\times10\%}{(1+12\%)^2}+\frac{1\ 000\times10\%}{(1+12\%)^3}+\frac{1\ 000\times10\%}{(1+12\%)^4}+\frac{1\ 000\times10\%}{(1+12\%)^5}$$
$$+\frac{1\ 000}{(1+12\%)^5}$$

$$=\frac{100}{12\%}\times\frac{(1+12\%)^5-1}{(1+12\%)^5}+\frac{1\,000}{(1+12\%)^5}=927.90(\text{元})$$

即债券价格为 927.90 元时可以投资。

【例 3-9】 某无息债券面值为 1 000 元，以贴现方式发行，没有票面利率，期限为 5 年，期内不计利息，到期按面值偿还。当前市场利率为 8%，问债券发行价格为多少时投资者才能购买？

5 年后的 1 000 元按市场利率计算的现值为

$$\frac{1\,000}{(1+8\%)^5}=680.58(\text{元})$$

即债券发行价格为 680.58 元时可以购买。

【例 3-10】 某投资者准备购买一种利随本清的企业债券，该债券面值为 1 000 元，票面利率为 10%，期限为 5 年，不计复利。当前市场利率为 8%，问债券发行价格为多少时投资者才能购买？

这是一种比较常见的债券。计算也相对简单，按式(3.2)计算，5 年年末本利和为

$$V_5=1\,000+1\,000\times10\%\times5=1\,500(\text{元})$$

因此按市场利率计算的现值为

$$\frac{1\,500}{(1+8\%)^5}=1\,020.874\,8(\text{元})$$

即债券发行价格为 1 020.87 元时可以购买。

【例 3-11】 某企业于年末发行可转换债券面值为 1 000 元，票面利率为 8.25%，期限为 8 年，市场价格为 1 400 元，年末该企业的不可转换债券收益率为 8.4%。问该债券的可转换选择权可以值多少钱？

该企业可转换债券的价值 = 该企业同期不可转换债券价值 + 转换选择权价值

其中，该企业同期不可转换债券价值也就是其现金流量的现值：

$$V_0=\frac{1\,000\times8.25\%}{(1+8.4\%)^1}+\frac{1\,000\times8.25\%}{(1+8.4\%)^2}+\cdots+\frac{1\,000\times8.25\%}{(1+8.4\%)^8}+\frac{1\,000}{(1+8.4\%)^8}$$

$$=\frac{82.5}{8.4\%}\times\frac{(1+8.4\%)^8-1}{(1+8.4\%)^8}+\frac{1000}{(1+8.4\%)^8}=991.51(\text{元})$$

因此转换选择权的价值为 1 400 元−991.51 元=408.49 元。

4. 优先股

优先股是指股份公司为筹集自有资金而发行的一种有价证券。由于股息率在发行时就预先规定，优先股股东每年应得的股息额等于股票面值乘以股息率，因此在通常情况下投资者可获得固定的收入。优先股具有一定的优先权，即相对于普通股而言，当公司分配利润时，优先取得股息；当公司解散清算时，优先分配剩余财产。优先股的股息率通常大大高于债券利率，但股息不像债券利息那样非支付不可，因为固定股息的支付并不构成公司的法定义务。如果公司财务状况不佳，则可暂不支付优先股股息。另外，优先股没有规定到期日，在回收方面由公司自行决定。

5. 分期付款单据

分期付款单据是指买房人购入房产而分期支付购房款的一种有价证券。标准的分

期付款单据规定，在整个付款阶段，每次支付款项是相等的。买房人一次性获得了房屋的财产使用权，而单据持有者也同时获得了一份定期的固定收入。分期付款单据相当于买房人卖出了一种债券，他必须定期支付款项给单据持有者。但大多数标准的分期付款单据都允许提前支付剩下的所有款项，最后一次的一揽子支付是由买房人自行决定的，因此单据持有者的固定收入也会发生一些变化。

(二)年金

年金是指一定时期内每期相等金额的收付款项。折旧、利息、租金、保险费等均表现为年金的形式。如果等额收付款项发生在每期期初，称为先付年金或预付年金；如果等额收付款项发生在每期期末，称为后付年金或普通年金；如果等额收付款项要延长若干期以后再发生，称为递延年金；如果等额收付款项无限期连续发生，称为永续年金。

1. 先付年金终值与现值的计算

如果从现在开始，每期期初等额存入银行一笔资金 A(A 称为年金)，连续存入 n 期，n 期期末现金流的终值总和就是先付年金的终值，它相当于储蓄中零存整取的本利和。沿用前面的有关符号，先付年金的终值可以表示为

$$V_n^0 = A \times (1+i)^n + A \times (1+i)^{n-1} + \cdots + A \times (1+i)^1 \tag{3.9}$$

可简化为

$$V_n^0 = A \times (1+i) \times \frac{(1+i)^n - 1}{i}$$

在符号 V_n^0 中，上标 0 表示期初支付。

如果从现在开始，每期期初等额从银行取出一笔年金 A，连续 n 期，那么现在应存入的资金就是先付年金的现值。通过现金流贴现，先付年金的现值可以表示为

$$V_0^0 = \frac{A}{(1+i)^0} + \frac{A}{(1+i)^1} + \cdots + \frac{A}{(1+i)^{n-1}} \tag{3.10}$$

可简化为

$$V_0^0 = \frac{A}{i} \times \frac{(1+i)^n - 1}{(1+i)^{n-1}}$$

2. 后付年金终值与现值的计算

如果从现在开始，每期期末等额存入银行一笔资金 A，连续存入 n 期，n 期期末现金流的终值总和就是后付年金的终值。沿用前面的有关符号，后付年金的终值可以表示为

$$V_n^1 = A \times (1+i)^{n-1} + A \times (1+i)^{n-2} + \cdots + A \times (1+i)^0 \tag{3.11}$$

可简化为

$$V_n^1 = A \times \frac{(1+i)^n - 1}{i}$$

在符号 V_n^1 中，上标 1 表示期末支付。显然，先付年金终值 V_n^0 与后付年金终值 V_n^1 存在关系式：$V_n^0 = (1+i) \times V_n^1$。

如果从现在开始，每期期末等额从银行取出一笔年金 A，连续 n 期，那么现在应

存入的资金就是后付年金的现值，它相当于储蓄中的整存零取。通过现金流贴现，后付年金的现值可以表示为

$$V_0^1 = \frac{A}{(1+i)^1} + \frac{A}{(1+i)^2} + \cdots + \frac{A}{(1+i)^n} \tag{3.12}$$

可简化为

$$V_0^1 = \frac{A}{i} \times \frac{(1+i)^n - 1}{(1+i)^n}$$

显然，先付年金现值 V_n^0 与后付年金现值 V_n^1 也存在关系式：$V_0^0 = (1+i) \times V_0^1$ 。

3. 递延年金终值与现值的计算

如果从现在算起，自第 $m+1$ 期开始每期期末等额存入银行一笔资金 A，连续存入 n 期，那么 $m+n$ 期期末现金流的终值总和就是递延年金的终值。沿用前面的有关符号，递延年金的终值可以表示为

$$_mV_n = A\times(1+i)^{n-1} + A\times(1+i)^{n-2} + \cdots + A\times(1+i)^0 \tag{3.13}$$

可简化为

$$_mV_n = A\times\frac{(1+i)^n - 1}{i}$$

在符号$_mV_n$中，左下标表示资金支付顺延 m 期。后付年金终值 V_n^1 与递延年金终值$_mV_n$具有相同的表达式，但实际上两者的时点不同，递延年金的时点为第 $m+n$ 年年末，而后付年金的时点为第 n 年年末。等量货币在不同时点其价值是不相等的，这是因为货币的时间价值体现在其中。

如果从现在算起，自第 $m+1$ 期开始每期期末等额从银行取出一笔年金 A，连续 n 期，那么现在应存入的资金就是递延年金的现值。通过现金流贴现，递延年金的现值可以表示为

$$_mV_0 = \frac{A}{(1+i)^{m+1}} + \frac{A}{(1+i)^{m+2}} + \cdots + \frac{A}{(1+i)^{m+n}} \tag{3.14}$$

可简化为

$$_mV_0 = \frac{A}{i}\times\frac{(1+i)^n - 1}{(1+i)^{m+n}}$$

显然，后付年金现值 V_0^1 与递延年金现值$_mV_0$存在相应的关系式：$V_0^1 = (1+i)^m \times {}_mV_0$。

【例 3-12】 某银行向贫困学生提供一笔助学款项，贷款年利率为 4%。银行规定前 4 年不需还本付息，但从第 5 年至第 8 年每年年末偿还本息 4 000 元，问这笔助学贷款的现值是多少？

这是一项还款支付顺延 4 年的递延年金，通过现金流贴现计算的递延年金现值为

$$_4V_0 = \frac{4\,000}{(1+4\%)^5} + \frac{4\,000}{(1+4\%)^6} + \frac{4\,000}{(1+4\%)^7} + \frac{4\,000}{(1+4\%)^8}$$

也就是

$$_4V_0 = \frac{4\,000}{4\%}\times\frac{(1+4\%)^4 - 1}{(1+4\%)^8} = 12\,411.398\,6(\text{元})$$

即这笔助学贷款的现值为 12 411.40 元。

4. 永续年金现值的计算

如果从现在开始，每期期末等额无限期地从银行取出一笔年金 A，那么现在应存入的资金就是永续年金的现值。通过现金流贴现，永续年金的现值可以表示为

$$V_{\infty} = \frac{A}{(1+i)^1} + \frac{A}{(1+i)^2} + \cdots + \frac{A}{(1+i)^n} + \cdots \tag{3.15}$$

可简化为

$$V_{\infty} = \frac{A}{i} \times \lim_{n \to \infty} \frac{(1+i)^n - 1}{(1+i)^n} = \frac{A}{i}$$

【例 3-13】 某大学拟设立一项永久性奖教奖学金，每年计划颁发 12 000 元奖金，随即进行首届颁奖(0 年年末)。若银行存款利率为 8%，问现在应存入银行多少钱？

其现金流量现值为

$$\begin{aligned} V_{\infty} &= 12\,000 \times \left[\frac{1}{(1+8\%)^0} + \frac{1}{(1+8\%)^1} + \cdots + \frac{1}{(1+8\%)^n} + \cdots\right] \\ &= 12\,000 \times \frac{1+8\%}{8\%} = 162\,000(\text{元}) \end{aligned}$$

即现在应存入银行 162 000 元。

第二节　投资的风险溢价

一、投资风险

风险通常是指可能发生的各种结果的不确定性。在市场经济条件下，由于市场机制的作用，风险广泛存在于各种投资活动中，具有客观性。在风险管理中，通常根据风险的不同特征进行分类。从个别投资主体的角度来看，其可分为系统风险和非系统风险；从企业自身的角度来看，其又可分为经营风险和负债风险。一般来说，不同种类的风险，其具体的控制办法是存在差异的。

1. 系统风险和非系统风险

系统风险是指由影响所有企业的因素引起的风险，如经济衰退、通货膨胀、利率调整、国家政变和战争等。这类风险涉及企业所处的宏观经济环境，所有企业都要受其影响，是企业自身无法控制的风险。这类风险无论哪家企业都无法避免，投资者不能通过有效的投资组合加以分散，因此也称为不可分散风险或市场风险。例如，国家调高利率，就会引起整个金融市场资金流向与供需关系的变化，这样就会增加企业的筹资成本而缩小企业的盈利空间，投资者不论投资哪家企业，都会产生不同程度的经济损失。

非系统风险是指发生于个别公司的特有事件造成的风险，如新产品开发失败、市场竞争失利、诉讼失败、工厂失火、员工罢工、设备事故等。这类风险涉及企业所处的微观经济环境，对某家企业来说是不利的因素，对另一家企业来说则是有利的因素。例如，诉讼失败，对失败一方不利，但对胜诉一方有利。因此，这类风险投资者可通过有效的投资组合加以分散，也称为可分散风险或企业特有风险。

2. 经营风险和负债风险

经营风险是指企业在各种资金运用过程中产生的风险，包括各种生产和投资活动带来的风险。这种风险主要来自客观经济环境的不确定性，使企业的实际收益偏离了预期收益，出现蒙受经济损失的机会和可能。这种不确定性，首先是市场因素，如市场需求量、市场价格、产品供给量、消费心理的变动，以及市场占有率和有无替代产品等；其次是成本因素，如能源等原材料的供应与价格、员工和设备的生产率、员工的工资和奖金等；最后是生产技术因素，如设备事故、设备调整、产品发生质量问题，以及新产品、新设备、新工艺的出现等。此外还有其他一些外部因素，如资金市场的利率、通货膨胀率，有协作关系的企业未履行合同等因企业不能自行支配的因素产生的风险。

负债风险是指企业因负债筹资而产生的风险。企业由于资金不足，或者为了充分利用财务杠杆取得避税收益和资本金的最大增值，通常向外借款进行负债筹资。这样，不论企业盈利还是亏损，都必须按规定向债权人定期还本付息，如果企业的经营收入不足以偿付利息和本金时，就可能使企业陷入财务危机，严重时还可能导致企业破产。

二、风险度量

投资风险是可以度量的，但由于风险在很大程度上取决于个人的心理感受，这样便从不同的角度出发产生了许多不同的度量方法。通常这些方法可以分为两类：矩法度量和损失边(downside-risk)度量。

(一)矩法度量

在不确定的情况下进行投资决策，不能仅仅以期望收益作为依据。经济学家们提出应根据收益概率分布的两个或多个数字特征去评价一项投资。一般来说，至少要有两个数字特征，一个反映投资的可获利性，另一个与收益分布的离散程度有关，用以反映投资的风险。最常用的可获利指标是期望收益，也就是收益的期望值，而风险指标大多选用收益的方差、极差等，这些都与收益分布的矩有关，这类风险度量方法可以统称为风险的矩法度量。矩法度量中最常见的有方差法、离差率法、β系数法。

1. 方差法

假定某项投资，其收益可能有 n 种不同的结果(即存在 n 种自然状态)，这里分别用 X_1，X_2，…，X_n 来表示。各种自然状态的概率分别为 p_1，p_2，…，p_n，收益的期望值，即收益分布的一阶原点矩用式(3.16)表示为

$$\mu = \sum_{i=1}^{n} X_i \times p_i \tag{3.16}$$

式中，μ 表示收益的期望值，也记为 $E(X)$。收益的方差，即收益分布的二阶中心矩用式(3.17)表示为

$$\sigma^2 = \sum_{i=1}^{n}(X_i - \mu)^2 \times p_i \tag{3.17}$$

式中，σ^2 表示收益的方差，也记为 $D(X)$。

在以方差为风险度量的基础上，理性的投资者在进行投资决策时追求的是收益和风险之间的最佳平衡，即一定风险下获得最大收益或一定收益下的最小风险。也就是说，如果一项投资有两个方案可供选择，在两者收益期望相等的情况下，应选择方差较小的方案进行投资；在两者方差相等的情况下，应选择收益期望较大的方案进行投资。更理想的状态是较小的方差伴随着较大的期望收益。

【例 3-14】 某项投资有两种方案可供选择，收益概率分布如表 3-3 所示。问应选择哪一个方案进行投资？

表 3-3 某项投资的收益分析(单位：元)

c_{ij}	s_1	s_2	s_3	μ	σ^2
a_1	1 600	1 000	400	1 000	72 000
a_2	1 200	1 000	800	1 000	8 000

注：a_i 表示提供的方案，s_j 表示可能的状态，c_{ij} 表示投资的收益值；s_1、s_2、s_3 发生的概率分别为 0.10、0.80、0.10。

根据收益概率分布，用式(3.16)可以计算出两个方案的收益期望值：

$$\mu_1 = 1\,600 \times 0.10 + 1\,000 \times 0.80 + 400 \times 0.10 = 1\,000$$

$$\mu_2 = 1\,200 \times 0.10 + 1\,000 \times 0.80 + 800 \times 0.10 = 1\,000$$

这里，用下标表示方案的顺序，用式(3.17)计算各方案的收益方差：

$$\sigma_1^2 = (1\,600 - 1\,000)^2 \times 0.10 + (1\,000 - 1\,000)^2 \times 0.80 + (400 - 1\,000)^2 \times 0.10 = 72\,000$$

$$\sigma_2^2 = (1\,200 - 1\,000)^2 \times 0.10 + (1\,000 - 1\,000)^2 \times 0.80 + (800 - 1\,000)^2 \times 0.10 = 8\,000$$

计算结果列于表 3-3 的右栏。尽管两个方案具有相同的收益期望值，但从两者收益的方差来看，第二个方案明显优于第一个方案，因为它以较小的风险就获得了同一收益。

一个厌恶风险的人宁愿要一个有百分之百把握的收益，而不要一个没有把握的、平均起来甚至更高的收益。例如，一位投资者面临两种选择：一种是每月肯定得到 100 元的报酬，另一种是有一半的机会得到 150 元的报酬，而另一半机会得到 60 元的报酬。虽然后一种选择平均每月可得 150 元×0.5＋60 元×0.5＝105 元(即收益期望，也称收益的均值)，但他仍然会喜欢前一种选择。实际上，方差和均值之间还存在一种抵换作用。可以想象，如果将后一种选择改为有一半机会得到 115 元，而另一半机会得到 95 元，平均仍可得 115 元×0.5＋95 元×0.5＝105 元，他也许会放弃前一种选择。因为平均数虽未改变，但方差减小了(95 和 115 的方差比 60 和 150 的方差小)。就是说，在不确定的情况下，方差的减小可视同均值的增大。在这里，投资者可能认为选择“一半机会得 95 元和另一半机会得 115 元”与选择“固定 100 元”是无差异的。当然，投资者可能还有其他认为无差异的选择，它们构成的集合可以用无差异曲线来表示。

2. 离差率法

离差率法是指比较两个方案的离差率，选择离差率较小的方案进行投资。在收益的期望值各不相等的情况下，可以利用离差率法进行风险比较。离差率定义如下：

$$\upsilon = \frac{\sigma}{\mu}, \sigma = \sqrt{\sum_{i=1}^{n}(X_i - \mu)^2 \times p_i} \tag{3.18}$$

式中，υ 表示离差率；σ 表示收益方差的算术平方根，也称为收益标准差。

【例 3-15】 某项投资有两种方案可供选择，收益率概率分布如表 3-4 所示。问应选择哪一方案进行投资？

表 3-4 某项投资的收益率分析(单位：%)

b_{ij}	s_1	s_2	s_3	μ	σ
a_1	40	20	0	20	12.65
a_2	70	30	−30	26	32

注：a_i 表示所提供的方案，s_j 表示可能的状态，b_{ij} 表示投资的收益率；s_1、s_2、s_3 发生的概率分别为 0.20、0.60、0.20。

根据离差率公式可以得到

$$\upsilon_1 = \frac{12.65\%}{20\%} = 0.632\,5, \upsilon_2 = \frac{32\%}{26\%} = 1.230\,8$$

按离差率法，可以选择第一个方案进行投资。

3. β 系数法

假定有两项资产 X 和 Y，收益率的可能结果分别为 X_1，X_2，…，X_n 和 Y_1，Y_2，…，Y_m，那么两项资产收益率的协方差(混合二阶中心矩)用式(3.19)表示为

$$\mathrm{COV}(X,Y) = \sum_{j=1}^{m}\sum_{i=1}^{n}(X_i - \mu_x)(Y_j - \mu_y) \times p_{ij} \tag{3.19}$$

式中，μ_x 、μ_y 分别表示 X、Y 的收益率期望值；$p_{ij} = P(X = X_i, Y = Y_j)$（$i = 1,2,\cdots,n$；$j = 1,2,\cdots,m$）。

在证券市场，不是以股票收益率的方差作为股票风险的度量，而是以股票收益率与市场证券组合收益率的协方差，即 β 系数作为股票风险的度量。其具体表达式为

$$\beta = \frac{\mathrm{COV}(r_m, r)}{\sigma_m^2} \tag{3.20}$$

式中，r、r_m 分别表示股票、市场证券组合的收益率；σ_m^2 表示市场证券组合的方差。

有关市场证券组合的知识将在第四章介绍。计算 β 系数的过程相当复杂，通常采取简化的算法。它由一些投资服务机构定期计算公布，并不需要投资者自己计算。表 3-5 列出了美国几家著名公司的 β 系数，表 3-6 列出了国内几家上市公司的 β 系数。根据 β 系数的定义，整个市场证券组合的 β 系数等于 1。如果某种股票的风险情况与整个证券市场的风险情况一致，则这种股票的 β 系数也等于 1；如果某种股票的 β 系数大于 1，说明其风险大于整个市场的风险；如果某种股票的 β 系数小于 1，说明其风险小于整个市场的风险。β 系数通常被认为是对不可分散风险的度量。

表 3-5　美国几家公司的 β 系数

公司名称	β 系数
GENERAL MOTOR（通用汽车公司）	1.00
APPLE COMPUTER（苹果电脑公司）	1.25
STORAGE TECHNOLOGY（储存科技公司）	1.50
CHRYSLER（克莱斯勒汽车公司）	1.35
IBM（国际商用机器公司）	0.95
AT&T（美国电话电报公司）	0.85
DU PONT（杜邦公司）	1.10

资料来源：Value Line Investment Survey，May 31，1991.

表 3-6　国内几家上市公司的 β 系数

股票代码	公司名称	β 系数
600886	湖北兴化	0.590 5
600887	伊利股份	0.621 6
600742	一汽四环	0.707 6
600874	渤海化工	1.166 0
600871	仪征化纤	1.252 8
600872	中山火炬	1.354 8

资料来源：中国人民大学金融与证券研究所．1997 年中国证券市场展望．北京：中国人民大学出版社，1997：94～95.

（二）损失边度量

通常投资者对意外损失的关注要比对意外收益强烈得多，而风险的矩法度量对正离差和负离差的平等处理有违投资者对风险的真实心理感受。为了弥补这一缺陷，经济学家们提出了风险的损失边度量。其中，半方差法、左偏矩法、风险价值法等方法越来越多地用于资产的风险度量。

1. 半方差法

半方差法用收益分布的左侧来进行风险度量。它定义投资收益的风险为

$$\mathrm{SV} = \sum_{-\infty < r \leqslant E(r)} [E(r) - r]^2 \times p_r \tag{3.21}$$

式中，SV 表示半方差；r 表示投资收益率；p_r 表示投资收益率 r 取值的相应概率。如果用收益率期望 $E(r)$ 把收益率方差分为左右两部分，那么左侧部分恰好就是半方差。

2. 左偏矩法

左偏矩法是用收益分布的左尾部分来进行风险度量。它定义投资收益的风险为

$$\mathrm{LPM}_n = \sum_{-\infty < r \leqslant T} (T - r)^n \times p_r \tag{3.22}$$

式中，LPM_n 表示左偏矩；r 表示投资收益；T 表示投资的目标收益值；p_r 表示投资收益率 r 取值的相应概率；n 表示一个固定的非负整数。当 $n=0$ 时，LPM_0 表示低于目标

收益值的概率；当 $n=1$ 时，LPM_1 表示单边离差的均值；当 $n=2$ 时，LPM_2 恰好是目标半方差。

3. 风险价值法

风险价值是指在给定的置信水平下资产可能遭受的最大损失。设资产的初始价值为 P_0，收益率为 R，在给定的置信水平 c 下资产的最低价值为 P^*，则风险价值定义为

$$\mathrm{VaR}=E(P)-P^* \tag{3.23}$$

式中，VaR 表示风险价值；$P=P_0\times(1+R)$。用 R^* 表示对应于 P^* 的收益率[即满足 $P^*=P_0\times(1+R^*)$]，μ 表示收益率 R 的期望值，风险价值还可以用下面的式子来表示：

$$\mathrm{VaR}=-P_0\times(R^*-\mu)$$

例如，某项资产持有期为一星期，给定的置信水平 99%（即损失概率为 1%）时，其风险价值等于 1 000 万元就意味着：在下一周内可以有 99% 的把握保证该资产的期望损失不会超过 1 000 万元，或者说仅有 1% 的可能性该资产的期望损失超过 1 000 万元。

三、补偿溢价

一个理性的投资者，面对预期收益率相同而风险大小各异的两个投资方案时，他当然愿意选择风险小的项目投资。所有的投资者都是厌恶风险，并力求回避风险的。为什么还有人愿意进行风险投资呢？这是因为风险大的项目，可能带来较大的损失，也可能带来很高的额外收益。风险的补偿溢价是指投资者因冒风险进行投资而获得的超过货币时间价值的那部分额外的报酬，是对投资者承受风险的一种补偿。风险的补偿溢价简称为风险溢价，也有人称为风险溢酬。风险溢价在一般情况下用风险收益率来表示，即风险投资获取的超过货币时间价值的额外报酬与原投资额的比值。如果不考虑通货膨胀因素，投资收益率就是无风险利率与风险收益率之和。这一关系可以用式(3.24)来表示：

$$K_i=R_f+R_i \tag{3.24}$$

式中，K_i、R_i 分别表示资产 i 的投资收益率、风险收益率；R_f 表示无风险利率。

人们为了实现对投资风险的有效管理，提出了许多不同的风险度量方法。这些方法大多给出风险计量的绝对数，极大地方便了投资方案的比较，但往往却无法直接用于风险收益率的计算。在这方面，由式(3.18)和式(3.20)定义的风险度量相对数的离差率、β 系数就表现出较强的适用性，提供了计算风险收益率的主要途径。

（一）用离差率计算

用离差率计算某一资产的风险收益率可以用下面的等式表示：

$$风险收益率 = 风险溢价系数\times 离差率$$

现在关键的问题是如何确定风险溢价系数。以下介绍几种确定方法。

1. 高低点法

根据以往同类项目投资收益率与离差率的历史资料，取其中最高点与最低点的数据来计算风险收益率，计算公式如下：

$$风险溢价系数 = \frac{最高收益率 - 最低收益率}{最高离差率 - 最低离差率}$$

【例 3-16】 某投资者过去 6 项投资的收益率与离差率之间的关系如表 3-7 所示。

表 3-7　某投资者 6 项投资的收益率与离差率数据

投资项目名称	投资收益率/%	离差率
A	7	0.15
B	9	0.37
C	13	0.72
D	18	1.12
E	21	1.39
F	25	1.65

由上面的计算公式可得

$$风险溢价系数=\frac{25\%-7\%}{1.65-0.15}=0.12$$

当离差率等于 0.632 5 时有

$$风险收益率=0.12\times0.632\,5=7.59\%$$

在无风险利率等于 4.74%的情况下，对应的投资收益率为 4.74%+7.59%=12.33%。

2. 回归分析法

投资收益率与风险溢价系数存在以下关系：

$$投资收益率=无风险利率+风险溢价系数\times离差率$$

这一关系式用字母可以表示为

$$y = a + bx \tag{3.25}$$

式中，y、a 和 x 分别表示投资收益率、无风险利率和离差率；b 表示风险溢价系数。因此通过 x、y 的历史数据运用最小二乘法，从上面的线性回归方程中求解 a、b 的数值。分别用 $\bar{x}$、$\bar{y}$ 表示 $\frac{\sum x_i}{n}$、$\frac{\sum y_i}{n}$，则有

$$a = \frac{\bar{y}\sum x_i^2 - \bar{x}\sum x_i y_i}{\sum x_i^2 - \bar{x}\sum x_i} \tag{3.26}$$

$$b = \frac{\sum x_i y_i - \bar{x}\sum y_i}{\sum x_i^2 - \bar{x}\sum x_i} \tag{3.27}$$

现在用回归分析法求解例 3-16。利用表 3-7 的数据可以得到表 3-8，最终确定线性回归方程。

表 3-8 回归分析数据

序号 i	x_i	y_i /%	x_iy_i	x_i^2
1	0.15	7	0.010 5	0.022 5
2	0.37	9	0.033 3	0.136 9
3	0.72	13	0.093 6	0.518 4
4	1.12	18	0.201 6	1.254 4
5	1.39	21	0.291 9	1.932 1
6	1.65	25	0.412 5	2.722 5
合计	5.40	93	1.043 4	6.586 8
平均	0.90	15.5		

由式(3.26)和式(3.27)可以解得

$$a=\frac{15.5\%\times 6.586\,8-0.90\times 1.043\,4}{6.586\,8-0.90\times 5.40}=0.047\,4$$

$$b=\frac{1.043\,4-0.90\times 93\%}{6.586\,8-0.90\times 5.40}=0.119\,5$$

风险溢价系数与高低点法相当接近。线性回归方程为

$$y=4.74\%+0.119\,5x$$

当离差率为 0.632 5 时，投资收益率等于 $4.74\%+0.119\,5\times 0.632\,5=12.30\%$。

在缺乏历史数据的情况下，风险溢价系数的确定通常可以采用参考可比资产的相对估计法和以相关经验为基础的专家意见法。

(二)用 β 系数计算

各种资产因其承受的风险不同，各自的 β 系数通常是不一样的。用 β 系数计算某一资产的风险收益率可以用下面的等式来表示：

$$风险收益率=\beta 系数\times 市场风险溢价$$

式中，市场风险溢价是指整个证券市场的风险收益率，它是在历史数据的基础上计算出来的，通常等于观测期内股票的平均收益率与无风险证券平均收益率的差额。为了消除风险溢价因时间变化引起的波动，观测期应尽可能地长；为了与收益的复利计算方法相匹配，在计算平均收益率时通常采用几何平均数。

用 β 系数计算投资收益率，它的理论基础是资本资产定价模型(CAPM)。以股票为例，投资者要求的收益率(也就是资产的必要收益率)满足式(3.28)：

$$K_i=R_f+\beta_i\times(K_M-R_f) \tag{3.28}$$

式中，K_i 表示股票 i 的必要收益率；K_M 表示所有股票的平均收益率；R_f 表示无风险利率；β_i表示第 i 种股票的 β 系数。β 系数越大，风险越高，投资收益率也就越大。两者的关系如图 3-1 所示。

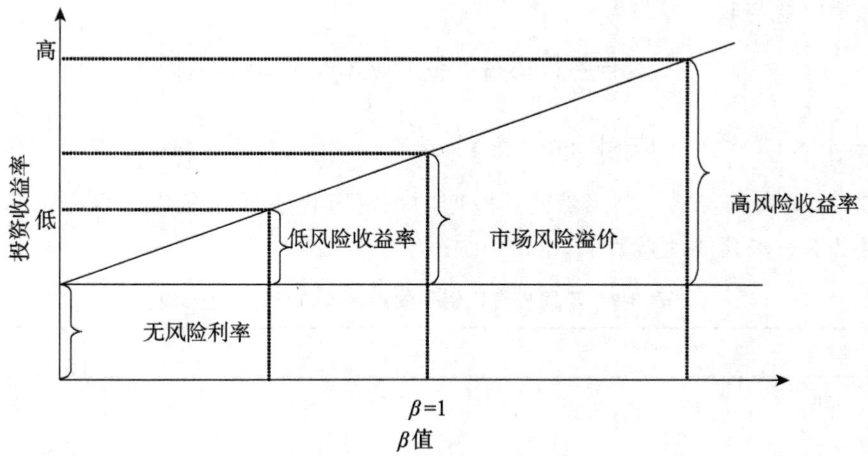

图 3-1　投资收益率与 β 系数的关系

四、投资组合风险

投资者通过有效的投资组合可以分散企业的特定风险，这是因为一种投资效益的低下可以由另一种或另几种投资效益的高涨得到补偿。但投资组合无法分散诸如经济衰退、通货膨胀等市场风险，在这种情况下，任何项目投资的效益下滑都是难以避免的，投资者只能谨慎行事。

(一)组合收益与方差

设有 n 项资产 X_1，X_2，…，X_n，投资者按以下比例 k_1，k_2，…，k_n 购买这 n 项资产的组合。这 n 项资产的期望收益分别为 μ_1，μ_2，…，μ_n，收益标准差分别为 σ_1，σ_2，…，σ_n。那么该投资组合的期望收益为

$$\mu = k_1 \times \mu_1 + k_2 \times \mu_2 + \cdots + k_n \times \mu_n = \sum_{i=1}^{n} k_i \times \mu_i$$

投资组合的收益方差为

$$\sigma^2 = \sum_{i=1}^{n} k_i^2 \times \sigma_i^2 + \sum_{i \neq j}^{1,\cdots,n} k_i \times k_j \times \rho_{ij} \times \sigma_i \times \sigma_j$$

式中，$k_1 + k_2 + \cdots + k_n = 1$；$\rho_{ij} = \dfrac{\mathrm{COV}(X_i, X_j)}{\sigma_i \times \sigma_j}$，称为资产 X_i 与 X_j 的相关系数。对两种资产的投资组合有式(3.29)和式(3.30)：

$$\mu = k_1 \times \mu_1 + k_2 \times \mu_2 \tag{3.29}$$

$$\sigma^2 = k_1^2 \times \sigma_1^2 + k_2^2 \times \sigma_2^2 + 2k_1 \times k_2 \times \rho_{12} \times \sigma_1 \times \sigma_2 \tag{3.30}$$

【例 3-17】 某一投资者考虑用两种资产构成一个资产组合，并估计通过分散投资所带来的收益。资产 X_1 的期望收益是 15%，标准差是 30%；资产 X_2 的期望收益是 18%，标准差是 40%。两种资产的相关系数是 0.25，那么两种资产各占一半的投资组

合，其期望收益与收益方差为

$$\mu=\frac{1}{2}\times 15\%+\frac{1}{2}\times 18\%=16.5\%$$

$$\sigma^2=\left(\frac{1}{2}\right)^2\times(30\%)^2+\left(\frac{1}{2}\right)^2\times(40\%)^2+2\times\frac{1}{2}\times\frac{1}{2}\times 0.25\times 30\%\times 40\%=0.0775$$

即 $\mu=16.5\%$，$\sigma=27.84\%$。当然两种资产的投资组合还可以有其他不同的投资比例，表 3-9 给出了一些其他计算结果。

表 3-9 不同投资比例下的组合收益与标准差(单位:%)

k	$1-k$	μ	σ
100	0	15.00	30.00
90	10	15.30	28.27
80	20	15.60	27.13
70	30	15.90	26.66
60	40	16.20	26.91
50	50	16.50	27.84
40	60	16.80	29.39
30	70	17.10	31.48
20	80	17.40	34.00
10	90	17.70	36.86
0	100	18.00	40.00

投资组合的期望收益与标准差的关系，可以用图形表示出来(图 3-2)。由式(3.30)可得下面等式：

$$\sigma^2=k^2\times\sigma_1^2+(1-k)^2\times\sigma_2^2+2k\times(1-k)\times\rho_{12}\times\sigma_1\times\sigma_2$$

右边对 k 求导，不难解得当 $k=68.42\%$时，σ^2 的最小值为 0.0711，即 $\sigma=26.66\%$，此时由式(3.31)得 $\mu=15.95\%$。在曲线上这个点有着十分重要的意义，因为从图 3-2 中不难看出：在这一点的右侧，标准差处于 26.66%与 30%之间的每一取值，对应着两个期望收益，一个大于 15.95%，而另一个则小于 15.95%，即同一风险存在着两个期望收益不同的投资组合，人们自然会选择期望收益较高的组合。因此认为在相同风险条件下期望收益小的投资组合是无效的，并把在这一点(26.66%，15.95%)上方位于曲线上的点称为资产 X_1、资产 X_2 投资组合的有效前沿。

相关系数是度量组合风险的一个十分重要的概念。在两种资产的投资组合中，根据相关系数的定义不难推出，相关系数满足 $0\leqslant|\rho_{12}|\leqslant 1$，它在三个端点上的取值具有特殊的实际经济含义。假定资产 X_1 和资产 X_2 的收益标准差分别为 40%和 20%，投资者按 33%与 67%的比例对两资产进行组合投资。

当 $\rho_{12}=1$ 时有

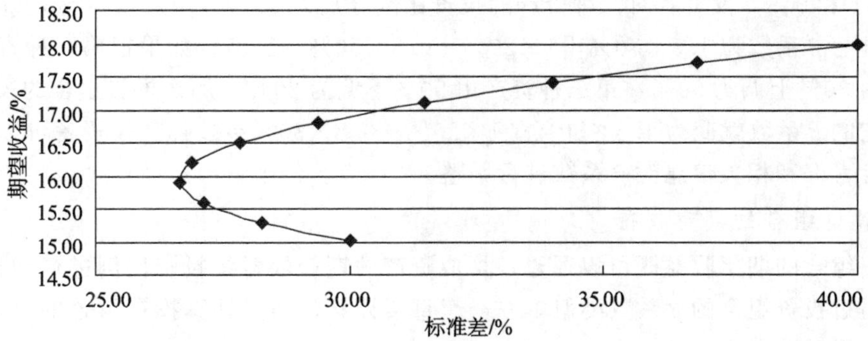

图 3-2 投资组合的期望收益与标准差

$$\sigma=\sqrt{0.33^2\times0.4^2+0.67^2\times0.2^2+2\times0.33\times0.67\times1\times0.4\times0.2}$$
$$=0.33\times0.4+0.67\times0.2=26.6\%$$

这是系数正相关的最大值。其经济含义是，资产 X_1 和资产 X_2 的投资收益率几乎在完全一致地发生变化，即资产 X_1 的投资收益率增加多少，资产 X_2 的投资收益率也按固定的比例增加多少；资产 X_1 的投资收益率减少多少，资产 X_2 的投资收益率也按固定的比例减少多少。两者形成的散点图正好在一条斜率大于 0 的直线上。这实际很难做到，因此计算出的组合风险可能失去参考价值。

当 $\rho_{12}=-1$ 时有

$$\sigma=\sqrt{0.33^2\times0.4^2+0.67^2\times0.2^2+2\times0.33\times0.67\times(-1)\times0.4\times0.2}$$
$$=0.33\times0.4-0.67\times0.2=0$$

这是系数负相关的最小值。其经济含义是，资产 X_1 和资产 X_2 的投资组合不仅分散了特定风险，同时也分散了系统风险。两者形成的散点图正好在一条斜率小于 0 的直线上。组合风险为 0，这实际是不可能的，因此计算出的组合风险可能失去参考价值。

当 $\rho_{12}=0$ 时有

$$\sigma=\sqrt{0.33^2\times0.4^2+0.67^2\times0.2^2+2\times0.33\times0.67\times0\times0.4\times0.2}=18.81\%$$

即相关系数等于 0。其经济含义是，资产 X_1 和资产 X_2 是不相关的，两者的收益相互间没有任何的影响，是相互独立的。这样投资组合就无法分散特定风险，因此计算出的组合风险也就失去了参考价值。

(二)组合的风险溢价

1. 投资组合的 β 系数

设 n 项资产的 β 系数分别为 β_1，β_2，…，β_n，投资者分别按 k_1，k_2，…，k_n 的比例对资产进行组合投资，那么投资组合的 β 系数 β_p 可以表示为

$$\beta_p=\sum_{i=1}^{n}k_i\beta_i \tag{3.31}$$

组合风险的大小可以通过改变投资比例进行调整。例如，三种资产的 β 系数分别

为 1.5、1 和 0.8，投资者对三种资产的投资比例分别为 30%、20%和 50%，那么这一投资组合的 β 系数为 $1.5\times30\%+1\times20\%+0.8\times50\%=1.05$；如果把第一种资产的投资比例由 30%上调为 50%，第三种资产由 50%下调为 30%，那么投资组合的风险就会上升，它的 β 系数就变为 $1.5\times50\%+1\times20\%+0.8\times30\%=1.19$。投资者可以根据个人的风险喜好和相关信息对 β 系数进行调整。

2. 投资组合的期望收益

投资组合的期望收益既可以通过各构成资产的期望收益按投资比例进行加权平均，也可以通过投资组合的 β 系数类似单一资产直接计算，即先计算投资组合的风险收益，然后加上无风险利率。

➢思考与练习

1. 什么是资本的时间价值？你如何理解这一概念？
2. 什么是利率？利率的基本构成是什么？
3. 什么是复利？复利和单利有何区别？
4. 什么是现金流？如何计算现金流的终值和现值？
5. 投资决策有哪些类型？
6. 如何理解风险与报酬的关系？
7. 度量风险有哪些基本方法？
8. 如何计算风险收益？
9. 某企业拟购置价格为 90 000 元的一台设备，该设备可使用 8 年，期满无残值。购置该设备后每年可带来净现金流量 15 000 元，贴现率为 12%。问该设备是否可以购置？
10. 某投资者每年年初为女儿存入 1 000 元，预备第 10 年年末将这笔钱作为女儿某一方面的费用。假设年利率为 8%，问到期可以从银行支取多少钱？
11. 某企业发行一种面值为 1 000 元的 3 年期债券，年利率为 12%，按季计息季末付利，到期支付最后一次利息和面值本金。问该债券的发行价为多少时可以投资？
12. 某企业因增设营业网点需要办公场所，如果购房价格为 180 000 元，可用 15 年。如果租用，则每年年初需支付租金 3 500 元。假设年利率为 8%，问该企业应买房还是租房？
13. 某企业准备以 2 000 万元购买某公司的股票，根据市场预测计算的收益值及概率分布如表 3-10所示，已知股票的风险收益系数为 8%。

表 3-10 市场状况和投资收益

市场状况	概率	投资收益额/万元
良好	0.2	600
一般	0.5	300
较差	0.3	100

试计算该企业投资这一股票的风险收益率和风险收益额。

14. 某投资者购买了下面 4 种证券，投资比例及证券资料见表 3-11。已知无风险利率为 8%，市场溢价为 14%。

表 3-11　某投资者资产组合

证券	X_1	X_2	X_3	X_4
$k_i/\%$	20	30	10	40
$\beta_i/\%$	1.5	1.2	1.0	0.8

注：$i=1，2，3，4$。

试计算各个证券和整个投资组合的风险收益率、要求收益率。

第四章

资本资产定价与套利定价模型

第一节　风险与收益的一般模型

一、为什么要构造风险与收益的一般模型

在第一章中我们讲到，投资估价的方法大体有三种：贴现现金流估价法、比例估价法和或有要求权(期权)估价法。在这三种方法中，比例估价法要求资产的可比性较高，用该法估价容易受主观因素影响；期权估价法是近二三十年才发展起来的一种估价方法，当期权标的资产不在市场上交易时，该标的资产价值和方差不能从市场中获得，这时用该法进行估价有较高的误差。所以相对而言，贴现现金流估价法是最成熟的一种方法，它的应用也最广泛。而如何处理收益与风险的关系则是贴现现金流估价法能否成功运用的关键所在。我们知道，任何资产的价值等于其预期未来全部现金流的现值总和，即

$$V=\sum_{t=1}^{n}\frac{\mathrm{CF}_t}{(1+r)^t} \tag{4.1}$$

式中，V 为资产的价值；n 为资产的寿命；CF_t 为资产在 t 时刻产生的现金流；r 为反映预期现金流风险的贴现率。

从式(4.1)中我们可以得出影响资产价值的三个因素：资产寿命、资产产生的现金流和贴现率。前两个因素在后面的章节中将有详细介绍。如何确定某一项资产的贴现率(即财务理论中的必要报酬率，在资本市场均衡时等于预期收益率)则是本章要探讨的核心内容。贴现率又可以分解为无风险收益率(资本的时间价值)和风险溢价两个部分，所以贴现率的确定问题最终转换为风险与收益的关系问题。怎样度量一项投资的风险，怎样把这个风险与贴现率联系起来，正是下面风险与收益模型所要解决的问题。

二、一个好的风险收益模型的构成要素

在介绍不同的风险与收益模型之前，我们首先要探讨一下一个好的风险收益模型的构成要素。一个好的风险收益模型应当包括以下内容：

(1)可以度量的广义风险。无论是股票、债券还是房地产，既然它们在争夺既定数量的投资资金，那么一个好的风险收益模型所提供的风险度量方法就应当可以应用到各种投资标的中，而不论该投资标的是金融资产还是实物资产。

(2)能够区分需要补偿的风险和不需要补偿的风险。人们已经普遍接受的观点是，并不是所有的风险都能够获得补偿。因此，一个好的风险收益模型应当能够区分需要补偿的风险和不需要补偿的风险，并对这种区分做出合理的解释。

(3)风险度量标准化，以便于分析和比较。风险总是一个相对的概念，一种好的风险度量方法应当是标准化的，从而使投资者在使用该方法度量投资项目的风险时可以识别出该项投资相对于其他投资的风险程度。

(4)能将风险转化成期望收益率。度量风险的目的之一是估计投资项目的期望收益率。只有得到期望收益率才能判断出投资项目的优劣。一个模型如果仅仅能够指出高风险、高收益的一般原则，而不能提供具体的风险补偿溢价，那么它就不是一个充分的模型。

(5)行之有效。模型好坏的最终检验标准是看它是否行之有效，也就是说它所度量出的风险与收益在长时间内对于不同投资项目是否为正相关。更强的检验是考察从长期的角度看投资的实际收益是否与模型得出的期望收益相一致。

三、主要风险与收益模型介绍

风险的重要性早已被人们所认识，但直到今天，风险收益模型仍然是相当主观的，并且因为不同的投资理念而相差甚远。随着 20 世纪 50 年代初现代投资组合理论的提出和后来的迅速发展，风险收益模型取得了长足的进展：模型更加数量化，预测更加具体化，更重要的是模型的接受程度更为广泛化。单就风险的度量方法而言，就出现了方差度量法、半方差度量法、矩法和 VaR 方法等多种方式。但目前应用最为广泛的仍然是均值-方差准则以及由该准则为基础发展起来的资本市场理论。资本市场理论主要研究市场均衡价格的决定机制，即当所有投资者均按照均值-方差准则选择投资组合时，市场价格如何确定的问题以及影响价格决定的各种因素。该理论主要包括两个模型：一是资本资产定价模型，二是套利定价模型(APM)。本章下面的内容将深入地探讨这两个模型。虽然至今对这两个模型仍然存在着永无休止的争论，探寻一致的结果显然十分艰难，但是正是这种争论促进着理论的发展。

第二节　资本资产定价模型

资本资产定价模型是 20 世纪 60 年代分别由 W. Sharpe、J. Lintner 和 J. Mossin 独立地导出的，它是一种在资本市场处于均衡状态下的价格决定模型。资本市场均衡指的是该市场中每一证券的需求量等于其供给量的一种相对稳定状态，此时的价格称为均衡价格，在这种状态下，每一种证券的期望收益率等于其必要报酬率。虽然它由于假设条件的非现实性而受到了来自各方面的质疑，但到目前为止，资本资产定价模型仍然是衡量其他风险收益模型的标准。除了它在资本市场和公司财务理论中的广泛应用之外，这个模型本身也有着诸多的优点：简单，直观，并且有很强的可检验性。

一、资本资产定价模型的三大假设

1. 均值-方差假设

投资者通过考查一段时间内的证券组合的预期收益率和标准差来评价证券组合。若标准差及其他方面等同，投资者将选择具有较高收益率的一种证券组合；若预期收益率及其他方面等同，投资者将选择具有较低标准差的一种证券组合。如果投资组合收益的概率分布服从正态分布，或者效用是投资组合价值的二次函数，则以上假定可以满足。原因是：其①正态分布可由期望和方差精确描述，从而在此基础上进行选择；②如果构成投资组合的资产个数超过 30 个，则短期内，股票价格将很少会大幅上涨或下跌，因而收益的频率分布不会过多地违反正态分布；长期来看，对投资组合来说，根据中心极限定理，其分布可以近似为正态分布(但是实际上由于存在条件异方差，所以实际得到的收益率与正态分布不同，具有厚尾的特性，单个股票的收益分布会向右倾斜)。

2. 投资者一致性假设

(1)投资者计划的投资时点和投资期限相同。

(2)组成各个投资者的组合的证券数目相同。

(3)投资者具有齐次预期，即他们对证券的预期收益率、标准差、协方差看法一致，保证市场有效边界只有一个。

(4)导致投资者在有效边界上选择不同的投资组合的原因只是他们的风险偏好不同。

3. 完全市场假设

(1)单一资产无限可分，即投资者能按任意数量比例来选择购买他所企望的资产。

(2)投资者可以以同样的无风险利率贷出或借入货币。

(3)对所有投资者来说，无风险利率是等同的。

(4)税收和交易成本不予考虑。

(5)投资者可以免费和不断地获得有关信息。

在做出上述假设后，我们就能够对投资项目期望收益与方差的关系做出精确的描述。在存在可无限借贷的无风险资产的条件下，可以推导出标准的资本资产定价模型。

二、资本市场线

由投资组合理论可知，如果在证券总体中增加一个可无限买卖的收益率为 r_F 的无风险资产，则在 $E(r)-\sigma(r)$空间中的有效边界将由双曲线变为一条以(0，r_F)为起点的射线，且射线与双曲线顶部相切。如图 4-1 所示，有效边界由双曲线 E_1E_2 变为射线 r_FM，且两者相切于点 M。新的有效边界即射线 r_FM 就是资本市场线(CML)。由点

(0, r_F)及斜率 $\frac{E(r_M - r_F)}{\sigma(r_M)}$，可得资本市场线方程：$E(r_P) = r_F + \frac{E(r_M - r_F)}{\sigma(r_M)}\sigma(r_p)$。

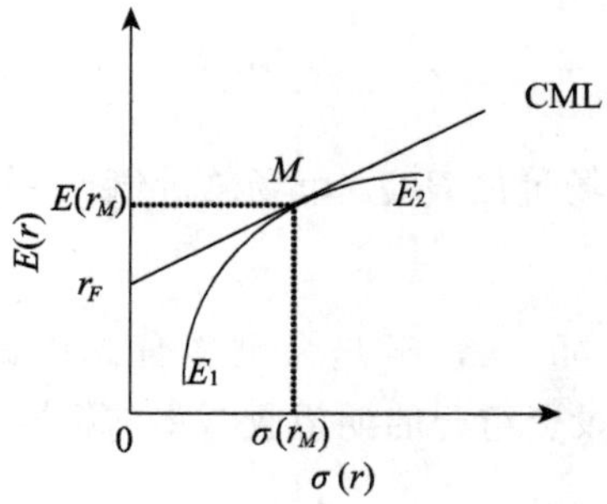

图 4-1　资本市场线(一)

由图 4-1 可知，资本市场线模型描述的只是处于该线上的投资组合(在此为有效组合)期望收益与标准差的关系，而处于该线以下的证券或投资组合的期望收益与标准差的关系未得到描述。

下面对资本市场线模型进行有关说明：

(1)当市场上不存在无风险资产时，风险证券的有效边界为 E_1E_2，投资者在其上选择哪一点与他对风险的偏好有关；但当市场上存在无风险资产时，有效边界变为射线 r_FM，投资者虽然可以在 r_FM 上根据其风险偏好选择任意一点，但其都将投资于风险证券组合 M，这是与其偏好无关的。也即投资者只能在 M 与无风险资产之间按偏好选择一定的比例，而其投资的风险组合必定是 M，这是不依其偏好为转移的。因为如前所述，投资者都是按均值-方差准则来选择自己的投资组合的，而新的有效前沿正符合这一条件，若其不在 M 与无风险资产之间进行选择，那么就不可能在有效前沿上取得自己的位置。只有这样，投资者才能保证其所投资的组合是最优的。这就是投资学上著名的"风险证券投资权数与偏好分离定理"。

(2)另外，我们可以证明，风险证券组合 M 就是市场投资组合。根据市场投资组合的定义，我们先需证明 M 包含的证券数目是所有证券种类个数 n。由上文的假设可知，投资者对所有证券收益率分布的预期是一致的，他们都按均值-方差准则进行投资。所以，各个投资者做出的选择将是一样的。他们都将只投资于无风险资产 M。另外，又由于资本资产定价模型是描述均衡状态下的市场价格决定机制，当市场上有一种证券不被投资时(即不包括在 M 中时)，市场就将处于不均衡状态。所以，M 包含市场上所有的证券。而且，我们还需证明权数 $w_i = \frac{P_iQ_i}{\sum P_iQ_i}$。现假设市场上风险证券的种类为 n，且 M 中各个证券所占比例为 $x_i(i=1, \cdots, n)$，共有 m 个投资者，且各投资者的投资总额为 $a_j(j=1, \cdots, m)$。因此投资者 j 投资于证券 i 的资金为 a_jx_i。将投资在证券 j 的所有投资金额相加即得证券 i 的市场价值 $P_iQ_i = (a_1 + a_2 + \cdots + a_m)x_i = \sum_{j=1}^{m} a_jx_i$。再将市场上所有投资者在所有风险证券中的投资总额相加即得市场总价值：

$$\sum_{i=1}^{n} P_i Q_i = \sum_{j=1}^{m} \sum_{i=1}^{n} a_j x_i = a_1 + a_2 + \cdots + a_m = \sum_{j=1}^{m} a_j$$

因此，

$$证券\ i\ 的市场价值\ P_i Q_i / 市场总价值 = \frac{\sum_{j=1}^{m} a_j x_i}{\sum_{j=1}^{m} a_j} = x_i$$

x_i 即为证券 i 占总投资的比重 w_i，于是命题得证。由此可知，资本市场线模型中 $E(r_M)$ 与 $\sigma(r_M)$ 分别表示市场投资组合的期望收益率与标准差。

三、证券市场线(SML)

资本市场线代表有效组合预期收益率与标准差之间的关系。单个的风险证券将始终位于该线的下方，因为单个的风险证券本身是一个非有效的组合。资本资产定价模型并没有提供任何单个证券的预期收益率与标准差之间的特定关系。为了更多地了解单个证券的预期收益率，我们需要进行更深入的分析。

在图 4-2 中，$r_F M$ 为资本市场线，AC 为风险证券的有效边界，M 是市场投资组合。假定 i 为任一风险证券。现对 i 和 M 按权数(w，$1-w$)进行组合，得到组合 D。

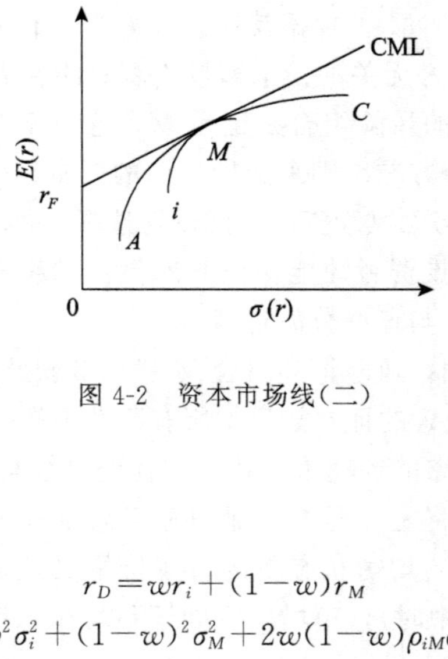

图 4-2 资本市场线(二)

因此有

$$r_D = w r_i + (1-w) r_M$$

$$\sigma_D = [w^2 \sigma_i^2 + (1-w)^2 \sigma_M^2 + 2w(1-w)\rho_{iM}\sigma_i\sigma_M]^{1/2}$$

$$\frac{\mathrm{d}\sigma_D}{\mathrm{d}w} = \frac{\mathrm{d}\sigma_D}{\mathrm{d}\sigma_D^2} \times \frac{\mathrm{d}\sigma_D^2}{\mathrm{d}w} = \frac{2[w(\sigma_i + \sigma_M^2 - 2\rho\sigma_i\sigma_M) - \sigma_M^2 + \rho\sigma_i\sigma_M]}{2\sigma_D}$$

又

$$\frac{\mathrm{d}r_D}{\mathrm{d}w} = r_i - r_M$$

所以有

$$\frac{d\sigma_D}{dr_D}=\frac{d\sigma_D}{dw}\Big/\frac{dr_D}{dw}=\frac{(r_i-r_M)\sigma_D}{w(\sigma_i^2+\sigma_M^2-2\rho\sigma_i\sigma_M)-\sigma_M^2+\rho\sigma_i\sigma_M}$$

$$\left.\frac{d\sigma_D}{dr_D}\right|_{w=0}=\frac{(r_i-r_M)\sigma_D}{\rho\sigma_i\sigma_M-\sigma_M^2}$$

当 $w=0$ 时，$D=M$，$\sigma_D=\sigma_M$；另外，由前文可知，经市场组合 M 点的 AC 曲线的切线斜率即为 CML 斜率，而 CML 斜率为$\frac{r_M-r_F}{\sigma_M}$。根据有效边界的性质有

$$\frac{(r_i-r_M)\sigma_M}{\rho\sigma_i\sigma_M-\sigma_M^2}=\frac{r_M-r_F}{\sigma_M} \tag{4.2}$$

$$\because \rho\sigma_i\sigma_M=\sigma_{iM}$$

化简式(4.2)可得

$$r_i=r_F+\frac{r_M-r_F}{\sigma_M^2}\sigma_{iM} \tag{4.3}$$

式(4.3)就是证券市场线模型，该模型的另外一种表达方式如下：

$$r_i=r_F+\beta_i(r_M-r_F) \tag{4.4}$$

式中，$\beta_i=\frac{\sigma_{iM}}{\sigma_M^2}$。

这个 β_i 就是我们所熟知的 β 系数，对于证券 i 而言，β_i 也是表示证券协方差的一种方法。为什么要引入这个 β 系数呢？因为不仅证券的收益率 $E(r)$ 与风险因子 β 之间有简单的线性关系，而且 β 相对于标准差而言具有一些良好的性质，才引起我们用证券市场线模型来描述资本资产的价格决定模型。因此，我们需要介绍一下 β 的这些性质。根据投资组合理论可知，证券组合的标准差的表达式为

$$\sigma(r_P)=\left(\sum_{i=1}^{P}\sum_{j=1}^{P}x_ix_j\sigma_{ij}\right)^{\frac{1}{2}} \tag{4.5}$$

而组合的 β 因子为 $\beta_P=\sum_{j=1}^{P}x_j\beta_j$，形式简单明了，计算也较简捷。这是 β 系数的第一个性质。另外，组合方差与 β 之间有下述关系：

$$\sigma^2(r_P)=\beta_P^2\sigma^2(r_M)+\sigma^2(\varepsilon_P)$$

式中，残方差 $\sigma^2(\varepsilon_P)$ 可以通过组合使其消失。因此，在 $\sigma^2(r_M)$ 可知的情况下，就可用 β_P 来对组合风险进行描述。

如前所述，所有证券或组合的收益率与其 β 都有上述关系，从而证券市场线模型能够描述所有证券或组合的收益率决定机制，而不论其有效与否。

式(4.4)表示，证券或组合 j 的期望收益率等于无风险收益率 r_F 加上市场投资组合的风险溢价与 j 的系统风险 β_j 之积。式(4.4)的两边分别乘以投资在证券或组合 j 上的金额 P，可得

$$PE(r_j)=Pr_F+P[E(r_M)-r_F]\beta_j \tag{4.6}$$

式中，$PE(r_j)$ 为投资在证券或组合 j 所获得的收益，而 Pr_F 则为持有无风险资产 f 的时间价值，$P[E(r_M)-r_F]\beta_j$ 为投资在 j 上获得的风险溢价总额，这一部分也可看成相同金额投资在市场投资组合上所获得的风险溢价与证券 j 的系统风险之积。

下面我们将证券市场线和资本市场线作一个比较(图 4-3)。

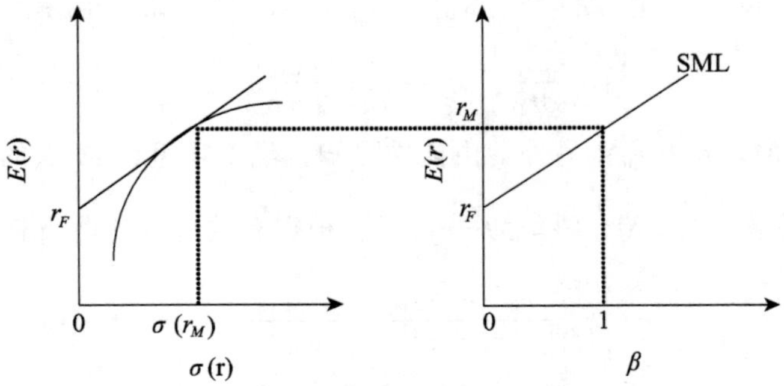

图 4-3 资本市场线与证券市场线的比较

由图 4-3 可以发现，资本市场线经过(0，r_F)和($\sigma(r_M)$，r_M)两个点，而证券市场线则经过(0，r_F)和(1，r_M)两个点。资本市场线模型如下：

$$E(r_P)=r_F+\frac{E(r_M-r_F)}{\sigma(r_M)}\sigma(r_p)$$

由上式可知，若在资本市场线上取一点 A，则有

$$E(r_A)=r_F+\frac{E(r_M-r_F)}{\sigma(r_M)}\sigma(r_A)$$

另外，因为 A、F 与 M 在同一条直线上，所以有 $\rho_{AM}=1$。于是，上式可转换为

$$E(r_A)=r_F+\frac{E(r_M-r_F)}{\sigma(r_M)}\rho_{AM}\sigma(r_A)$$

$$=r_F+[E(r_M)-r_F]\beta_A$$

该式即为证券市场线模型。由此可以看出，资本市场线是证券市场线的一个特例，资本市场线上的每一点都能在证券市场线上找到对应的一点。

四、特征线

特征线是描述证券收益与市场投资组合收益之间关系的拟合线，其斜率为 β 值。根据证券市场线作一个简单变换可得

$$E(r_j)=r_F(1-\beta_j)+\beta_j E(r_M) \tag{4.7}$$

因此有，当 $E(r_M)=r_F$ 时，$E(r_j)=r_F$，即任何证券的拟合线都将通过点(r_F，r_F)，只是斜率不同。如图 4-4 所示。

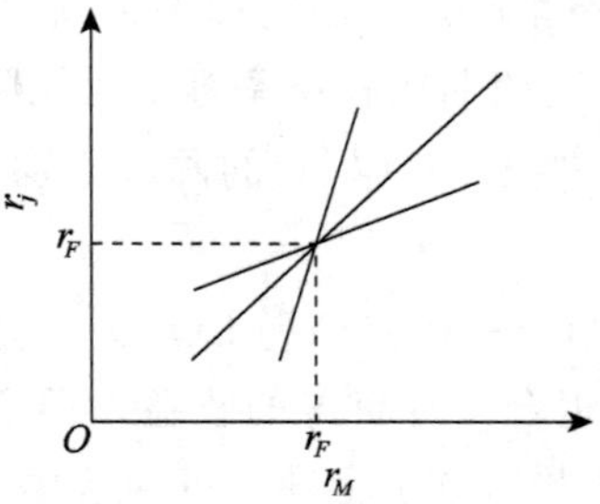

图 4-4 特征线

由式(4.7)可得任意时期 t 的收益率公式为

$$\begin{aligned} E(r_{jt}) &= r_F(1-\beta_j)+\beta_j r_{Mt}+\varepsilon_{jt} \\ &= A_j+\beta_j r_{Mt}+\varepsilon_{jt} \end{aligned} \tag{4.8}$$

式中，A_j 表示 $r_F(1-\beta_j)$。式(4.8)实际上是单指数模型的证券收益率公式。但需要说明的一点是，资本资产定价模型得出这一公式是在没有假定全部不同证券收益的残差 ε 独立即 $COV(\varepsilon_i, \varepsilon_j)=0$ 的条件下得到的。而且，这些残差在资本资产定价模型中很可能是相关的。

五、资本资产定价模型的结论

虽然资本资产定价模型有很强的假设条件，但它也提供了同样强的可以检验的结论：

(1)所有的投资者都将在两种资产中分配他们的财富——即以市场价值为比例持有包括所有风险资产在内的市场投资组合和无风险资产。

(2)任何资产的风险都可以通过测定它给市场投资组合增加的风险来度量，而这一加入风险则是通过估算该资产的收益与市场投资组合收益的协方差来取得的。获得的协方差除以市场方差进行标准化，就可以得到该项资产的 β 值。

(3)任何资产的期望收益率与其 β 值呈线性关系，即 β 值越大，期望收益率越高，反之则越低。

六、资本资产定价模型在中国资本市场的应用①

资本资产定价模型是否行之有效，β 值是否是风险的最好近似，它是否与期望收益正相关，对于这些问题的回答一直是争论的焦点。根据资本资产定价模型理论，任何证券的 β 值与其期望收益率 $E(r)$ 存在线性关系，而描述这一关系的直线称为证券市场线。由于直接检验市场组合的有效性十分困难，所以传统的检验者都把注意力集中到对 β 值与期望收益率 $E(r)$ 线性关系的检验上。如 1972 年 Black、Jensen 和 Scholes 以 1926～1965 年纽约股票交易所所有进行交易的股票为样本，利用双程回归技术检验 β 与 $E(r)$ 的线性相关性；1974 年 Fama 等也通过分析 β 与 $E(r)$ 是否具有线性关系来检验资本资产定价模型。这些检验方法都不同程度地证实了资本资产定价模型中的证券市场线是一条具有正斜率的直线，这似乎从侧面验证了该理论。然而，1977 年，Roll 在一篇有创见性的模型检验评论中指出：既然市场投资组合永远不可能观察到，那么资本资产定价模型就永远不会得到检验，而所有对该模型的检验都是对该模型及模型中市场投资组合的联合检验。

陈珍珍和赵华(2003)结合中国股市的交易制度的变化情况，将研究期间分成三个时期，分析三个时期的共性和特性，检验资本资产定价模型在中国资本市场的应用。

---

① 陈珍珍，赵华．不同交易制度下 CAPM 的统计检验．厦门大学学报，2003，(3)：26～32.

中国股市在1993年之前的股价波动幅度较大，这些不规范的数据对分析整个股市的特征会造成扭曲，不利于得出合理的结论。因此，为了客观地反映我国股票市场的特征，该论文以1993年1月1日～2002年12月30日作为研究时期。在这段时期内，政府为了稳定中国股市，分阶段实施了三种不同的交易制度，它们的起止时间阶段分别是：1993年1月1日～1994年12月31日——实行T+0交易制度；1995年1月1日～1996年12月15日——实行T+1交易制度；1996年12月16日至今——实行有10%涨跌停板限制的T+1交易制度。

研究发现，资本资产定价模型在不同交易制度下所表现的特征是不同的，在T+0时期，β系数与组合收益表现为非线性关系，资本资产定价模型并非有效，这是因为在股市成立初期，投资者投机思想较强，具体表现为市场的波动较大，呈现出不成熟股市的特征；在T+1时期，非系统风险对股票收益有一定的影响，但系统风险不是投资收益的唯一测度标准，上海股市不满足标准的资本资产定价模型；在10%涨跌停板限制的T+1时期，系统性风险与组合收益呈现线性关系，且非系统风险不影响投资收益，市场风险是股票定价的唯一衡量因素，这是符合Fama和Macbeth对资本资产定价模型横截面检验所要求的基本条件，表明在涨跌停板时期，投资者逐渐成熟，对证券市场的认识趋于理性，同时也说明了我国股票市场的宏观调控机制日愈完善，股票市场正逐渐走向成熟。

第三节　套利定价模型

资本资产定价模型无法用β值完全解释不同资产之间收益率的差异，而且它的导出建立在很多不现实的假设基础上，这就为其他资产定价模型打开了大门，这些模型中最具竞争力的是套利定价模型。套利定价模型背后的逻辑基础与资本资产定价模型类似，都是投资者只有在承担了不可分散的风险时才能获得补偿。套利定价模型也是一个市场均衡模型，这个模型与资本资产定价模型相比，它的假定条件要少得多，其中最重要的一个假定是投资者如果有不增加投资风险就能提高其收益率的机会，其都会利用这种机会，这个过程就是套利。通过投资者的不断套利，使各种证券的期望收益率的大小与其风险的大小相对应、所有的证券的需求等于供给，使市场达到均衡。

一、因素模型与套利组合

套利定价模型认为证券的期望收益率与某些因素有关，但没有明确指出究竟是哪些因素。为叙述方便，我们先假定证券收益率只受工业生产总值的期望增长率这个因素影响，且令其为F_1，则有

$$r_i = a_i + b_i F_1 + e_i \tag{4.9}$$

式中，b_i称为因素敏感系数。

假设投资者拥有1、2、3三种证券，每种证券的市值为40万元，投资者拥有的可用来投资的资产价值为120万元。每个投资者认为这三种证券的期望收益率和因素敏

感性如表 4-1 所示。

表 4-1　三种证券的期望收益率和因素敏感性

i	$r_i/\%$	b_i
证券 1	15	0.9
证券 2	21	3.0
证券 3	12	1.8

现在要问：这三种证券达到均衡了吗？假如没有达到均衡，为了达到均衡，证券的价格和期望收益率会发生什么样的变化呢？

要回答上述问题，必须先了解一下套利组合这个概念。如果存在一个证券组合无须外加资金、风险为零，而收益率大于零，则称这种证券组合为套利证券组合。如果上面三种证券能形成套利证券组合，说明还有套利机会，市场还未达到均衡。设 X_i 代表持有第 i 种证券的改变量(占投资者原有资产价值的百分比)，则根据我们对套利证券组合的定义，套利证券组合必须符合以下三个条件：

$$\begin{cases} X_1+X_2+X_3=0 & (4.10) \\ b_1X_1+b_2X_2+b_3X_3=0 & (4.11) \\ X_1r_1+X_2r_2+X_3r_3>0 & (4.12) \end{cases}$$

仅仅满足式(4.10)和式(4.11)的解有无穷多个，我们任意地令 $X_1=0.1$，可解得 $X_2=0.075$，$X_3=-0.175$，再代入式(4.12)得

$$15\%\times0.1+21\%\times0.075+12\%\times(-0.175)=0.975\%>0$$

可见存在套利机会。如果投资者用卖掉证券 3 的资金 21 万元(120 万元×0.175)去买入证券 1、2 各为 12 万元(120 万元×0.1)和 9 万元(120 万元×0.075)，就可以在无须外加资金又不冒任何风险(设非因素风险足够小，可以忽略)的情况下获利，提高其证券组合的期望收益率。套利定价模型认为所有投资者都会利用这样的机会去套利，卖掉证券 3 去买入证券 1 和 2。因此，此时证券 3 的供给大于需求，而证券 1 和 2 的供给小于需求，市场未达到均衡。

那么，r_i 和 b_i 之间呈什么关系时市场才是均衡的呢？只有所有证券的 r_i 和 b_i 之间呈直线关系时，市场才能达到均衡。这可以通过图形来说明。如果所有的 r_i 和 b_i 之间不是呈直线关系，就必然存在套利机会，市场就未达到均衡。如图 4-5 所示，当分别代表 1、2、3 三种证券的 ABC 三点不在一条直线上时，总是存在通过卖出证券 3(C 点)，来购买 D 点所代表的由证券 1、2 组成的证券组合的套利机会。大家都愿意卖掉证券 3 来买入证券 1、2 进行套利，这样对证券 1、2 的需求就会上升，需求大于供给，结果导致证券 1、2 的价格上升，而因为大家都卖掉证券 3，使它的需求小于供给，从而其价格下跌。根据

$$r_i=\frac{P_{i1}-P_{i0}}{P_{i0}}=\frac{P_{i1}}{P_{i0}}-1 \tag{4.13}$$

若 P_{i0} 增大，则 r_i 将变小。所以，大家都卖掉证券 3 而买入证券 1、2 的结果是证券 1、2 的价格越来越高，使得 r_1、r_2 越来越小，而证券 3 的价格越来越低，从而 r_3 越来越

大，直到式(4.12)最终等于零，不再有套利机会为止。其结果是证券 3 的期望收益率有所上升，而证券 1、2 的期望收益率有所下降，最后三者在同一条直线上。

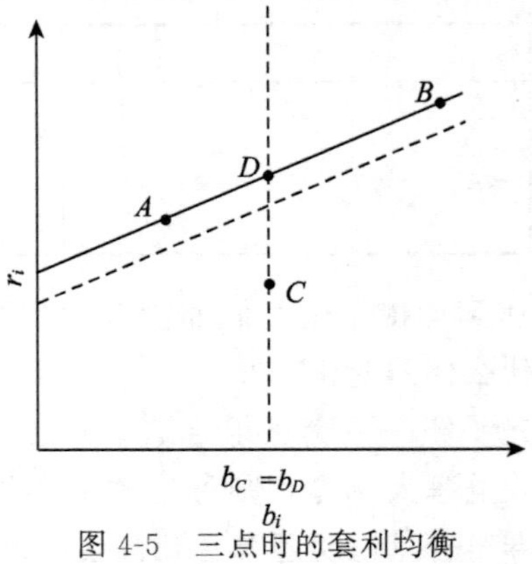

图 4-5　三点时的套利均衡

进一步地，如图 4-6 所示，若有 N 个点，其中 $N-1$ 个点在一条直线上。如果第 N 点位于 $N-1$ 个点所在的直线之下，则因为存在卖掉第 N 种股票去买入与其因素风险相同(由 $N-1$ 种证券构成)的证券组合 M 的套利机会，所以大家都会去卖掉第 N 种股票而买入 M，使得第 N 种股票的价格下跌，期望收益率不断上升，而其他 $N-1$ 种股票的价格不断上升，期望收益率不断下降，直到所有股票的期望收益率和因素敏感系数呈直线关系时，套利活动才会停止。此时，新的直线与原来的位置相比，往下移了一点。如果第 N 种证券位于直线之上，则存在卖掉其他证券去买第 N 种证券的套利机会。其过程与位于直线之下时的情形非常类似，但新直线比原来的直线的位置相对往上移了一些。当然，所有证券的 r_i 和 b_i 在均衡时严格处于一条直线上只有在没有交易费用的时候才成立，如果考虑交易费用，则它们将分布在理想情况下的直线周围。

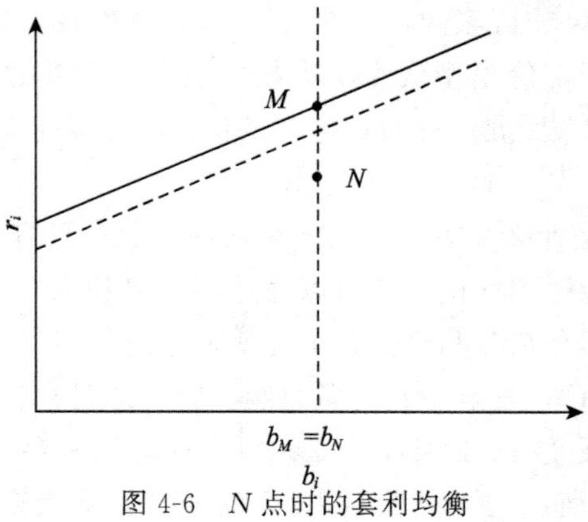

图 4-6　N 点时的套利均衡

二、单因素套利定价模型

由上面的分析可知，在 r 只受单个因素影响时，不同证券的 r 与 b 之间应该呈一条直线的关系，若单因素模型为

$$r_i = a_i + b_iF_1 + e_i \tag{4.14}$$

则相应的 r 与 b 的直线方程为

$$r_i = \lambda_0 + \lambda_1 b_i \tag{4.15}$$

怎样确定 λ_0、λ_1 的值呢？如果无风险证券的期望收益为 r_F，因素敏感系数 b_F 代表无风险证券的因素风险的大小，由于无风险证券风险为零，故无风险证券与因素 F_1 的因素敏感系数 b_F 必等于零。把 $r_i=r_F$、$b_F=0$ 代入式(4.15)得 $\lambda_0= r_F$。

又令 $b_p=1$，则 $r_p= r_F+\lambda_1$，即 $\lambda_1= r_p- r_F$，可见 λ_1 是因素敏感系数为 1 的因素风险溢价(factor risk premium)。

令 $r_p=\delta_1$，则 $\lambda_1=\delta_1 - r_F$。所以

$$r_i = r_F + (\delta_1 - r_F)b_i \tag{4.16}$$

三、双(多)因素套利定价模型

当 r 受双因素影响时，设双因素模型为

$$r_i= a_i+ b_{i1}F_1+ b_{i2}F_2+ e_i \tag{4.17}$$

与单因素模型时类似，我们可以证明，r 与 b_1、b_2 必然处于同一平面，凡是高于平面的，其价格被低估，凡是低于平面的，其价格被高估，都存在套利机会，通过众多投资者的不断套利使所有证券的需求等于供给，市场达到均衡。设 r 与 b_1、b_2 所在平面的方程为

$$r_i= \lambda_0+ \lambda_1 b_{i1}+ \lambda_2 b_{i2} \tag{4.18}$$

同样，由于 r_F 不随 F_1、F_2 两因素的变化而变化。因此 $b_{F1}=b_{F2}=0$，故 $\lambda_0=r_F$。令 $b_{i1}=0$，$b_{i2}=1$ 时的 $r_{p1}=\delta_1$；$b_{i1}=1$，$b_{i2}=0$ 时的 $r_{p2}=\delta_2$。
解得

$$\begin{cases}\lambda_1=\delta_1-r_F\\ \lambda_2=\delta_2-r_F\end{cases}$$

所以双因素套利定价模型为

$$r_i = r_F + (\delta_1 - r_F)b_{i1} + (\delta_2 - r_F)b_{i2} \tag{4.19}$$

多因素模型与单因素和双因素时类似，设多因素模型为

$$r_i=a_i+b_{i1}F_1+b_{i2}F_2+\cdots+b_{ik}F_k+ e_i \tag{4.20}$$

可求得对应的多因素套利定价模型为

$$r_i = r_F + (\delta_1 - r_F)b_{i1} + (\delta_2 - r_F)b_{i2} + \cdots + (\delta_k - r_F)b_{ik} \tag{4.21}$$

四、套利定价模型与资本资产定价模型的关系

本章我们已经学习了两种风险收益模型，它们之间有没有内在联系呢？下面我们将分类讨论这个问题。

1. 单因素套利定价模型与资本资产定价模型

如果单因素套利定价模型和资本资产定价模型同时成立，我们已知单因素套利定价模型为

$$r_i = r_F + (\delta_1 - r_F)b_i \tag{4.22}$$

资本资产定价模型为

$$r_i = r_F + (r_M - r_F)\beta_i \tag{4.23}$$

讨论：(1)当 F_1 就是市场证券组合 M 时，$\delta_1 = r_M$，$b_i = \beta_i$，此时，套利定价模型与资本资产定价模型完全等价。

(2)一般地，当 F_1 不是市场证券组合 M 时，有

$$\beta_i = \frac{\mathrm{COV}(F_1, M)}{\sigma_M^2} b_1 \tag{4.24}$$

事实上有

$$\mathrm{COV}(r_i, r_M) = \mathrm{COV}(a_i + b_{i1}F_1 + e_i, r_M)$$
$$= b_{i1}\mathrm{COV}(F_1, r_M) + \mathrm{COV}(e_i, r_M)$$
$$\because \mathrm{COV}(e_i, r_M) \approx 0$$
$$\therefore \mathrm{COV}(r_i, r_M) = b_{i1}\mathrm{COV}(F_1, r_M)$$

等式两边同除以 σ_M^2 得

$$\beta_i = \frac{\mathrm{COV}(r_i, r_M)}{\sigma_M^2} = \frac{\mathrm{COV}(F_1, r_M)}{\sigma_M^2} b_i$$

代入资本资产定价模型中得

$$r_i = r_F + (r_M - r_F)\frac{\mathrm{COV}(F_1, r_M)}{\sigma_M^2} b_i$$

由此可见，原来在只有单因素模型成立时，我们并不知道 λ_1 的值究竟是多少。现在当单因素套利定价模型和资本资产定价模型都成立时，有

$$\lambda_1 = (r_M - r_F)\frac{\mathrm{COV}(F_1, r_M)}{\sigma_M^2}$$
$$= (r_M - r_F)\frac{\rho_{F_1 M}\sigma_{F_1}\sigma_M}{\sigma_M^2}$$
$$= (r_M - r_F)\frac{\rho_{F_1 M}\sigma_{F_1}}{\sigma_M}$$

讨论：(1)若 F_1 与 M 正相关，即 $\rho_{F_1 M} > 0$，则 $\lambda_1 > 0$，r_i 随 b_i 的增减而成同方向变化；(2)若 F_1 与 M 负相关，即 $\rho_{F_1 M} < 0$，则 $\lambda_1 < 0$，r_i 随 b_i 的增减而成反方向变化。

2. 双因素套利定价模型与资本资产定价模型的关系

双因素套利定价模型为

$$r_i = r_F + (\delta_1 - r_F)b_{i1} + (\delta_2 - r_F)b_{i2}$$

资本资产定价模型为

$$r_i = r_F + (r_M - r_F)\beta_{iM}$$

可以得出

$$\beta_i = \frac{\mathrm{COV}(r_i, r_M)}{\sigma_M^2} = \frac{\mathrm{COV}(F_1, r_M)}{\sigma_M^2} b_{i1} + \frac{\mathrm{COV}(F_2, r_M)}{\sigma_M^2} b_{i2} \tag{4.25}$$

事实上有

$$\mathrm{COV}(r_i, r_M) = \mathrm{COV}(a_i + b_{i1}F_1 + b_{i2}F_2 + e_i, r_M)$$
$$= b_{i1}\mathrm{COV}(F_1, r_M) + b_{i2}\mathrm{COV}(F_2, r_M) + \mathrm{COV}(e_i, r_M)$$

$$\because COV(e_i, r_M) \approx 0$$

$$\therefore COV(r_i, r_M) = b_{i1}COV(F_1, r_M) + b_{i2}COV(F_2, r_M)$$

等式两边同除以 σ_M^2 即得式(4.25)。

将式(4.25)代入式(4.23)并整理得

$$r_i = r_F + (r_M - r_F)\frac{COV(F_1, r_M)}{\sigma_M^2}b_{i1} + (r_M - r_F)\frac{COV(F_2, r_M)}{\sigma_M^2}b_{i2}$$

所以若双因素套利定价模型和资本资产定价模型同时成立，则有

$$\begin{cases} \lambda_1 = (r_F - r_M)\dfrac{COV(F_1, r_M)}{\sigma_M^2} \\ \lambda_2 = (r_F - r_M)\dfrac{COV(F_2, r_M)}{\sigma_M^2} \end{cases}$$

3. 多因素套利定价模型与资本资产定价模型的关系

多因素套利定价模型为

$$r_i = r_F + (\delta_1 - r_F)b_{i1} + (\delta_2 - r_F)b_{i2} + \cdots + (\delta_k - r_F)b_{ik}$$

资本资产定价模型为

$$r_i = r_F + (r_M - r_F)\beta_i$$

同理可得

$$\lambda_j = (r_F - r_M)\frac{COV(F_j, r_M)}{\sigma_M^2}(j = 1, 2, \cdots, k)$$

➢思考与练习

1. 为什么要引入风险与收益的一般模型？

2. 假设只有两种资产：黄金和股票。你可以投资其中一种或者两种。在过去 6 年中，两种资产的数据如表 4-2 所示。

表 4-2　黄金与股票统计表

统计量	黄金	股票
平均收益/%	8	20
标准差/%	25	22
协方差	−0.4	

(1)如果你只能选择其中一种资产，你将选择哪一种？为什么？

(2)一个朋友认为如果你选择黄金的话，可以获得高额收益，你如何看待？

(3)两种资产各占一半的投资组合的均值和方差是多少？

3. 什么是资本市场线？什么是证券市场线？它们有何联系与区别？

4. 你能说出资本资产定价模型的缺陷吗？如果不能，请查阅资料，总结一下别人对该模型的评价，并判断其评价是否公正。

5. 什么是 β 系数？它的数值大小与其代表的风险有何联系？

6. 有 a、b、c、d 四种证券，它们的收益率只受一个因素 F 的影响。每个投资者认为这四种证券的期望收益率和因素敏感性如表 4-3 所示。

表 4-3 四种证券的期望收益率和因素敏感性

i	r_i /%	b_i
证券 a	10	0.8
证券 b	15	1.5
证券 c	21	3.0
证券 d	12	2.1

请问这四种证券达到均衡了吗？如果没有达到均衡，那么为了达到均衡，证券的价格和期望收益率会发生什么样的变化？

7. 比较资本资产定价模型与套利定价模型的异同。在利用这两个模型估算股票的期望收益率时，在什么条件下其获得的结果相同？

8. 资本资产定价模型在中国资本市场是否有效？如何用资本资产定价模型指导投资实践？

第五章

红利贴现模型

第一节　红利贴现模型概述

一、一般模型

一般地讲，投资者购买股票并持有它，主要是期望获得两种收益，即持有期间的红利和期末出售股票的价格。假设股票的现行价格为 P_0，一年之后的预期价格为 P_1，资本收益是 P_1-P_0，在这一年内发放红利为 D_1（为简单起见，假定红利到年底发放）。市场对这种股票在这一年的预期收益率（或股票的要求收益率即市场资本化率）为 $E(r)=k$，于是应有

$$E(r)=\frac{D_1+(P_1-P_0)}{P_0}=k$$

由此可以解出

$$P_0=\frac{D_1+P_1}{1+k}$$

如果年市场的资本化率保持不变，$\frac{D_2+(P_2-P_1)}{P_1}=k$，则有

$$P_0=\frac{D_1+P_1}{1+k}=\frac{D_1+\left(\frac{D_2+P_2}{1+k}\right)}{1+k}=\frac{D_1}{1+k}+\frac{D_2+P_2}{(1+k)^2}$$

若此后各年 k 保持不变，则这个等式可以推广到无穷期：

$$P_0=\frac{D_1}{1+k}+\frac{D_2+P_2}{(1+k)^2}+\cdots=\lim_{n\to\infty}\left[\sum_{t=1}^{n}\frac{D_t}{(1+k)^t}+\frac{P_n}{(1+k)^n}\right]$$

显然，对任意 n，P_n 是有限的，从而当 $k>0$，$t\to\infty$ 时，有 $\frac{P_n}{(1+k)^n}$ 趋于零，于是我们得到无限期红利贴现模型：

$$P_0（股票每股价值）=\sum_{t=1}^{\infty}\frac{D_t}{(1+k)^t} \tag{5.1}$$

这一模型的理论基础是现值原理——任何资产的价值等于其预期未来全部现金流

的现值总和，计算现值的贴现率(股票要求收益率)与现金流的风险相匹配。但是，我们也应该注意到模型中所要求的两个基本变量：预期红利和投资者要求的股权资本收益率在经营期保持不变。事实上，未来发生的红利流实际上是不确定的，所有的 D_t 也都是对未来发生的红利的预期。并且市场环境是不断变化的，现在取同一个股权资本收益率 k 作为贴现率，也是依据预期对未来所有股权资本收益率的某种“平均”。因此，贴现红利模型(5.1)主要应用在股票估价的理论分析上，真正用它来为股票定价实际上是很难操作的。

此外，该模型还可用于项目投资的可行性判断，假如投资某一项目股票的内部收益率为 K^*，预计市场价格为 P，由 $P-\sum_{t=1}^{\infty}\frac{D_t}{(1+k^*)^t}=0$ 可以求出 K^*。如果 K^* 大于 K，则投资项目有益；如果 K^* 小于 K，则投资项目亏损。

二、模型的具体形式

实践中，因红利政策不同和市场波动幅度难以确定，人们对红利不可能做出无限期的预测，往往是根据未来增长率的差异作一定的假设，以构造出可用来估价的几种具体形式的红利贴现模型。

1. 零增长模型

假定未来红利增长率为零，即每期的红利相等，均为固定值 D。这时，$D_t\equiv D$ $(t=1,2,\cdots)$，则式(5.1)变为

$$\sum_{t=1}^{\infty}\frac{D_t}{(1+k)^t}=D\left[\sum_{t=1}^{\infty}\frac{1}{(1+k)^t}\right]$$

当 k 大于零时，$1/(1+k)$ 小于 1，由此可以将上式简化为

$$P_0=\frac{D}{k}$$

【例 5-1】 假设投资者预期某公司支付的红利将永久地固定为 1.15 元/每股，并且贴现率定为 13.4%，那么，该公司股票的内在价值等于 8.85 元，计算过程如下：

$$P_0=\frac{1.15}{0.134}=8.58(\text{元})$$

当我们估计一种高等级优生股的内在价值时，经常使用零增长模型。

2. 稳定增长模型

稳定增长模型(Gordon 增长模型)可用来估计属于“稳定增长”态势的公司的股权价值，即该公司的红利预计在未来很长的时期内以一个不变的速度增长。其实，稳定增长模型又称戈登模型(Gordon 于 1962 年提出)。它有三个假设条件：

(1)红利的支付是永久性的，即式(5.1)中的 t 趋向于无穷大($t\to\infty$)；

(2)红利的增长速度是一个常数(g)，即 $g_t=g$；

(3)模型中的贴现率大于红利增长率，即式(5.1)中的 k 大于 g。

根据上述三个假设条件，可以将式(5.1)改写为

$$P_0=\frac{D_1}{1+k}+\frac{D_1(1+g)}{(1+k)^2}+\frac{D_1(1+g)^2}{(1+k)^3}+\cdots$$

当 g 小于 k 时，$\frac{1+g}{1+k}<1$，级数收敛，从而有

$$P_0=\frac{D_1}{k-g} \tag{5.2}$$

式(5.2)就是稳定增长模型的估计式，且 $D_1=(1+g)D_0$，D_0、D_1 分别为期初和下一期支付的红利。当式(5.2)中的红利增长率为零时，稳定增长模型就变成零增长模型，可见零增长模型是稳定增长模型的特殊形式。

此外，由式(5.2)变形得

$$k=\frac{D_1}{P_0}+g$$

根据上式我们能够对已知价格下的股权收益率进行估计，因而利用它可以就投资项目的可行性问题给出决策参考。

【例 5-2】 在例 5-1 中，假设该公司的下一年的预期分红为 1.196 元，近 5 年的红利历史增长率为每年 4%。依据上述条件，我们可以估算出该股票的合理价格为

$$P_0=\frac{D_1}{k-g}=\frac{1.196}{0.134-0.04}=9.2(\text{元/每股})$$

由例 5-1 我们能够看到：利用稳定增长模型来估计权益资本的价值是一种非常简单、合理的办法。可是，什么是稳定增长率？这里有必要对其予以说明。首先，稳定增长率意味着公司的红利增长将永久持续下去，且其他经营指标(如净收益)也要预期以同一速度增长，否则公司很难维持如此稳定增长的红利支付率。其次，红利的增长率一般要与当时的宏观经济增长率相协调，在长期内，红利的增长率应小于宏观经济名义增长率，如果某公司确实存在连续几年的“高速稳定增长水平”的情形，为了更准确的预测公司的真实价值，对这种情况我们最好使用随后介绍的两阶段或三阶段增长模型，待公司真正处于稳定增长的时候再运用稳定增长模型。再次，稳定增长不随时间变化也是难以保证的，实际中，公司的收益可能存在周期性的波动，但要是其平均增长率能够接近稳定增长率，我们还是能够使用稳定增长模型对公司进行准确的估价的。因为即使该公司的盈利发生周期性的波动，公司也可以通过平滑的方式使红利增长率不受收益周期性的影响。最后，应用稳定增长模型进行估价时，分析人员所选用的增长率必须是公司的红利稳定增长率，否则会出现荒谬的估计结果。例如，分析人员所用的增长率接近贴现率时，将导致公司的股权价值趋向无穷大。这在平稳发展的经济中不可能存在，除非是过热的泡沫经济，使资产价格飞速攀升。稳定增长模型最适用于以一个与名义经济增长率相当或稍低的增长速度增长，且红利支付政策稳定并持续到将来的公司。

3. 两阶段增长模型

两阶段增长模型主要是把公司的增长细化为两个阶段：初期的较高增长阶段和紧接着的稳定增长阶段。在稳定阶段中，公司的增长率比较平稳，并预期长期保持不变。该模型认为公司具有连续 n 年的超常增长时期和随后的永续稳定增长时期，如图 5-1

所示。

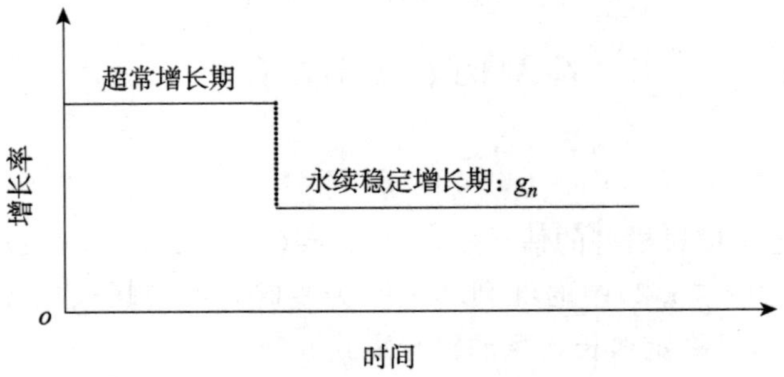

图 5-1　两阶段增长模型

并且每股的价值等于超常阶段每股红利的现值与稳定阶段每股的现值和。根据红利贴现模型的一般式和稳定增长模型关系式有

$$P_0=\sum_{t=1}^{n}\frac{D_0(1+g)^t}{(1+r)^t}+\frac{D_{n+1}}{(r_n-g_n)(1+r)^n}=\frac{D_0(1+g)\left[1-\frac{(1+g)^n}{(1+r)^n}\right]}{r-g}+\frac{D_{n+1}}{(r_n-g_n)(1+r)^n} \tag{5.3}$$

式中，r 为超常增长阶段股权要求收益率（股权资本市场化率）；r_n 为稳定增长阶段股权要求收益率（股权资本市场化率）；D_0 为公司初始的红利。

【例 5-3】 设 ABC 公司在 2004 年的红利为 0.9 元，从 2005 年开始超常增长持续 5 年，在此期间，股权资本成本是 15.48%，预期增长率是 13.04%；到 2010 年开始进入稳定增长阶段，这时，预期增长率变为 6%，股权资本成本为 13.55%，且 2010 年红利为 3.66 元，于是把 $D_0=0.9$，$r=15.48\%$，$g=13.04\%$，$r_n=13.55\%$，$g_n=6\%$，$n=5$，$D_6=3.66$ 代入式(5.3)，得

$$P=\frac{0.90\times1.1304\left[1-\frac{1.1304^5}{1.1548^5}\right]}{0.1548-0.1304}+\frac{3.66}{(13.55-0.06)\times1.1548^5}$$
$$=4.22+23.62=27.84(\text{元/每股})$$

运用该模型进行股权估价时，同样必须注意模型中的约束条件。稳定增长模型所要求的增长率约束条件或假设在两阶段增长模型中依然必须具备。除此之外，如何判断高速增长？如何划分高速增长阶段与稳定增长阶段？这也是实际工作中较难以把握的问题。特别是公司高速增长时期的红利增长率与稳定增长时期的红利增长率存在明显地不同，由此引致股权要求的收益率也相应地不同，从而分析人员在两阶段模型中能否合理地使用不同阶段所要求的股权收益率，直接关系到估价的有效性。两阶段模型一般适合于具有这样特征的公司：公司当前处于高速增长阶段，并预期今后一段时期内仍保持这一较高的增长率，在此之后，支持高速增长率的因素消失。例如，模型适用于的一种情形是，某公司拥有一种在未来几年内能够产生出色盈利的产品专利权，在这段时间内，预期公司将实现超常增长，一旦专利到期，预计公司无法保持超常的增长率，从而进入稳定增长阶段。另一种情形是，一家公司处于一个超常增长的行业，

而这个行业之所以能够超常增长，是因为存在很高的进入壁垒(国家政策、基础设施所限)，并预计这一进入壁垒在今后几年内能够继续阻止新的进入者进入该行业。当然，我们在使用两阶段增长模型时，两阶段间增长率的悬殊不能过大，要适中。如果公司运营从一个高速增长阶段陡然下降到稳定增长阶段，用这种模型进行估价时，其结会果不太合理。

4. 三阶段增长模型

三阶段增长模型最早是由 N. Molodvsky 、C. May 和 S. Chattiner 于 1965 年在《普通股定价——原则、目录和应用》一文中提出的。它是基于假设所有的公司都经历三个阶段，与产品的生命周期的概念相同。在成长阶段，由于生产新产品并扩大市场份额，公司取得快速的收益增长。在过渡阶段，公司的收益开始成熟并且作为整体的经济增长率开始减速，在这一点上，公司处于成熟阶段，公司收入继续以整体经济的速度增长。在超常阶段假设红利的增长率为常数 g_n；在过渡阶段不妨假设红利增长率以线性的方式从 g_a 变化为 g_n，g_n 是稳定阶段的红利增长率。如果 $g_a > g_n$，在过渡期表现为递减的红利率；反之，表现为递增的红利增长率。三个阶段的红利增长关系可以用图 5-2 表示(为了研究方便，本节仅介绍过渡阶段红利增长递减的三阶段增长模型)。

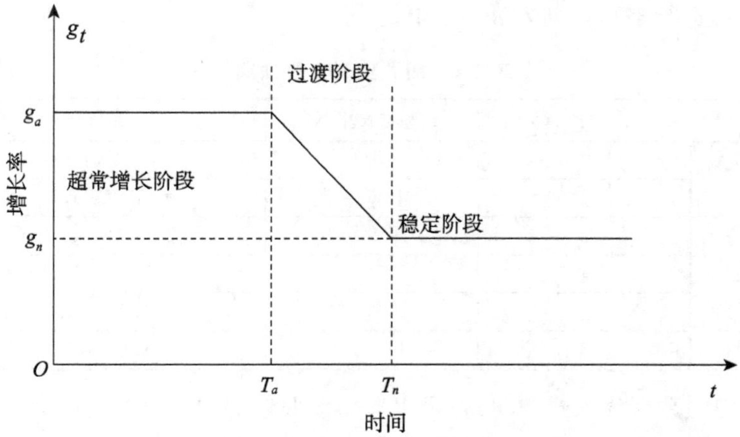

图 5-2　三阶段红利增长模型

从图 5-2 可以看出，公司股票的价值是高增长阶段、过渡阶段的预期红利的现值和稳定增长阶段价格的现值总和。并且当 t 等于 T_a 时，红利增长率等于 g_a；当 t 等于 T_n 时，红利增长率等于 g_n；在过渡期内任何时点上的红利增长率(根据假设)为

$$g_t = g_a - (g_a - g_n)\frac{t - T_a}{T_n - T_a}(g_a > g_n) \tag{5.4}$$

如果再假定初期的红利水平为 D_0，利用式(5.1)写出三阶段增长模型的计算公式为

$$P_0 = D_0\sum_{t=1}^{T_a}\left(\frac{1+g_a}{1+r}\right)^t + \sum_{t=T_a+1}^{T_n}\left[\frac{D_{t-1}(1+g_t)}{(1+r)^t}\right] + \frac{D_{T_n}(1+g_n)}{(1+r)^{T_n}(r-g_n)} \tag{5.5}$$

式中，r 为股权要求收益率。式(5.5)中的三项分别对应于红利的三个增长阶段。且我们也能够看到式(5.5)较为复杂，使用起来不方便。不过，大家不必担心，目前已将它

编成程序写在计算器里，只要输入变量值就能算出结果。它的突出优点在于：

(1)虽然模型有一定程度的复杂性，但易于理解；

(2)它很好地反映了股票理论上的价格，还允许在高利润-高增长的公司与低利润-低增长的公司之间作比较；

(3)模型能很容易地处理增长公司的情况，有广泛的应用性；

(4)模型提供了一个构架，以反映不同类型公司的生命循环周期的本质。

【例 5-4】 假设某种股票初期支付的红利为 1 元/每股；在随后两年的红利增长率为 6%，红利增长率从第 3 年开始递减，又从第 6 年开始每年保持 3%的增长速度。股权要求收益率是 8%。试估算该股票的价值。

这里，$T_a=2$，$T_n=5$，$g_a=6\%$，$g_n=3\%$，$r=8\%$，$D_0=1$，代入式(5.4)，得到

$$g_3=0.06-(0.06-0.03)\frac{3-2}{5-2}=5\%$$

$$g_4=0.06-(0.06-0.03)\frac{4-2}{5-2}=4\%$$

$$g_5=0.06-(0.06-0.03)\frac{5-2}{5-2}=3\%$$

把上述数据进行整理，列入表 5-1 中。

表 5-1 股票红利支付预期

年份 \ 指标		红利增长率/%	红利/(元/每股)
超常增长阶段	1	6	1×1.06=1.06
	2	6	1.06×1.06=1.124
过渡增长阶段	3	5	1.124×1.05=1.18
	4	4	1.18×1.04=1.227
	5	3	1.227×1.03=1.264
稳定增长阶段	6	3	1.264×1.03=1.302

将表 5-1 中的数据代入式(5.4)，可以算出该股票的现值为 22.36 元。

一般认为，在三阶段模型中，不同的公司处于不同的阶段。成长中的公司的增长阶段比成熟公司的要长。一些公司有较高的初始增长率，因而成长和过渡阶段也较长。其他公司可能有较低的增长率，因而成长和过渡阶段也比较短。此外与前面的红利增长模型相比，不存在许多人为强加的限制条件，但在实际估价中，使用三阶段模型也存在诸多困难。首先是有许多的输入变量和难以确定的股权收益率，其次是过渡时期现金流的计算比较复杂(通常要作假设)。为此，佛勒(R. J. Fuller)和夏(C. C. Hsia)于1984 年在三阶段增长模型的基础上，提出了 H 模型，大大地简化了现金流折现的计算过程。

5. H 模型

佛勒和夏提出的 H 模型同样有基本的假定：收益的增长率(g_a)从一个很高的初始水平开始，然后以线性的方式递减或递增(这里，仅就递减情况介绍)，到 $2H$ 期后，收益增长率变为稳定增长率(g_n)；同时红利支付率不随时间而予以变化，也不受增长率

的影响；在 H 时点上的增长率恰好等于初始增增长率 g_a 与稳定增长率 g_n 的平均数，特别是 g_a 大于 g_n 时，在 $2H$ 点之前的收益增长率递减，具体关系见图 5-3。

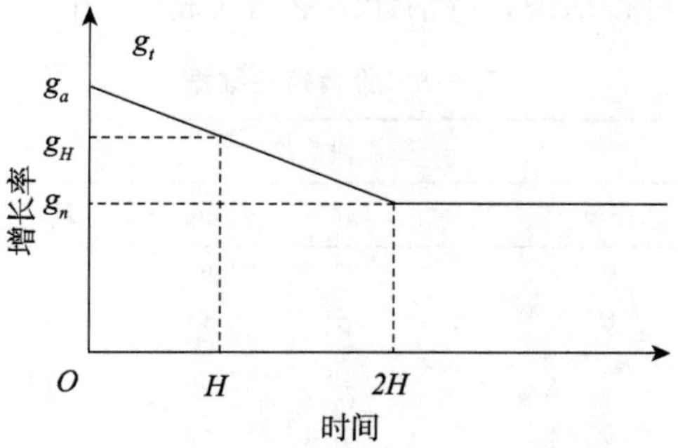

图 5-3　收益增长率的阶段性变化

在图 5-3 中，当 $t=H$ 时，$g_H=\frac{1}{2}(g_a+g_n)$，且股权要求收益率为 r，在这些假定条件下，佛勒和夏给出了使用 H 模型估计股票现金流的计算公式为

$$P_0=\frac{D_0}{r-g_n}[(1+g_n)+H(g_a-g_n)] \tag{5.6}$$

式中，D_0 为初始的红利。

【例 5-5】 某公司的股票在 2010 年的股息增长率为 5%，从下一年开始，股息将以线性方式递减，但从第 10 年起，股息增长率将维持在 2%的水平。假设 2010 年的红利为 4 元，如果投资者要求 10%的收益率，试计算该股票的价格。

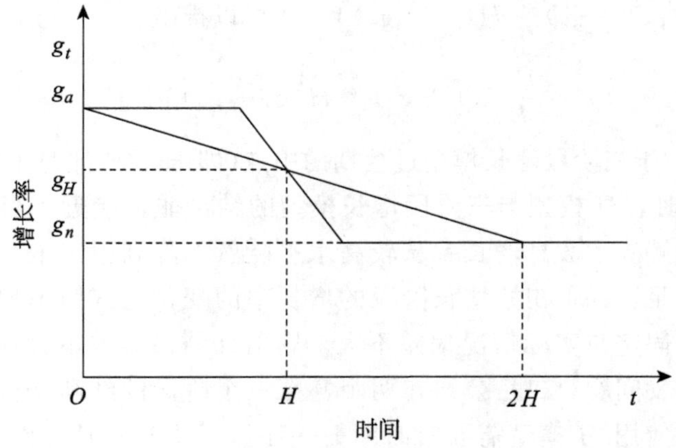

图 5-4　收益增长率变化实例

这里，$D_0=4$，$g_a=0.05$，$g_n=0.02$，$H=5$，$r=0.1$。应用式(5.6)可知该股票的价格为

$$P=\frac{4}{0.10-0.02}[(1+0.02)+5(0.05-0.02)]=58.5(\text{元})$$

同理，对于三阶段增长模型，我们也可以用 H 模型来反映，具体关系见图 5-4。

【例 5-6】 H 模型与三阶段模型的比较。

我们选取 6 只股票，并给出三阶段模型所要求的输入变量值，然后对它们分别使用三阶段模型和 H 模型进行估价，将估计结果列入表 5-2 中。

表 5-2 股票相关数据

股票类型	假设			三阶段模型			H 模型		估价比率
	g_a/%	g_n/%	r/%	T_a/年	T_n/年	P_0/元	H/年	P_0/元	
1	7	4	9	5	7	23.97	6	24.4	0.98
2	12	4	9	5	7	30.17	6	30.40	0.98
3	12	4	9	5	15	37.66	10	36.80	1.02
4	−2	4	9	3	5	17.12	4	16.00	1.07
5	20	4	9	7	13	68.18	10	52.80	1.29
6	20	4	9	3	7	38.04	5	36.80	1.03

注：在每种股票中，D_0 等于 1 元。

从表 5-2 可以看出，除第 5 种股票外，其他股票的两种模型的估价比率都接近于 1，这标明在一定的条件下，H 模型可以替代三阶段增长模型，特别是对那些缺少分析人员和缺乏分析能力的机构来讲非常有用。其实 H 模型也是两阶段增长模型，可是与传统的两阶段增长模型不同，它在初始阶段的增长率不是常数，而是随时间线性下降或递增，直至达到稳定增长率水平；H 模型与三阶段增长模型相比，它还具有这样的特点：首先，在考虑了股息增长率变动的情况下，大大地简化了计算过程；其次，在已知股票市场价格 P 的条件下，可以直接求出股权要求收益率。

由 $P-\dfrac{D_0}{r-g_n}[(1+g_n)+H(g_a-g_n)]=0$ 可以推出：

$$r=\frac{D_0}{P}[(1+g_n)+H(g_a-g_n)]+g_n$$

最后，当 H 位于三阶段增长模型过渡期的中点(即 H 位于股息增长率从 g_a 变化到 g_n 的时间的中点)时，H 模型与三阶段增长模型的结论非常接近。当然，H 模型除具有简化运算且部分解决了股息增长率从较高水平陡然下降到稳定增长水平问题的优点之外，它也存在不足：一是初始增长阶段的增长率的变化是按照模型设计的严格过程进行的，如果这一假定与实际情况偏差不大，则估计结果误差不大；一旦与实际偏差较大的话，就会引发问题。二是公司在两个甚至三个阶段的红利支付率不变的假设也难符合实际。三是使用 H 模型需要对时间——H 因子进行估计，而对于 H 估计的难度即使不比三阶段红利贴现模型的第一阶段更大，至少也和它相同。此外，读者如果有兴趣的话，可以考虑股利的初始增长率不是以线性方式变化，而是以指数平滑的形式进行变化，则 H 模型的股票估价计算公式将是怎样的形式。

6. 多元增长模型

前面所介绍的红利贴现模型都是在一定假设条件下导出的，因而它们只能说是红利贴现模型的特殊形式，现在让我们再看一种红利贴现模型的最一般的形式——多元增长模型。多元增长模型假定在某一时点 T 之后红利增长率为一常数 g，但在这之前

红利增长率是可变的。多元增长模型的现值估价计算公式为

$$P=\sum_{t=1}^{T}\frac{D_t}{(1+r)^t}+\frac{D_{T+1}}{(r-g)(1+r)^T} \tag{5.7}$$

由式(5.7)我们可以看出，多元增长模型实质上为多阶段模型。公司经历红利增长不同的若干阶段后，开始进入稳定增长持续期。股票的价格等于这若干阶段的红利现值和。

【例 5-7】 某投资银行 1999 年 9 月对 XYZ 公司 1999 年之后的股息增长情况进行了预测，预测结果见表 5-3。已知，1998 年该公司的股息是 1.44 元/每股，即 $D_0=1.44$ 元。投资者投资该公司股票的期望收益率等于 18.9%。在表 5-3 中，将 1999 年后股息增长情况分成四个阶段：第一阶段(初期)，股息增长率极不稳定，在初期的 9 年中，股息增长率在 5.7%～25%的范围内波动；第二阶段(平稳期)，在 2009～2013 年股息增长率均维持在 13.5%的水平；第三阶段(过渡期)，在 25 年的过渡期内，股利增长率从 2014 年的 13.6%逐年下降到 2038 年的 9.1%；第四阶段(稳定期)，从 2039 年起每年的股利增长率固定为 9%。根据 1998 年的股利(D_0)预测 1999 年之后各年的股利增长率、未来股利值和股利现值，具体估计值见表 5-3。

表 5-3　XYZ 公司的预测表

年份 \ 指标		股利增长率/%	每股股利/元	股利现值/元
初期	1999	21.5	1.75	1.472
	2000	5.7	1.85	1.309
	2001	18.9	2.20	1.310
	2002	25.0	2.75	1.377
	2003	12.7	3.10	1.306
	2004	22.6	3.80	1.346
	2005	21.1	4.60	1.371
	2006	21.7	5.60	1.404
	2007	19.6	6.70	1.413
平稳期	2008	19.1	7.98	1.416
	2009	13.5	9.06	1.351
	2010	13.5	10.28	1.290
	2011	13.5	11.67	1.232
	2012	13.5	13.24	1.176
	2013	13.5	15.03	1.123
过渡期	2014	13.6	17.07	1.073
	2015	13.8	19.43	1.027
	2016	13.9	22.13	0.984
	2017	14.0	25.23	0.944
	2018	14.1	28.78	0.906
	2019	14.1	32.82	0.869
	2020	14.0	37.41	0.833
	2021	13.9	42.61	0.798

续表

年份＼指标		股利增长率/%	每股股利/元	股利现值/元
过渡期	2022	13.7	48.46	0.764
	2023	13.5	55.03	0.729
	2024	13.3	62.35	0.695
	2025	13.0	70.48	0.661
	2026	12.7	79.46	0.627
	2027	12.4	89.34	0.593
	2028	12.1	100.13	0.559
	2029	11.7	111.88	0.525
	2030	11.4	124.62	0.492
	2031	11.0	138.38	0.460
	2032	10.7	153.18	0.428
	2033	10.4	169.06	0.398
	2034	10.1	186.07	0.368
	2035	9.8	204.26	0.340
	2036	9.5	223.69	0.313
	2037	9.3	244.46	0.288
	2038	9.1	266.68	0.264
稳定期	2039	9.0	290.68	0.242
	2049	9.0	688.15	0.102
	2059	9.0	1 629.11	0.043
	2069	9.0	3 856.70	0.018
	2079	9.0	9 130.20	0.008
	2089	9.0	21 614.50	0.003
	2099	9.0	51 169.40	0.001

从表 5-3 可以看出，在 2039 年之后，XYZ 公司的股利增长率将维持在 9%的水平，因而，2039 年后的现金流能够使用稳定增长模型。这样该公司股票的现值能使用式(5.7)进行计算。

$$P=\sum_{t=1}^{10}\frac{D_t}{(1+r)^t}+\sum_{t=11}^{15}\frac{D_t}{(1+r)^t}+\sum_{t=16}^{40}\frac{D_t}{(1+r)^t}+\sum_{t=41}^{\infty}\frac{D_t}{(1+r)^t}$$

$$=\sum_{t=1}^{10}\frac{D_t}{(1+r)^t}+\sum_{t=11}^{15}\frac{D_t}{(1+r)^t}+\sum_{t=16}^{40}\frac{D_t}{(1+r)^t}+\frac{D_{41}}{(1+r)^{40}(r-g)}$$

$$=13.723+6.173+15.94+2.914=38.75(\text{元})$$

尽管多元增长模型比前面所提及的估价模型更具有一般性，但它以计算烦琐复杂为代价，同时，在大多数情况下，多元增长模型与上市公司的行业周期不相一致。一方面，很少有一个上市公司能在无穷长的时间里保持一个不变的增长率；另一方面，真正能够生存的上市公司，大多又是通过在行业的衰退期进行产业结构调整和升级，重新获得新的成长性，进入新的行业周期，不断调整与升级，才得以长期生存下去的。

三、随机红利贴现模型

在前面红利贴现模型的讨论中，我们或多或少地要对模型作一些假设，假定某些变量为常数、增长稳定等。一旦其中的部分假设条件发生变化，模型的估计价格可能大大地偏离实际价格，针对实际情形的多样性和复杂性，W. Hurley 和 L. Johnson 建议使用一组新的估价模型。该模型使用现实的红利支付方式。它假设公司要么在一段时期内将以固定数量增加红利，要么保持红利不变，而每一种情况的出现又以预计的概率为基础，这就是随机模型的机理。随机红利贴现模型中使用的红利流称做随机红利流。

1. 附加随机红利贴现模型

基本的随机红利贴现模型有两种形式：第一种模型假设红利以固定数额增长或保持不变，这一模型称之为附加随机红利贴现模型，其计算公式如下：

$$D_{t+1}=\begin{cases}D_t+C，\text{概率为 }P(t=1，2，\cdots)\\ D_t，\quad\text{概率为 }1-P(\text{t}=1，2，\cdots)\end{cases}$$

式中，D_t 为 t 期的股利；C 为股利的增加额；P 为股利增加的概率。

则附加随机红利贴现模型的股票理论估值计算公式为

$$P_0=\frac{D_0}{r}+\left[\frac{1}{r}+\frac{1}{r^2}\right]CP \tag{5.8}$$

式中，r 为股权资本收益率。

【例 5-8】 某公司的初始红利 D_0 等于 1.2 元，股票要求收益率为 10.75%，在存在股利增长的 10 年中，平均股利增长是 0.32 元，增长率为 8.2%，且 13 年中有 10 年股利有所增加，我们使用 10/13 或 76.92% 作为股利增长的概率。把这些数据代入式(5.8)，我们可以计算出该公司股票的估计价格：

$$P_0=\frac{1.2}{0.107\,5}+\left[\frac{1}{0.107\,5}+\frac{1}{(0.107\,5)^2}\right](0.32)(0.769\,2)=34.67(\text{元/每股})$$

上述模型假设公司股利可能增长，也可能不变，然而公司也存在破产的可能性。如果确实有这种情况，股票价格的下限(P_L)可以用下面的方法确定。

令 P_B 为破产的概率，那么：

$$D_{t+1}=\begin{cases}D_t+C，\text{概率为 }P(t=1，2，\cdots)\\ D_t，\quad\text{概率为 }1-P-P_B(t=1，2，\cdots)\\ 0，\quad\text{概率为 }P_B(t=1，2，\cdots)\end{cases}$$

这时，股票价格的下限可以用下列公式进行计算：

$$P_L=\frac{D_0(1-P_B)}{r}+\left[\frac{1}{r+P_B}+\frac{1}{(r+P_B)^2}\right]CP$$

2. 几何随机红利贴现模型

针对红利增长模式，Hurley 和 Johnson 又引入红利增长的几何随机红利贴现模型。假设红利增长率为 g，并且忽略破产的概率，那么几何增长的红利流量就是

$$D_{t+1}=\begin{cases}D_t(1+g)，概率为 P(t=1，2，\cdots)\\ D_t，\quad 概率为 1-P(t=1，2，\cdots)\end{cases}$$

则股票价格为

$$P=\frac{D_0(1+pg)}{r-pg} \tag{5.9}$$

我们把例 5-8 中的数据：$D_0=1.2$ 元，$r=10.75\%$，$p=76.92\%$，$g=8.2\%$代入式(5.9)，可得估计价格为

$$P=\frac{1.2[1+(0.7692)(0.082)]}{0.1075-(0.7692)(0.082)}=28.73(元/每股)$$

如果把破产的概率考虑到几何随机红利贴现模型中，可以估计股票的下限价格。其具体计算公式为

$$P_L=\frac{D_0(1+pg-P_B)}{r-(pg-P_B)}\ (P_B 为破产的概率)$$

大家从附加随机红利贴现模型和几何随机红利贴现模型的具体计算公式可以看出它们之间的差异，对其如何选择，要根据实际情况灵活把握，尽量选择有代表性的模型。

3. 存在股利分割情形

在 Hurley 和 Johnson 提出的附加随机红利贴现模型和几何随机红利贴现模型里，他们只考虑了红利增加、红利不变和破产这三种可能性，Y. L. Yao 于 1997 年又考虑了第四种可能性，即红利下降。他认为公司临时分割红利是经常发生的。为此，他对附加随机红利贴现模型和几何随机红利贴现模型进行了修正。

(1)附加随机红利贴现模型修正如下：

$$D_{t+1}=\begin{cases}D_t+C，概率为 P_U(t=1，2，\cdots)\\ D_t-C，概率为 P_D(t=1，2，\cdots)\\ D_t，\quad 概率为 1-P_C=1-P_U-P_D(t=1，2，\cdots)\end{cases}$$

式中，P_U为红利上升的概率；P_D 为红利下降的概率；P_C 为红利不变的概率。原来的附加随机红利贴现模型的估价式(5.8)相应地变为

$$P=\frac{D_0}{r}+\left[\frac{1}{r}+\frac{1}{r^2}\right]C(P_U-P_D) \tag{5.10}$$

注意，当 P_D 等于零时，式(5.10)就变为式(5.8)。假如我们考虑公司破产的可能性，股票价格的下限由下式决定：

$$P_L=\frac{D_0(1-P_B)}{r+P_B}+\left[\frac{1}{r+P_B}+\frac{1}{(r+P_B)^2}\right]C(P_U-P_D)$$

式中，$P_B=1-P_U-P_D$。

(2)几何随机红利贴现模型的修正如下：

$$D_{t+1}=\begin{cases}D_t+(1+g)，概率为 P_U(t=1，2，\cdots)\\ D_t(1-g)，\quad 概率为 P_D(t=1，2，\cdots)\\ D_t，\quad 概率为 1-P_C=1-P_U-P_D(t=1，2，\cdots)\end{cases}$$

这时股票估计价格是

$$P=\frac{D_0[1+(P_U-P_D)]}{r-(P_U-P_D)g} \tag{5.11}$$

同样以零代替 P_D，式(5.11)转化为式(5.9)，不考虑股利下降的几何随机红利贴现模型。考虑破产可能的几何随机红利模型的股票价格下限是

$$P_L=D_0\left[\frac{1+(P_U-P_D)g-P_B}{r-(P_U-P_D)g+P_B}\right] \tag{5.12}$$

Yao 把忽略破产可能性、改进后的两种随机模型用于估计五家电器公司(Rochester G&E、United Illum 、Ohio Edison、Montana Power 和 Sierra Pacific)的股票价格，其估计值与实际价格非常接近，显示出较好的预测效果。

由上面的估计结果我们注意到，随机红利贴现模型是一个十分有用的工具，它可以使分析人员得出股票价值的概率分布。这样分析人员能够利用概率分布来评估股票错误定价的偏离程度，从而决定提出买还是卖的建议。

第二节　使用红利贴现模型应注意的几个问题

通过前面的分析，我们发现红利贴现模型固有的简单、直观估价方法，着实令人使用起来感到简洁与快捷。然而它本身附加的多种假设或限制条件，又使人们对其估计出的结果予以质疑。人们认为除了少部分具有稳定高红利的股票使用其估计有效外，其对其他股票的估计大有偏颇，从而得出该模型缺乏普遍的适用性。下面我们将讨论应用红利贴现模型估价时应予以注意的若干问题。

一、对不支付红利或支付低红利股票的估价

红利贴现模型估价时所遵循的假设，导致人们形成一个习惯的看法：大凡不符合红利贴现模型所要求条件的股票，就不能用该模型进行估价。自然红利贴现模型不能用于估计不支付红利或支付低红利的股票。其实这是不正确、也不全面的看法，只要我们根据预期收益增长率的变化不断调整它的红利支付率，即使对于不支付红利的公司，也可以虚拟出其红利分配情况，从而能够得到该公司的合理价值。同样，对于一家高速增长且当前不支付红利的公司，我们根据收益增长率下降时的预期红利支付率仍然可以估计出其价值。但是，如果我们针对预期收益增长率的改变不能及时地调整它的红利支付率，则红利贴现模型将会低估不支付红利或支付低红利的股票价值。其关键的问题是如何调整红利支付率，红利支付率应该为多少，红利支付率的适度与否直接关系到股票估价的合理性。分析人员在把握它的大小时，应参照该公司过去红利支付与预期收益增长率间的关系，考虑该公司所在行业的平均红利支付情况以及当前的宏观经济发展态势和公司的市场竞争能力、发展潜力等要素，尽可能地考虑诸多因素，确定一个合理的红利支付率，唯有如此，才能使公司的股票估价合理有效。

二、红利模型的估价一般合理有效

人们普遍认为，红利贴现模型的一个基本缺陷是使用它估计出的价值过于保守。他们是基于以下事实：股票的价值不是由红利的现值唯一决定的。例如，有人认为红利贴现模型没有反映"未利用资产"的价值。但是，也没有办法能把这些"未利用资产"分离出来予以单独估价，然后再把它的价值加到由红利贴现模型所计算出的价值中。还有些人认为在红利贴现模型中被忽略的资产，像品牌的价值等，也应该视实际情况对其进行公平的估价。对此，我们认为红利是一个公司最后收益的分配，而收益又是公司经营过程中综合利用自身资源所产出的净值，公司的品牌影响企业的收入，收入的数量已包含了品牌的价值。一个企业的资产在其收入的形成过程中很难度量它的贡献大小，无法区分其功能作用，具体的划分缺乏实际可操作性与理论可行性。所以，利用红利贴现模型进行估价时，其结果还是具有合理性和真实性的。

三、红利贴现模型具有良好的市场反映性

当股票市场发生变化时，红利贴现模型更能够积极有效地度量股票的价格，并非像许多人认为红利贴现模型是与市场对立的那样：即当股票市场处于牛市时，使用红利贴现模型会发现越来越少的股票价值被低估了。其实这一点未必是不正确的。如果股票市场上升的原因是宏观经济基本面的改善，如更高的预期经济增长率或更低的利率，那么没有理由认为由红利贴现模型得到的价值不会相应地增加；如果股票市场上升的原因不是宏观经济基本面的改善，红利贴现模型所得到的价值就不会随市场而改变，但这时模型所发出的信号更强烈，而不是更弱，它显示相对红利和现金流，市场对股票的价格高估了，并提醒谨慎的投资者要引起注意。这就意味着大家对待引起股市为牛市的原因要谨慎，通过认真分析和甄选，确认这些原因是偶发性的还是经济发展造成的必然性，进而可以把握股市，看好其属于短暂情形还是持续情形，它们对红利贴现模型存在哪些内在关系，以便于我们判断红利贴现模型估价结果的合理性。总之，红利贴现模型不会与市场变化无关，它的基本输入变量与市场有着千丝万缕的联系，任何宏观经济基本面的变化都能造成这些变量或多或少的变动，也正是这些因素的及时调整，才使得红利贴现模型对股票的估价结果更具有可参照性。

四、红利贴现模型的三个隐含假设

使用红利贴现模型时，大家应该注意到该模型所隐含的三个假设：一是它存在属性偏好。属性偏好是指红利贴现模型偏好的股票倾向于特定的股票属性。股票属性是指低市盈率、高股利率、高账面价值率或特定行业部门等性质。对此，Jacobs 和 Levy 于 1988 年的一项研究表明，由红利贴现模型得出的预期收益率与低市盈率、账面价值价格比率、股利支付率、β 值和公司规模等股票属性相关。二是它假设投资者的时间跨

度与模型使用的时间相匹配。实际上，这一假设经常不能满足。模型使用者持有股票的时间通常比模型隐含的时间短。三是 $r-g$ 由预期决定。事实上，r、g 很难估计，稍有偏颇，就有可能导致价格预测值产生重大差异。

五、红利贴现模型中的股权资本成本与红利增长率的估计

大家都知道红利贴现模型中股权资本成本就是投资者所要求的股权资本收益率，它是由现金流的风险大小所决定的。这样就存在现金流风险如何度量的问题，即怎样度量能够比较准确地反映内在要求的风险大小，而风险又是与收益对等的，投资所面对的风险越大，则投资者所要求的收益率也越高，反之亦然。现实中，股权资本要求对收益率通过不同模型的予以估算。然而不同模型的估计方式也不同，比较常用的估计模型是资本资产定价模型、套利定价模型和多因素模型。在资本资产定价模型中，有

$$\text{股权资本成本} = R_f + \beta[E(R_m) - R_f]$$

在套利定价模型中，有

$$\text{股权资本成本} = R_f + \sum_{j=1}^{k}\beta_j\,[E(R_j) - R_j]$$

在多因素模型中，有

$$\text{股权资本成本 } R_{it} = \alpha_i + \beta_{i1}F_{1t} + \beta_{i2}F_{2t} + \cdots + \beta_{ik}F_{kt} + e_{it}$$

股权资本成本 R_{it} 的风险由各个 β_{ik} 决定。为此，在实际运用中，我们可以根据市场和经济环境所发生的变化，灵活地采用某一模型来估计，如预期利率或风险随时间发生变化而导致预期股权资本收益率也随时间发生变化的情形。这样，不但可以依据这些模型估计预期收益率，而且还能及时地调整其大小，确保股权资本成本跟上市场的变化，使估计结果更加符合现实。

同样，公司的红利增长率往往也是需要估计的。众所周知，红利是公司净收益的一部分，所以红利的大小无不与企业的经营状况相关，而企业的运营情况是通过各种财务指标来描述的，进而公司红利支付可以用它的有关财务指标进行计量。一般地，公司的红利增长率 g 用以下基本模型予以估计。

$$g = b \times \mathrm{ROE} = b\{\mathrm{ROA} + D/E[\mathrm{ROA} - i(1-t)]\} \tag{5.13}$$

式中，b 为留存比率，且 $b=1-$红利支付率；ROE 为净资产收益率；ROA 为资产收益率，且 ROA=[净利润+利息费用$(1-t)$]/总资产账面值；D/E=负债账面值/权益账面值；i=负债利息/负债账面值；t 为普通收益所得税率。

对式(5.13)进一步变形，我们能够得到红利支付率与预期增长率间的函数关系：

$$\text{红利支付率} = 1-b = 1-(g/\{\mathrm{ROA} + D/E[\mathrm{ROA} - i\,(1-t)]\})$$

利用上述公式可以估计稳定增长期的红利发放率。但在实际估计中，红利支付率必须与预期增长率相一致。如果预期在超常阶段结束后公司的增长率有可能大幅度下降，那么稳定阶段的红利支付率应比超常阶段高，因为一个稳定增长的公司比一个超速增长的公司将有更多的盈利用来发放红利。

【例 5-9】 设有一家公司在开始的超常增长阶段(持续期为 5 年)和稳定增长阶段的 ROA、红利支付率、D/E、利率和增长率如表 5-4 所示。

表 5-4 公司增长数据

指标＼阶段	开始超常增长期	稳定增长期
ROE	25%	20%
红利支付率	25%	?
D/E	1.00	1.00
利率	12%	10%
增长率	?	10%

注：表中问号为下面要计算的值。

如果公司所得税率为 40%，则

前 5 年的红利增长率＝(1－0.25){25%＋1×[25%－12%(1－0.4)]}＝32.1%

5 年后的红利支付率＝1－(0.1/{0.2 ＋ 1[0.2－0.1(1－0.4)]})＝70.58%

六、估价的结果与分析人员的综合能力相关

实践中，使用红利贴现模型进行股票估价时的确存在许多技能要求。面对一只股票，利用什么样的红利贴现模型进行估价，这是分析人员必须确定的问题；同时模型中的输入变量都是预期估计量，市场未来具有非常的不确定性。一般这样思考：先观察该股票过去的红利分红情况和企业发展状况，结合模型假设条件，比较该企业在同行业的市场竞争能力，然后联系分析人员自己的经验，初步确定估价模型，再通过试错办法进一步找到准确合理的估价模型。从这里我们可以明白，不同的分析人员有不同的分析经验，进而对同一只股票可能用不同的模型予以估计。分析者的综合能力和经验在真正的实际分析中体现得淋漓尽致。只有在实践中不断积累分析经验，才能提高自身的分析能力和判断水平。

本章我们首先主要介绍了红利贴现估价模型的基本形式，如一般模型、零增长模型、稳定增长模型、两阶段增长模型、三阶段增长模型、H 模型、多元增长模型和随机红利贴现模型，并对它们的使用假设和缺陷给出了讨论与评价；其次又对实践中利用这些模型估价时所遇到的若干问题进行了解释，模型的应用范围是很广泛的。根据国外和中国采用红利贴现模型进行估价的实证研究显示，该模型对于成熟的证券市场，有发现股票潜在价值的性能，而对于尚未成熟的股票市场却显得无力。

➢思考与练习

1. 固定增长红利贴现模型的局限性是什么？
2. 三阶段红利贴现模型隐含的假设是什么？
3. 假设投资者应用红利贴现模型的固定增长形式来估计 MT 公司的价格。当前的每股股利是 3 美元，股利以每年 10%的固定比率增长，贴现率是 12%，则该公司股票每股的估计价值是多少？

4. 假设 MF 公司的净资产收益率(ROE)为 16%，再投资比率为 50%，市场资本化率为 12%，预计该公司明年的收益是每股 2 元，则其估价应为多少？试预测 MF 公司股票 3 年后的售价是多少？

5. LTY 生化公司的一位董事认为，投资者使用红利贴现模型这一事实证明了红利越高，股价越高，参考固定增长的红利贴现模型，试分析这位董事的观点。

6. 预计 XY 公司的红利每股每年约增长 5%，则

(1)如果今年的年终分红是每股 8 元，市场资本化率为每年 10%，试求该公司当前的股价。

(2)如果每股期望收益为 12 元，则未来投资机会的隐含收益率是多少？

(3)求未来增长(如超过市场资本化率的未来投资的股权收益率)的每股市值。

7. 已知 A、B 两只股票的市场资本化率均为每年 10%，投资者对这两只股票的初步分析结果如表 5-5 所示。

表 5-5 股票数据资料

项目	A 股票	B 股票
股权期望收益/%	14	12
每股收益估计值/元	2.00	1.65
每股红利估计值/元	1.00	1.00
目前每股市价/元	27.00	25.00

(1)求这两只股票的红利期望分配率。

(2)求这两只股票的红利期望增长率。

(3)求这两只股票的内在价值。

(4)投资者应投资哪种股票？

8. 假设 WQ 股票有以下已知条件：

初始股利等于 4 元，贴现率为 13%，股利上升的概率是 9%，股利增加额为 4 元，增长率为 10%，则：

(1)利用附加随机红利贴现模型计算 WQ 股票的价值。

(2)利用几何随机红利贴现模型计算 WQ 股票的价值。

9. 假定某分析师对某股票今后 6 年的红利模式规划如表 5-6 所示。

表 5-6 股票红利规划

时间/年	红利/元
1	1.75
2	1.90
3	2.10
4	2.30
5	2.60
6	3.00
7	3.30

另外，假设在第 7 年分析师预期股票价格是 23.70 元，即第 7 年的现金流量计划为 27 元(等于计划股利 3.30 元加上计划售价 23.70 元)，则：

(1)如果股票的交易价格是 24.7 元，那么这只股票的预期收益率是多少？

(2)如果投资者购买股票，要求的收益率是 10%，若股票以 24.70 元交易，那么该股票的价格是

被低估还是高估？

(3)如果投资者要求收益率达到8%时才购买该股票，股票以24.70元的价格进行交易，则该股票是被低估还是高估？

10. NG公司的股票当前售价为每股10元，预计明年每股收益为2元，公司有一项政策规定每年收益的50%用于分红，其余收益留下来用于投资于年收益为20%的项目。上述情况的预期是不确定的。

(1)假定NG公司利用固定增长的红利贴现模型估计出公司股票当前市值反映了内在价值，求NG公司的投资者要求的收益率。

(2)假定所有收益都用于分红，不进行再投资，股票超值多少？

(3)如果NG公司将红利分配率降低到25%，该公司股价会发生什么变化？如果假定不分红，情况又会如何？

11. ABC公司2004年的股票每股收益为3.8元，每股红利为0.56元，2005～2009年，公司收益的预期增长率为15%，但在2009年后，公司增长率逐年下降，并在2014年到达5%的稳定增长率水平。预计公司在2005～2009年的红利支付率保持当前水平不变，之后逐年提高，直至稳定阶段的60%为止。预计公司股票在2005～2009年的β值为1.2，之后逐年下降，进入稳定阶段后为1.00(国库券的利率为6%)。

(1)假定2009～2014年公司增长率呈线性下降趋势，估计2005～2014年每股的红利。

(2)估计2014年年末公司股票的预期价格。

(3)运用三阶段红利贴现模型计算公司股票的每股价值。

第六章

现金流估价模型

第一节　股权估价——股权资本自由现金流估价模型

一、股权资本自由现金流

(一)股权资本自由现金流的含义

利润指标最受投资者的关注，但由于利润是按特定会计方法得出的，发生人为调控的情形并不鲜见。为了减少特定会计方法的影响，尽可能避免人为操纵，投资者开始更多地关注有真实现金支出的股权资本自由现金流(FCFE)。股权资本自由现金流的数据信息并不单一取自损益表、资产负债表或现金流量表，而是综合来源于这三大财务报表。

股权资本自由现金流一般是指满足公司持续经营所需费用后的剩余现金流。除了日常的经营费用，维持公司的持续经营还需要考虑以下因素：①偿还债务；②满足公司长远发展的资本性支出；③维持公司日常运营所必需的营运资本追加额。这样，股权资本自由现金流可用公式表示为

股权资本自由现金流＝净收益＋折旧－资本性支出－营运资本追加额－旧债本金偿还＋新发行债务　　(6.1)

【例 6-1】　一家无财务杠杆的半导体公司，其主营业务是设计、改进和制造多种用于工作站、主板和个人计算机的集成电路，相关的财务数据列于表 6-1，试估计该公司的股权资本自由现金流。

表 6-1　某半导体公司的股权资本自由现金流(单位：万元)

项目	2010 年	2011 年
净收益	27 360	2 400
折旧	33 200	36 000
资本性支出	51 280	29 200
营运资本追加额	10 000	－5 040
股权资本自由现金流	－720	14 240

表 6-1 中的最后一行列出了该公司股权资本自由现金流的计算结果，显示了股权资本自由现金流与净收益(也就是净利润)之间存在着的差异。与 2010 年相比，2011 年的净收益虽然有所下降，但由于资本性支出和营运资本追加额减少，股权资本自由现金流反而增加了。

如果公司按照理想负债比率 δ 为资本净损耗和营运资本追加额进行融资，而且通过发行新债来偿还旧债的本金，即

新发行债务 = 旧债本金偿还 + δ ×(资本性支出 − 折旧) + δ × 营运资本追加额

那么股权资本自由现金流的计算公式又可以表示为

$$\text{股权资本自由现金流} = \text{净收益} - (1-\delta)\times(\text{资本性支出} - \text{折旧}) - (1-\delta) \times \text{营运资本追加额} \tag{6.2}$$

【例 6-2】 某制药公司发行在外的债务为 120 亿元，股权资本市值为 720 亿元，公司处于理想负债比率为 14%。预计公司销售额将从 2011 年的 513.6 亿元增长到 2012 年的 568 亿元，公司 2011 年营运资本追加额为 18 亿元，比上年增加 1.76 亿元，预计 2012 年的营运资本追加额占销售额的百分比将保持在 2001 年的水平。其他财务数据列于表 6-2，试计算这两年该公司的股权资本自由现金流。

表 6-2 某制药公司的股权资本自由现金流(单位：万元)

项目	2011 年	2012 年(预计值)
净收益	556 000	604 800
折旧	144 000	160 000
资本性支出	289 600	320 000
营运资本追加额	17 600	19 065
(1−δ)×(资本性支出−折旧)	125 216	137 600
(1−δ)×营运资本追加额	15 136	16 396
股权资本自由现金流	415 648	450 804

其中，δ=14%。为了反映计算过程，在表 6-2 的下方添加了三行，最终结果由最后一行给出，即 2011 年的股权资本自由现金流为 41.564 8 亿元，预计 2012 年将达到 45.080 4 亿元。

(二)股权资本自由现金流与红利

崇尚红利的投资者认为："种桃树的目的是为了后续每年获得鲜桃，所以桃树(公司)的价值应当用桃树未来产出鲜桃的市场价值(红利)来衡量"。但同时，"手中的一只鸟比树林中的两只鸟更有价值"也在头脑中扎了根。这样许多人不禁要问，是不是每年产出的鲜桃都应当全部卖掉而不必将部分重新作为种子，以获得更多的桃树来扩大桃林呢？另外，手中鸟也不具备到树林中"吸引"其他鸟，并且继续"生儿育女"的能力。因此，在一定程度上红利发放与股东利益最大化的经营理念不相一致。

股权资本自由现金流是决定公司能否顺利支付红利和确定红利支付额的重要指标。红利通常不同于股权资本自由现金流，其主要基于以下几个原因：第一，投资者对红

利稳定性的偏好。一般来讲，平稳的收入或增加比收入的减少更容易让人满足。所以，公司为了维持红利的相对稳定及避免过高的红利水平，会留下部分现金流，公司即使在收益或股权资本自由现金流增长的时候，为了维持红利的相对稳定或避免过高的红利水平，也会留下部分现金流。第二，未来投资的需要。由于新发行股票成本较高，如果一个公司预计将来所需要的资本性支出会有所增加，那么它自然不愿意把股权资本自由现金流全部用于派发红利，而更希望留下一部分作为满足未来投资的资金来源。第三，税收因素的影响。一般来讲，如果对红利征收的所得税税率过高，那么公司就会倾向于将更多的现金保留在公司内部以获得长期的资本增值。反之，公司则可能通过借债或发行新股增发红利。第四，信号传递。根据国内外证券市场的实证研究，红利发放具有一定的信号传递作用。即红利增加会导致股价上升，红利减少则导致股价下跌。因此公司经常把红利支付额作为其发展前景的信号，有时甚至不惜恶化公司的财务状况增发红利。

尽管一些公司愿意把股权资本自由现金流全部用作红利发放给股东，但大多数公司更愿意保留部分股权资本自由现金流，但由于上面所说的一些特殊原因，有时也会出现红利大于股权资本自由现金流的情形。

二、股权资本自由现金流估价模型

(一)股权资本自由现金流稳定增长模型

股权资本自由现金流稳定增长模型适用于股权资本自由现金流以不变的比率持续增长，处于稳定增长阶段的公司。对这类公司的股票价值，只要在对应的红利贴现模型中，用股权资本自由现金流代替红利便可获得现金流估价公式。

1. 现金流估价公式

$$P_0 = \frac{\text{FCFE}_1}{r-g} \tag{6.3}$$

式中，P_0 为股票当前的价值；FCFE_1为下一年预期股权资本自由现金流；r 为投资者的要求收益率(也称为股权资本成本)；g 为股权资本自由现金流的稳定增长率。

2. 股权资本自由现金流增长率

在式(6.3)中，如何确定股权资本自由现金流的稳定增长率 g 是估价的关键。由于股权资本自由现金流应以不变的比率 g 持续增长，通常假定净收益、资本性支出、折旧和营运资本追加额以同一比率增长。这样稳定增长率 g 一般就取净收益增长率，它可以通过以下关系式进行估算：

$$g = b \times \text{ROE} = b \times \{\text{ROA} + D/E \times [\text{ROA} - i \times (1-t)]\}$$

式中，b 为留存比率；ROE 为净资产收益率；ROA 为资产收益率；D/E 为负债账面值与权益账面值的比；i 为负债利息与负债账面值的比；t 为普通收益所得税率。

3. 限制条件与适用性

股权资本自由现金流稳定增长模型的应用受到以下条件的限制：第一，增长率要与公司所处的宏观经济环境相适应。增长率等于或稍低于名义经济增长率(GNP 增长率)时，模型的适用性强。第二，折旧能够弥补资本性支出。第三，具有市场平均风险($\beta\approx1$)。

【例 6-3】 某公司的财务结构相当稳定，公司处于负债比率为 25%的理想债务状态。预计净收益、资本性支出、折旧和营运资本追加额都以每年 6%的增长率增长。已知当前公司每股收益为 3.15 元，每股资本性支出为 3.15 元，每股折旧为 2.78 元，每股营运资本追加额为 0.5 元，公司股票的β值为 0.9，国债利率为 7.50%。试用股权资本自由现金流稳定增长模型估算当前公司的股票价值。

利用股权资本自由现金流稳定增长模型估算公司股票价格时，必须确定三个变量：

(1)股权资本自由现金流的稳定增长率，即 $g=6\%$。

(2)投资者的要求收益率：

$$r=7.5\%+0.9\times5.5\%=12.45\%$$

这里利用资本资产定价模型，其中 5.5%为市场风险溢价(后面将多次引用，一般不再说明)。

(3) 下一期股权资本自由现金流。

根据当前公司财务信息，可先求出本期股权资本自由现金流 $FCFE_0$：

$$FCFE_0=3.15-(1-25\%)\times(3.15-2.78)-(1-25\%)\times0.5=2.4975(\text{元})$$

于是有 $FCFE_1=FCFE_0\times(1+g)=2.4975\times(1+6\%)=2.6474(\text{元})$

由式(6.3)得：

$$P_0=\frac{FCFE_1}{r-g}=\frac{2.6474}{12.45\%-6\%}=41.04(\text{元})$$

因此，基于资产价值的股票价格为 41.04 元。

(二)股权资本自由现金流两阶段模型

顾名思义，两阶段就是指公司在前一阶段以较高的速度增长，然后立即进入稳定增长阶段。这个模型的假设条件与两阶段红利贴现模型是一样的，只是用股权资本自由现金流替代了红利。

1. 现金流估价公式

这一类型的股票价值由两部分组成：一是高速增长阶段股权资本自由现金流的现值，二是稳定增长阶段股权资本自由现金流的现值(也就是高速增长阶段结束时股票期末价值的现值)。

$$P_0=\sum_{t=1}^{n}\frac{FCFE_t}{(1+r)^t}+\frac{P_n}{(1+r)^n} \tag{6.4}$$

式中，$FCFE_t$ 表示第 t 年的股权资本自由现金流；r 表示 n 年高速增长阶段投资者的要求收益率；P_n 表示第 n 年年末的股票价值。通常一个公司经过一段时期的高速增长之后，它的发展速度肯定会平缓下来，进入稳定增长阶段。因此期末价值 P_n 一般使用前面的股权资本自由现金流稳定增长模型来计算：

$$P_n=\frac{FCFE_{n+1}}{r_n-g_n}$$

式中，r_n 表示处于第二阶段稳定增长时期投资者的要求收益率；g_n 表示第二阶段股权资本自由现金流的稳定增长率。

2. 模型的适用性

股权资本自由现金流两阶段模型适用于那些预计在一定时期内高速增长，然后再进入稳定增长阶段的公司。应特别注意的是，第二阶段应当满足稳定增长模型中的限制条件。如资本性支出在第一阶段的高速增长中可能会远远大于折旧，一旦进入稳定增长阶段，二者之间的差距应该减小。

【例 6-4】 一家从事生物工程的公司，其财务结构相当稳定。公司处于负债比率为18.01%的理想债务状态。预计前 5 年处在高速增长阶段，随后立即进入稳定增长阶段。试用股权资本自由现金流两阶段模型估算当前公司的股票价值。

已知当前的财务信息：每股经营收入为 12.40 元，每股净收益为 3.10 元，每股资本性支出为 1.00 元，每股折旧为 0.60 元。长期国债的利率为 7.50%。预计高速增长阶段的相关数据：净资产收益率为 18.78%，留存比率(b)为 100%(不支付红利)，高速增长阶段的 β 值为 1.30，资本性支出、折旧和经营收入与净收益增长率相同，营运资本保持为经营收入的 20%。预计稳定增长阶段的相关数据：稳定增长率为 6%，稳定增长阶段的 β 值为 1.10，资本性支出可以由折旧来弥补，经营收入增长率也为 6%，营运资本仍占经营收入的 20%。

下面分别计算现金流估价公式中的两部分现值。

(1)高速增长阶段股权资本自由现金流的现值。

先计算高速增长阶段的股权资本自由现金流的增长率和投资者的要求收益率：

$$g = b \times \text{ROE} = 100\% \times 18.78\% = 18.78\%$$

$$r = 7.50\% + 1.30 \times 5.5\% = 14.65\%$$

再计算高速增长阶段股权资本自由现金流的现值。计算过程列入表 6-3。

表 6-3 某生物工程公司高速增长阶段股权资本自由现金流现值(单位：元)

项目	第 1 年	第 2 年	第 3 年	第 4 年	第 5 年
净收益	3.682 2	4.373 7	5.195 1	6.170 7	7.329 6
$(1-\delta)\times$(资本性支出－折旧)	0.389 6	0.462 7	0.549 6	0.652 8	0.775 4
$(1-\delta)\times$营运资本追加额	0.381 9	0.453 6	0.538 8	0.639 9	0.760 1
股权资本自由现金流	2.910 8	3.457 4	4.106 7	4.877 9	5.794 0
现值 r=14.65%	2.540 8	2.634 4	2.731 5	2.832 1	2.936 4

所以，对现值求和算出高速增长阶段的股权资本自由现金流现值为 13.68 元。

(2)稳定增长阶段股权资本自由现金流的现值。

先计算第 6 年的股权资本自由现金流：

第 6 年净收益＝第 5 年净收益×(1＋6%)＝7.329 6×1.06＝7.769 4(元)

第 6 年营运资本追加额＝第 6 年经营收入变化量×20%

$=12.40\times(1+18.78\%)^5\times6\%\times20\%=0.351\,8$(元)

所以有

$$FCFE_6 = 7.769\,4-(1-18.01\%)\times 0.351\,8 = 7.481\,0(元)$$

再计算稳定增长阶段投资者的要求收益率：

$$r_n = 7.50\% + 1.10 \times 5.5\% = 13.55\%$$

根据稳定增长模型可得股票的期末价值：

$$P_n = \frac{7.481\,0}{13.55\% - 6\%} = 99.086\,1(元)$$

高速增长阶段结束时股票期末价值的现值$=99.086\,1/(1+14.65\%)^5=50.02$(元)。

(3) 当前公司股票价值。

根据股权资本自由现金流两阶段模型公式，把两部分的结果加起来便可以得到当前公司股票价值为 63.70 元。如果当前股票交易价格为每股 60 元，说明这只股票被市场低估了，投资者可以考虑积极介入。

(三)股权资本自由现金流三阶段模型

在对股权资本自由现金流两阶段模型的讨论中，一些人认为公司发展经历高速增长阶段后立即进入稳定增长阶段，缺少了必要的过渡。基于这一原因，人们在高速增长阶段与稳定增长阶段增加了一个过渡阶段，提出了股权资本自由现金流三阶段模型。

1. 现金流估价公式

股权资本自由现金流三阶段模型适用于那些要经历三个不同增长阶段的公司。即起初的高速增长阶段、增长率下降的过渡阶段和增长率保持不变的稳定增长阶段。该模型的计算公式由三部分预期股权资本自由现金流的现值组成。

$$P_0 = \sum_{t=1}^{n_1} \frac{FCFE_t}{(1+r)^t} + \sum_{t=n_1+1}^{n_2} \frac{FCFE_t}{(1+r)^{n_1} \times \prod_{k=n_1+1}^{t}(1+r_k)} + \frac{P_{n_2}}{(1+r)^{n_1} \times \prod_{k=n_1+1}^{n_2}(1+r_k)} \tag{6.5}$$

式中，$FCFE_t$表示第 t 年的股权资本自由现金流；r 表示 n 年高速增长阶段投资者的要求收益率；r_k 表示过渡阶段投资者的要求收益率(可能逐年变化)；P_{n_2} 表示第 n_2 年年末的股票价值，它使用前面的股权资本自由现金流稳定增长模型来计算：

$$P_{n_2} = \frac{FCFE_{n_2+1}}{r_n - g_n}$$

式中，r_n 表示处于稳定增长阶段投资者的要求收益率；g_n 表示该阶段的稳定增长率。

2. 模型的适用性

股权资本自由现金流三阶段模型适用于那些高速增长阶段过渡到稳定增长阶段时有一个渐进过程的公司。该模型有两大特点：一是资本性支出在第一阶段的高速增长中可能会远远大于折旧，经过第二阶段和第三阶段后，两者之间的差距应该缩小甚至为零；二是风险随着股权资本自由现金流增长率的下降而减少，公司的 β 值减小，最终趋向于 1。

【例 6-5】 下面应用股权资本自由现金流三阶段模型估计某计算机网络服务公司的股票价值。

对该公司使用此模型的原因是：①预计公司当前的增长率超过 50%，如此高的增长率，一部分是因为整个市场正处于迅速增长的时期，另一部分是因为公司当前在行业中居于领先地位。②公司当前并没有支付红利，而且大量的资本性支出使得公司的股权资本自由现金流小于零。③公司的负债比率为 10%，处于理想债务状态，公司今后并不打算改变其资本结构。

已知当前的财务信息：每股经营收入为 7.21 元，每股净收益为 0.38 元，每股资本性支出为 1.21 元，每股折旧为 0.17 元。长期国债的利率为 7.50%。

预计高速增长阶段的相关数据：高速增长阶段历时 5 年，高速增长阶段股权资本自由现金流的增长率为 52%，高速增长阶段的 β 值为 1.60，资本性支出、折旧和经营收入每年增长 20%，营运资本保持为经营收入的 10%。

预计过渡阶段的相关数据：过渡阶段历时 5 年，从第 5 年到第 10 年股权资本自由现金流的增长率从 52%线性递减到 6%，过渡阶段的 β 值从 1.60 线性递减到 1.20，资本性支出每年增长 6%，折旧和经营收入每年增长 12%，营运资本保持为经营收入的 10%。

预计稳定增长阶段的相关数据：稳定增长率为 6%，稳定增长阶段的 β 值为 1.20，资本性支出可以由折旧来弥补，经营收入增长率也为 6%，营运资本仍为经营收入的 10%。

以上是该公司的相关信息。下面分别计算现金流估价公式中的三部分现值。

(1)高速增长阶段股权资本自由现金流现值。

先计算高速增长阶段投资者的要求收益率：

$$r = 7.50\% + 1.60 \times 5.5\% = 16.30\%$$

再计算高速增长阶段股权资本自由现金流的现值。计算过程列入表 6-4。

表 6-4 某计算机网络服务公司高速增长阶段股权资本自由现金流现值(单位：元)

项目	第 1 年	第 2 年	第 3 年	第 4 年	第 5 年
净收益	0.577 6	0.878 0	1.334 5	2.028 4	3.083 2
$(1-\delta)\times$(资本性支出－折旧)	1.123 2	1.347 8	1.617 4	1.940 9	2.329 1
$(1-\delta)\times$营运资本追加额	0.129 8	0.155 7	0.186 9	0.224 3	0.269 1
股权资本自由现金流	－0.675 4	－0.625 6	－0.469 8	－0.136 7	0.485 0
现值 r=16.30%	－0.580 7	－0.462 5	－0.298 7	－0.074 7	0.228 0

累计求和，高速增长阶段的股权资本自由现金流现值为－1.188 7 元。

(2)过渡增长阶段股权资本自由现金流现值。

先计算过渡阶段的股权资本自由现金流的增长率和股票 β 值的递减公差：

$$d_1 = \frac{52\% - 6\%}{5} = 9.2\%$$

$$d_2 = \frac{1.60 - 1.20}{5} = 0.08$$

再计算过渡阶段股权资本自由现金流的现值。计算过程列入表 6-5。

表 6-5 某计算机网络服务公司过渡阶段股权资本自由现金流现值(单位：元)

项目/元	第 1 年	第 2 年	第 3 年	第 4 年	第 5 年
增长率(公差 9.2%)/%	42.8	33.6	24.4	15.2	6.0
净收益	4.402 8	5.882 2	7.317 4	8.429 6	8.935 4
$(1-\delta)\times$(资本性支出－折旧)	2.446 0	2.567 1	2.692 5	2.822 0	2.955 4
$(1-\delta)\times$营运资本追加额	0.193 8	0.217 0	0.243 1	0.272 2	0.304 9
股权资本自由现金流	1.763 1	3.098 0	4.381 8	5.335 4	5.675 2
β值(公差 0.08)	1.52	1.44	1.36	1.28	1.20
投资者要求收益率 r_k/%	15.86	15.42	14.98	14.54	14.10
现值	0.715 2	1.088 8	1.339 4	1.423 9	1.327 4

累计求和，过渡阶段的股权资本自由现金流现值为 5.894 7 元。

(3) 过渡阶段结束时股票期末价值的现值(稳定增长阶段股权资本自由现金流的现值)。

先计算第 11 年的股权资本自由现金流：

$$\text{第 11 年净收益}=\text{第 10 年净收益}\times(1+6\%)=8.935\,4\times1.06=9.471\,5(\text{元})$$

$$\begin{aligned}\text{第 11 年营运资本追加额}&=\text{第 11 年经营收入变化量}\times10\%\\&=7.21\times(1+20\%)^5\times(1+12\%)^5\times6\%\times10\%\\&=0.189\,7(\text{元})\end{aligned}$$

所以

$$FCFE_{11}=9.471\,5-(1-10\%)\times0.189\,7=9.300\,8(\text{元})$$

再计算稳定增长阶段投资者的要求收益率：

$$r_n=7.50\%+1.20\times5.5\%=14.10\%$$

根据稳定增长模型可得股票第 10 年年末的价值：

$$P_{10}=\frac{9.300\,8}{14.10\%-6\%}=114.824\,7(\text{元})$$

$$\begin{aligned}\text{股票期末价值的现值}&=\frac{P_{10}}{(1+r)^5(1+r_6)(1+r_7)(1+r_8)(1+r_9)(1+r_{10})}\\&=114.824\,7/(1+16.30\%)^5\times(1+15.86\%)\times(1+15.42\%)\\&\quad\times(1+14.98\%)\times(1+14.54\%)\times(1+14.10\%)\\&=26.857\,0(\text{元})\end{aligned}$$

(4)当前公司股票价值。

根据股权资本自由现金流三阶段模型公式，把几个部分的结果相加便可以得到当前公司股票价值为 31.56 元。如果当前股票交易价格为每股 86.75 元，说明这只股票被市场高估了，投资者介入时应当慎重。

三、股权资本自由现金流估价模型与红利贴现模型的比较

利用未来红利贴现去估算当前的股票价值，与利用股权资本自由现金流相比，至

少在数据收集与处理上要简单得多。但由于一些公司并不支付红利(大股东们可能对股票价格更感兴趣)，还有一些公司借钱来支付红利，而那些能够支付现金红利的公司也倾向于将红利定得低一点，以备在效益好和效益差的年头间进行调剂，因此红利现金流量包含了过多的主观因素，故其通常不是一个预期现金流量的良好指标。

股权资本自由现金流估价模型与红利贴现模型的基本原理相同、公式结构一致，实际上是两种现金流量对同一公式的应用。这样两个模型同时用于同一证券估价时会出现怎样的情况呢？对这些情况又该如何解释呢？

1. 两种估价结果相等或基本相符

这可能有两种情况：第一种情况是公司红利发放与股权资本自由现金流相一致；第二种情况是股权资本自由现金流大于红利支付额，但公司把多出的部分投资到净现值为零的项目中(如这部分的投资收益率接近贷款利率)。

2. 两种估价结果差距较大

造成估价结果的较大差异只有两种情况：第一种情况是股权资本自由现金流大于红利支付额，但多余的现金只获得低于市场利率的利息，或公司投资到净现值为负的项目(如以过高价格对其他公司进行并购)，那么用股权资本自由现金流估价模型计算得到的价值就会高于使用红利贴现模型计算的结果(相当于红利损失)。第二种情况是红利支付额大于股权资本自由现金流，公司不得不通过借债或发行新股来支付红利。发行新股通常会增加成本支出，借钱可能导致负债比率偏离理想状态，这些都会降低公司的价值，造成两种估价结果的较大偏差。两者的差异还可以这样来解释：用股权资本自由现金流进行估价如果高于用红利现金流估价，那么价值差额可以看做是公司控制权所代表的价值，即红利政策控制权价值。相反，则可以看做是公司支付过高红利的警告信号。

第二节 公司估价——公司自由现金流估价模型

如果说红利贴现模型和股权资本自由现金流估价模型是同出一辙的话，那么公司自由现金流(FCFF)估价模型与它们有着质的差别。因为红利贴现模型和股权资本自由现金流估价模型均是对股权资本价值的估算，而公司自由现金流估价模型则是对公司整体的估价，也就是说既包括了前面股权的价值，又包括了债权的价值。

一、公司自由现金流

(一)什么是公司自由现金流

公司自由现金流通常是指在支付了经营费用和所得税后，处于向公司权利要求者支付现金之前的全部现金流。这样公司自由现金流既可以通过收益分配加以计算，也可以按现金流形成过程中的构成给予计量，从而产生了两种计算方法。

第一种计算方法是从利益分配入手。公司权利要求者包括股权资本投资者、债券持有者和优先股股东，体现各自利益的现金流量见表 6-6。

表 6-6 公司整体价值的结构

权利要求者	现金流量	贴现率
股权资本投资者	股权资本自由现金流	股权资本成本
债券持有者	利息费用(1－税率)＋偿还本金－新发行债务	税后债务成本
优先股股东	优先股股利	优先股资本成本

各种权利要求者的现金流量构成了公司的整体价值，公司自由现金流等于公司所有权利要求者现金流量的总和。因此，公司自由现金流用计算公式可以表示为

$$公司自由现金流＝股权资本自由现金流＋利息费用\times(1－税率)＋偿还本金－新发行债务＋优先股股利 \tag{6.6}$$

第二种计算方法是从现金流形成过程入手。向公司权利要求者支付现金之前的全部现金流，可以从利息税前净收益(earning before interest and taxes，EBIT)开始计算，用计算公式又可以表示为

$$公司自由现金流＝利息税前净收益\times(1－税率)＋折旧－资本性支出＋营运资本追加 \tag{6.7}$$

【例 6-6】 某公司 2011 年的财务报表显示，在考虑非经常收入和费用之前的利息税前净收益为 34.82 亿元，折旧为 46.13 亿元，资本性支出为 55.6 亿元。另外公司的营运资本从 2010 年的 143.06 亿元增加到 2011 年的 154.05 亿元。预计公司 2012 年的利息税前净收益将增至 39.67 亿元，资本性支出、折旧和营运资本预计在 2012 年都将增长 5%。2011 年公司的普通收益所得税税率为 38%，试估计该公司的自由现金流。

根据公司提供的相关财务信息，由式(6-7)可以求出该公司的自由现金流。计算过程见表 6-7。

表 6-7 某公司自由现金流(单位：万元)

项目	2011 年	2012 年
利息税前净收益×(1 － 税率)	215 884	245 954
折旧	461 300	484 365
资本性支出	556 000	583 800
营运资本追加额	109 900	77 025
公司自由现金流	11 284	69 494

(二)公司自由现金流与股权资本自由现金流

从表 6-6 的公司整体价值的结构不难看出，对于任何一个有财务杠杆的公司而言，公司自由现金流通常大于股权资本自由现金流。而对于一个无财务杠杆的公司来说，两者是相等的(通常公司不发行优先股)。当然在一般情况下，人们关心更多的是两者

的差异。

1. 公司自由现金流与股权资本自由现金流的贴现率

股权资本自由现金流的贴现率是股权资本成本，也就是投资者的要求收益率，大多通过资本资产定价模型计算得到。公司自由现金流的贴现率是资本加权平均成本(weighted average cost of capital，WACC)，为股权资本成本、税后债务成本和优先股成本的加权平均数。可以用公式表示为

$$\text{WACC}= k_E \times \frac{E}{E+D+\text{PS}} + k_D \times \frac{D}{E+D+\text{PS}} + k_{\text{PS}} \times \frac{\text{PS}}{E+D+\text{PS}} \tag{6.8}$$

式中，WACC 表示资本加权平均成本；k_E、k_D 和 k_{PS} 分别表示股权资本成本、税后债务成本和优先股成本；$\frac{E}{E+D+\text{PS}}$、$\frac{D}{E+D+\text{PS}}$ 和 $\frac{\text{PS}}{E+D+\text{PS}}$ 分别表示股权、债务、优先股市场价值占总资产市场价值的比例。

【例 6-7】 某公司的股权资本成本为 12.30%，税前债务成本是 8%，优先股成本为 8.44%，在公司总资产中，按市场价格计算，股权资本占 50.26%，债务占 23.42%，优先股占 26.32%。该公司的普通收益所得税税率为 38%，求该公司的资本加权平均成本。

根据该公司的财务数据，税后债务成本为 8%×(1−38%)=4.96%。由式(6.8)得公司的资本加权平均成本为

$$\text{WACC}=12.30\%\times 50.26\%+4.96\%\times 23.42\%+8.44\%\times 26.32\%=9.57\%$$

优先股成本通常用优先股每股股利与优先股的市场价格的比值来估算，实际上大多数公司不发行优先股或者优先股占总资产的比例可以忽略不计。

2. 公司自由现金流与股权资本自由现金流的增长率

公司财务杠杆的存在，造成公司自由现金流的增长率不同于股权资本自由现金流的增长率。通常后者大于前者，下面从数量关系上给予说明。根据上一节的讨论，通常假定股权资本自由现金流的增长率就是每股净收益的增长率 g_{EPS}，有近似表达式：

$$g_{\text{EPS}} = b \times \{\text{ROA} + D/E \times [\text{ROA} - i \times (1-t)]\}$$

式中，$i\times(1-t)$为税后债务成本。因此，只要公司的资产收益率(ROA)大于其税后债务成本(这对于处于增长期的公司通常不难做到)，增大财务杠杆比率(D/E)必然导致每股净收益增长率的增加。根据公司自由现金流的计算式(6.7)，也同样可以要求公司自由现金流的增长率等于 EBIT×$(1-t)$的增长率 g_{EBIT}，而且还有近似表达式：

$$g_{\text{EBIT}} = b\times \text{ROA}$$

也就是说，财务杠杆直接影响股权资本自由现金流的增长率，而对公司自由现金流的增长率不发生作用。

这一部分的讨论也表明在稳定增长阶段计算公司自由现金流和股权资本自由现金流时，应该让资本性支出、折旧和经营收入增长率保持相等。这当然也意味着对一个公司同时用公司自由现金流和股权资本自由现金流估价模型进行估价时，公司自由现金流的稳定增长率和股权资本自由现金流的稳定增长率应保持一致。

【例 6-8】 某公司当前的总资产收益率为 12.82%，税前债务成本为 7.7%，负债与股东权益比率(D/E)为 36.59%，公司的留存比率(b)为 91%，税率为 36%。假定这些数字在将来保持不变，试计算公司自由现金流和股权资本自由现金流的增长率。

下面分别把以上财务数据代入两个增长率计算公式：

$$g_{\mathrm{FCFE}}=91\%\times\{12.82\%+36.59\%\times[12.82\%-7.7\%\times(1-36\%)]\}=14.29\%$$

$$g_{\mathrm{FCFF}}=91\%\times 12.82\%=11.67\%$$

即由于财务杠杆的影响，股权资本自由现金流的增长率大于公司自由现金流的增长率。

3. 公司自由现金流与股权资本自由现金流估价关系

公司自由现金流与股权资本自由现金流作用于不同的估价对象，反映了整体与局部的关系。在实践中大量存在的问题是寻求股权价值，而不是公司的整体价值。由于公司自由现金流不同于股权资本自由现金流，不必反映公司的债务(仅在贴现率中体现)，因而在数据信息处理上相对简单。特别是在预期财务杠杆将发生重大变化时，利用公司自由现金流估价更显得风浪不惊、游刃有余。在这种情况下，只要对债务按市场价值进行合理估价，并从公司整体价值中扣除，同样可以获得股权价值。因此，在公司具有很高的财务杠杆比率或财务杠杆比率正在发生变化时，通常把公司自由现金流估价模型作为股权资本自由现金流估价模型的替代方案。

二、估算公司整体价值

公司自由现金流是偿还债务前的现金流，因此它不受公司负债比率的影响。但这并不意味着公司的整体价值与债务无关，因为公司价值的估算是通过资本加权平均成本对公司自由现金流进行贴现获得的。根据公司未来增长的情况，下面讨论几种特殊情况下公司整体价值的估价模型。

(一)公司自由现金流稳定增长模型

公司自由现金流稳定增长的公司可以使用下面的模型进行估价：

$$\text{公司价值}=\frac{\mathrm{FCFF}_1}{\mathrm{WACC}-g} \tag{6.9}$$

式中，FCFF_1 表示下一年预期公司自由现金流；WACC 表示公司的资本加权平均成本；g 表示公司自由现金流的稳定增长率。

【例 6-9】 某食品制造公司处于稳定增长状态，公司自由现金流的长期增长率预期为 5%。当前公司财务资料显示，2011 年公司的经营收入为 560 亿元，利息税前净收益为 120 亿元，资本性支出与折旧分别为 52.8 亿元和 44 亿元，营运资本保持在经营收入的 5%(2011 年比 2010 年增加 12 亿元)。该公司的 β 值为 1.05，负债比率为 23.67%，税前债务成本为 8.5%，税率为 36%，长期国债利率为 7.5%，试估计公司的整体价值。

下面根据以上数据信息进行估价。

(1)估算公司的自由现金流。

按式(6.8)计算该公司的自由现金流，计算过程见表 6-8。

表 6-8 某食品制造公司的自由现金流(单位：万元)

项目	2011 年	2012 年
利息税前净收益×(1－税率)	768 000	806 400
折旧	440 000	462 000
资本性支出	528 000	554 400
营运资本追加额	120 000	14 000
公司自由现金流	560 000	700 000

注：折旧、资本性支出和经营收入增长率与公司自由现金流增长率保持一致，增长率等于 5%。

(2)计算资本加权平均成本。

$$股权资本成本=7.5\%+1.05\times5.5\%=13.275\%$$

$$税后债务成本=8.5\%\times(1-36\%)=5.44\%$$

所以

$$\text{WACC}=13.275\%\times(1-23.67\%)+5.44\%\times23.67\%=11.42\%$$

(3)计算公司整体价值。

$$公司整体价值=\frac{70}{11.42\%-5\%}=1\ 090.34(亿元)$$

(二)公司自由现金流两阶段模型

如果公司在若干年的高速增长之后，进入稳定增长状态，则公司价值可以用公司自由现金流两阶段模型表示为

$$公司价值=\sum_{t=1}^{n}\frac{\text{FCFF}_t}{(1+\text{WACC})^t}+\frac{\text{FCFF}_{n+1}}{(1+\text{WACC})^n\times(\text{WACC}_n-g_n)} \qquad (6.10)$$

式中，FCFF_t 表示第 t 年的公司自由现金流；WACC 表示公司处于高速增长阶段的资本加权平均成本；WACC_n 表示公司处于稳定增长阶段的资本加权平均成本；g_n 表示稳定增长阶段公司自由现金流的稳定增长率。

【例 6-10】 一家财务杠杆比率远远高于合理水平的百货公司预期今后 5 年逐步复苏，收益增长率略高于稳定增长率，负债比率将稳步降低到理想状态，适宜用公司自由现金流两阶段模型估计公司的整体价值。

当前公司的财务资料显示：2011 年公司的利息税前净收益为 5.32 亿元，资本性支出与折旧分别为 3.10 亿元和 2.07 亿元，经营收入为 72.30 亿元，营运资本保持在经营收入的 25%，税率为 36%，长期国债利率为 7.5%。预期今后 5 年高速增长阶段的数据：利息税前净收益的增长率为 8%，高速增长期公司的 β 值为 1.25，负债比率为 50%，税前债务成本为 9.5%，经营收入、资本性支出和折旧都以 8%的速度增长。预期稳定增长阶段的数据：公司自由现金流的预期增长率为 5%，稳定增长期公司的 β 值为 1.00，负债比率为 25%，税前债务成本为 8.5%，资本性支出等于折旧。

试估计公司的整体价值。

下面根据以上数据信息进行估价。

(1)计算高速增长阶段公司自由现金流现值。

按式(6.8)计算公司自由现金流，计算过程见表6-9。

表6-9 某百货公司高速增长阶段公司自由现金流(单位：亿元)

项目	第1年	第2年	第3年	第4年	第5年
利息税前净收益	5.745 6	6.205 2	6.701 7	7.237 8	7.816 8
EBIT×t	2.068 4	2.233 9	2.412 6	2.605 6	2.814 1
折旧	2.235 6	2.414 4	2.607 6	2.816 2	3.041 5
资本性支出	3.348 0	3.615 8	3.905 1	4.217 5	4.554 9
营运资本追加额	1.446 0	1.561 7	1.686 6	1.821 5	1.967 3
公司自由现金流	1.118 8	1.208 3	1.304 9	1.409 3	1.522 1

资本加权平均成本：

$$\text{高速增长阶段股权资本成本}=7.5\%+1.25\times5.5\%=14.375\%$$

$$\text{高速增长阶段税后债务成本}=9.5\%\times(1-36\%)=6.08\%$$

$$\text{高速增长阶段资本加权平均成本}=14.375\%\times(1-50\%)+6.08\%\times50\%=10.2275\%$$

这样通过公司自由现金流逐年折现求和，可得5年高速增长阶段公司自由现金流现值为4.873 9亿元。

(2)计算稳定增长阶段公司自由现金流现值。

第6年公司自由现金流：

$$FCFF_6=5.32\times(1+8\%)^5\times(1+5\%)\times(1-36\%)-72.30\times(1+8\%)^5\times5\%\times25\%=3.9250(\text{亿元})$$

资本加权平均成本：

$$\text{稳定增长阶段股权资本成本}=7.5\%+1.00\times5.5\%=13\%$$

$$\text{稳定增长阶段税后债务成本}=8.5\%\times(1-36\%)=5.44\%$$

$$\text{稳定增长阶段资本加权平均成本}=13\%\times(1-25\%)+5.44\%\times25\%=11.11\%$$

稳定阶段公司自由现金流的现值为

$$\frac{3.9250}{(11.11\%-5\%)\times(1+10.2275\%)^5}=39.4774(\text{亿元})$$

(3) 计算公司整体价值。

$$\text{公司整体价值}=4.8739+39.4774=44.3513(\text{亿元})$$

(三)公司自由现金流三阶段模型

与股权资本自由现金流三阶段模型完全类似，如果预期公司的发展将经历高速增长阶段、增长率下降的过渡阶段和稳定增长阶段，则公司价值可以用公司自由现金流三阶段模型表示为

$$\text{公司价值}=\sum_{t=1}^{n_1}\frac{FCFF_t}{(1+WACC)^t}+\sum_{t=n_1+1}^{n_2}\frac{FCFF_t}{(1+WACC)^{n_1}\times\prod_{k=n_1+1}^{t}(1+WACC_k)}$$

$$+\frac{\dfrac{FCFF_{n_2+1}}{(WACC_n-g_n)}}{(1+WACC)^{n_1}\times\prod\limits_{k=n_1+1}^{n_2}(1+WACC_k)} \tag{6.11}$$

式中，$FCFF_t$ 表示第 t 年的公司自由现金流；WACC 表示公司处于高速增长阶段的资本加权平均成本；$WACC_k$ 表示公司处于过渡阶段的资本加权平均成本；$WACC_n$ 表示公司处于稳定增长阶段的资本加权平均成本；g_n 表示稳定增长阶段公司自由现金流的增长率。

【例 6-11】 1995 年 AT&T 计划收购 LIN 广播公司，三家著名投资银行对 LIN 广播公司进行了估价，估价结果分别为每股 105 美元、155 美元和 127.5 美元。下面用公司自由现金流三阶段模型对该公司进行估价，说明这一模型的应用并提供参考。使用这一模型的主要原因是：第一，LIN 广播公司是当时一家高成长公司，预计在以后若干年高速增长。第二，LIN 广播公司虽然具有很高的成长性，但因为过高的财务杠杆比率和非营业费用，此前公司从来没有税后利润，并因此股权资本自由现金流为负，而公司自由现金流为正。第三，随着公司的不断发展，预期负债比率会逐步降低。

1994 年公司财务数据：利息税前净收益为 1.283 0 亿美元，资本性支出为 1.505 0 亿美元，折旧和摊销为 1.251 0 亿美元，经营收入为 6.886 0 亿美元，营运资本占经营收入的 10%(并长期保持这一水平)，公司税率为 36%，长期国债利率为 7.5%。预期随后 5 年高速增长阶段的数据：利息税前净收益的增长率都为 30%，高速增长期公司的 β 值为 1.6，负债比率为 60%，税前债务成本为 10%，经营收入、资本性支出和折旧与利息税前净收益具有相同的增长率。预期随后 5 年过渡增长阶段的数据：利息税前净收益的增长率按线性方式从第 5 年的 30%降至第 10 年的 5%，整个过渡期公司的 β 值将降为 1.25，负债比率降为 50%，税前债务成本降为 9%，经营收入、资本性支出和折旧与利息税前净收益增长率同步变化。预期稳定增长阶段的数据：公司自由现金流的预期增长率为 5%，稳定增长期公司的 β 值为 1.00，负债比率为 40%，税前债务成本为 8.5%，资本性支出等于折旧。

下面根据以上数据信息进行估价。

(1)计算高速增长阶段和过渡阶段的公司自由现金流、资本加权平均成本以及现值。

计算过程和结果列于表 6-10。

表 6-10　LIN 广播公司高速增长阶段、过渡阶段的公司自由现金流和现值

年次	EBIT×(1−t)	资本性支出	折旧	营运资本追加额	公司自由现金流	负债比率/%	β值	资本加权平均成本	现值
1	1.067 5	1.956 5	1.626 3	0.206 6	0.530 7	60	1.60	0.103 6	0.480 86
2	1.387 7	2.543 5	2.114 2	0.268 6	0.689 9	60	1.60	0.103 6	0.566 43
3	1.804 0	3.306 5	2.748 4	0.349 1	0.896 8	60	1.60	0.103 6	0.667 24
4	2.345 2	4.298 4	3.573 0	0.453 9	1.165 9	60	1.60	0.103 6	0.785 98
5	3.048 8	5.588 0	4.644 9	0.590 0	1.515 7	60	1.60	0.103 6	0.925 86

续表

年次	EBIT×(1−t)	资本性支出	折旧	营运资本追加额	公司自由现金流	负债比率/%	β值	资本加权平均成本	现值
6	3.811 0	6.035 0	5.202 3	0.639 2	2.339 0	50	1.25	0.100 7	1.298 13
7	4.573 1	6.517 8	5.826 5	0.639 2	3.242 7	50	1.25	0.100 7	1.635 04
8	5.259 1	7.039 2	6.525 7	0.575 3	4.170 3	50	1.25	0.100 7	1.910 45
9	5.785 0	7.602 4	7.308 8	0.441 0	5.050 4	50	1.25	0.100 7	2.102 01
10	6.074 3	8.210 5	8.185 9	0.242 6	5.807 0	50	1.25	0.100 7	2.195 83

注：有量纲单位为亿美元，计算在电子表格上进行。

所以，高速增长阶段和过渡阶段公司自由现金流现值为 12.567 8 亿美元。

(2)计算稳定增长阶段公司自由现金流的现值。

第 11 年公司自由现金流：

$$\begin{aligned}FCFF_{11}&=EBIT_{11}\times(1-t)-(\text{经营收入}_{11}-\text{经营收入}_{10})\\&\quad\times\text{营运资本占经营收入比率}\\&=6.3780-0.2547=6.1233(\text{亿美元})\end{aligned}$$

这里还可以用下式进行近似计算：

$$FCFF_{11}=FCFF_{10}\times(1+\text{稳定增长率})=5.8070\times1.05=6.0974(\text{亿美元})$$

资本加权平均成本：

$$\text{稳定增长阶段股权资本成本}=7.5\%+1.00\times5.5\%=13\%$$

$$\text{稳定增长阶段税后债务成本}=8.5\%\times(1-36\%)=5.44\%$$

$$\text{稳定增长阶段资本加权平均成本}=13\%\times(1-40\%)+5.44\%\times40\%=9.976\%$$

稳定阶段公司自由现金流的现值为

$$\frac{6.1233}{(9.976\%-5\%)\times(1+10.36\%)^5\times(1+10.07\%)^5}=46.5266(\text{亿美元})$$

(3) 计算公司整体价值。

$$\text{公司整体价值}=12.5678+46.5266=59.0944(\text{亿美元})$$

该公司已发行债务的市场价值为 18.066 0 亿美元，因此其股权价值为 41.028 4 亿美元，发行的股票按 5 150 万股计算，每股价值为 79.67 美元。

三、公司整体价值与财务杠杆

通过前面对公司自由现金流估价模型的讨论，我们知道公司自由现金流本身与公司的财务杠杆无关，但在计算公司的整体价值时，作为贴现率的资本加权平均成本，用债务成本和债务比率把公司价值与财务杠杆捆绑在一起，而且为如何利用公司的财务杠杆提升公司的整体价值提供有效的依据。这是因为增长率为 g、处于稳定增长时期的公司价值等于 $FCFF_1/(WACC-g)$，显然资本加权平均成本下降必然导致公司整体价值上升。如果公司选择资本结构的标准是使公司价值最大化，那么就必须努力使公司的资本加权平均成本最小。下面通过波音公司的例子对这一问题展开讨论。

【例 6-12】　波音公司整体价值最大化与最优财务杠杆比率分析。表 6-11 给出了该公司资本结构变化与公司整体价值关系的研究结果。从表 6-11 中不难发现，10 种资本结构中当资本加权平均成本为最小值 13.22%时，公司价值达到最大值 197.668 6 亿美元。

表 6-11　波音公司资本结构与公司整体价值的关系

负债比率/%	税率/%	股权资本成本/%	债务成本/%	资本加权平均成本/%	公司价值/百万美元
0	34	14.17	0	14.17	16 228.19
10	34	14.55	6.40	13.73	17 679.66
20	34	15.02	6.93	13.40	18 963.07
30	34	15.63	7.59	13.22	19 766.86
40	34	16.44	9.24	13.56	18 322.89
50	34	17.58	9.90	13.74	17 653.06
60	28.96	19.67	11.72	14.90	14 255.71
70	22.76	23.48	13.90	16.77	10 882.31
80	19.91	30.72	14.42	17.68	9 764.174
90	17.70	52.44	14.81	18.57	8 866.535

注：①有量纲单位为百万美元，计算在电子表格上进行。②负债比率大于等于 60%时，应税利润为负，按有效税率计算。③有关数据由随后的计算得到。

1990 年 3 月的波音公司的财务数据表明，公司只有 2.77 亿美元的债务，其股权资本的市场价值为 161.82 亿美元(每股市场价格是 69.75 美元，公司发行在外的股票有 2.32 亿股)，资本性支出和折旧分别为 8 亿美元和 6.75 亿美元，股票的 β 值是 0.95。当时波音公司优先级债务的信用等级是 AA，但未发行债券，而其他信用等级为 AA 的公司的债券收益率是 9.70%，国债券利率为 9.00%，公司税率为 34%。

(1)计算当时的公司资本加权平均成本。

$$公司价值=2.77+161.82=164.59(亿美元)$$

$$股权资本成本=9\%+0.95\times 5.5\%=14.225\%$$

$$债务成本=9.70\%\times(1-34\%)=6.402\%$$

$$资本加权平均成本=14.225\%\times\frac{161.82}{161.82+2.77}+6.402\%\times\frac{2.77}{161.82+2.77}=14.09\%$$

(2)计算资本结构变化下的股权资本成本。

为了计算公司在其他负债比率下的 β 值，必须先计算无负债条件下的 β 值。根据公司的负债避税收益，有以下关系式：

$$\beta_d=\beta_0\times[1+(1-t)\times(D/E)]$$

式中，β_d 为负债条件下的 β 值；β_0 为无负债条件下的 β 值；t 为税率；D/E 为公司债务与股东权益比值。由公司的初始条件 $D/E=2.77/161.82=1.71\%$，β_d 代入上式可得 $\beta_0=0.939\ 4$。资本结构变化后的 β 值及股权资本成本的计算结果列于表 6-12。

表 6-12 波音公司资本结构变化下的 β 值和股权资本成本

负债比率/%	税率/%	债务	β 值	股权资本成本/%
0	34	0	0.939 4	14.17
10	34	1 645.9	1.008 3	14.55
20	34	3 291.8	1.094 4	15.02
30	34	4 937.7	1.205 1	15.63
40	34	6 583.6	1.352 7	16.44
50	34	8 229.5	1.559 4	17.58
60	28.96	9 875.4	1.940 4	19.67
70	22.76	11 521.3	2.632 4	23.48
80	19.91	13 167.2	3.948 8	30.72
90	17.70	14 813.1	7.897 4	52.44

注：有量纲单位为百万美元，计算在电子表格上进行。

(3) 计算资本结构变化下的债务成本。

要确定资本结构变化下的债务成本比较复杂。通常要先获得两张表：一张是公司负债比率与债券信用等级之间的关系表，另一张是债券信用等级与债券利率之间的关系表。另外还要借助公司的损益表，也就是说预先准备三张表。

第一张表可以用收入利息倍数与债券信用等级关系来替代(表 6-13)：

$$收入利息倍数 = \frac{利息税前净收益}{利息费用} \tag{6.12}$$

表 6-13 收入利息倍数、债券信用等级和利率关系表

收入利息倍数	债券信用等级	债券利率/%
≥9.65	AAA	9.30
6.85 ～9.65	AA	9.70
5.65～6.85	A+	10.00
4.49～5.65	A	10.25
3.29～4.49	A−	10.50
2.76～3.29	BBB	11.00
2.18～2.76	BB	11.50
1.87～2.18	B+	12.00
1.57～1.87	B	13.00
1.27～1.57	B−	14.00
0.87～1.27	CCC	15.00
0.67～0.87	CC	16.50
0.25～0.67	C	18.00
<0.25	D	21.00

表 6-14 是波音公司 1989～1990 年度的预计损益表，从中我们可以看出，该公司的利息、税和折旧前收益为 20.63 亿美元，利息费用仅为 0.23 亿美元。

表 6-14　波音公司 1989～1990 年度的预计损益表

项目	金额/百万美元
经营收入	27 500
减：经营费用	25 437
利息、税和折旧前收益	2 063
减：折旧	675
减：利息费用	23
税前收入	1 365
减：税收	396
税后收入	969
加：折旧	675
经营现金流	1 644

从这张损益表可以算出波音公司的收入利息倍数＝(1 365＋23)/23＝60，从表 6-13 来看，该公司的信用等级应为 AAA，但由于利息费用极小，只要负债比率稍微上升，收入利息倍数必然立即下降，波动极其敏感，故以债券信用等级 AA 被保守认同。有了表 6-13 和表 6-14，资本结构变化后的债券利率就可以通过预计债券信用等级试算解决。表 6-15 给出了负债比率分别为 10％和 20％时波音公司债券利率的试算结果。

表 6-15　预计债券信用等级试算表

项目	10％	20％
债务资本/百万美元	1 646	1 646
利息、税和折旧前收益/百万美元	2 063	2 063
减：折旧/百万美元	675	675
利息税前收益/百万美元	1 388	1 388
减：利息费用/百万美元	③ 160	③ 346
应税收入/百万美元	④ 1 228	④ 1 042
减：税收/百万美元	⑤ 418	⑤ 354
净收入/百万美元	⑥ 811	⑥ 688
收入利息倍数	⑦ 8.69	⑦ 4.02
预计债券信用等级	① AA	① A－
利率/％	②9.70	②10.50
税后债务成本/％	6.40	6.93

注：表中圈码表示一种试算过程的第一步到第七步。为了获得债券利率，必须从尝试债券信用等级入手。表中 14 个信用等级可以一一试用(当然也可以寻找规律)，直到⑦与①不相矛盾为止。其他结果可见表 6-11。

结合(2)中的结果，不难推出资本结构变化下的资本加权平均成本(表 6-11)。

(4)计算资本结构变化下的 $FCFF_1$。

当前的 $FCFF_1＝13.88×(1－34\%)＋6.75－8＝7.908$(亿美元)，这样由波音公司的初始条件可先求出稳定增长率 g。其满足：

$$164.59=\frac{7.91\times(1+g)}{(14.09\%-g)}$$

解该方程可得 $g=8.86\%$。

现在假定波音公司的负债比率上升到30%，此时可求得资本加权平均成本为13.22%，所以由稳定增长模型有

$$公司整体价值=\frac{7.91\times(1+8.86\%)}{13.22\%-8.86\%}=197.50(亿美元)$$

这一结果与用电子表格计算的计算结果略有差别，主要是由于电子表格计算过程不必四舍五入。其他负债比率情况下公司整体价值的计算结果见表6-11。当负债比率调整到30%这一最优资本结构时，公司整体价值从初始的164.59亿美元上升到197.50亿美元，增值32.91亿美元。按发行2.32亿股计算，每股从初始的70.94美元上涨到85.13美元，每股增值14.19美元。

➢思考与练习

1. 某公司是一家研制和生产离子造影设备(用于检验电子器件是否受污染)的著名公司。其2011年股票的每股净收益为2.02元，但没有支付红利。预期公司净收益在今后5年(2012～2016年)将以每年14%的速度增长，而后稳定在7%的年增长速度。2011年公司的折旧是200万元，资本性支出是420万元。公司共有700万股股票在市场上流通。营运资本保持为经营收入的50%。公司2011年的经营收入为1.06亿美元，2012～2016年的预期增长率为6%，而后为每年4%。公司将以10%的债务为资本性支出和营运资本追加额进行融资。2011年该公司的β值为1.20，预计2016年以后公司的β值会降为1.10，国债利率为7%。

(1)估计2004～2008年的股权资本自由现金流。假定资本性支出和折旧的增长与净收益的增长速度相同。

(2)估计每股股票在第一阶段末的价值(2016年年末)。在稳定增长阶段，同行业公司的资本性支出一般为经营收入的150%，营运资本一般为经营收入的25%。

(3) 根据股权资本自由现金流估价模型，估计当时该公司股票的每股价值。

2. 某公司是一家从事设计、制造、销售、改造、修建设备的公司。2011年公司每股净收益为0.56元，每股经营收入为2.91元，但没有支付红利。2011年公司的资本性支出为每股0.13元，折旧为每股0.08元。当时公司营运资本占经营收入的60%，这个比例将保持到2016年不变。从2012年到2016年，公司的净收益和经营收入预期都将以每年17%的速度增长。在随后的5年里，净收益的增长率将按线性递减至2021年的5%。在高速增长阶段和过渡阶段，公司的资本性支出和折旧的预期增长率与净收益的增长率相同；当公司进入稳定增长阶段后，折旧和资本性支出将相互抵消。营运资本经营收入的比例将从2012年至2016年的60%线性递减到2021年的30%，公司当时没有负债，但是计划在今后利用10%的债务来为净资本性支出和营运资本追加额进行融资。高速增长阶段(2012～2016年)公司股票的β值为1.45，进入稳定增长阶段(2021年)后公司的β值会降到1.10，国债利率是7%。

(1)利用股权资本自由现金流估价模型对公司股票进行估价。

(2)假设公司营运资本一直将保持为经营收入的60%，对该公司股票重新进行估价。

3. 某公司是国防工业中规模最大的公司之一。该公司2011年的销售收入为135亿元，利息、税、折旧摊销前净收益(EBITDA)为12.9亿元，折旧为4亿元，资本性支出为4.5亿元，营运资本为销售收入的7%。公司发行在外的债务的账面值为30.68亿元，市场价值为32亿元，税前利率为

8%。公司共有6 200万股股票，每股市场价格为64元，股票的β值为1.10，公司税率为40%，国债利率为7%。预计在2012～2016年，公司的销售收入、利润、资本性支出和折旧都将以9.5%的速度增长。从2017年开始，公司进入稳定增长阶段，增长率下降为4%。公司进入稳定增长阶段后，资本性支出与折旧相抵，而负债比率将降至50%，债务税前利率将降至7.5%。

(1)估计公司整体价值。

(2)估计公司股权资本的价值和每股价值。

4. 分析一位著名分析人员对一家稳定增长公司的估价结果。该分析人员所使用的数据：下一年公司自由现金流为3 000万元，预计公司的增长率为5%；估价的结果是7.5亿元。但是，他在估价中错误地使用了债务和股权资本的账面值。虽然你不知道该分析人员所使用的账面值权重，但是你知道公司的股权资本成本为12%，税后债务成本为6%，股权资本的市场价值是账面值的3倍，债务的市场价值与账面值相等。试估计公司整体价值。

5. 对一家生产和销售计算机软件的小型非上市公司进行估价。在最近几年，公司的年销售收入为2 000万元，利息税前净收益为200万元，公司负债1 000万元。税前利息费用为100万元。股权资本的账面值为1 000万元。同行业中上市公司的平均β值为1.30，平均负债权益比率为0.2(根据股权资本的市场价值计算)。这些公司股权资本的市场价值平均是账面值的3倍，公司所有的税率均为40%。公司年资本性支出为100万元，是折旧额的2倍。预计在今后5年，公司的销售收入每年增长20%，净收益每年增长25%，资本性支出、折旧和销售收入的增长速度相同。5年后，公司进入稳定增长阶段，销售收入每年增长5%，净收益每年增长8%。资本性支出与折旧大致持平。

(1)估计这家非上市公司的股权资本成本。

(2)估计这家非上市公司的资本加权平均成本。

(3) 使用公司法和股权资本法，分别估计这家非上市公司对所有者的价值。

第七章

比例估价模型

第一节　市盈率估价模型

一、市盈率估价的优缺点

市盈率的定义：每股市价与每股收益的比率，即为 P/E。理论上，市盈率指标中的每股收益通常使用预期收益，即市盈率为 P_0/E_1；而在实际的证券市场中，投资者获得的市盈率指标为每股市价与最近一期会计收益之比，即 P_0/E_0。

市盈率在估价中得到广泛应用，主要原因有三：一是其比例定义将公司股票价格与当前公司盈利状况联系在一起；二是在公开市场上市盈率比较容易计算得到；三是市盈率能反映出公司的风险性与成长性等重要特征。公司市盈率同样取决于决定公司价值的基础因素，即预期增长率、红利支付率和公司风险。

使用市盈率估价时会遇到一些普遍的问题。首先，当每股净收益 EPS 为负数时，市盈率是没有意义的；其次，公司收益的波动引起市盈率在不同时间出现相应的波动，并非如前面模型假设的平稳或高速增长；最后，当每股收益 E 很小时，市盈率变得很不稳定；而当每股收益接近于零时，市盈率将趋于无穷大，显然没有意义，这一点是所有比例估价的通病。

二、市盈率估价模型

1. 稳定增长公司的市盈率估价模型

根据稳定增长模型，可以得到稳定增长公司的股权资本的价值：

$$P_0 = D_1/(k - g_n) \tag{7.1}$$

式中，P_0 为股权资本价值；D_1 为下一年预期的每股红利；k 为投资者要求或预期的股权资本收益率或回报率(即折现率或贴现率或资本化率)；g_n 为股票红利的长期增长率。

由于

$$D_1 = \text{EPS}_0 \times (1 - b) \times (1 + g_n) \tag{7.2}$$

式中，b 为收益留存比例，$1 - b$ 即为红利支付率。因此，股权资本的价值可以写为

$$P_0 = \text{EPS}_0 \times (1-b) \times (1+g)/(k-g_n) \tag{7.3}$$

则市盈率的表达式为

$$P/E = P_0/\text{EPS}_0 = (1-b) \times (1+g)/(k-g_n) \tag{7.4}$$

如果市盈率用下一年的预期收益来表示，则式(7.4)可以简化为

$$P_0/E_1 = P_0/\text{EPS}_1 = (1-b)/(k-g_n) \tag{7.5}$$

由资本资产定价模型得 k = 无风险利率 + 超额收益 = $R_f + \beta(R_m - R_f)$，代入式(7.5)得

$$P_0/E_1 = (1-b)/[R_f + \beta(R_m - R_f) - g_n] \tag{7.6}$$

从上述公式可知，市盈率是红利支付率和增长率的增函数，也是公司风险程度的减函数。当然折现率 k 还可以用其他方法得到。

2. 高增长公司的市盈率估价模型

两阶段高增长公司的红利贴现模型表述如下：

$$\begin{aligned} P_0 &= \text{前 } n \text{ 年高速增长阶段的红利贴现值} + n \text{ 年以后稳定增长阶段的红利贴现值} \\ &= \text{EPS}_0 \times R_P \times (1+g)[1-(1+g)^n/(1+k)^n]/(k-g) + \text{EPS}_{n+1} \times R_{Pn}/(k_n - g_n) \\ &= \text{EPS}_0 \times R_P \times (1+g)[1-(1+g)^n/(1+k)^n]/(k-g) \\ &\quad + \text{EPS}_0 \times R_{Pn} \times (1+g)^n(1+g_n)/(1+k)^n(k_n - g_n) \end{aligned} \tag{7.7}$$

Fuller 和 Hsia(1984)提出式(7.8)(假设红利支付率不变)：

$$P_0 = \text{EPS}_0 \times R_P/(k-g)\ [(1+g_n) - H\ (g-g_n)/2] \tag{7.8}$$

式中，R_P 为前 n 年的红利支付率；R_{Pn} 为 n 年以后的永久红利支付率；g 为前 n 年的增长率；g_n 为 n 年以后的永久增长率；k 为前 n 年投资者要求的股权资本收益率；k_n 为 n 年以后投资者要求的股权资本收益率；H 为高速增长期时间长度。

整理公式得

$$\begin{aligned} P/E &= P_0/\text{EPS}_0 \\ &= R_P \times (1+g)[1-(1+g)^n/(1+k)^n]/(k-g) + \text{EPS}_{n+1} \times R_{Pn}/(k_n - g_n) \\ &= R_P \times (1+g)[1-(1+g)^n/(1+k)^n]/(k-g) \\ &\quad + R_{Pn} \times (1+g)^n(1+g_n)/(1+k)^n(k_n - g_n) \end{aligned} \tag{7.9}$$

或

$$P/E = R_P/(k-g)\ [(1+g_n) + H\ (g-g_n)/2] \tag{7.10}$$

市盈率与相关因素的关系：

(1)市盈率是高速或稳定增长阶段的红利支付率(R_P 或 R_{Pn})的增函数；

(2)市盈率是风险程度(折现率 k 或 k_n)的减函数；

(3)市盈率是高速或稳定增长阶段预期盈利增长率(g 或 g_n)的增函数；

(4)市盈率是高速增长期长度(H)的增函数。

对于上述稳定增长公司与高增长公司的市盈率估价模型参数的说明：

(1)增长率 g 或 g_n 可以用 ROE(1− R_P 或 R_{Pn})替代。

(2)对于那些红利支付额远小于实际支付能力的公司，红利支付率可用股权资本自由现金流/公司收益指标代替。

(3)股权资本的要求收益率 k 或 k_n 可以通过资本资产定价模型求得。

(4)通货膨胀率 i 的影响调整变量如下：

$$g^* = (1+g)/(1+i) - 1$$
$$k^* = (1+k)/(1+i) - 1$$
$$D_1^* = D_1/(1+i)$$
$$\text{ROE}^* = (1+\text{ROE})/(1+i) - 1$$
$$b^* = (b \times \text{ROE} - i)/(\text{ROE} - i)$$

三、关于市盈率的研究结论

1. 市盈率比较

市盈率在不同国家、不同市场、不同时间、不同行业之间不具有可比性，只有在同一时间、同一市场以及同一相近行业的公司股票的市盈率才具有可比性。因此，市盈率具有有限可比性。一般来说，新兴市场的市盈率要高于成熟市场的市盈率，因为新兴市场股价较多地受到供求关系、投资者不成熟心态、缺少投资工具等诸多因素影响，如同一公司在我国 A 股或 B 股上市与在境外 H 股上市其股价均有区别。

2. 市盈率的回归分析

利用公司截面数据对市盈率进行回归分析，在这方面已有许多实证研究。Kisor 和 Whitbeck 于 1963 年以及 Malkiel 和 Cragg 于 1968 年分别用盈利增长率、红利支付率、EPS 变化的方差和 β 值作为解释变量进行线性回归分析，分别做了实证研究，检验相关系数较高。Fuller、Huberts 和 Levinson 于 1992 年用红利支付率、盈利增长率、β 值、前(或后)5 年盈利增长率作为解释变量进行线性回归，以预测市盈率，结果不是很理想。因此，用回归分析方法虽然比较简单，但也存在下列问题：一是内生变量与外生变量之间的关系。例如，Beaver、Kettler 和 Scholes 于 1970 年用红利支付率、资产增长率、杠杆比率、流动性、资产规模、收益波动性来估计 β 值；Rosenberg 和 Guy 于 1976 年也做了类似的分析。这些研究没有区分谁是内生变量、谁是外生变量。二是解释变量与被解释变量之间是否存在线性关系，现实中存在大量的非线性关系。三是回归方程解释变量之间具有相关性，解释变量与被解释变量均可能存在自相关。四是市盈率与公司基本财务指标的关系可能是不稳定的，也就是说，被解释变量与解释变量的内在相关性可能变动很大，甚至有时正相关，有时负相关。前面介绍的基于一定假设条件下的市盈率估价理论推导价值(或内在价值)与实际价格的拟合程度可以通过实证进行检验，而回归方法直接从历史数据进行分析并加以检验，并对未来进行预测。可以说，回归方法是直接法。此外，在 β 值的估计中，也经常用到盈利增长率、红利支付率、红利收益率等指标作为解释变量(Rosenberg and Marathe，1979)，这些研究在回归模型中混淆了解释变量与被解释变量、内生变量与外生变量之间的关系，这一点应引起注意。

3. 市盈率的解释

(1)市盈率指标的倒数 E/P 称为市价收益率，即为投资回报率。显然，当股票的市盈率较高时，其市价收益率相对较低；而当股票的市盈率较低时，则市价收益率较高。因此，市盈率水平的高低反映了投资者预期投资回报率的大小（高阿山和王苏苏，2001）。

(2)市盈率指标的高低反映该股票风险程度的高低。根据市盈率稳定增长与两阶段高速增长估价模型的变量关系可知，市盈率越高，该股票的风险程度就越低。而事实情况似乎却相反，市盈率越高往往隐含着该股票的风险程度就越大。因此，根据风险溢价理论，较高的市盈率必须赋予较高的风险投资报酬率。这正是市盈率指标定价至今还在争论不休的原因所在。

(3)根据 R. A. Brealey 和 S. C. Myers 提出的公式，将公司股价分为非成长价值与成长机会现值两部分，即

$$P_0=E_1/k+\text{PVGO(公司成长机会的现值)} \tag{7.11}$$

整理后得

$$P_0/E_1=1/k[1+\text{PVGO}/(E_1/k)] \tag{7.12}$$

由此可知，市盈率指标的高低是公司预期成长机会的指示器。

(4)在有效市场假设下，从稳定增长模型可以得到

$$P_0/E_1=(1-b)/(k-\text{ROE}\times b) \tag{7.13}$$

从式(7.13)可知，在股权资本的要求收益率保持不变时，市盈率指标的高低反映出公司所拥有投资机会的期望报酬率的大小。再投资率越高，增长率就越高，而高的再投资率并不意味着高的市盈率比例，仅当公司投资的预期收益率比市场资本率更高时，高的再投资率才会增加市盈率比例。

(5)Edwards-Bell-Ohlson(EBO)模型。

因为在有效市场中，t 期期末股票价格可以表示为预期未来股利的贴现值，即

$$P_t=\sum d_{t+j}/(1+k)^j,j=1,2,\cdots,\infty \tag{7.14}$$

B 表示股东权益资本的账面价值，则在 $t-1\sim t$ 期股东权益的净增加值等于当期会计盈余减去分派的股利，即

$$B_t-B_{t-1}=E_t-d_t$$

$$d_t=E_t-(B_t-B_{t-1}) \tag{7.15}$$

将式(7.15)代入式(7.14)得

$$\begin{aligned}P_t&=\sum(E_{t+j}-B_{t+j-1})/(1+k)^j\\&=\sum[B_{t+j-1}(1+k)-B_{t+j}]/(1+k)^j+\sum(E_{t+j}-kB_{t+j-1})/(1+k)^j\end{aligned}$$

因为

$$E_t=\text{ROE}_t\times B_{t-1}$$

整理后得到

$$P_t=B_t+\sum(\text{ROE}_{t+j}-k)B_{t+j-1}/(1+k)^j,j=1,2,\cdots,\infty \tag{7.16}$$

式中，kB_{t+j-1} 为投资者要求的必要报酬。因此，$E_{t+j}-kB_{t+j-1}$ 是公司在 $t+j-1\sim t+j$ 期所获得的超额报酬，记为 E^a_{t+j}。因此，式(7.16)可转化为

$$P_t=B_t+\sum E^a_{t+j}/(1+k)^j,j=1,2,\cdots,\infty \tag{7.17}$$

由此可知，股票价格等于股东权益的账面价值与预期未来超额报酬的现值。对EBO模型进一步推导得到

$$P_t/E_{t+1}=1/k+1/E_{t+1}\sum(E^a_{t+j}-E^a_{t+1})/(1+k)^j,j=1,2,\cdots,\infty \quad (7.18)$$

从而得到市盈率是预期各期超额报酬与预期下一期超额报酬之差的函数。因此，市盈率的理论均衡值为无风险利率的倒数加1。

(6)P/E被解释为预期ROE、红利或收益的预期增长率、盈利资本化乘数(即投资者预期回报率的倒数)(Graham et al.，1962；Boatsman and Baskin，1981；Alford，1992)。但实证研究(Beaver and Morse，1978)发现，P/E反映了当前盈余中“持续性”和“暂时性”盈利的结构，只有暂时性盈利(Molodovsky，1953)为零时，P/E才是资本化乘数。因此P/E既反映了暂时性盈利占当期盈余的比重，又反映了盈余资本化的可能，即未来盈余的变动，即P/E是盈利增长指数(Cragg and Malkiel，1982；Litzenberger and Rao，1971)。

(7)在基本因素相同的情况下，市盈率与预期增长率的比率可以反映公司股票价值是被高估还是被低估，也可以作为公司价值的度量。Peter(1991)给出这一比例的简单检验。其基本因素包括公司的风险程度(可用β值或方差衡量)、增长模式及其期限、市场名义与实际利率等。经研究表明，在其他条件不变的情况下，风险程度对市盈率具有负影响(或负相关)，市场利率与市盈率也是负相关的。

此外，市盈率被解释为一种风险度量(Ball，1978)，也被解释为错定股价的标志(Basu，1977；Jaffee et al.，1989)。从估值模型$P_0/E_1=(1-b)/(k-g_n)$可见，在其他条件不变的情况下，公司的风险越高，应得的收益率就越高，即k值越大，则市盈率比例就越低。

4. 市盈率与投资策略

长期以来，投资者认为低市盈率的股票可能被低估，并可以从中赚取超额收益，因为低市盈率股票通常的特征是低增长、大规模和业务稳定，所有这些特征说明公司的风险较低而不是较高。这一结论已被考察市盈率与超额收益关系的研究所证实。资本市场上经常出现低市盈率股票的收益率高于市场平均水平，而高市盈率股票的收益率低于平均值的情况。低市盈率通常被认为是市场低估的信号，而高市盈率则被认为是市场高估的指示。Basu(1977)利用资本资产定价模型得出结论：与整个市场比，低市盈率股票能获取超额收益，而高市盈率则不然。Goodman和Peavy(1983)利用行业市盈率分析也得到同样的结论，Levy和Lerman(1985)使用随机占优理论也得到同样结论。投资专家Graham于1949年所使用的选择价值被低估股票的原则就是低市盈率。

5. 市盈率与定价

根据公式“价格＝市盈率×每股盈余”可知，初次发行(IPO)定价越高，市盈率就越高，而高市盈率应该隐含未来的高成长性，如新技术、新材料、新能源等高科技产业属于朝阳产业，初始的高增长以及远高于平均增长水平的特征已被投资者所青睐，但预期未来高增长的背后同时伴随着高风险性，投资者需要在两者之间进行平衡抉择，新兴产业隐含着未来收益的高度不确定性，使得估价变得困难，无论是国

内的高科技股，还是国外的创业板块，其市盈率差距在不同市场、不同时间、不同概念之间非常巨大，像网络股现阶段可能是微利甚至亏损，每股收益徘徊在零边缘，由于预期未来收益增长潜力无限，根据市盈率定价公式，自然市盈率就非常高。然后，对于传统产业或稳定产业来说，同业市盈率应有一个合理的定价区间，虽然也与波动性有关，而对于夕阳产业而言，则市盈率应该较低，因为定价反映的是未来收益或现金流或红利的折现，夕阳产业的未来增长率肯定相当低甚至出现负数。价值投资者根据实际市盈率与预期市盈率的高低判断股票是否被低估或高估，而投机投资者根据技术判断以及市场供求关系进行短期买卖决策，因此市盈率对于此类投资者无关紧要。我国IPO市盈率相对于西方成熟市场一直较高，而近期管理层建议以20倍左右的市盈率为参考，但这种参考标准拿不出理论依据，至少对于不同产业、不同行业，统一市盈率参考标准是不可行的，这样势必造成定价与其预期值偏离，从而形成明显的套利机会。

6. 影响市盈率的因素

前面稳定增长模型与高速增长模型均已揭示出影响市盈率的三个基本因素，即红利支付率、收益增长率、风险程度。除此之外，由于通货膨胀率的影响，必须调整名义风险程度为实际风险程度；市盈率公式中用第一年的每股红利DPS往往具有不稳定性，用于分析的会计资料的可靠性以及采用的会计准则对市盈率有较大的影响，市盈率比例还与商业周期有关，建议投资者在使用市盈率时进一步分析财务比例，比较经济利益与会计利益的差别；市场成熟度、投资者对待风险的态度及股票种类结构等市场内部因素，以及一国的宏观经济发展水平、资本市场的管制程度和投资渠道与社会有效需求的匹配程度等外部因素均影响市盈率指标。因此，若没有进行公司基本财务指标分析，没有进行上述因素的分析比较，市盈率指标是经常可能被误用的。

四、案例分析

【例7-1】 2010年经营公共产品的日本某公司的财务状况：每股红利为0.13美元，净利润为0.35美元，资本性支出为0.20美元，折旧为0.08美元，营运资本追加额为0.05美元，负债比率为0.25，公司股票的β值为1.09，国债利率为5%，假设影响股权资本自由现金流的各因素增长率均为5%，市场风险溢价为5.5%。则

$$股权资本成本(k)=5\%+(1.09\times 5.5\%)=11\%$$

$$\begin{aligned}当年的股权资本自由现金流 &= 净利润-(资本性支出-折旧+营运资本追加额)\\ &\quad \times(1-负债比率)\\ &=0.35-(0.20-0.08+0.05)(1-0.25)\\ &=0.2225\end{aligned}$$

由于以下原因，市盈率估价可适用于稳定增长估价模型：首先，由于该公司规模很大，因此，该公司未来增长率的期望值不可能高于名义GNP的增长率；其次，该公司财务结构相当稳定；最后，该公司的红利支付远远低于其股权资本自由现金流。因

此，在估计市盈率时使用股权资本自由现金流/净利润代替红利支付率$(1-b)$。则

$$\begin{aligned}\text{估价的市盈率}&=(\text{股权资本自由现金流}/\text{净利润})\times(1+g_n)/(r-g_n)\\&=(0.2225/0.35)(1+5\%)/(11\%-5\%)\\&=11.125\end{aligned}$$

估计的价格为11.125×0.35=3.894(美元)。

2011年1月N公司实际平均股价为10.20美元。基于基本因素估计的理论值与实际市场价的差距为3.894－10.20＝－6.306(美元)。低估原因可能在于：

(1)资本性支出远大于折旧，两者的比为0.20/0.08＝2.5。根据分析，一般处于高速增长阶段的公司其资本性支出要大于折旧，而处于稳定增长阶段的公司其资本性支出要小于等于折旧。本例可考虑使用小一点的资本性支出或两阶段增长模型解决。

(2)销售收入中营运资本所占比例太高，可能是由于这一时期的应收账款非正常增加所致。建议利用历史平均值代替，以进行正常化。

(3)公司的β值过高，考虑用接近于1的β值取代。我国证券市场由于起步较晚，新兴市场呈现出的“筹资—投机”特征较为明显，红利支付没有受到约束，因此，上市公司在红利支付上有很大的自由度，而且很不稳定，在这种情况下用股权资本自由现金流代替红利支付率比较合适些。一些规模较大、风险较小、经营稳定的上市公司(如公用事业类、基础设施类、垄断行业等)比较适合使用稳定增长模型。

【例7-2】 某上市银行2007年股票每股收益为0.123元，预计今后10年为高速增长阶段，预期的净资产收益率为25%，预期红利支付率为30%，β值为1.40。10年后转入稳定增长阶段，预期每股收益的增长率为10%，预期净资产收益率为20%，β值为1.10。长期国债利率为6%，市场风险溢价为5.5%。估计市盈率如下：

$$\text{高速增长阶段股权资本成本}=6\%+1.40\times5.5\%=13.7\%$$

$$\text{高速增长期的每股收益增长率}=\text{ROE}(1-\text{红利支付率})=25\%(1-30\%)=17.5\%$$

$$\text{稳定增长阶段股权资本成本}=6\%+1.10\times5.5\%=12.05\%$$

$$\text{稳定增长阶段的预期红利支付率}=1-\text{预期增长率}/\text{ROE}=1-10\%/20\%=50\%$$

$$\begin{aligned}P/E&=R_P\times(1+g)[1-(1+g)^n/(1+k)^n]/(k-g)\\&\quad+R_{Pn}\times(1+g)^n(1+g_n)/(1+k)^n(k_n-g_n)\\&=30\%\times17.5\%[1-1.175^{10}/1.137^{10}]/(1.137-1.175)\\&\quad+50\%\times1.175^{10}\times1.10/1.137^{10}(12.05\%-10\%)\\&=37.81\end{aligned}$$

$$P=37.81\times0.123=4.65(\text{元})$$

2008年1月该银行的平均股价约为14元。

一般地，如果出现价格低估，其原因可能是：

(1)公司稳定增长阶段的红利支付率太低(低于40%)。这种情况可通过选用更高的ROA或更高的红利支付率代替。

(2)公司在稳定增长阶段的β值过高，可通过使用三阶段增长模型解决。

通过比较，我们发现该银行在上述估价中均不存在模型及其参数选用方面的问题，因此，可以得出结论：目前该银行股票市价明显偏高。

【例 7-3】 2008 年某行业上市公司的市盈率、红利支付率、风险程度、预期增长率等指标如表 7-1 所示。

表 7-1　某行业上市公司的市盈率、红利支付率、风险程度以及预期增长率

公司代号	市盈率	红利支付率/%	β值	预期增长率/%
A	24.33	14.00	1.60	20.00
B	25.20	10.50	1.30	21.63
C	52.90	0.00	1.25	34.00
D	14.70	5.00	1.35	6.00
E	30.40	0.00	1.40	17.50
F	15.50	0.00	1.35	14.50
G	22.30	58.00	1.00	32.50
H	25.40	0.00	1.35	16.50
I	—	0.00	1.19	15.00
J	16.10	7.00	1.10	32.00

回归方程为 $P/E=-31.59+27.38\beta-20.11R_p+107.80g$。

该行业现有一家新的公司拟发行上市，该公司预期增长率为 15%，红利支付率为 20%，风险程度为 1.10。则

$$\begin{aligned}\text{预测该公司的市盈率}&=-31.59+27.38\times1.10-20.11\times20\%+107.80\times15\%\\&=10.68\end{aligned}$$

第二节　价格/账面价值比例估价模型

一、价格/账面价值比例估价的优缺点

价格/账面价值，简称 P/B(price-to-book ratios)或 M/B(market-to-book ratios)，也称为净资产倍率，反映市场价值与账面价值的比例关系。根据会计等式，权益的账面价值等于资产总值减去负债账面价值，而账面价值在很大程度上受所采取的会计制度的影响。而资产的市场价值，根据红利折现模型，理论上应该等于该资产的盈利能力和预期未来现金流的折现值。

运用 P/B 比例估价的优点：第一，在很多情况下，P/E 比例估价方法中收益波动性很大，估价时往往需要费很大劲来进行修正收益值，而账面价值是比收益更加稳定的测量指标，投资者可以使用它作为与市场价格比较的依据；第二，P/B 比例估价提供了一种合理的跨行业的比较标准；第三，对那些因亏损而无法用 P/E 比例进行估价的企业可以使用 P/B 比例估价方法，也可以用它计算那些不支付红利的公司的 P/B 比例估价。

但运用 P/B 比例估价也存在一定的缺陷：第一，账面价值和盈利一样会受到折旧

方法和其他会计政策的影响，当企业使用不同的会计制度时，我们就不能用 P/B 比例估价进行比较；第二，账面价值对于固定资产比例较少的企业运用 P/B 比例估价意义不大；第三，如果企业持续亏损，那么企业权益的账面价值可能为负，相应地 P/B 比例估价也为负数，没有意义。通常对处于财务困境的公司估价可以采用价格与销售收入 P/S 比例估价或期权定价等其他方法。

二、估价模型

1. 稳定增长公司的 P/B 比例估价模型

由于 $EPS_0 = BV_0 \times ROE$，由稳定增长公司的市盈率估价模型变化得到

$$P_0 = BV_0 \times ROE \times (1-b) \times (1+g_n)/(k-g_n) \tag{7.19}$$

则

$$P/B = P_0/B_0 = ROE \times (1-b) \times (1+g_n)/(k-g_n) \tag{7.20}$$

式中，BV_0(或 B_0)为期初账面价值；ROE 为净资产收益率；$1-b$ 为红利支付率；b 为收益留存比例。

如果净资产收益率是基于下一时期的预期收益，则

$$P/B = P_0/B_0 = ROE \times (1-b)/(k-g_n) \tag{7.21}$$

下面先推导公式：

$$g_n = ROE \times b \tag{7.22}$$

假定公司红利政策不变，即留存比例不变，以及新权益投资 I 的回报率不变。因为利润的增长来自新投资产生的收益，在给定的时间内，可得利润为

$$E_t = E_{t-1} + I_t \times ROE \tag{7.23}$$

式中，E_t 为 t 期利润；I_t 为 t 期新权益投资。

因为公司的留存比例不变，则

$$E_t = E_{t-1} + ROE \times b\, E_{t-1} \tag{7.24}$$

由于盈利增长率

$$\begin{aligned} g_n &= (E_t - E_{t-1})/E_{t-1} \\ &= ROE \times b \end{aligned} \tag{7-25}$$

代入上面的 P/B 公式，得

$$P/B = (ROE - g_n)/(k-g_n) \tag{7.26}$$

由此可知，P/B 比例与净资产收益率、红利支付率和增长率之间成正相关，而与公司的风险程度呈负相关。一个稳定增长的公司的 P/B 比例是由净资产收益率和公司股权资本的要求收益率之差决定的。如果净资产收益率高于股权资本要求收益率，那么股票的市场价格就会高于公司权益的账面价值；如果净资产收益率低于股权资本要求收益率，那么股票市场价格就会低于公司权益的账面价值。

2. 高增长公司的 P/B 比例估价模型

高增长公司两阶段红利贴现模型中有

权益的价值＝预期红利的现值＋期末价格的现值

由高增长公司的市盈率估价模型变化得到

$$P/B = P_0/B_0$$
$$= \mathrm{ROE}\{R_P \times (1+g)[1-(1+g)^n/(1+k)^n]/(k-g)$$
$$+ R_{Pn} \times (1+g)^n(1+g_n)/(k_n-g_n)(1+k)^n\} \quad (7.27)$$

从式(7.27)可得：①P/B与净资产收益率正相关；②P/B与风险程度(k或k_n)负相关；③P/B与红利支付率$(1-b)$正相关；④无论在稳定增长阶段还是在高速增长阶段，P/B与盈利增长率(g或g_n)正相关。

3. P/B比例分析

(1)P/B与ROE的关系：

预期增长率＝留存比率×净资产收益率

即

$$g_n = \mathrm{ROE} \times b \quad (7.28)$$

可以看出较低的净资产收益率不仅直接影响P/B，而且还通过降低预期增长率和红利支付率间接影响P/B。

在有效市场里，净资产收益率高的企业其市场价格高于账面价值，即$P/B>1$；而那些净资产收益率低的企业其市场价值低于账面价值，即$P/B<1$。因此，投资者设法寻找ROE与P/B不相匹配的企业，即低P/B而高ROE或高P/B而低ROE(表7-2)。无论是价值低估还是高估，都存在无风险套利的机会。因此，可以简单地用$(P/B)/$ROE比率对企业进行评级分类。

表7-2　企业按ROE、P/B分类

Ⅰ：高ROE，高P/B	Ⅱ：高ROE，低P/B(低估)
Ⅲ：低ROE，高P/B(高估)	Ⅳ：低ROE，低P/B

此外通过对稳定增长公司的P/B比例估价模型变形得到

$$P/B\text{-ROE 模型：} k = \mathrm{DPS}_1/P + g + \mathrm{RV} \quad (7.29)$$

(2)P/E与P/B的关系：

$$P/B = (P/E)(E/B)$$

即

$$P/B = (P/E)\mathrm{ROE} \quad (7.30)$$

由此可知，一家公司如果股本收益率较高而市账价值比也较高，则可能有一个相对较低的市盈率。这表明高股本收益率并不能暗示该股票是好股票，因为股价可能被哄抬以反映有诱惑的股本收益率。如果事实如此，则从上述公式得知，P/B将大于1，且股东盈利率将低于股本收益率。由此，将对高股本收益率股票与对低股本收益率股票投资策略进行比较，前者可能得到一个更低的持续回报率。可见，一个企业的P/B比例表面上由红利支付率、预期收益增长率和风险决定，实际上企业的净资产收益率才是最关键的决定因素，即高(低)股权收益率导致高(低)的P/B比例。

另外，我们可以根据P/E与P/B的不同组合对企业进行分类，见表7-3。

表 7-3 企业按 **P/E**、**P/B** 分类

分类	高 P/B：PREM>0，FRI>0	正常 P/B：PREM=0，FRI=0	低 P/B：PREM<0，FRI<0
高 P/E	A：CRI<FRI	B：CRI<0	C：CRI<FRI
正常 P/E	D：CRI=FRI>0	E：CRI=FRI=0	F：CRI=FRI<0
低 P/E	G：CRI>FRI	H：CRI>0	I：CRI<FRI

注：PREM 为账面价值的报酬；CRI 为预期未来剩余收益；FRI 为即期剩余收益。

从 EBO 模型可知，P/B 的大小取决于预期超额报酬，而与当期超额报酬无关。如果公司的预期超额报酬的现值大于(小于)0，则 P/B 大于(小于)1。如果预期超额报酬的现值等于 0，则 P/B 等于 1。P/E 不仅是当期超额报酬的函数，而且是预期超额报酬的函数。如果预期超额报酬的现值大于(小于)当前超额报酬的永久年金现值(E_t^a/k)，则 P/E 大于(小于)$(1+k)/k$。如果预期超额报酬的现值等于当前超额报酬的永久年金现值(E_t^a/k)，则 P/E 等于$(1+k)/k$。

A 组合(高 P/E，高 P/B)：$P/E>(1+K)/K$，$P/B>1$。这类公司当期获利丰厚，又有强劲的成长潜力，预期超额报酬高于当期超额报酬。

B 组合(高 P/E，正常 P/B)：$P/E>(1+K)/K$，$P/B=1$。这类公司是处于成长期的公司，预期超额报酬大于当期超额报酬，虽然当期超额报酬为 0。

C 组合(高 P/E，低 P/B)：$P/E>(1+K)/K$，$P/B<1$。这类公司当期遭遇暂时挫折，预期超额报酬尽管仍然小于 0，但它们将从失败中重新振作起来。正在资产重组的公司大致可以归于这一类。

D 组合(正常 P/E，高 P/B)：$P/E=(1+K)/K$，$P/B>1$。这类公司当期超额报酬等于预期超额报酬，均为正值，属于业绩平稳增长的公司。

E 组合(正常 P/E，正常 P/B)：$P/E=(1+K)/K$，$P/B=1$。这类公司当期超额报酬等于预期超额报酬，均为 0，说明该类公司永远获取市场平均水平的回报率。

F 组合(正常 P/E，低 P/B)：$P/E=(1+K)/K$，$P/B<1$。这类公司当期和预期都陷于困境，当期和预期超额报酬率均为负数。

G 组合(低 P/E，高 P/B)：$P/E<(1+K)/K$，$P/B>1$。这类公司是处于成熟期的公司，它们当期获得正的超额报酬，但已没有发展空间，预期超额报酬低于当期超额报酬。

H 组合(低 P/E，正常 P/B)：$P/E<(1+K)/K$，$P/B=1$。这类公司当期超额报酬为正，但预期超额报酬为 0，低于当期超额报酬，处于增长减速期。

I 组合(低 P/E，低 P/B)：$P/E<(1+K)/K$，$P/B<1$。这类公司处于衰退期，经营前景暗淡，预期超额报酬为负，且低于当期超额报酬。

三、关于 *P/B* 的研究

1. P/B 比例的解释

(1)EBO 模型，即式(7.16)：

$$P_t=B_t+\sum(E_{t+j}-kB_{t+j-1})/(1+k)^j,\ j=1,\ 2,\ \cdots,\ \infty$$

在 EBO 模型中，股票价格等于账面净值与预期未来超额报酬的现值之和。

$$P_t/B_t = 1 + \sum (\mathrm{ROE}_{t+j} - k)B_{t+j-1}/(1+k)^j B_t \tag{7.31}$$

式(7.31)说明了 P/B 是预期超额报酬($E_{t+j} - kB_{t+j-1}$)的函数，P/B 决定于预期超额报酬率($\mathrm{ROE}_{t+j} - k$)和净资产增长率 B_{t+j-1}/B_t。

(2) 股权估值理论使我们可以洞察 P/B 的意义，一个较高的 P/B 表明投资者认为公司有机会获取高于市场资本化率 k 的一个投资报酬率。Fairfield(1994)分析了 P/B 和 P/E 的经济意义，认为 P/B 高预示了未来的超额盈余高，而市盈率高预示了未来超额盈余的增长率高，说明 P/B 与 P/E 结合对未来股价的预测能力强，同时 P/B 的预测能力比 P/E 更强。Penman(1996)讨论了 P/B 和 P/E 的理论实质及二者的关系，以及它们与当前/未来净资产收益率的关系，并通过对美国 1968～1986 年公司财务数据的分析认为，P/B 由未来净资产收益率决定，P/E 由当前和未来的净资产收益率联合决定，与当期净资产收益率负相关，而与预期的净资产收益率正相关。P/B 被视为企业成长指数(Preinreich，1932；Kay，1976)，常被用于评价股票的安全投资边际，用于比较价格与清算价值，他们把账面价值看做是支撑市价的“地板”(Bodie et al.，1989)，也有相反的观点认为，账面价值并不一定代表清算价值，其提供的安全边际概念并不可靠。P/B 被认为由企业的财务杠杆系数(DOL)决定(Graham et al.，1962)，财务分析师们常把它与 Tobin 比率相比较，认为它也是市场价格错定的度量(Rosenberg et al.，1985)，以及区分“价值股”与“垃圾股”的指针(Lakonishok et al.，1994)，投资 B/P 高的股票可产生较高的收益，Chan 等(1991)发现该现象在日本股市也同样存在，即“P/B 效果”，也是“市场异常”中的一例。Fama 和 French(1992)在对 1963～1990 年公司股票预期收益截面数据进行研究后得出结论：无论是单因素还是多因素检验，B/P 比率与平均收益之间存在正相关关系，它甚至强于公司规模与收益之间的关系，因此 P/B 可解释平均股票收益，它可能是对企业未来经营风险的一种度量或是处在困境公司的指示器。

2. P/B 回归分析与投资策略

Wilcox(1984)研究了 ROE 与 P/B 的关系，即 P/B-ROE 模型：

$$k = D_1/P + g + \mathrm{RV}(P/B)$$
$$\log(P/B) = \alpha + \beta \times \mathrm{ROE} \tag{7.32}$$

式中，RV 表示再估值损益。通过实证研究发现，P/B 比率与净资产收益率之间有着很强的线性关系。分析人员通过风险 β 值、ROE、红利支付率、盈利增长率解释变量来预测 P/B，发现模型具有较高的相关系数。Rosenberg、Reid 和 Lanstein 于 1985 年通过实证研究表明，美国股票的平均收益与公司账面价值/市场价值呈现正相关性。Capaul 等(1993)将 B/P 比率的分析研究扩展到其他国际市场，并且发现在 1981～1992 年，低 P/B 比率的股票在他们所分析的每个市场都能产生超额收益。因此，有些投资者将低 P/B 比率视为股价低估的信号。由于低 P/B 的股票能带来超额收益，因此人们往往把它作为投资筛选的标准，B. Graham 把“市场价格低于账面价值的 2/3”作为选择股票的标准。此外，根据上面对 P/B 与 ROE 组合的分析，投资者往往选择两者不匹配的股票进行投资，以期获取超额收益。

上述通过回归分析方法试图探讨影响 P/B 的因素以及变量之间的关系。可以说，与 P/E 一样，影响 P/B 的因素有很多，包括预期增长率、红利支付率、风险程度以及净资产收益率。值得注意的是，在应用可比企业估价 P/B 时还必须考虑到比较的时间、市场环境及采用的会计制度等因素。

四、案例分析

【例 7-4】 1999 年年底我国酒类上市公司数据如表 7-4 所示。

表 7-4　酒类上市公司数据

公司名称	股价 P	权益 BV	P/B 比例	ROE/%	β 值
古越龙山	12.50	3.50	3.57	11.38	
宁城老窖	10.50	2.83	3.71	10.48	
四川沱牌	9.50	3.90	2.44	8.71	
泸州老窖	9.50	2.28	4.17	10.86	
古井贡 A	16.00	4.42	3.62	14.33	
湘酒鬼	10.80	4.21	2.56	11.90	
五粮液	21.00	5.04	4.17	26.81	

平均 P/B＝3.46，平均 ROE＝13.50。

回归方程：P/B＝2.680 5＋0.057 74ROE，R^2＝0.32，相关系数＝0.44。

假定古越龙山今后收益保持稳定增长，β＝1.00，红利支付率为 50%，当时长期国债利率为 4%，市场风险溢价为 5.5%。则

$$股权资本收益率＝4\%＋1.00\times5.5\%＝9.5\%$$

$$预期增长率＝ROE\times(1-b)＝5.69\%$$

$$估计的\ P/B＝(11.38\%-5.69\%)/(9.5\%-5.69\%)＝1.49$$

$$估计的\ P＝5.22(元)$$

估计结果不到市价的一半，究竟是估价问题还是市价偏高，有待进一步分析。

从上述酒类同业 P/B 的比较看，四川沱牌与湘酒鬼偏低，如果酒类行业风险程度相同，则这两只股票明显存在股价偏低。

【例 7-5】 2010 年某发动机生产公司净资产收益率为 20%，预计今后 5 年内每股收益将以 15%的速度高速增长，而后以增长率 6%稳定，前 5 年红利支付率为 30%，5 年后为 60%，前 5 年股权资本收益率为 12%，而后为 10%。则

$$预期增长率＝20\%\times(1-20\%)＝16\%$$

$$5\ 年后增长率＝20\%\times(1-60\%)＝8\%$$

$$P/B = \mathrm{ROE}\{R_P\times(1+g)[1-(1+g)^n/(1+k)^n]/(k-g)$$
$$+ R_{Pn}\times(1+g)^n(1+g_n)/(k_n-g_n)(1+k)^n\}$$

$$=20\%\{30\%\times1.16[1-1.16^5/1.12^5]/(12\%-16\%)$$
$$+60\%\times1.16^5\times1.08/(10\%-8\%)1.12^5\}$$
$$=8.06$$

【例 7-6】 康柏计算机公司 1993 年权益账面价值为 2 654 百万美元，预测数据如表 7-5所示。

表 7-5　公司预测数据

项目＼年度	1994	1995	1996	1997	1998	1999	2000	>2000
收益预测/美元	517	565	609	628	639	702	773	773
原始账面值/美元	2 654	2 646	2 917	3 169	3 364	3 633	3 928	4 253
剩余收益/美元	172	221	230	216	202	230	262	220
折现系数(13%)	1.13	1.28	1.44	1.63	1.84	2.08	2.35	
折现非正常收益/美元	152	173	159	132	109	110	112	718

剩余收益＝收益－股权资本成本(k)×账面价值

康柏公司估价的权益价值＝期初账面价值＋$\sum E[t$ 年的非正常收益$]/(1+k)^t$

＝4 600(百万美元)(或者每股 54 美元)

上述基于折现非正常收益的估价公式经变换后，即可得到

$$P/B=1+\sum E[(\mathrm{ROE}_t-k)(1+g_1)\cdots(1+g_{t-1})]/(1+k)^t$$

$$g_t=(b_t-b_{t-1})/b_{t-1}$$

式中，b_t 为今后 t 年的账面价值。

将 ROE＝19%，g＝20%代入得 P/B＝1.72，则每股估价 54 美元。计算结果相同。

基于 P/B 基础的投资者，如果公司只能赚取账面价值的正常收益率，那么投资者将愿意只支付账面价值以获得利息，如果收益高于或低于这个正常水平，投资者的支付将高于或低于账面价值，因此，公司的市场价值与它的账面价值的偏离取决于公司创造的“非正常收益”。

【例 7-7】 同行业比较 COMPAQ、AST、APPLE、DELL 四公司，如表 7-6 所示。

表 7-6　四家公司数据

比例＼公司	COMPAQ	AST	APPLE	DELL
P/E 实际平均值	14.3	17.4	12.7	—
P/E 预测估值	11.5	12.6	18.1	12.6
V/S 实际平均值	0.89	0.50	0.44	0.36
V/S 预测估值	0.75	0.34	0.39	0.27
P/B 实际平均值	2.48	2.22	1.72	2.61
V/FCFF 实际值	6.7	9.5	4.6	—

COMPAQ、DELL 有较高的 P/B 比率，因为分析人员预期其有较高的 ROE，同时账面价值也有很大的增长。

P/S 比率可以看做 P/E 和 E/S 比率的乘积，因此，除了解释 P/E 比率变化外，

P/S 比率也随着预期利润率的变化而变化。从 P/S 比较来看，COMPAQ 的市场竞争力最大，它的这一比率比其他公司高出两倍多，由于 P/E 比率差别较小，所以 P/S 比率的差别只有在 COMPAQ 能保持较高的利润率时才是合理的。

V/FCFF 比率在实践中很少使用，因为经营活动中的现金流通常受到运营资本账户的临时波动的影响，因此它所提供的价值指示是杂乱的。

第三节 价格/销售收入比例估价模型

一、价格/销售收入比例估价的优缺点

价格/销售收入比例，简称 P/S。其比例估价的优点在于：首先，P/S 比例估价克服了 P/E 或 P/B 出现负数而变得无意义的估价缺点，对于 P/S 比例估价其在任何时候都适用，甚至适用于处于财务困境中的公司；其次，P/E 与 P/B 受到所采用的会计制度及会计政策的影响，而 P/S 则不受其影响；再次，P/S 比例要比 P/E 稳定，这是因为利润要比销售收入更容易受到市场及公司经济情况的影响；最后，P/S 非常适用于检验公司定价政策或战略决策的效果。

P/S 比例估价与其他比例估价一样也存在缺点，如在会计等式"销售收入－成本＝利润"中，用 P/S 比例估价隐含地假设了成本变动率与收入变动率相等，而事实上，这个假设是有问题的。

二、估价模型

1. 稳定增长公司的 P/S 比例估价模型

由于净利润率 $\mathrm{PM}=\mathrm{EPS}_0/\mathrm{RPS}$，RPS 为每股销售收入，根据增长模型得出

$$P_0=\mathrm{PM}\times\mathrm{RPS}\times(1-b)\times(1+g_n)/(k-g_n) \tag{7.33}$$

$$P/S=P_0/\mathrm{RPS}=\mathrm{PM}\times\mathrm{RPS}\times R_P\times(1+g_n)/(k-g_n) \tag{7.34}$$

如果净利润率是基于下一期的期望利润率，则

$$P/S=P_0/\mathrm{RPS}=\mathrm{PM}\times\mathrm{RPS}\times R_P/(k-g_n) \tag{7.35}$$

由式(7.35)可知，P/S 与公司净利润率、红利支付率和增长率正相关，与公司风险(贴现率 k)负相关。

2. 高增长公司的 P/S 比例估价模型

根据高增长公司价值公式：

$$\begin{aligned}P_0&=\text{高增长阶段的红利贴现值}+\text{增长期末股权资本价值的贴现值}\\&=\mathrm{EPS}_0\times R_P\times(1+g)[1-(1+g)^n/(1+k)^n]/(k-g)+\mathrm{EPS}_{n+1}\times R_{Pn}/(k_n-g_n)\end{aligned}$$

即

$$\begin{aligned}P_0/S_0=\mathrm{PM}\times\{&R_P\times(1+g)[1-(1+g)^n/(1+k)^n]/(k-g)\\&+R_{Pn}\times(1+g)^n(1+g_n)/(1+k)^n(k_n-g_n)\}\end{aligned} \tag{7.36}$$

由式(7.36)可知：

(1)P/S与公司净利润率(PM或EPS/RPS)正相关；

(2)P/S与任一阶段的红利支付率(R_P或R_{Pn})正相关；

(3)P/S与风险程度(k或k_n)负相关；

(4)P/S与任一阶段的盈利增长率(g或g_n)正相关。

3. P/S比例分析

(1)P/S与PM的关系。

预期增长率＝留存比率×净资产收益率

即

$$\begin{aligned} g_n &= \text{ROE}\times b \\ &= b\times(\text{税后利润/销售收入})\times(\text{销售收入/股东权益账面价值}) \\ &= b\times \text{PM}\times S/B \end{aligned} \quad (7.37)$$

式中，S/B为每股销售收入/每股账面价值。

由式(7.36)可知，PM除了直接影响P/S外，当PM与S/B相反变化幅度不等时，PM影响预期增长率，从而间接影响了P/S。

(2)P/S与PM的关系。

决定P/S比例的关键因素是公司的净利润率，一般地，净利润率低的公司其P/S比例也低，而净利润率高的公司其P/S比例也高。然后，现实中存在反常或不匹配的情形，投资者希望寻找P/S与PM不相匹配的股票，以获得超额收益。其组合情况见表7-7。

表7-7 企业按*P/S*、PM分类

Ⅰ：高P/S，高PM	Ⅱ：高P/S，低PM(高估)
Ⅲ：低P/S，高PM(低估)	Ⅳ：低P/S，低PM

三、*P/S*的解释与投资策略

分析人员用作解释P/S的变量有红利支付率、利润增长率、风险系数β值以及净利润率，应用截面数据进行回归分析。Senchack和Martin(1987)通过对P/S研究得出：低P/S(而不是低的P/E)的证券组合的表现超过市场平均水平，同时发现低的P/E证券组合要比低的P/S证券组合更能带来稳定收入，而且在采用低P/S比率较低的有价证券组合决策时，所选的公司规模越小，收益就越不稳定，即收益的方差越大。Jacobs和Levy(1988)研究了1978～1986年P/S比率对股票的投资收益率的影响，发现其显著相关。此外，分析人员还就PM对P/S的影响利用1981～1990年纽约证券交易所所有上市股票，在每年年底划分“低估”的有价证券组合和“高估”的有价证券组合，分析得出被“低估”的有价证券组合在10年中有6年业绩超过了被“高估”的组合。

四、案例分析

1. 品牌估价

【例 7-8】 某酒类上市公司 2009 年每股收益为 1.35 元，每股净资产为 5.04 元，净资产收益率为 26.81%，营业收入为 33.08 亿元，净利润为 6.49 亿元，股本总数为 4.80 亿元。假定红利支付率为 50%，长期国债利率为 5%，市场风险溢价为 5.5%，预期公司在今后 5 年内红利与利润增长率为 30%，5 年后稳定在 8%。公司 β 值为 1.4。根据分析人员预计，一般无品牌同类企业净利润率为 10%，β 值为 1.0，其长期红利与利润增长率为 6%，红利支付率为 50%。下面来估计该酒类品牌的价值。

酒类行业属于传统产业，随着人民生活水平的不断提高，其一般收益增长较为稳定，因此可以假设为稳定增长。

该上市公司品牌：

$$\text{每股营业收入 SPS}=33.08/4.80=6.892(\text{元/股})$$

$$\text{净利润率 NPM}=\text{NI/SPS}=1.35/6.892=19.6\%$$

$$\text{股权资本成本}(k)=5\%+1.4\times5.5\%=12.7\%$$

$$\begin{aligned}P/S&=\text{PM}\times\{R_P\times(1+g)[1-(1+g)^n/(1+k)^n]/(k-g)\\&\quad+R_{Pn}\times(1+g)^n(1+g_n)/(1+k)^n(k_n-g_n)\}\\&=19.6\%\times\{50\%\times1.30[1-1.30^5/1.127^5]/(12.7\%-30\%)\\&\quad+50\%\times1.30^5\times1.08/(12.7\%-8\%)\times1.127^5\}\\&=5.366\end{aligned}$$

一般同业：

$$\text{股权资本成本 }k=5\%+1.0\times5.5\%=10.5\%$$

$$P/S=10\%\times50\%\times(1+6\%)/(10.5\%-6\%)=1.178$$

则用权益表示的该品牌价值为

$$[(P/S)_{\text{该品牌}}-(P/S)_{\text{一般}}]\times\text{基期营业收入}=138.54(\text{亿元})$$

品牌给公司既带来高额利润率，又带来高于同业一般的营业收入增长率，同时具有相对较小的风险。

品牌价值也可以用公司价值来体现，公式如下：

$$[(V/S)_{\text{五粮液}}-(V/S)_{\text{一般}}]\times\text{基期营业收入}$$

V/S 估价可在 P/S 模型中用资本加权平均成本替换股权资本成本(k)得到。

上述品牌估价过程中，所选预期增长率中已经包含品牌的影响，否则其增长率不可能远远超出同业一般水平，因此，这样可能导致重复估价。

2. 利润率与市场份额的战略决策

Porter(1980)在关于公司战略的研究中指出：公司可以通过采取两项战略来获得竞争优势。其一是公司提供与竞争对手相似的产品，但定价较低，以期获得成本领先优势，即“低净利润率 PM、高销售收入 S”；其二，公司提供与竞争对手有差异的产品，并要求相应的价格补偿，以期创新与开展差别竞争，即“高净利润率 PM、低销售收入 S”。

【例 7-9】 假定现有彩电生产商 X 在面对同业激烈竞争时权衡的策略如表 7-8 所示。假定要求的股权资本收益率为 10%，5 年后要求增长率为 5%，前 5 年红利支付率为 20%，5 年后为 50%，股权面值为每股 4 元。

表 7-8　企业竞争策略

策略	"低 PM、高 S"	"高 PM、低 S"
PM/%	5	10
S/B	5.0	2.0

(1)"低净利润率 PM、高销售收入 S"战略：

前 5 年的预期增长率$=b\times \mathrm{PM}\times S/B=0.8\times 5\%\times 5.0=20\%$

$$
\begin{aligned}
P/S &= \mathrm{PM}\times\{R_P\times(1+g)[1-(1+g)^n/(1+k)^n]/(k-g)\\
&\quad +R_{Pn}\times(1+g)^n(1+g_n)/(1+k)^n(k_n-g_n)\}\\
&=5\%\times\{20\%\times 1.2[1-1.2^5/1.1^5]/(10\%-20\%)\\
&\quad +50\%\times 1.2^5\times 1.05/(10\%-5\%)\times 1.1^5\}\\
&=0.88
\end{aligned}
$$

股价 $P=(P/S)\times(S/B)\times B=0.88\times 5.0\times 4=17.6$(元)

(2)"高净利润率 PM、低销售收入 S"战略：

前 5 年的预期增长率$=b\times \mathrm{PM}\times S/B=0.8\times 10\%\times 2.0=16\%$

$$
\begin{aligned}
P/S &= \mathrm{PM}\times\{R_P\times(1+g)[1-(1+g)^n/(1+k)^n]/(k-g)\\
&\quad +R_{Pn}\times(1+g)^n(1+g_n)/(1+k)^n(k_n-g_n)\}\\
&=5\%\times\{20\%\times 1.16[1-1.16^5/1.1^5]/(10\%-16\%)\\
&\quad +50\%\times 1.16^5\times 1.05/(10\%-5\%)\times 1.1^5\}\\
&=0.74
\end{aligned}
$$

股价 $P=(P/S)\times(S/B)\times B=0.74\times 2.0\times 4=5.95$(元)

如果公司目标定位为价值最大化，则应取高净利润率策略。

从上文可见，扩大市场份额与市场价值之间并非一定是正相关，公司选择市场占有率最大化目标会牺牲净利润率，虽然规模经营可以降低成本。公司选择净利润率目标则可能牺牲市场份额，即使可能采取差别竞争策略。究竟哪个目标最合适，关键要看所选策略对股票价值的影响是否足以消除其负面效应。

P/E、P/B 和 P/S 等比例估价所估计的价格是指公司股权或整体的内在价值，而实际市场价格会与其内在价值存在一定的偏差，因此，比例估价方法在实际估价中应分析其前提条件。此外，稳定增长模型及高速增长模型均难适合所有公司的估价需要，影响上述比例估价中的内在价值、财务账面数据以及实际市场价格的因素有很多，如市场因素、宏观政策因素、会计制度因素等公司外部因素，以及公司战略、产品时期等公司内部因素。因此，在应用比例估价方法时必须详细分析相关的影响因素，选取适当的模型，以免估价失败。

➢思考与练习

1. 分析下面描述是否正确，并说明理由。

(1)在市场反常时，投资者以为 P/E 或 P/B 比率低的股票被低估，从而可以买入并获取超额收益。

(2)在有效市场里，P/E、P/B 以及 P/S 指标对投资者没有任何意义。

(3)以市盈率或市场价值与账面价值比例指标的高低作为投资选择的指示器对于短期投资者来说没有任何价值，因为短期股票价值的波动主要受到市场供求关系、投资者心态等诸多因素的影响。

(4)预期市盈率高意味着股价应该高，该股票就受到投资者所追捧，说明该股票未来具有高的超额回报。

(5)市盈率的倒数即市价收益率，市盈率高则市价收益率低，市盈率低则市价收益率高。如果低市盈率是股价被低估的信号，也即高的市价收益率股票所隐含着股价被低估，投资者认为其存在获取未来超额收益的机会，这就意味着具有较高市价收益率的股票更具有投资价值。

(6)股票的市盈率越高，则该股票所蕴涵的风险越大，因而，投资者所要求的投资回报率也必然越高。市价/账面值大于 1 或小于 1，意味着公司股票公允价值与账面价值不等。

(7)P/E、P/B、P/S、PM、ROE 五者的以下关系组合不可能出现：高 P/E、低 ROE、高 P/B、低 P/S 和高 PM。

(8)在 P/E 比例估价中，当 E 接近于 0 时，其比例变得非常大，而且 E 也经常变动，因此，根据 P/E 的高低判断股价是高估或低估没有任何意义。

(9)在稳定增长模型中，当折现率 k 小于红利增长率 g 时，估价出现负数，没有意义。实际上这种情况不会发生，因为红利增长率越大，意味着风险程度 β 值越高(根据资本资产定价模型，市场无风险利率与市场风险溢价基本不受个股的影响)，从而使得要求的股权资本收益率就越大，并一定超过增长率。当要求的股权资本成本接近于红利增长率时估价变得十分困难，因为其值将变得很大，严重失真，这里关键要界定两者之差的合理范围。

(10)如果股票市场风险溢价增加，则对于投资者来说，红利收益率相对于国债利率将会上涨。当红利收益率高于国债利率时，说明投资股票比投资国债更具有吸引力，当投资者都具有这种共识时，此时股票就会看涨，从另一个侧面表明当前市场股价是被低估的。

2. 某上市公司 2005 年年初面临市场的激烈竞争，将进行重大的公司战略决策选择，即或者继续保持高净利润率战略，或者降低净利润率以增加公司未来销售收入。经分析：

如果选择保持高净利润率战略，则今后 10 年间公司的净利润率保持在 2005 年的水平(2005 年公司的销售收入为 60 亿美元，净利润为 6 亿美元)。2005 年公司的销售收入/股权账面价值比率为 3.0，在今后 10 年间预期为 2.5。

如果选择低净利润率、高销售收入的战略，则在今后 10 年间，公司的净利润率降至 8%。今后 10 年间公司的销售收入/股权账面价值比率将保持在 2005 年的水平。2005 年年末公司的每股账面价值为 10 美元，红利支付率为 30%，β 值为 1.3。无论采用哪种战略，预期公司的红利支付率和 β 值在今后 10 年间都将保持不变。国债利率为 7%，市场风险溢价为 5.5%。2004 年后，预期公司的增长率将降至 6%，红利支付率为 60%，β 值为 1.0。

(1)如果公司采用保持高净利润率的战略，估计其价格/销售收入(P/S)比率。

(2)如果公司采用低净利润率、高销售收入的战略，估计其价格/销售收入(P/S)比率。

(3)公司若采用保持现有高利润率的战略，其销售额降至多少时，两个战略的结果是等价的？

3. 某上市公司从事卫生洁具生产，2008 年每股收益为 0.40 元，预期公司这一指标在未来 5 年将以 15%的速度高速增长，而后进入稳定阶段，其增长率为 6%。2008 年每股资本性支出为 0.30 元，每股折旧为 0.10 元。预期每股资本性支出与每股折旧在未来 5 年增长速度相等。公司营运资本保持经营收入的 5%。2008 年公司经营收入为 5 亿元，预期未来 5 年年增长速度为 10%，而后稳定在 5%。2008 年公司负债比例为 5%，但计划今后调整为 20%，公司股票的 β 值保持为 1，国债利率为 5%，市场风险溢价为 5.5%。如果红利支付率保持为 20%，请估计公司市盈率。

4.1993 年年底航空、国防类上市公司的市盈率、预期增长率、风险程度以及红利支付率如表 7-9 所示。

(1)估计该行业上市公司市盈率的平均值与中值，这一结果说明了什么？

(2)一位分析人员认为 Thiokol 公司的价值被低估了，因为其市盈率低于行业平均值。在什么情况下这种观点正确？你是否同意分析人员的结论？

(3)根据公司的风险、增长率和红利支付率，对市盈率进行回归分析，并根据分析结果判断哪些公司的药价值被低估了，这种方法的限制条件是什么？

表 7-9　公司市盈率、增长率、风险程度及红利支付率

公司名称	P/E 比率	增长率/%	β 值	红利支付率/%
Boeing	17.3	3.5	1.10	28
General Dynamics	15.5	11.5	1.25	40
General Motor-Hughes	16.5	13.0	0.85	41
Grumman	11.4	10.5	0.80	37
Lockheed Corp.	10.2	9.5	0.85	37
Logicon	12.4	14.0	0.85	11
Loral Corp.	13.3	16.5	0.75	23
Martin Marietta	11.0	8.0	0.85	22
McDonnell Douglas	22.6	13.0	1.15	37
Northrop	9.5	9.0	1.05	47
Raytheon	12.1	9.5	0.75	28
Rockwell	13.9	11.5	1.00	38
Thiokol	8.7	5.5	0.95	15
United Industral	10.4	4.5	0.70	50
平均值				

5. 某生物制药公司目前产品销售在国内市场居于领先地位，该公司 2010 年的净资产收益率为 30%，红利支付率为 30%，公司股票的 β 值为 1.25，公司在今后 5 年高速增长阶段上述指标维持不变，而后公司增长率稳定在 5%，净资产收益率为 15%，公司股票的 β 值为 1.00。假定长期国债利率为 5%，公司股票的风险溢价为 5.5%。

(1)估计公司的 P/B 比例。

(2)2010 年年底该公司拟提高职工工资福利待遇，如果方案经董事会顺利通过，则公司在今后 5 年高速增长阶段的净资产收益率将下降至 20%，而对稳定增长阶段暂不考虑影响，如果公司仍要维持现有的红利支付率，请计算该公司新的 P/B 比例。

6. 分析人员给出 2005 年所有美国交易所上市公司的 P/B 回归方程：

$$\mathrm{P/B}=0.4138+0.3194R_P-0.3418\beta+0.3549\mathrm{EGR}+14.75\mathrm{ROE}$$

$$R^2=0.7726$$

式中，EGR 为前 5 年的盈利增长率。

现有一家发动机生产公司，首次向公众发行股票，公司权益账面值为3亿美元，2004年公司净利润为4 000万美元，假定今后5年的预期增长率为10%，同行业的β值为1.20，红利支付率为20%。

请估计该公司的P/B比例及其股票市场价值。

7. 某生产家用电器的知名企业2005年销售收入为10亿元，净利润为1.5亿元，预计今后5年内利润增长率为20%，5年后稳定为8%，今后5年内红利支付率为20%，5年后保持为50%，公司的β值为1.10。2006年由于同业的激烈竞争以及顾客对该公司品牌的忠诚度下降，公司销售收入为8亿元，净利润为1.0亿元，公司销售收入/股权账面价值保持不变。假定5年内无风险收益率为12%，5年后降为4%，该公司股票的风险溢价为5.5%。

(1)根据该企业2005年的数据估计P/S比例。

(2)根据该企业2006年的数据估计P/S比例(假定该企业高速增长期仍为5年，增长率受到净利润率下降的影响)。

第八章

期权定价理论

第一节　期权概述

一、期权的定义和分类

期权为期权的持有者提供了一项在期权到期日(expiration date)或到期日之前以一个固定价格购买或出售一定数量的标的资产的权利。由于期权只包含权利而没有义务，期权的持有者可以自由选择是否执行期权，所以购买期权需要付出期权费(premium)。而对期权的出售者而言，由于获得了期权费，因而当期权的购买者要求执行期权时，其有义务履行条约，其没有选择的权利。

由定义可知，每一张期权合约都包含以下四种要素：

(1)期权到期日，这是期权在时间上有效行使时限，即定义中到期日的时间。

(2)期权的执行价格(exercise price)，这是行使期权时买卖双方的执行价格，即定义中的固定价格。

(3)期权的数量(quantity)，这是行使期权的数量界限，即定义中的特定数量。

(4)期权的标的资产，这是期权持有者行使其权利的对象。

按期权所赋予的权利的不同，其可分为看涨期权(call option)和看跌期权(put option)。看涨期权赋予其购买者在期权到期日或到期日之前的任一时间以固定的价格购买标的资产的权利，又称为买入期权(买权)。看跌期权赋予其购买者在期权到期日或到期日之前的任一时间以固定的价格出售标的资产的权利，又称为卖出期权(卖权)。

有时，我们还要用到以下几种期权的分类方法：

(1)按期权的执行时间不同来划分。若期权持有者只能在到期日才能行使权利，则这种期权称为欧式期权(European-style-option)；若期权持有者能在到期日之前的任何时间行使权利，则这种期权称为美式期权(American-style-option)。

(2)按期权的标的资产划分。根据标的资产的不同，可以将期权分为商品期权、股票期权、外汇期权、利率期权、股指期权、期货期权、股指期货期权、外汇期货期权等。

(3)按期权交易环境的不同，可以将期权分为柜台交易期权和交易所交易期权，前者是为满足某一购买者的特定需求而产生的，而后者是标准化的。

(4)按期权执行价格与标的资产市场价格之间的关系，可将期权分为实值期权(in the money)、平价期权(at the money)和虚值期权(out of the money)。若期权的持有者立即行使期权时有正的现金流量，则称为实值期权；如果现金流量为0，则称为平价期权；如果现金流量为负，则称为虚值期权。

二、期权的损益

期权到期时的价值决定于到期时标的资产的价格和期权的执行价格。我们记 S_t、S_T 分别表示当前时刻和到期时的标的资产价格，X 表示期权的执行价格，$c(S_t, T; X)$ 和 $p(S_t, T; X)$ 分别表示执行价格为 X、到期时间为 T 的欧式看涨期权和欧式看跌期权当前的价格(分别简记为 c、p)，$C(S_t, T; X)$ 和 $P(S_t, T; X)$ 分别表示相应的美式看涨期权和美式看跌期权当前的价格(分别简记为 C、P)。

则当期权到期时，对看涨期权的持有者(多头)而言，其收益为

$$\max(S_T - X, 0)$$

扣除其已支付的期权费则可得到看涨期权的净收益。

对看涨期权的出售者(空头)而言，期权到期时的损失为

$$-\max(S_T - X, 0)$$

再加上期初获得的期权费的收益，即可得到看涨期权空头的净收益。

同样，我们可以得到期权到期时看跌期权多头和空头的损益和净收益。看跌期权多头的损益为

$$\max(X - S_T, 0)$$

看跌期权空头的损益为

$$-\max(X - S_T, 0)$$

若记看涨期权和看跌期权的价格分别为 C、P，且不考虑期权费的时间价值，则我们可将有关看涨期权和看跌期权的交易总结为表 8-1。

表 8-1 看涨期权与看跌期权的比较

		现在	到期日	
			$S_T>X$	$S_T<X$
看涨期权	多头	支付看涨期权价格 C，获得执行期权的权利	执行期权，净利润为 S_T-X-C	不执行期权，损失为期权费 C
	空头	获得看涨期权费收入 C，在期权到期日或到期日之前当多头要求执行期权时有义务以执行价格出售标的资产	有义务执行期权，净损失为 $C-S_T+X$	净收益为 C

续表

		现在	到期日	
			$S_T>X$	$S_T<X$
看跌期权	多头	支付看跌期权价格 P，获得执行期权的权利	不执行期权，损失为期权费 P	执行期权，净利润为 $X-S_T-P$
	空头	获得看跌期权费收入 P，在期权到期日或到期日之前当多头要求执行期权时有义务以执行价格购买标的资产	净收益为 P	有义务执行期权，净损失为 $P+S_T-X$

对看涨期权和看跌期权多头的多头盈亏，我们可以用损益图 8-1 表示。

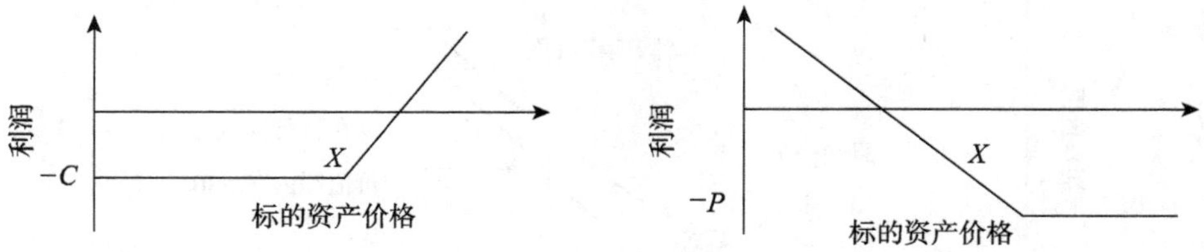

图 8-1 看涨期权多头和看跌期权多头的盈亏

第二节 期权价格分析

一、内在价值与时间价值

尽管在现实的期权交易中，期权价格会受到多种因素的复杂影响，但从理论上来说，期权价格都有两部分组成：一是内在价值，二是时间价值。即期权价格＝期权内在价值＋期权时间价值。

期权内在价值(intrinsic value)是指期权立即执行所带来的收益。以看涨期权为例，实值期权的内在价值为 S_t-X，对于虚值期权和平价期权来说，其内在价值为 0。但是期权内在价值为 0 并不意味着期权价值为 0，即使是处于深度虚值状态的期权，也可能因为标的资产价格的波动性，而使其具有了到期时执行期权、获得收益的可能性，这就是期权时间价值(time value)。期权的实际价格与内在价值的差就是期权时间价值，其实际是期权的价格与期权现时的市场价值之差，是期权价格的一部分，在期权到期日之前其值为正。

期权的大部分时间价值其实是一种波动性价值，只要持有者不执行期权，其收益就不可能小于 0，虽然看涨期权现时处于虚值，但仍有正的价格，因为一旦标的资产价格上涨，就有无限的潜在获利机会，而在标的资产价格下跌时，至多是期权以零值失效损失期权费，而不会遭受更多的损失。期权在标的资产价格下跌时提供了保险作用。

随着标的资产价格的大幅上涨，美式看涨期权越来越有可能在到期日前被执行。在几乎肯定要执行的情况下，期权的价格波动性价值达到最小值。随着标的资产价格的进一步升高，期权价值接近经调整的内在价值，即标的资产价格减去执行价格的现值 $S_t - Xe^{-r(T-t)}$①，这也是看涨期权的净价值。

图 8-2 是看涨期权的价值函数，从价值曲线上可以看出，当标的资产价格非常低时，期权价值几乎为零，因为期权几乎没有执行的可能性。而当标的资产价格非常高时，期权价值接近调整的内在价值，这时期权的波动性价值即时间价值很小。在中间阶段，期权近似为平价时，尽管现在执行期权时的收益很小甚至为负，但期权的价格波动性价值(时间价值)却很高。看涨期权的价值总是随着标的资产价值的上涨而增加，当期权处于深度实值时，期权执行几乎是肯定的，期权价值的上涨幅度与标的资产价格的上涨幅度几乎相同。

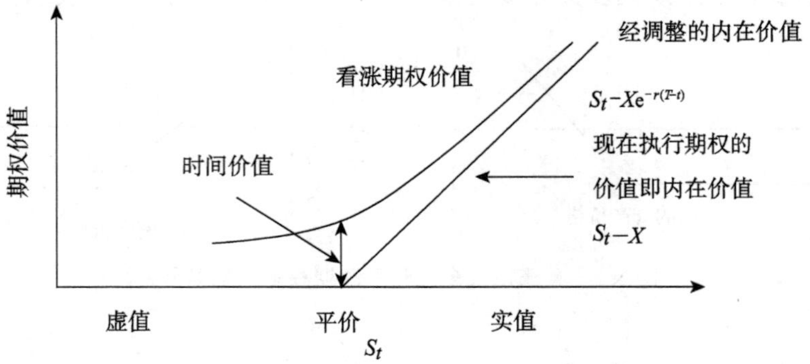

图 8-2 执行期权前的看涨期权价值

二、期权价值的决定因素

期权价值由标的资产和金融市场相关的一些因素共同决定。影响期权价值的主要因素有以下几个方面。

(一)标的资产当前价值

由于期权价值取决于资产的价值，因此，标的资产当前价值的变化会影响该资产期权的价值。由于执行看涨期权的收益为 $S_T - X$，因此标的资产当前价值的上升能够增加看涨期权的价值。看跌期权则恰好相反，随着标的资产当前价值的上升，期权的价值将减少。

(二)标的资产价格的波动性(即方差)

由于期权的购买者获得了以固定的执行价格买卖标的资产的权利，因此，标的资产价格的波动幅度越大，期权的价值将越高。这是因为期权购买者的损失至多是其付出的期权费，却能从标的资产价格的剧烈波动中获得相当显著的收益。考查表 8-2 中两

① 这里，我们假设标的资产在到期前不存在资产漏出(即不支付红利)。若在到期前支付红利，则当前时刻需要扣除红利的现值，假如以 D 表示，则调整后的内在价值定义为 $S_t - Xe^{-r(T-t)} - D$。

种波动性的情形，一种是到期日标的资产价格可能在 10～50 元内的 5 个离散值之间波动，另一种则是在 20～40 元内的 5 个离散值之间波动，假如在两种波动性情形下取各个可能值的概率均为 0.2，则这两种情形中标的资产的期望值相等，均为 30 元。如果看涨期权的执行价格为 30 元，则期权的收益如表 8-2 所示。

表 8-2　高、低波动性下的期权收益

高波动性情形					
标的资产价格	10	20	30	40	50
期权收益	0	0	0	10	20
低波动性情形					
标的资产价格	20	25	30	35	40
期权收益	0	0	0	5	10

我们发现在高波动性情形下，期权的期望收益为 6 元，而在低波动性的情形下，期权的期望收益只有 3 元。标的资产价格的波动性影响该资产期权价格的原因，归根究底，是期权购买者收益和损失的不对称性造成的，标的资产价格波动性的增加将导致期权价值的增加。

(三)标的资产支付的红利

在期权的有效期内，标的资产支付红利将减缓标的资产价值的增长，甚至可能下跌，于是该资产看涨期权的价值将是预期红利支付额的递减函数，而看跌期权则恰好相反。

(四)期权的执行价格

对看涨期权而言，期权的价值随着执行价格的上升而降低，看跌期权则恰好相反。

(五)期权的到期期限

对于美式期权而言，由于它可以提前执行，因此期权的到期期限越长，该期权的时间价值越大，从而看涨期权和看跌期权将变得更有价值。到期时间对期权价值还有附加影响：对于看涨期权，其购买者在执行期权时需支付固定的执行价格，随着有效期限的延长，这个固定价格的现值是递减的，这进一步增加了看涨期权的价值，见图 8-2；对于看跌期权，执行期权时获得收益的现值随着期权有效期限的延长而减小。对于欧式期权来说，期权到期期限对其价值的影响效果是不确定的。

(六)期权有效期内的无风险利率

期权的购买者需预付期权费，因而存在期权费的机会成本，该机会成本的大小取决于利率水平和期权的有效期。而期权的执行价格要在执行期权时才支付，因而要计算执行价格的现值，这是利率从另一方面影响期权的价值。综合来看，无风险利率对期权价值的影响效果是不确定的。

现将影响看涨期权和看跌期权的因素及其效果总结为表 8-3，前面三个因素是与标的资产相关的因素，中间两个因素是与期权合约有关的，利率是与金融市场相关的。

表 8-3 期权价值的影响因素总结

因素	影响			
	欧式看涨	欧式看跌	美式看涨	美式看跌
标的资产市场价格	+	−	+	−
标的资产价格波动性	+	+	+	+
红利支付	−	+	−	+
执行价格	−	+	−	+
期权有效期	?	?	+	+
无风险利率	?	?	?	?

注："+"表示正向影响，"−"表示反向影响，"?"表示影响方向不确定。

三、期权价格的上限与下限

（一）期权价格上限

看涨期权的持有者有权以某一确定价格购买标的资产，因此标的资产的价格将是该期权价格的上限。没有人会支付高于 S_t 的价格去购买实际价值为 S_t 的标的资产的期权。另外，美式期权的提前执行不会带来负面影响，因而其价格不会低于欧式看涨期权的价格。从而，我们有

$$c \leqslant C \leqslant S_t$$

对于欧式看跌期权而言，其持有者有权以 X 的价格卖出标的资产，到期时期权的价值绝不会超过 X，因此现在期权的价格不会超过 X 的现值。由于美式看跌期权的提前执行不会带来负面影响，因而其价格不会低于欧式看跌期权的价格。于是有

$$p \leqslant P \leqslant X$$

所以，在当前时刻 t，有

$$p \leqslant X e^{-r(T-t)}$$

并且在任一时间 $\tau(t \leqslant \tau \leqslant T)$，有

$$p \leqslant X e^{-r(\tau-t)}$$

否则，投资者可以通过出售看跌期权，将收入投入无风险资产而获得无风险利润。

（二）欧式期权价格下限

首先考查欧式看涨期权的价格下限。让我们考虑下面两个投资组合 A 和 B。

投资组合 A：一份欧式看涨期权 c +金额为 $X e^{-r(T-t)}$ 的现金。

投资组合 B：一份标的资产 S_t①。

① 为简单起见，这里我们假设在一份期权合约中只买卖一份标的资产。

对于投资组合 A，将现金投入无风险资产，在 T 时将增加到 X。如果 $S_T>X$，则执行看涨期权，此时的价值为 S_T；如果 $S_T<X$，则看涨期权无价值，不执行看涨期权，该组合的价值为 X。因此，组合 A 在 T 时的价值为

$$\max(S_T,\ X)$$

投资组合 B 在 T 时的价值恒为 S_T，于是在 T 时，组合 A 的价值总是大于等于组合 B 的价值，因此组合 A 的现值也应该大于等于组合 B 的现值，即

$$c+Xe^{-r(T-t)}\geqslant S_t \text{或} c\geqslant S_t-Xe^{-r(T-t)}$$

于是，我们有

$$c\geqslant\max[0,\ S_t-Xe^{-r(T-t)}]$$

否则，将存在无风险的套利机会。这里，我们假设标的资产不支付红利。若在期权到期日之前该标的资产支付红利，假设其现值为 D，则上式变为

$$c\geqslant\max[0,\ S_t-Xe^{-r(T-t)}-D]$$

对欧式看跌期权的价格下限可类似地分析，我们有

$$p\geqslant\max[0,\ Xe^{-r(T-t)}-S_t]$$

对于支付红利的情形，则有

$$p\geqslant\max[0,\ Xe^{-r(T-t)}-S_t+D]$$

（三）美式期权价格下限

由于美式期权可以在到期日之前提前执行，因而其价值绝不会低于欧式期权的价值。另外，美式期权可以立即执行，因而其价格不会低于立即执行所带来的收益，这意味着支付红利的美式期权的下限满足：

$$C\geqslant\max[0,\ S_t-Xe^{-r(T-t)}-D,\ S_t-X]$$

$$P\geqslant\max[0,\ Xe^{-r(T-t)}-S_t+D,\ X-S_t]$$

不支付红利的美式看涨期权的下限与不支付红利的欧式看涨期权的下限相同，即

$$C\geqslant\max(0,\ S_t-Xe^{-r(T-t)})$$

不支付红利的美式看跌期权的下限则为

$$P\geqslant\max(0,\ X-S_t)$$

不支付红利的美式看涨期权和美式看跌期权的上下限范围如图 8-3 和图 8-4 所示。

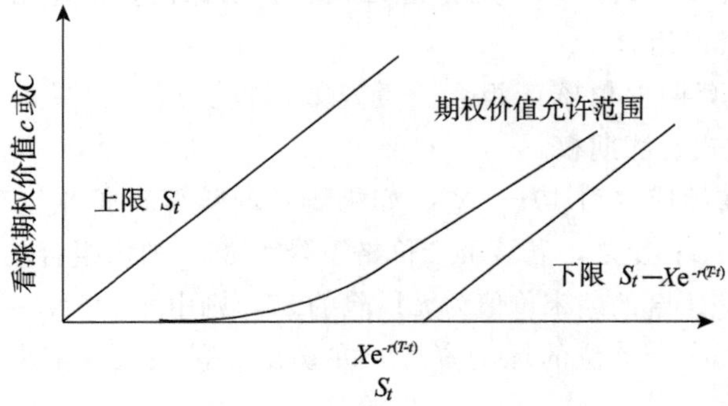

图 8-3　不支付红利的看涨期权价值与标的资产现价的关系

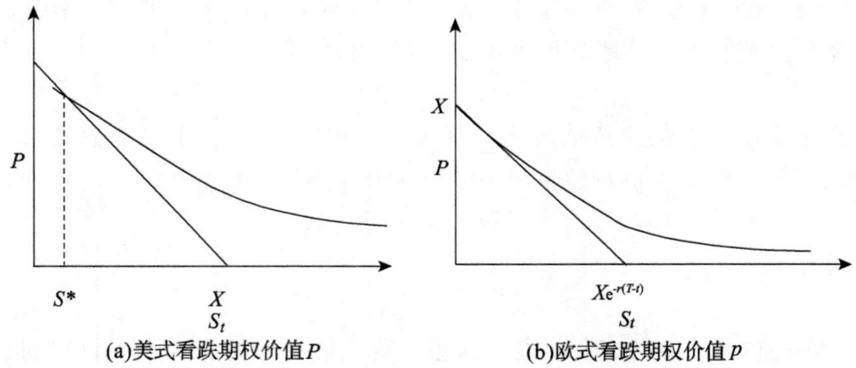

图 8-4 不支付红利的看跌期权价值与标的资产现价的关系

第三节 期权定价模型

自从 1973 年 Black 和 Scholes 发表了不支付红利的欧式期权定价模型以来，期权定价理论取得了巨大进展。本节我们先讨论期权定价的三种方法，然后介绍二叉树期权定价模型(the binomial option pricing model，BOPM)和 Black-Scholes 期权定价模型，最后讨论 Black-Scholes 期权定价模型的一些具体扩展。

一、期权定价的三种分析方法

在这一部分，我们通过一个简单的例子来讨论期权定价的三种分析方法。

【例 8-1】 假设现时标的资产价格为 40 元，三个月之后该资产价格可能为 45 元，也可能为 35 元。假设执行价格为 40 元，还有三个月到期的欧式看涨期权的价格为 c①，则到期时该期权的价值可能为 5 元，也可能为 0 元。三个月的无风险利率为 2%。

以下我们用三种不同的方法来讨论该欧式看涨期权价格 c。

1. 无风险套利期权定价分析方法

该方法有两种等价方式，其一是构造无风险套期保值资产组合，其二是构造与期权头寸等价的等价资产组合。

(1)构造无风险套期保值资产组合。考查如下投资组合：买入一个单位的标的资产，并卖出 N_c 份欧式看涨期权。

该投资组合的初始成本为 $40-cN_c$。如果到期时该资产价格上升为 45，则该组合的期末价值为 $45-5N_c$；反之，若该资产价格下降为 35，则该组合的期末价值为 35。若我们选择 N_c，使得该组合的期末价值为无风险的 35，则由 $45-5N_c=35$，即得 $N_c=2$。

这就是说，买入一个单位的标的资产，并卖出 2 份欧式看涨期权，则该组合的期

① 这里我们假定每个期权合约只购买一个单位的标的资产。

末值必为无风险的35，这就是无风险套期保值资产组合的含义。

于是，市场上不存在套利机会的条件是

$$(40-2c)(1+0.02)=35$$

因此，得到欧式看涨期权的价格 $c=2.84$。这里，不管投资者是风险中立的还是风险厌恶的，二者对该欧式看涨期权的价格均为2.84。

(2)构造与期权头寸等价的等价资产组合。该方法是通过对无风险借贷和标的资产的组合，构造出一个与被定价期权具有相同现金流的组合，再利用套利原理，期权的价值应等于等价资产组合的现值。

目标：求执行价格为40、三个月到期的欧式看涨期权的价格 c。

构造等价资产组合：Δ 个标的资产多头，以无风险利率借入现金 B。

则期权到期时的现金流如表8-4所示。

表8-4　期权与等价资产组合的现金流(一)

头寸	$S_T=45$ 时收益	$S_T=35$ 时收益
欧式看涨期权多头	5	0
Δ 个标的资产多头	45Δ	35Δ
借入现金 B	$-(1+0.02)B$	$-(1+0.02)B$
等价资产组合	$45\Delta-(1+0.02)B$	$35\Delta-(1+0.02)B$

于是由

$$45\Delta-(1+0.02)B=5$$
$$35\Delta-(1+0.02)B=0$$

可得 $\Delta=0.5$，$B=17.16$。从而可求得期权价格 $c=40\Delta-B=2.84$。

这里，Δ 称为套期保值率(hedge ratio)，表示对每份期权构造等价资产组合时需购买的基础标的资产数量。

2. 风险中性期权定价分析方法

在风险中性的假设下，标的资产的预期期末价值可表示为

$$40(1+0.02)=45p+35(1-p)$$

于是可得该资产预期上涨概率为 $p=0.58$，由此即可求得看涨期权的预期期末值，即

$$E(c_T)=5\times0.58+0\times0.42=2.9$$

再由无风险利率贴现，即可得到看涨期权的现时价格 $c=2.9/1.02=2.84$。这正是运用无风险套利期权定价分析方法得到的结果。

3. 风险厌恶期权定价分析方法

如果该标的资产持有者是风险厌恶的，要求三个月持有资产的风险补偿为2%，则三个月该标的资产的预期收益率为4%，由此可得规避风险者预期资产价格上升的概率 p'，即

$$40(1+0.04)=45p'+35(1-p')$$

从而有 $p'=0.66$。较高的预期资产价格上升的概率反映了规避风险者对所承担的风险比风险中立者要求更高的收益率。于是，到期时预期的期权价格为

$$E(c_T)=5\times0.66+0\times0.34=3.3$$

看涨期权定价的关键是如何对预期期权价格进行风险调整贴现，为此，要求风险规避投资者对该标的资产期权的预期收益率为 E_c。在资本资产定价模型中，标的资产的预期收益率为

$$E_S=r+(E_M-r)\beta_S$$

式中，E_S 和 E_M 分别表示标的资产和市场组合的预期收益率；β_S 表示该标的资产的相对系统风险系数。代入数据得

$$0.04=0.02+(E_M-0.02)\beta_S \quad 或(E_M-0.02)\beta_S=0.02$$

由于 β_S 表示标的资产价格的百分比变化与市场资产组合的百分比变化的比值，再利用 β_c 表示该标的资产看涨期权价格的百分比变化与市场资产组合的百分比变化的比值，由期权弹性，我们可以得到

$$\beta_c=\beta_S\times(\mathrm{d}c/c\div\mathrm{d}s/s)=\beta_S\times(\mathrm{d}c/\mathrm{d}s)\times(s/c)$$

于是，可以得到欧式看涨期权的预期收益率：

$$E_c=r+(E_M-r)\beta_c=r+(E_M-r)\beta_S\times(\mathrm{d}c/\mathrm{d}s)\times(s/c)$$

代入数据得

$$E_c=0.02+0.02\times[(5-0)/(45-35)]\times(40/c)=0.02+0.4/c$$

由此，可得看涨期权的现值为

$$c=[E(c_T)/(1+E_c)]=3.30/(1.02+0.4/c)$$

由此求得看涨期权的现时价格 $c=2.84$。这与前面两种方法相同。

这三种定价方法是我们对期权定价的分析基础，我们将要讨论的二叉树期权定价模型就是以此来展开的。相对而言，风险中性期权定价分析方法最为简洁，但它假设投资者是风险中性的，风险厌恶期权定价分析方法较为复杂，但其假设更符合现实。这两者之间的差别其实就是不同的期权投资者对期权预期收益所要求的风险补偿的不同，由此导致了风险厌恶程度不同的期权投资者对标的资产价格涨跌的概率有不同的要求。越是风险厌恶的投资者，对未来标的资产价格上涨的概率要求越高。无风险套利期权定价分析方法的实质是通过构造一个无风险套期保值资产组合或构造一个与期权头寸等价的等价资产组合，利用套利原理来间接地对期权定价。这三种定价方法是等价的，风险中性期权定价分析方法最为简单，事实上，运用风险中性假说，Black-Scholes 偏微分方程的求解变得更为简单。

二、二叉树期权定价模型

二叉树期权定价模型的实质是假设期权标的资产的价格走势是一个二项式的随机过程。该模式首先将期权的到期期限划分为有限个相互独立的时期，假设在任一时期内，标的资产价格可能以不同的概率上升或下降；然后从最后一期的期权价值开始，运用第二节的定价分析方法，逐步倒推计算每一个节点的期权价值，直到初始结点，由此即可求得期权的现时价值。

假设当前时刻 $t=0$，标的资产的当前价格为 S，在每一个时期内，标的资产价格上涨为 $S_u=uS$ 的概率为 π_u，下跌为 $S_d=\mathrm{d}S$ 的概率为 π_d，则标的资产的价格运动过程及

相应的期权价格运动过程如图 8-5 所示(只做出两个时期的情形)。

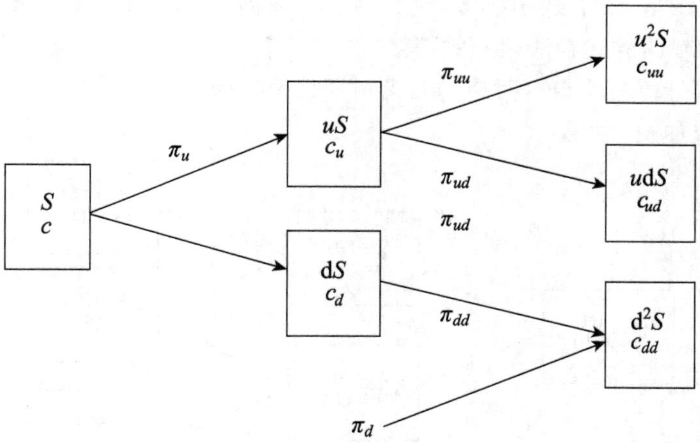

图 8-5 标的资产及其期权的价格运动过程

图 8-5 中，c_u 和 c_d 表示当标的资产价格分别为 S_u 和 S_d 时，欧式看涨期权的价值，并且有 $c_{uu}=\max(S_{uu}-X,\ 0)$，$c_{ud}=\max(S_{ud}-X,\ 0)$，$c_{dd}=\max(S_{dd}-X,\ 0)$。

二叉树期权定价模型的思想我们已经讨论过，现在我们运用构造等价资产组合的无风险套利期权定价分析方法来讨论图 8-5 的一般情形。

目标：求执行价格为 X、到期期限为 T 的欧式看涨期权的价格 c。

构造等价资产组合：Δ 个标的资产多头(价格为 S)，以无风险连续复利率 r 借入现金 B，则期权到期时的现金流如表 8-5 所示。

表 8-5 期权与等价资产组合的现金流(二)

头寸	$S_T=S_u$ 时收益	$S_T=S_d$ 时收益
欧式看涨期权多头	$c_u=\max(S_u-X,\ 0)$	$c_d=\max(S_d-X,\ 0)$
Δ 个标的资产多头	ΔS_u	ΔS_d
借入现金 B	$-Be^{rT}$	$-Be^{rT}$
等价资产组合	ΔS_u-Be^{rT}	ΔS_d-Be^{rT}

于是我们得到

$$\Delta S_u-Be^{rT}=c_u$$

$$\Delta S_d-Be^{rT}=c_d$$

由此，我们可求得单一时期的套期保值率 Δ：

$$\text{购买标的资产数量 } \Delta=(c_u-c_d)/(S_u-S_d)$$

$$\text{借入的现金 } B=e^{-rT}(c_uS_d-c_dS_u)/(S_u-S_d)$$

由此可求得看涨期权的价格：

$$c=\Delta S-B=[(c_u-c_d)-(dc_u-uc_d)e^{-rT}]/(u-d) \tag{8.1}$$

对于两个时期或多时期的二叉树过程，估价需从最后的时点向前追溯，直到当前的时点。在每一步都要构造等价资产组合并对其进行估价，得到各个时点期权的当前价值，直到求得期权的现时价值。

【例 8-2】 设股票初始价格 $S=100$，在两个时期内(设为两年)的每个时期，股价或上涨 20%($u=1.2$)，或下跌 10%($d=0.9$)，无风险利率 $r=10\%$。求有效期为两年、执行价格 $X=100$ 的欧式看涨期权的价格。

分析：只要计算三个单一时期的二叉树期权价格即可。

第一个期权如图 8-6 所示。

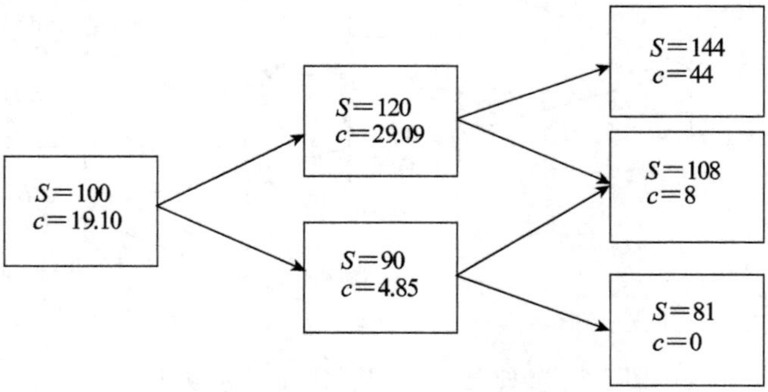

图 8-6 三个时期的二叉树图

计算当第一个时期末股价为 120 时该时点的期权价值，此时，第二个时期末的股票价格可能为 144 和 108，相应的期权价值为 44 和 8，由式(8.1)知，用复利代替连续复利，即可求得当第一个时期末股价为 120 时该时点的期权价值为 29.09。依此类推，计算结果如图 8-6 所示。

对图 8-5 的标的资产价格运动过程，当涉及时期较多时，每次都得构造等价资产组合，这是极为烦琐的。如果采用风险中性期权定价分析方法，将变得简单一些，但我们需求得投资者获得无风险收益时所要求的标的资产价格上涨的概率 π_u。

对单一时期的情形，π_u 必定满足：

$$S_u\pi_u+S_d(1-\pi_u)=Se^{rT}$$

由此求得 $\pi_u=(Se^{rT}-S_d)/(S_u-S_d)=(e^{rT}-d)/(u-d)$，这里 r 为无风险连续复利率。于是，我们可得到在单一时期欧式看涨期权的价格：

$$c=[c_u\pi_u+c_d(1-\pi_u)]e^{-rT}=[(c_u-c_d)-(dc_u-uc_d)e^{-rT}]/(u-d)$$

我们发现，π_u 是 r 的递增函数，这说明当无风险利率增加时，投资者要求标的资产上涨概率增加，此时期权价格将增加。同样，当标的资产波动性加大时，投资者要求的标的资产上涨概率降低了，说明期权被看好，期权价格将增加(u 的增加将导致 c_u 的增加，d 的减少将导致 dc_u 的减少，不管哪种情形，分子将变大)。

上述结果很容易推广到两个时期及多个时期的二叉树期权定价模型。对期权有效期 T 内其标的资产价格发生两次变动(在 $T/2$ 和 T 处)的两时期而言，其欧式看涨期权价格为

$$c=[c_{uu}(\pi_u)^2+2c_{ud}(1-\pi_u)\pi_d+c_{dd}(\pi_d)^2]e^{-rT} \tag{8.2}$$

一般地，如果在期权有效期 T 内标的资产价格发生 n 次变动(在 T/n，$2T/n$，$3T/n,\cdots$，T 处变动)，则欧式看涨期权价格为

$$C_n=e^{-rT}\sum_{j=0}^{n}\left(\frac{n!}{j!(n-j)!}\right)(\pi_u^j\pi_d^{n-j})\max(0,u^jd^{n-j}S-X) \tag{8.3}$$

式(8.3)中，项$(\frac{n!}{j!\ (n-j)!})(\pi_u^j\pi_d^{n-j})$表示在标的资产价格运动中共上涨$j$次、下跌$n-j$次的总概率，项$\max(0,\ u^j d^{n-j}S-X)$表示在期权到期时，标的资产共上涨$j$次、下跌$n-j$次时期权的价值，整个和式表示期权到期时的期望价值，将其贴现即为现实的期权价格。

很自然地，随着n的增大，二叉树定价模型将越来越接近现实。

利用看涨期权和看跌期权的平价关系，即可求得欧式看跌期权的价格。

三、Black-Scholes 期权定价模型

二叉树期权定价模型提供了一种直观的方法，但其需要获得并处理大量数据(即每一时点上的预期价格)。Black-Scholes 定价模型是二叉树定价模型的一种特例，它是在n期定价模型中当$n\to\infty$时的一种极限情形，借助于正态分布，它减少了所需要的信息量和计算量。

在n期定价模型中，随着n的不断增大，资产价格变动的时间t不断缩短。若随着t趋于0，资产价格变动幅度逐步缩小，则二项式分布将逼近于正态分布，此时价格运动是一个连续过程；若随着t趋于0，资产价格变动幅度仍较大，则二项式分布将逼近于泊松分布，此时价格运动是一个跳跃过程。

(一)基本假设

Black-Scholes 定价模型运用于标的资产价格运动是连续的正态分布情形，它有以下基本假设：

(1)标的资产价格运动服从几何布朗运动①；

(2)没有交易费用或税金，所有资产是完全可分割的；

(3)期权是欧式期权，在期权有效期内不支付红利；

(4)允许卖空标的资产或其衍生证券，并可以使用全部所得；

(5)市场是连续交易的；

(6)无风险利率r是常数，且对所有期限都相同；

(7)不存在无风险套利机会。

(二)Black-Scholes 偏微分方程

由假设(1)，标的资产价格S满足以下随机过程：

$$dS=\mu S dt+\sigma S dz \tag{8.4}$$

式中，μ为标的资产的瞬间收益率；σ为标的资产价格的瞬间标准差；dz为标准维纳过程，$dz=\varepsilon\sqrt{dt}$，ε为标准正态分布的一个随机数，t为时间，不同时刻的dz相互独立。若f是依赖于S的衍生证券价格，则它是S和t的函数。由伊藤积分②，我们有

---

① 几何布朗运动是一种随机过程，其一般形式为$dS=\mu S dt+\sigma S dz$。

② 龚光鲁．随机微分方程引论．北京：北京大学出版社，1995：42～56.

$$\mathrm{d}f = (\frac{\partial f}{\partial t} + \mu S\ \frac{\partial f}{\partial S} + \frac{1}{2}\sigma^2 S^2\ \frac{\partial^2 f}{\partial S^2})\mathrm{d}t + \frac{\partial f}{\partial S}\ \partial S\mathrm{d}z \tag{8.5}$$

这两个方程的离散形式为

$$\Delta S = \mu S \Delta t + \sigma S \Delta z \tag{8.6}$$

$$\Delta f = (\frac{\partial f}{\partial t} + \mu S\ \frac{\partial f}{\partial S} + \frac{1}{2}\sigma^2 S^2\ \frac{\partial^2 f}{\partial S^2})\Delta t + \frac{\partial f}{\partial S}\ \partial S \Delta z \tag{8.7}$$

我们发现，式(8.6)和式(8.7)中的 Δz 相同，因而可通过构造一个投资组合将其消除，并且所构造的组合在 Δt 时间内必定是无风险的。于是，构造投资组合：卖出一份衍生证券＋买入$\frac{\partial f}{\partial S}$单位标的资产。

则该组合的价值为

$$\Pi = -f + \frac{\partial f}{\partial S}S \tag{8.8}$$

Δt 时间后，该组合价值的变化为

$$\Delta\Pi = -\Delta f + \frac{\partial f}{\partial S}\Delta S$$

将式(8.6)和式(8.7)中的 ΔS 和 Δf 代入得

$$\Delta\Pi = (-\ \frac{\partial f}{\partial t} - \frac{1}{2}\ \partial^2 S^2\ \frac{\partial^2 f}{\partial S^2})\Delta t \tag{8.9}$$

由于式(8.9)不含 Δz，经过 Δt 时间后，该投资组合必定没有风险。由假设(6)和假设(7)，Π 在 Δt 时间后将获得无风险收益率 r，于是我们有

$$\Delta\Pi = r\Pi\Delta t \tag{8.10}$$

利用式(8.8)～式(8.10)，我们即可得到

$$\frac{\partial f}{\partial t} + rS\ \frac{\partial f}{\partial S} + \frac{1}{2}\ \partial^2 S^2\ \frac{\partial^2 f}{\partial S^2} = rf \tag{8.11}$$

这就是著名的 Black-Scholes 偏微分方程。

(三)Black-Scholes 期权定价公式

对于欧式看涨期权，其到期时刻的价值可表示为

$$c_T = \max(S_T - X,\ 0)$$

利用该边界条件求解 Black-Scholes 偏微分方程，即可求得欧式看涨期权的价格。

现在，我们运用风险中性期权定价分析方法来求 Black-Scholes 期权定价公式。

因为在风险中性条件下，投资者并不需要超额报酬，所以 $\mu = r$，在式(8.5)中，令 $f = \ln S_t$、$\mu = r$，整理并利用式(8.4)，则可以得到标的资产价格 S_t 服从对数正态分布(假设初始时刻为 t 时，标的资产价格为 S_t)，即有

$$\ln S_T \sim N[\ln S_t + (r - \sigma^2/2)(T-t),\ \sigma\ \sqrt{(T-t)}] \tag{8.12}$$

因为欧式看涨期权的到期期望报酬为

$$E(c_T) = E[\max(S_T - X,\ 0)]$$

所以，在风险中性条件下，将其按无风险利率 r 贴现，即可得到欧式看涨期权价

格为①

$$c=e^{-r(T-t)}\hat{E}[\max(S_T-X, 0)] \tag{8.13}$$

利用式(8.10)和式(8.11)，可进一步求得欧式看涨期权的价格如下：

$$c=S_tN(d_1)-Xe^{-r(T-t)}N(d_2) \tag{8.14}$$

式中，$N(\cdot)$为标准正态分布的累计概率。

$$d_1=\frac{\ln[S_t/K]+(r+\sigma^2/2)(T-t)}{\sigma\sqrt{(T-t)}}$$

$$d_2=\frac{\ln[S_t/K]+(r-\sigma^2/2)(T-t)}{\sigma\sqrt{(T-t)}}=d_1-\sigma\sqrt{(T-t)}$$

由看涨期权和看跌期权的平价关系，即可求得欧式看跌期权的价格：

$$p=Xe^{-r(T-t)}N(-d_2)-SN(-d_1) \tag{8.15}$$

【例 8-3】 考虑一个还有 6 个月到期的标的资产为股票的欧式看涨期权，股票现价为 42 美元，期权的执行价格为 40 美元，无风险利率为 10%，波动率为每年 20%。试计算该期权的价值。若该期权为欧式看跌期权，则该期权的价值又是多少？

模型所需的变量为 $S=42$，$X=40$，$r=0.1$，$\sigma=0.2$，$T-t=0.5$。则有

$$d_1=\frac{\ln(42/40)+(0.1+0.2^2/2)\times 0.5}{0.2\sqrt{0.5}}=0.769\,3$$

$$d_1=\frac{\ln(42/40)+(0.1-0.2^2/2)\times 0.5}{0.2\sqrt{0.5}}=0.627\,8$$

$$Xe^{-r(T-t)}=40e^{-0.05}=38.049$$

查表得 $N(0.769\,3)=0.779\,1$，$N(0.627\,8)=0.734\,9$，$N(-0.769\,3)=0.220\,9$，$N(-0.627\,8)=0.265\,1$。代入公式，即可得

欧式看涨期权的价值 $c=4.76$

欧式看跌期权的价值 $p=0.81$

二叉树定价模型中的等价资产组合原理同样适合于 Black-Scholes 定价模型。表 8-6 总结了在二叉树定价模型和 Black-Scholes 定价模型中不同等价资产组合。

表 8-6 二叉树和 Black-Scholes 定价模型中的等价资产组合比较

头寸	等价资产组合	
	二叉树定价模型	Black-Scholes 定价模型
看涨期权多头	借入现金 B，标的资产多头 Δ	借入现金 $Xe^{-r(T-t)}N(d_2)$，标的资产多头 $N(d_1)$
看涨期权空头	贷出现金 B，标的资产空头 Δ	贷出现金 $Xe^{-r(T-t)}N(d_2)$，标的资产空头 $N(d_1)$
看跌期权多头	贷出现金 B'，标的资产空头 Δ'	贷出现金 $Xe^{-r(T-t)}N(-d_2)$，标的资产空头 $N(-d_1)$
看跌期权空头	借入现金 B'，标的资产多头 Δ'	借入现金 $Xe^{-r(T-t)}N(-d_2)$，标的资产多头 $N(-d_1)$

第四节 期权价格的敏感性指标

从 Black-Scholes 期权定价模型中，我们可以清楚地看到标的资产当前价格、标的

① $\hat{E}$ 表示风险中性条件下的期望。

资产价格波动性、期权到期期限、执行价格、无风险利率等因素是如何影响期权价格的。由于期权的执行价格是事先给定的，所以本节我们讨论其余四个变量的变化对期权价格的影响。本节介绍的期权价格的敏感性指标(也叫做“希腊字母”)有 Delta、Gamma、Theta、Vega、Rho。另外本节最后也简要介绍了 Delta、Gamma、Theta 三个敏感性指标之间的关系。

一、期权价格的敏感性指标

(一)Delta

Delta(记为 Δ 或 δ)，是期权价格变化与其标的资产价格变化的比值，是反映期权价值最重要的敏感性指标。在图形上 Delta 表现为期权价格与标的资产价格关系曲线的斜率，如图 8-7 所示。

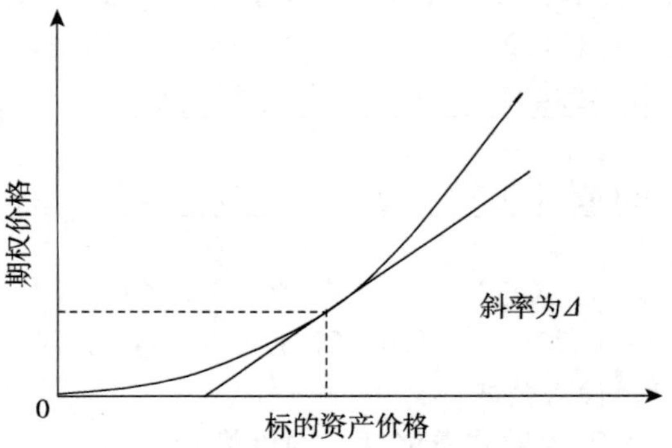

图 8-7　期权价格与标的资产价格的关系

显然，看涨期权的 Delta$=\frac{\partial c}{\partial s}$，看跌期权的 Delta$=\frac{\partial p}{\partial s}$。

根据 Black-Scholes 期权定价公式，可计算得

$$看涨期权的\ \mathrm{Delta}=N(d_1)$$

$$看跌期权的\ \mathrm{Delta}=N(d_1)-1$$

理论上，看涨期权价值的变动与标的资产价格变动呈正相关，看跌期权价值的变动与标的资产价格变动呈负相关，所以看涨期权的 Delta 为正，看跌期权的 Delta 为负。由于期权价值的变动速度不会超过标的资产价格的变动速度，所以看涨期权 Delta 的上限为 1，看跌期权 Delta 的下限为－1。

通过上述期权 Delta 的计算公式，我们可以发现 Delta 所具有的一些重要性质。对于平价期权来说，Delta 为 0.5 或－0.5，这说明平价期权的价格变动为标的资产价格变动的 1/2；对于虚值期权来说，Delta 的绝对值比较小，且越是深度虚值，Delta 的绝对值越小，这说明虚值期权的价格随标的资产价格的变动而变动的比例较小；相反，对于实值期权来说，Delta 的绝对值较大，且随着期权变得更加实值时而不断上升并逐渐趋向于 1。期权 Delta 与标的资产价格之间的关系如图 8-8 和图 8-9 所示。

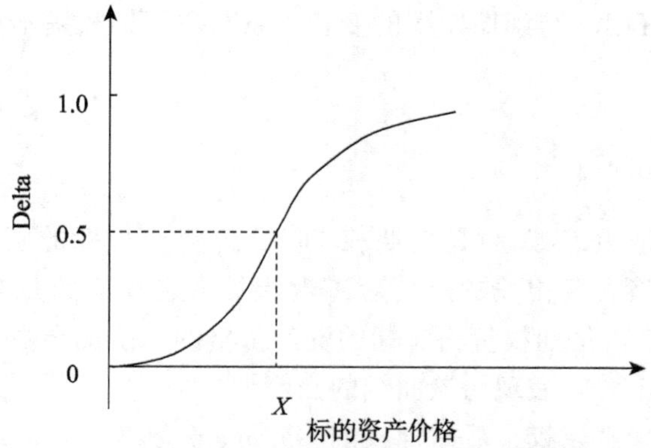

图 8-8 看涨期权 Delta 与标的资产价格的关系

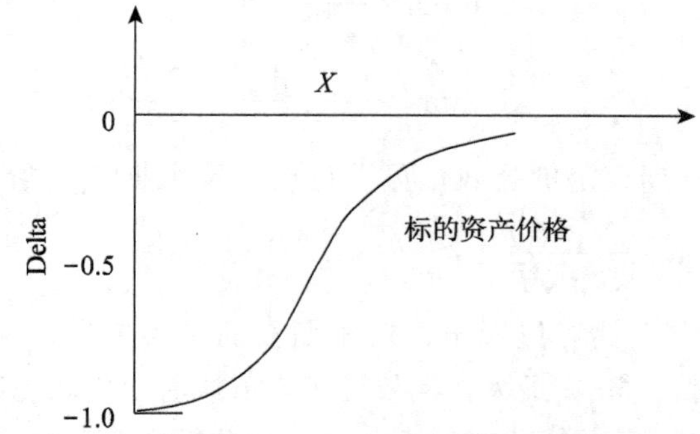

图 8-9 看跌期权 Delta 与标的资产价格的关系

下面讨论期权 Delta 与期权到期期限之间的关系。在期权到期日之前，从绝对值来看，实值期权的 Delta>平价期权的 Delta>虚值期权的 Delta。距离到期日时间越长，这三种期权的 Delta 就越接近；反之，距离到期日时间越短，这三种期权的 Delta 差别就越大。另外，由于这三种期权所处的状态不同，因此随着到期时间的缩短，期权的 Delta 在变化方面也有些差异。以看涨期权为例，对实值期权来说，距离到期日时间越短，期权维持在实值状态的可能性越大，因此 Delta 会越大；对于虚值期权来说，正好相反，期权维持在虚值状态的可能性会越大，因此 Delta 会趋向于下降；对于平价期权来说，其 Delta 将接近于 0.5。综合来看，看涨期权的 Delta 与到期期限的变化关系可以用图 8-10 表示。

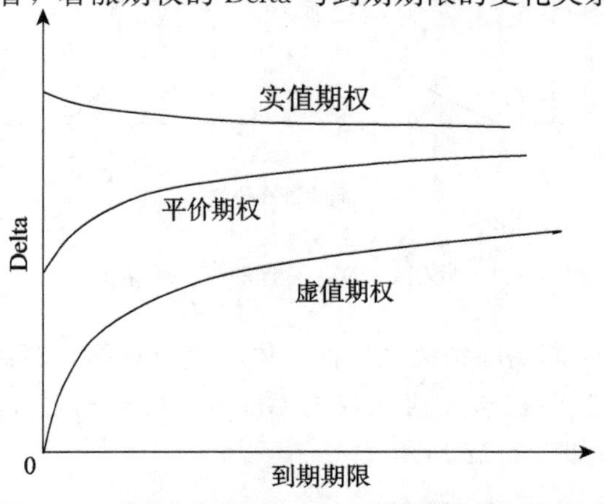

图 8-10 看涨期权的 Delta 与到期期限的变化关系

由于看跌期权的 Delta 与到期期限的变化关系与看涨期权基本相似，有兴趣的读者可以自行分析。

（二）Gamma

期权的 Gamma（记为 Γ 或 γ）是指期权 Delta 的变化与标的资产价格变化的比值，其也是与标的资产价格直接相关的重要敏感性指标，它反应的是当标的资产价格变动时期权 Delta 的变动量，是期权价格对标的资产价格的二阶偏导数，在期权价格与标的资产价格关系的曲线上，它表现为该曲线的凸度。

根据定义，可知看涨期权、看跌期权的 Gamma 分别为

$$\text{Gamma}=\frac{\partial \text{Delta}}{\partial S}=\frac{\partial^2 C}{\partial S^2}$$

$$\text{Gamma}=\frac{\partial \text{Delta}}{\partial S}=\frac{\partial^2 p}{\partial S^2}$$

利用 Black-Scholes 期权定价公式，可以证明，看涨期权与看跌期权的 Gamma 完全相等，其都为 $\text{Gamma}=\dfrac{N'(d_1)}{S_0\sigma\sqrt{T}}$。

通过 Gamma 的计算公式可以看出，对于期权的多头来说，Gamma 总是正的，且当期权处于平价状态时 Gamma 最大，期权处于实值或者虚值状态时 Gamma 相对较小，在期权处于深度实值与深度虚值状态时 Gamma 会逐渐趋近于 0。期权 Gamma 与标的资产价格的关系可以用图 8-11 表示。

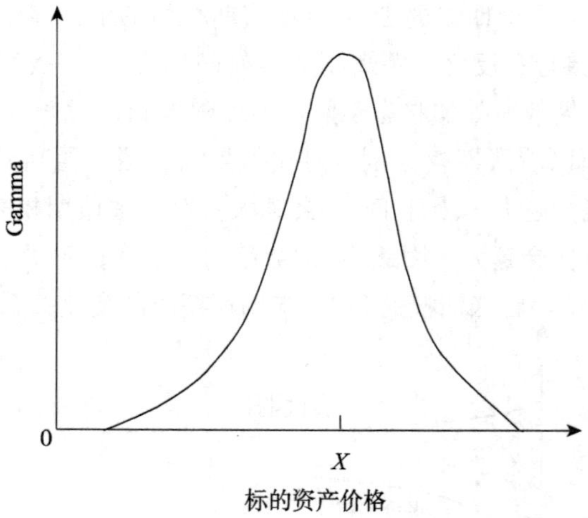

图 8-11 期权 Gamma 与标的资产价格的关系

在期权 Gamma 与到期期限的关系方面，同样可以证明，距离到期日越近，平价期权的 Gamma 越小，实值期权与虚值期权的 Gamma 则会先上升后下降。期权 Gamma 与期权到期期限的关系如图 8-12 所示。

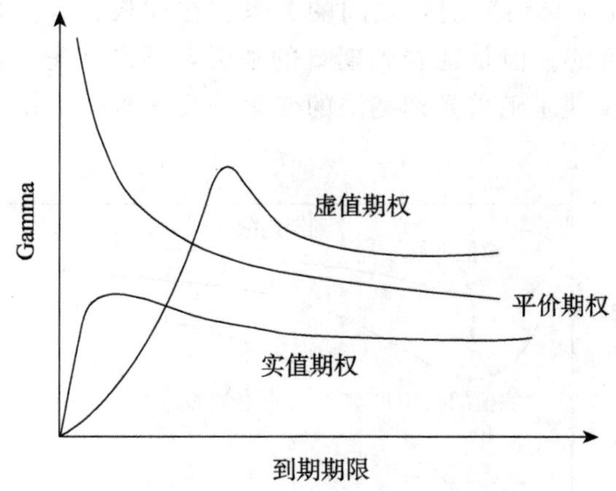

图 8-12　期权 Gamma 与到期期限的关系

(三)Theta

Theta(记为 Θ 式 θ)是指期权到期日变化一个单位时(通常为一天)，期权价格的变动量，它度量的是随着时间的流逝，期权的时间价值损失了多少。根据定义可知，看涨期权与看跌期权的 Theta 分别为

$$\text{Theta}=\frac{\partial c}{\partial t},\ \text{Theta}=\frac{\partial p}{\partial t}$$

利用 Black-Scholes 期权定价公式，可以证明看涨期权与看跌期权的 Theta 分别为

$$\text{看涨期权：Theta}=\frac{\partial c}{\partial t}=-\frac{S_0N'(d_1)\sigma}{2\sqrt{T}}-rXe^{-rT}N(d_2)$$

$$\text{看跌期权：Theta}=\frac{\partial p}{\partial t}=-\frac{S_0N'(d_1)\sigma}{2\sqrt{T}}+rXe^{-rT}N(d_2)$$

根据定义可知，对任何期权来说，Theta 都是负的。同时可以证明，当标的资产价格较低时，Theta 趋向于 0；当标的资产价格较高时，Theta 趋向于 $-rXe^{-rT}$；当期权处于平价状态附近时，Theta 的绝对值达到最大。以股票看涨期权为例，其 Theta 与标的资产价格之间的关系如图 8-13 所示。

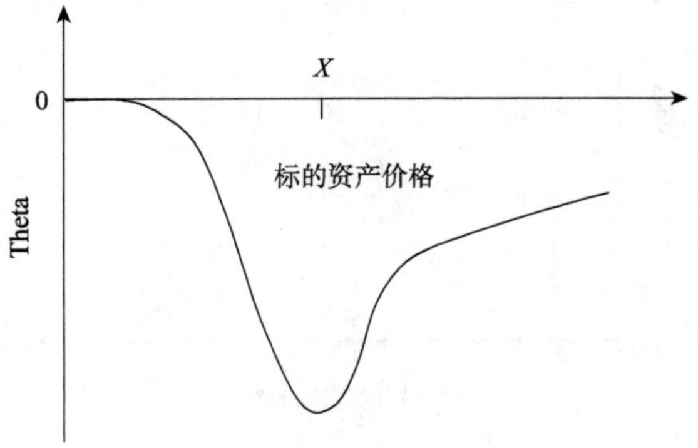

图 8-13　股票看涨期权 Theta 与标的资产价格的关系

下面介绍期权 Theta 与到期期限之间的关系。在期权存续期内，处于任何状态的期权，其 Theta 都是负的。但是随着到期日的临近，不同状态的期权其 Theta 变化也是不相同的。图 8-14 反映了随着到期期限的变化，看涨期权 Theta 的变化结构。

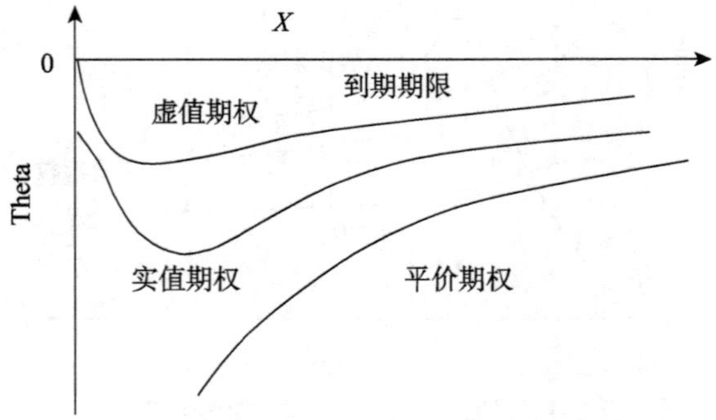

图 8-14　看涨期权 Theta 与到期期限的关系

（四）Vega

Vega（记为 v）是指当标的资产价格的波动率变化 1 个单位时（通常为 1%），期权价格的变化量，其反映了期权价格对波动率变化的敏感性。

根据定义可知，看涨期权与看跌期权的 Vega 分别为

$$\text{Vega}=\frac{\partial c}{\partial \sigma},\quad \text{Vega}=\frac{\partial p}{\partial \sigma}$$

利用 Black-Scholes 期权定价公式，可以证明，看涨期权与看跌期权的 Vega 相等，其都为

$$\text{Vega}=S_0\sqrt{T}N'(\mathrm{d}_1)$$

根据 Vega 的定价公式，可以证明平价期权的 Vega 较大，实值与虚值期权的 Vega 较小，深度实值与深度虚值期权的 Vega 趋向于 0。期权的 Vega 与标的资产价格之间的关系如图 8-15 所示。

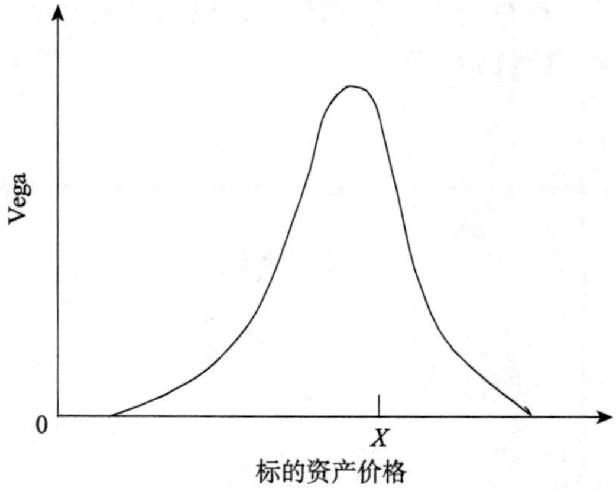

图 8-15　期权的 Vega 与标的资产价格之间的关系

（五）Rho

Rho（记为 ρ）是指当利率变化一个单位时（通常为 1%），期权价格的变化量，它度量的是期权价格对利率的敏感性。

利用 Black-Scholes 期权定价公式，可以得到看涨期权与看跌期权的 Rho 分别为

$$\text{看涨期权：Rho}=\frac{\partial c}{\partial r}=KT\mathrm{e}^{-rT}N(d_2)$$

$$\text{看跌期权：Rho}=\frac{\partial p}{\partial r}=-KT\mathrm{e}^{-rT}N(-d_2)$$

通常来说，实值期权的 Rho 相对较大，平价期权的 Rho 次之，虚值期权的 Rho 最小。另外，对于看涨期权来说，Rho 通常为正，对于看跌期权来说，Rho 通常为负。

由于 Rho 通常被认为是最不重要的敏感性指标，所以本书对其介绍得也相对较少，有兴趣的同学可自己查看相关资料。

二、Delta、Gamma 与 Theta 之间的关系

通过本章第三节的内容可知，在风险中性条件下，任何无收益资产的衍生证券价格都要满足 Black-Scholes 偏微分方程(8.11)：

$$\frac{\partial f}{\partial t}+rS\frac{\partial f}{\partial S}+\frac{1}{2}\sigma^2S^2\frac{\partial^2 f}{\partial S^2}=rf$$

又因为在该方程中（此处使用小写的敏感性指标）：

$$\theta=\frac{\theta f}{\theta t},\ \Delta=\frac{\partial f}{\partial S},\ \gamma=\frac{\partial^2 f}{\partial S^2}$$

所以，将 θ、Δ、γ 代入 Black-Scholes 偏微分方程(8.11)中，可以得到 Delta、Gamma 与 Theta 三者之间的关系为

$$\theta+\gamma S\Delta+\frac{1}{2}\sigma^2S^2\gamma=\gamma f \tag{8.16}$$

Delta、Gamma 与 Theta 三者之间的关系对于我们理解期权的价值决定以及如何利用期权进行套期保值有着比较重要的意义，但由于本书没有介绍这方面的内容，有兴趣的读者可以参阅相关教材。

➤思考与练习

1. 什么是期权的内在价值与时间价值？期权价格的决定因素有哪些？

2. 期权定价的三种分析方法各有什么特点？它们在二叉树定价模型和 Black-Scholes 模型中起何作用？

3. 构造资产组合，推导欧式看涨期权与看跌期权之间的平价关系以及美式看涨期权与看跌期权之间的平价关系。

4. 设股票初始价格 $S=50$ 元，在两个时期内（设为两年）的每个时期，股价或上涨 10%，或下跌 5%，无风险利率 $r=10\%$，期权有效期为两年，执行价格 $X=50$ 元。

（1）求欧式看涨期权的价格。

(2)利用看涨期权和看跌期权的平价关系，求欧式看跌期权的价格。

(3)如果预计该股票在第一年年末支付5%的红利，重做上面两步。

5. 考虑一个不支付红利的8个月到期的欧式看涨期权，如果股票现行价格为30元，期权执行价格为31元，无风险年利率为10%，股票价格年波动率为40%，根据Black-Scholes求出该看涨期权的价值。若是预计半年后每股将支付1元的红利，该看涨期权的价值又如何？

6. 有一项4个月到期的欧式股票看涨期权，执行价格为40元，股票的现行价格为42元，假如该股票可以带来每年3%的预期收益，股票收益的标准差为每年25%，市场上的年无风险利率为8%。求该欧式股票看涨期权的Delta和Gamma。

7. 某公司发行在外的股票共有10 000万股，现价为每股40元。另外，发行在外的认股权证有50万股，执行价格为42.5元，股票价格年波动率为60%，股票不支付红利，无风险利率为5%。

(1)不考虑稀释影响，计算认股权证的价值。

(2)考虑稀释影响，计算认股权证的价值。

(3)为什么稀释降低了认股权证的价值？

8. 某公司发行了5 000万美元的零息票债券，5年后到期。公司近年来的利息税前净收益约为4 000万美元(税率为35%)，预计收入将以每年5%的速度增长。公司的股权资本成本为12%，资本成本为10%。可比公司价值的年标准差为15%(5年期国债利率为5%)。公司不支付红利。

(1)估计公司的价值。

(2)运用期权定价模型估计股权资本价值。

(3)估计债券的市场价值及债券的收益率。

9. 考虑一个专利预算项目，预期现金流的现值为2 500万美元，预期成本现值为2 000万美元，现金流现值的方差为0.04，项目有效期为5年，在这期间每年需支付125万美元专利费，5年期国债利率为5%。

(1)用传统的NPV法计算该项目的价值。

(2)用期权估价法计算该项目的价值。

(3)两个价值区别的原因何在？

10. 某家石油公司拥有的石油储量为5 000万桶，每桶开采成本的现值为12美元。当前石油价格为每桶20美元，平均生产成本为每桶6美元。该公司对储备的所有权年限为20年，20年无风险债券利率为7%。公司计划每年开采4%的储备，石油价格年标准差为20%。试估计该石油公司的价值。

第九章

资源与环境估价

第一节　自然资源和环境估价方法

环境是人类赖以生存和发展的物质条件的综合整体。自然资源是指自然环境中与人类社会发展有关的、能够被用来产生使用价值并影响劳动生产率的自然要素。自然资源的特征包括可用性、整体性、空间分布的不均匀性及严格的区域性等。随着近年来“增长的极限”问题越来越受关注，关于自然资源和环境的传统价值观念应该重新进行审视。过去我们奉行的经济增长原则是片面的，经济的增长并非在任何情况下都能够增加人类的财富和福利。不胜枚举的事例告诉我们，应该对自然资源和环境进行估价，进行有节制的开发和利用，唯有如此，人类才能够可持续发展，否则，文明的副作用必将吞噬人类。下面，我们首先介绍自然资源和环境的估价方法。

一、现值法

现值法认为自然资源的出售价格超过各项成本之和的部分为其内在价值，若自然资源可以存续若干年，那么应该考虑货币的时间价值对其进行投资估价，各年的现值总和即为自然资源的存量价值。在该方法下，估价模型为

$$V=\sum_{t=1}^{n}\frac{(p_t-C_t-R_t)\times Q_t}{(1+r)^t}$$

式中，p_t 代表单位售价；C_t 代表单位成本；Q_t 代表销量；r 代表贴现率；R_t 代表单位自然资源的正常报酬。

在该方法下，对贴现率的选择是一个难题，但贴现率的选择又是非常重要的，因为自然资源的价值对贴现率是非常敏感的。此外，自然资源的存续期 n 也是一个非常难以确定的因素，其中夹杂着大量的人为判断。这些因素势必都会影响我们对自然资源估价的准确性。

二、净价格法

净价格法主要适用于实物供给型自然资源的投资估价。该方法的特点在于：其认

为已经探明的地下自然资源，不论在任何时间开采，都具备同样的内在价值，不因产量的多寡而影响自然资源本身的价值，因此不需要按照时间价值进行贴现。但值得注意的是，该方法一般适用于那些自然界含量非常稀少、弥足珍贵的自然资源的投资估价。在该方法下，自然资源按照以下方式进行估价：

$$V_t = \left(\frac{S_t - C_t - R_t}{Q_t}\right) \times \sum Q_t$$

式中，V_t 代表 t 期自然资源的全部存量价值；Q_t 代表 t 期开采量；$\sum Q_t$ 代表预期总的开采量；S_t 代表单位销售价格；C_t 代表单位成本。

应该说，与现值法相比较，净价格法更为简单，从而绕开了贴现率和期限两个难题，然而其缺陷也是十分明显的，即该方法的适用范围比较狭窄。

同时，上述两种方法也有共同的缺陷，那就是这两种方法只考虑了自然资源贡献为正值的情况，而忽略了自然资源的贡献也有可能面临着负值的情况，如随着开采自然资源难度的增加，开采成本势必攀升，人工成本也将处于边际增长阶段。

三、再生产补偿费用法

该方法包括资源存量估价模型和资源消耗成本估价模型两种。

(1)资源存量估价模型：

$$V_t = \left(\frac{C_t}{\Delta Q_t}\right) \sum Q_t$$

(2)资源消耗成本估价模型：

$$V_t = \left(\frac{C_t}{\Delta Q_t}\right) \sum Q_t$$

式中，V_t 代表资源存量价值或资源消耗成本；ΔQ_t 代表 t 期再生产资源数量；$\sum Q_t$ 代表资源总的存量；Q_t 代表资源在 t 期的消耗量；C_t 代表 t 期开采活动所消耗的人工成本和物化劳动成本。

四、环境的生产率下降估价法

该方法将自然环境和生产要素同等看待，认为人类文明的发展就像是一把双刃剑，既导致生活水平的提高，同时也可能破坏我们赖以生存的环境，引起生产效率的降低——同样投入的财务资本和劳动力，其生产产量或质量下降。因此，我们可以通过环境恶化导致的产量下降的市场价值来估价环境恶化的成本：

$$C = \Delta Q \times p$$

式中，C 代表环境恶化的成本；ΔQ 代表环境恶化导致生产率下降，从而导致的生产产量下降；p 代表单位产品的市场价格。

需要指出的是，不仅产品的产量可能因为环境恶化而下降，而且产品的质量、产品的销售市场价格也可能因此而波动。价格波动可能出现两种情况：第一，价格下降；

第二，供求关系变化而导致该产品的供求曲线脱离原有的均衡。为此，若考虑价格的波动因素，那么环境恶化的成本为

$$C=(Q^{*}-Q)\times p+Q^{*}\times p^{*}$$

式中，Q^{*} 代表环境恶化后的产量；p^{*} 代表环境恶化后的销售价格。

或者

$$C=\Delta Q\times\frac{p+p^{\#}}{2}$$

式中，$p^{\#}$ 代表环境恶化引起供求曲线波动导致的新的供求平衡中产品的销售价格；ΔQ 代表环境恶化导致的产量下降。

五、通过健康损害进行环境估价的方法

环境恶化或环境污染可能给健康带来的损失包括：第一，为了治疗疾病或者恢复原有的健康，必须花费一定的医疗费用；第二，可能导致劳动力部分或全部丧失，造成 GDP(国内生产总值)降低。为此，从国民经济核算角度，可以给出环境的估价模型：

$$\begin{aligned}L&=L_1+L_2\\&=L_1+L_2^{\mathrm{I}}+L_2^{\mathrm{II}}+L_2^{\mathrm{III}}\\&=\sum_{t=1}^{n}A_t+\sum_{t=1}^{n}B_t^{\mathrm{I}}+\sum_{t=1}^{n}B_t^{\mathrm{II}}+\sum_{t=1}^{n}B_t^{\mathrm{III}}\end{aligned}$$

式中，L 代表环境污染给人体健康带来的损失总和；L_1 代表因污染导致的健康医疗支出；L_2^{I} 代表污染导致的劳动力下降带来的经济损失；L_2^{II} 代表因污染而引起的劳动力部分或全部丧失带来的损失；L_2^{III} 代表因污染而过早死亡的收入损失，$L_2^{\mathrm{III}}=\sum_{n=x}^{\infty}\frac{(p_x^n)_1\times(p_x^n)_2\times(p_x^n)_3Y_n}{(1+r)^{n-x}}$，$\sum_{n=x}^{\infty}\frac{(p_x^n)_1\times(p_x^n)_2\times(p_x^n)_3Y_n}{(1+r)^{n-x}}$ 代表目前年龄为 x 的人未来收入的现值，$(p_x^n)_1$ 代表年龄为 x 的人活到年龄 n 时的概率，$(p_x^n)_2$ 代表年龄为 x 的人在 n 岁上存有劳动力的概率，$(p_x^n)_3$ 代表年龄为 x 的人能够活到 n 岁，有劳动力，而且仍被雇佣的概率，Y_n 为年龄为 n 时的平均期望收入，r 为贴现率。

六、利用期权估价方法对自然资源进行估价

对于自然资源而言，期权的标的资产即为该自然资源。投资的价值由两个因素确定：投资可以获得的自然资源的数量和该自然资源的价格。因此，对某些特定的自然资源而言，其投资的损失或利得可以通过以下公式来进行表述：

$$\text{自然资源投资的损益}=\begin{cases}V-X，&\text{当且仅当 }V>X\\0，&V<X\end{cases}$$

从自然资源的损益函数中，我们可以观察到自然资源投资的损益函数和看涨期权很相似(图 9-1)。

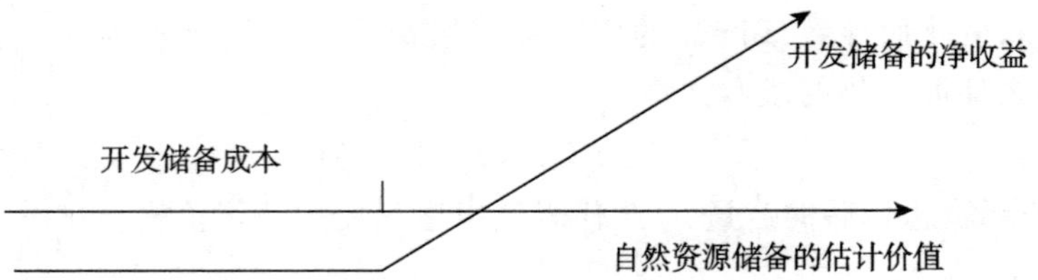

图 9-1 自然资源投资的损益

若要将期权估价模型应用于自然资源的投资估价，存在下列输入变量(表 9-1)。

表 9-1 自然资源投资估价的输入变量

变量	估价自然资源的对应输入变量
标的资产的价值	公司拥有的自然资源储备的价值，以红利收益率贴现，年数为开采资源的时滞期
执行价格	资源储备的累计开采成本
期权期限	公司拥有的所有自然资源储备的平均期限(如果可知的话)，或以现有生产率计算的储备开采完的时间
无风险利率	期权期限内的无风险利率
资产价值的方差	自然资源价格的方差
红利收益率	估计的年净生产收入占资源储备价值的百分比

【例 9-1】 凌云公司为一家石油公司，其 2011 年的有关资料如下：

2011 年年初，凌云公司成为一起收购事件的对象，收购价格为每股 70 美元(该公司共发行股票 1.6 亿股，总债务为 100 亿美元)。估计该公司的石油储备为 36 亿桶，这些储备的平均开采成本估计为每桶 10 美元(现值，开采时滞期大约为 2 年)。石油储备的平均期限为 12 年。原油价格为每桶 24 美元，生产成本、所得税和特许权税等约为每桶 7 美元。分析之时的无风险债券利率为 9.00%。海湾石油公司每年的净生产收入约为储备价值的 5%。石油价格波动的方差为 0.03。

下面进行凌云公司自然资源——石油的投资估价：

首先，标的资产的价值＝根据开采的时滞期进行贴现的、储备价值的贴现值＝$\frac{36\times(24-7)}{(1+5\%)^2}=\frac{612}{1.1025}=555.10$。

其次，估计期权的执行价格＝36×10＝360。

下面利用 Black-Scholes 模型进行估价：

考虑资产的红利收益率的 Black-Scholes 模型可以具体表达为

$$V = Xe^{-yT}N(d_1) - Se^{-rT}N(d_2)$$

式中，$d_1=\frac{\ln\left(\frac{X}{S}\right)+\left(r-y+\frac{\sigma^2}{2}\right)\times T}{\sigma\sqrt{T}}$，$r$ 代表期权有效期间内的无风险利率，σ^2 代表标的资产自然对数的方差；$d_2=d_1-\sigma\sqrt{T}$；V 代表企业的期权价值(如未开采的油田的价值)；X 代表标的资产的当前价值；S 代表期权的执行价格；y 代表红利收益率；T 代表目前距离期权到期日的时间。

现在根据以上公式和相关数据计算：

$$d_1=\frac{ln(\frac{555.1}{360})+(9\%-5\%+\frac{0.03}{2})\times 12}{\sqrt{0.03}\times\sqrt{12}}=\frac{0.433+0.66}{0.6}=1.822$$

$$d_2=1.822-\sqrt{0.03}\times\sqrt{12}=1.822-0.6=1.222$$

$$N(d_1)=0.965\,6$$

$$N(d_2)=0.888\,8$$

$$\begin{aligned}V&=555.1\times e^{-0.05\times 12}\times 0.965\,6-303.8\times e^{-(0.09\times 12)}\times 0.888\,8\\&=294.165\,5-91.696\,7\\&=202.468\,8\end{aligned}$$

上述数据代表凌云公司未开采的石油的储备价值。

若我们假设凌云公司每年还可以从已经开采的油田中获得9亿美元的自由现金流，并且估计该现金流预期还可以持续10年，并已知该公司的资本加权成本为12.5%，则已经开采的油田的价值为

$$V^*=9\times(P/A,\ 12.5\%,\ 10)=\frac{9\times[1-(1+12.5\%)]^{-10}}{12.5\%}=49.83(\text{亿美元})$$

凌云公司的企业价值$=V+V^*=202.468\,8+49.83\approx 252.3$(亿美元)

$\frac{252.3-100}{1.6}=95.2$ 美元>70 美元，说明凌云公司的股价被低估。

第二节 人力资源估价

人力资源从被忽略到得到充分的重视，经历了一个复杂的过程。这其中既有思想观念上的问题，也和社会经济、技术的发展密不可分。在人们的传统观念中，出资者拥有产权(property rights)，因此财务资本的重要性和价值得到了极大的宣扬。与此相对应，人们长期以来对财务资产或物质资产的强调使得人力资源问题处于一个被遗忘的角落。第二次世界大战后，经济学界在分析两个战败国日本和德国在短期内经济崛起和腾飞的内因时，发现其关键因素为人力资源。从而，人力资本理论开始发展和形成，以著名经济学家贝克尔(Becker)和舒尔茨(Schultz)为代表的经济学家，高举“人力资本”的旗帜，使人力资本和人力资源问题逐渐成为经济学领域内的一个热点论题。1976年，Jensen和Meckling提出了关于企业性质的创建性观点，“企业本质上是一种法律虚构，其体现为一系列契约的结合”。更确切地，企业是一个由人力资本和非人力资本(财务资本)缔结的特别契约。该观点引起了人力资源问题的再度研究热潮。本节将着重介绍几种人力资源投资估价方法。

一、人力资源的各种估价方法

在人力资本和人力资源理论发展的过程中，形成了若干具有代表性的估价方法，下面对其分别介绍。

1. 随机报酬估价方法

该方法存在三个基本的概念：个人岗位价值、个人预期条件价值和个人预期可实现价值。其中，个人岗位价值是指特定的人力资源在目前的岗位上能够为企业的未来盈利增长额贡献的部分；个人预期条件价值是指特定的人力资源在自己希望的岗位上进行工作时为企业的未来盈利增长额贡献的部分；个人预期可实现价值是一个机会成本的概念，它考虑了特定人力资源离职的概率，换言之，它是对个人预期条件价值按照离职概率调整后所得到的特定人力资源的价值。

$$\begin{cases} \mathrm{ERV}=\mathrm{ECV}\times P(R) \\ P(R)=1-P(T) \\ \mathrm{OCT}=\mathrm{ECV}-\mathrm{ERV} \end{cases}$$

式中，ERV 代表预期可实现的价值；ECV 代表预期条件价值；$P(R)$代表继续在目前岗位上工作的概率；$P(T)$代表特定人力资源离职的概率；OCT 代表特定人力资源离职后造成的机会成本。并且，ERV 和 ECV 的确定如下：

$$\mathrm{ERV}=\sum_{t=1}^{n}\left(\frac{\sum_{i=1}^{m-1}R_j\times P(R_i)}{(1+r)^t}\right)$$

$$\mathrm{ECV}=\sum_{t=1}^{n}\left(\frac{\sum_{j=1}^{m}R_j\times P(R_i)}{(1+r)^t}\right)$$

式中，$i=1, 2, \cdots, m$ 代表企业内一系列排他性的岗位数；R_i 代表企业内特定的工作岗位对企业价值增长的贡献；$t=1, 2, \cdots, n$ 代表特定人力资源为企业服务的期限；r 代表市场贴现率。

【例 9-2】 假设笃行公司有若干岗位，则针对于不同的岗位，其特定的人力资源价值估价如表 9-2 所示。

表 9-2 人力资源价值

项目	岗位	预期岗位价值	岗位概率/%	加权
个人预期条件价值	办公人员	78 000	11	8 600
	项目经理	97 000	56	54 300
	部门经理	151 000	33	49 800
				合计 112 700
预期可实现价值	办公人员	78 000	10	7 800
	项目经理	97 000	50	48 500
	部门经理	151 000	30	45 300
	离职		10	0
				合计 101 600

2. 非购买商誉法

利用非购买商誉法对企业内的人力资源进行投资估价的思想最初由赫曼森(Hermanson)提出。他认为，一个企业人力资源的价值可以看做是该企业的当期收益水平超过同行业平均收益水平差额的资本化价值。换言之，赫曼森教授认为，人力资源的投资估价应该按照以下公式进行确定：

$$V = \sum_{t=1}^{n} \frac{A_t(R_t - \overline{R_t})}{(1+i_t)^t}$$

式中，A_t、R_t、$\overline{R_t}$、i_t、n 分别代表第 i 期该企业资产的平均价值、该企业实际收益率、同行业平均收益率、资本市场贴现率、超额盈利能力持续的期间。

其中，贴现率的确定将是十分关键的，而且最终人力资源的价值也对该贴现率异常敏感。本着稳健的思想，笔者认为 i 的选取应该从 $\overline{R_t}$ 和资本市场决定的贴现率中选择其中较大的一个。

此外，如果企业的实际收益率 R_t 和同行业平均收益率 $\overline{R_t}$ 都比较恒定，那么上述公式就可以简化为

$$V = A_t(R_t - \overline{R_t}) \times (P/A, i, n)$$

【例 9-3】 假设笃行公司 2007～2011 年的相关会计资料如表 9-3 所示。

表 9-3　公司会计资料

年度	利润/元	净资产/元	投资报酬率/%
2007	38 000	200 000	19.00
2008	50 000	240 000	20.83
2009	45 000	250 000	18.00
2010	59 000	270 000	21.85
2011	55 000	300 000	18.33
平均	49 400	252 000	19.60

根据上述资料，笃行公司预计今后 5 年每年的投资报酬率可以达到 20%，且同行业的平均报酬率为 15%。

则笃行公司人力资源的价值为

$V = 300\,000(20\% - 15\%) \times (P/A, 15\%, 5) = 6\,000 \times 3.352\,16 = 20\,112.96$

3. 现值调整法

该方法仍然由赫曼森教授首先提出。他将一个企业为人力资源在未来期间支付的工资额进行贴现，然后再用"效率比率"作为权数进行调整，借此确定一个企业的人力资源价值。其基本的估价思想如下：

(1)估计某特定企业在未来 n 年内的工资支付总金额；

(2)用该企业所处的同行业的平均收益率进行贴现；

(3)根据该企业前 m 年(一般选择 5 年)的经营情况计算效率比率；

(4)根据上述未来 n 年工资支付总额和效率比率计算人力资源的投资估价现值。

下面通过笃行公司的有关资料举例说明($m=n=5$)。

(1)首先假设未来 5 年的工资支付金额及其现值如表 9-4 所示。

表 9-4 公司的工资支付数据

年份	预计工资总额/元	同行业平均收益率/%	贴现值/元
1	200 000	6	188 600
2	240 000	6	213 600
3	270 000	6	226 800
4	280 000	6	221 760
5	300 000	6	224 100
合计	1 290 000		1 074 860

(2)假设笃行公司在过去 5 年的实际收益率分别为 10.8%、6.6%、5.4%、9%和 7.2%。那么效率比率计算如下：

$$\text{效率比率}=\frac{5\times\frac{RF_0}{RE_0}+4\times\frac{RF_1}{RE_1}+3\times\frac{RF_2}{RE_2}+2\times\frac{RF_3}{RE_3}+\times\frac{RF_4}{RE_4}}{15}$$

$$=\frac{5\times\frac{10.8\%}{6\%}+4\times\frac{6.6\%}{6\%}+3\times\frac{5.4\%}{6\%}+2\times\frac{9\%}{6\%}+\frac{7.2\%}{6\%}}{15}$$

$$=1.35$$

式中，RF_t 代表笃行公司第$(5-t)$年的实际收益率[一般化，若为前 m 年的情况，则 RF_t 代表笃行公司第$(m-t)$年的实际收益率]；RE_t 代表笃行公司所在行业的平均收益率；15 为前 5 年的年数总和。

(3)那么笃行公司的人力资源投资估价的结果为

$$V=1\,074\,860\times1.35=1\,451\,061$$

4. 未来收益贴现法

该方法由美国会计学家 Lev 提出。他认为人力资源的价值可以通过以下公式来确定：

$$V_y^*=\sum_{t=y}^{T}\frac{I^*(t)}{(1+r)^{t-y}}$$

式中，V_y^* 代表目前 y 年龄的职工的人力资源投资估价价值；$I^*(t)$ 代表该人力资源从目前到退休为止，每年可以为企业净收益做出的贡献；r 代表适当的贴现率；T 代表退休年龄。下面通过例 9-4 来进行说明。

【例 9-4】 笃行公司中有一个员工，其目前年龄为 35 岁，将在 60 岁退休，其每年给笃行公司带来的收益贡献额和相应的人力资源价值估算如表 9-5 所示。

表 9-5 员工人力资源价值

年份	预期对企业收益的贡献额/元	现值(贴现率为 10%)/元
1	55 000	51 890
2	55 000	48 950
3	55 000	46 120
4	55 000	43 570

续表

年份	预期对企业收益的贡献额/元	现值(贴现率为10%)/元
5	55 000	41 100
6	58 000	41 240
7	58 000	38 580
8	58 000	36 390
9	58 000	34 330
10	58 000	32 380
11	62 000	32 660
12	62 000	30 810
13	62 000	29 060
14	62 000	27 420
15	62 000	25 870
16	65 000	25 580
17	65 000	24 140
18	65 000	22 780
19	65 000	21 480
20	65 000	20 270
合计	1 200 000	8 674 620

该模型还可以进一步深化，即不仅考虑企业的人力资源为企业收益做出的贡献，而且还要考虑该人力资源离开企业的可能性，即离职概率。那么，上述的未来收益贴现法将演变为以下模式：

$$E(V_y)=\sum_{t=y}^{T}P_y(t+1)\sum_{i=y}^{t}\frac{I^*(t)}{(1+r)^{t-y}}$$

式中，等式右边第一项代表离职概率，包括辞职、死亡等各种因素导致人力资源离开企业。

5. 机会成本法

该方法认为，企业的人力资源是企业价值的关键驱动因素，有无某特定的人力资源将导致企业的价值产生巨大的差异。为此，该方法将人力资源的价值定义为“有无特定人力资源情况下企业的价值差”。

若人力资源给企业带来的是持续、稳定的净现金流量(NCF)的增长，而且该特定的人力资源在企业中可以存续足够长的时间，并且有良好的、同质的继任者，那么该人力资源的价值可以计算为

$$\begin{aligned}V_{人力资源}&=\Delta V_{企业价值}\\&=\frac{\mathrm{NCF}_0^*(1+g^*)}{r-g^*}-\frac{\mathrm{NCF}_0(1+g)}{r-g}\end{aligned}$$

式中，带“*”号的项目表示特定人力资源存在于企业中时的各项财务指标。

但若特定人力资源在企业任职期间给企业带来的净现金流量从第$(m+1)$年开始稳

定增长，该人力资源在企业中总共任职 n 年，且其具有不可替代性(即缺乏合适的继任者)，那么该人力资源的价值仍然可以依照上述方式求得，但公式需要稍微变形：

$$\begin{aligned} V_{人力资源} &= \Delta V_{企业价值} \\ &= \left[\sum_{t=1}^{m}\frac{\mathrm{NCF}_t^*}{(1+r)^t}+\sum_{j=1}^{n-m}\frac{\mathrm{NCF}_m^*(1+g^*)^j}{(1+r)^{m+j}}\right] \\ &\quad -\left[\sum_{t=1}^{m}\frac{\mathrm{NCF}_t}{(1+r)^t}+\sum_{j=1}^{n-m}\frac{\mathrm{NCF}_m(1+g)^j}{(1+r)^{m+j}}\right] \end{aligned}$$

式中，$\mathrm{NCF}_t=\mathrm{CFI}_t-\mathrm{CFO}_t$(分别代表 t 期净现金流量、现金流入、现金流出)；r 代表贴现率。可以通过以下步骤来估计：

$$r=(D/A)\times k_D+(E/A)\times k_E$$

式中，D/A 代表债务在企业资本结构中的比重；E/A 代表权益在企业资本结构中的比重；k_D 和 k_E 分别代表债务和权益的资本成本，$k_D=\frac{i(1-T)}{1-f}$，$k_E=\frac{j}{1-f}$(假设该企业股利政策属于稳定不变的股利政策，即股利支付恒定)，但若该企业股利支付属于稳定增长型，那么 $k_E=\frac{j}{1-f}+u$，当然，如果能够得到一个企业的 β 系数，那么股权(权益)资本成本 $k_E=k_f+\beta\times(k_r-k_f)$，$k_r$、$k_f$ 分别代表风险利率和无风险利率，i 代表债务的利息率，T 代表税率，j 代表普通股股利支付率，u 代表每年的股利增长率，f 代表筹资费用率。

但是需要说明的是，由于很难将企业现金流量的某一部分直接归因于特定人力资源的贡献，因此无法区分特定人力资源存在于企业中的价值，所以一般情况下并不通过企业的价值差额来计算特定人力资源的价值，而是通过一种简化的方法，即通过特定人力资源存在于企业中时的净现金流量的贴现值来计算：

$$V=\left[\sum_{t=1}^{m}\frac{\mathrm{NCF}_t}{(1+r)^t}+\sum_{j=1}^{n-m}\frac{\mathrm{NCF}_m(1+g)^j}{(1+r)^{m+j}}\right]$$

下面通过例 9-5 来进行说明。

【例 9-5】 罗纳尔多是笃行公司的经理，他从 2011 年开始任职，2011 年的财务数据：收入为 2 308 464 元，成本费用为 2 092 539 元，税率为 40%。专家预计，笃行公司的现金净流量预期在今后三年将以 6%的速度增长，从第 4 年开始将以 3%的速度增长。那么毫无疑问，罗纳尔多对于笃行公司而言是非常关键的人力资源，其人力资源价值(假设罗纳尔多的经营理念在其任职期间将形成企业文化的一部分，并将影响其继任者，换言之，笃行公司的现金流量增长将不间断地持续下去)如表 9-6 所示。

表 9-6 公司现金流量(单位：元)

项目	2011 年(基期)	2012 年	2013 年	2014 年
收入	2 308 464	2 446 972	2 593 790	2 749 418
成本费用	2 092 539	2 218 092	2 351 177	2 492 248
利息税前净收益	215 925	228 880	242 613	257 170
税金	86 370	91 552	97 045	102 868
EBIT(1−T)	129 555	137 328	145 568	154 302

假设笃行公司的资本结构中，债务占10%，借款利率为9%，永久性权益资本(全部为普通股)占90%。同时假设$k_r=8\%$、$k_f=13.5\%$，$\beta=0.7$，筹资费用率为0。那么

$$k_E=8\%+0.7\times(13.5\%-8\%)=11.85\%$$

$$k_D=\frac{9\%(1-40\%)}{1-0}=5.4\%$$

$$r=11.85\%\times 90\%+5.4\%\times 10\%=11.2\%$$

那么根据表9-6和相关资料，我们可以计算罗纳尔多的人力资源价值为

$$V=\frac{137\,328}{(1+11.2\%)^1}+\frac{145\,568}{(1+11.2\%)^2}+\frac{154\,302}{(1+11.2\%)^3}+\frac{\frac{154\,302\times(1+3\%)}{11.2\%-3\%}}{(1+11.2\%)^3}$$

$$=123\,496.40+117\,721.65+112\,216.62+1\,256\,338.28=1\,609\,772.945(\text{元})$$

6. 期权模型

该模型假定人力资源内含的人力资本对于企业资产价值期权是一种看跌期权，所以按照欧式看跌期权来进行人力资源的投资估价：

$$P=p\times n$$

$$p=S[N(d_1)-1]+Xe^{-rT}[1-N(d_2)]$$

$$d_1=\frac{\ln(\frac{S}{X})+(r+\frac{\sigma^2}{2})\times T}{\sigma\sqrt{T}}$$

$$d_2=d_1-\sigma\sqrt{T}$$

式中，n代表T期企业的股票总量；σ代表波动率；S代表初始股价；X代表期权到期日的协议股价；r代表无风险利率；T代表任期；$N(\cdot)$代表正态分布。

下面通过例9-6来进行说明。

【例9-6】 巴蒂斯图塔是笃行公司的总经理，该公司股票总量为500 000 000股，$S=8$元/股，$X=10$元/股，$r=7\%$，$T=8$年，$\sigma=10\%$。

根据上述资料可以计算巴蒂斯图塔的人力资源价值为

$$d_1=\frac{\ln\frac{8}{10}+(7\%+\frac{10\%^2}{2})\times 9}{10\%\times\sqrt{9}}=\frac{0.452}{0.3}=1.51$$

$$d_2=1.51-10\%\times\sqrt{9}=1.21$$

$$N(d_1)=0.934\,5, N(d_2)=0.886\,9$$

$$p=8\times(0.935\,4-1)+10e^{-0.07\times 9}(1-0.886\,9)=8\times(-0.064\,6)+10\times e^{-0.63}\times 0.113\,1$$

$$=-0.516\,8+0.602\,4=0.085\,6$$

$$P=p\times n=500\,000\,000\times 0.085\,6=42\,800\,000(\text{元})$$

7. 概括和总结

下面简单概括一下目前各种人力资源的估价模型，如表9-7所示。

表 9-7 主要的人力资源投资估价方法比较

估价方法及创始人	考虑的因素	性质	优点	缺点
历史成本法(Flamholtz)	实际支出数	货币性估价方法；着眼于过去的成本；提供人力资源投入方面的信息；精确性估价	简单、容易实施	无法表示人力资源的真实价值；在决定摊销年限时带有主观性
重置成本法(Flamholtz)	实际支出数；离职成本	货币性方法；重视当期成本；精确性估价	反映了人力资源的现时价值	人为因素和主观性较强
机会成本法(Hekimian 和 Jones)	由企业内部各个责任部门竞标决定	货币性方法；精确估价	可使企业内部的稀缺人力资源得到优化配置	忽视非稀缺人力资源可能会引起逆反心理，仅局限于企业内的人力资源
补偿模型法(Lev 和 Schwartz)	人力资源的价值为未来预期服务年限内盈利的贴现值；预期盈利、离职率	提供人力资源产出的信息；精确性货币计量	反映人力资源的动态性	贴现率的选取具有主观性
未来收益贴现法(Hermanson)	预期工资支出效率比率	货币性、精确性估价	反映了企业内人力资源的功能，可以使人力资源得到有效的分配	贴现率和效率比率计算的主观性
企业价值差额估价模型	净现金流量及预期增长率、加权资本成本	货币性、精确性估价	反映了人力资源对企业的不可或缺性	主观性较强，数据有时难以取得
期权估价模型	股价、股份数、任职期限等	货币性计价	反映人力资源对企业的贡献份额	适用范围比较狭窄，最适用于上市公司

二、人力资源投资估价：期权定价和模糊计量的综合

1. 人力资源：知识经济下企业价值的最关键驱动因素

探求企业的财富增长极限和价值驱动因素一直是管理学和实务界的一个中心话题。对于传统的、植根于工业经济环境的企业而言，财务资本或货币资本是至关重要的。然而在知识经济下，我们需要审视业已存在的若干观念。确切地讲，在知识经济下，决定一个企业的盈利能力和其在市场经济中持久性竞争优势地位的不再是财务资本这种消极的(negative)货币，而是人力资本，一种积极的(positive)货币因素。人力资本因素可以使企业的价值呈现几何增长，相比而言，财务资本只能够促使企业的价值呈现算术增长，并且必须以人力资本为基础。很难设想缺乏人力资本参与的纯粹的财务资本会自主地实现价值增值。人力资本因素还可以确保企业能够形成自己的核心能力，确保企业经营中的先发优势和不可模拟性，使企业生产的产品的生命循环周期延长，确保企业长期的竞争优势。为此在企业内部的经营管理中，必须密切关注人力资本及其体现形式，即人力资源的投资效率问题，并进行恰当的管理，通过提高人力资源的

投资效率来换取企业盈利的持久性，形成企业的核心能力和持续性的竞争优势。一言以蔽之，在人力资源成为知识经济下企业最关键的价值驱动因素的情况下，对企业内部人力资源的投资估价问题就成为一个值得探讨的问题。然而遗憾的是，目前在管理实务中，缺乏的正是这样一种良好的估价方法。本部分将贴近企业的经营管理实务，提出一种通过对人力资源进行模糊性计量的模型来解释如何有效地对人力资源投资进行管理和评价。

2. 按照欧式看跌期权进行人力资源的投资估价

企业理论反复申明，在企业的各种要素所有者之间，财务资本的所有者和企业家才能(人力资本)之间的关系最为重要。经营管理型人力资源对一个企业而言是不可或缺的，他们在企业内部处于多重代理链的中心环节，一方面他们相对于企业的股东与债权人而言为受托方，但是同时他们又是团队委托人之一，他们的努力程度不能够进行观测，而且产出也不是独立变量，而是取决于这个团队的总产出。因此，对企业内部的经营管理型人力资源而言，绝对不能够实行固定工资制，而应该进行激励，即让这些人力资源所有者享有企业的剩余索取权——在固定的年薪之外还应该分享企业的超额利润。鉴于该类人力资源的稀缺性，就应该将之纳入财务报告，以向外界传递企业可持续发展的信号。

【例 9-7】 关于经营管理型人力资源尤其是企业家人力资源的价值的确定，不能够再沿袭传统的模式，而应该充分体现经营管理者才能这一企业发展的关键要素的实际价值；否则将不足以实现激励作用。由于声誉模型的作用和管理当局的偏好①，所以本书采取了欧式看跌期权模型来估计经营管理型人力资源的价值(李忠民，1999)。而且实际的操作也验证了本书采用期权估价的可行性：格兰仕集团总经理梁庆德经国家国有资产管理当局的认可，其身价被评估为 3.9 亿元人民币；而正大青春宝集团总裁冯根生却在不合理的人力资源体制下而不能够认购该公司改组过程中 2%的股份，甚至面临能否继续担任总裁的困境。鲜明的对比要求企业内部设置合理的激励机制，将经营管理型人力资源作为一种生产要素，赋予其一定的剩余索取权。考虑到经营管理型人力资源自身声誉效应的作用和企业经营的相对稳定性，假设企业家人力资源任职的期间为 T(大于 5 年)，则在 T 期间其价值②为

$$V=p\times n$$

$$p= S[N(d_1)-1]+Xe^{-rT}[1-N(d_2)]$$

$$d_1=[\ln(S/X)+(r+\alpha^2/2)\times T]/\alpha\times T^{1/2}$$

$$d_2=d_1-\alpha\times T^{1/2}$$

假设某公司股份总数 n=20 000 万股，S=9 元/股，X=12 元/股，无风险利率 r=8%，股票的波动性 α=10%，企业的高级管理当局任职期间 T 为 9 年，则

---

① 一般认为，股东偏好于货币收益，而管理当局既关注货币收益，也关注非货币收益，如自我价值的体现、舒适的工作环境以及声誉。

② 期权模型的详细介绍见 Black 和 Scholes 的 *The Pricing of Option and Corporate Libility* (*Journal of Political Economic*, Vol. 81)。按照李忠民(1999)博士的看法，高层经理类人力资源价值的估计类似于看跌期权。关于看跌期权的理论本书也参考了王文灵的《衍生工具定价理论》(经济科学出版社，1999)。

$$d_1=[\ln(9/12)+(8\%+0.1^2/2)\times 9]/0.1\times 9^{1/2}=1.591\,06$$

$$d_2=1.591\,06-10\%\times 9^{1/2}=1.291\,06$$

$$N(d_1)=0.944\,1$$

$$N(d_2)=0.901\,5$$

$$p = 9[0.944\,1-1]+12\mathrm{e}^{-0.08\times 9}[1-0.901\,5]$$
$$=0.072\,241(元/股)$$

$$P=p\times n=0.072\,241\times 20\,000=1\,444.82(万元)$$

3. 进行人力资源的模糊性计量

笔者根据实际经验，发现有四个方面决定着企业中人力资源对企业价值增值的贡献：①管理、技术水平；②业绩；③工作态度；④团队精神。

我们假定对人力资源进行投资估价时，选取管理、技术水平，业绩，工作态度，团队精神四个基本要素进行测评，并且对该四项因素的权数根据重要性和经验分别确定为 0.5、0.3、0.1、0.1。与之相对应，建立一个权数矩阵：

$$\boldsymbol{F}= (0.5,0.3,0.1,0.1)$$

对人力资源的测评分为“优”、“良”、“中”和“差”或相应的四个等级，各自记分为 5、3、2、1。此外各个等级的隶属度分别确定为 1.0、0.8、0.6、0.4。

上面的步骤可以形象地用表 9-8 来表示。

表 9-8　人力资源对企业价值的贡献

测评要素		管理、技术水平	业绩	工作态度	团队精神	隶属度
记分	5	高	优	好	融洽	1
	3	中	良	较好	较好	0.8
	2	合格	中	一般	一般	0.6
	1	差	差	差	差	0.4

再假定测评小组对某一企业中人力资源的测评记分的概率如表 9-9 所示。

表 9-9　人力资源测评记分概率

项目	优	良	中	差
管理、技术水平	0.6	0.2	0.1	0.1
业绩	0.3	0.5	0.2	0.1
工作态度	0.5	0.3	0.1	0.1
团队精神	0.4	0.5	0.1	0

然后，将上述概率统计表的形式形成单因素评价矩阵如下：

$$\boldsymbol{Z}=\begin{pmatrix} 0.6, & 0.2, & 0.1, & 0.1 \\ 0.3, & 0.5, & 0.2, & 0.1 \\ 0.5, & 0.3, & 0.1, & 0.1 \\ 0.4, & 0.5, & 0.1, & 0 \end{pmatrix}$$

接着进行复合模糊变换，可以得到以下综合评判矩阵：

$$C=F\cup Z=(0.5,0.3,0.1,0.1)\begin{pmatrix}0.6,0.2,0.1,0.1\\0.3,0.5,0.2,0.1\\0.5,0.3,0.1,0.1\\0.4,0.5,0.1,\ 0\end{pmatrix}=\begin{pmatrix}0.5,\ 0.2,\ 0.1,\ 0.1\\0.3,\ 0.3,\ 0.2,\ 0.1\\0.1,\ 0.1,\ 0.1,\ 0.1\\0.1,\ 0.1,\ 0.1,\ \ 0\end{pmatrix}$$

$$D=\max\begin{pmatrix}0.5,\ 0.2,\ 0.1,\ 0.1\\0.3,\ 0.3,\ 0.2,\ 0.1\\0.1,\ 0.1,\ 0.1,\ 0.1\\0.1,\ 0.1,\ 0.1,\ \ 0\end{pmatrix}=(0.5,\ 0.3,\ 0.2,\ 0.1)$$

再进行归“1”化：

$$D'=\left(\frac{0.5}{1.1},\frac{0.3}{1.1},\frac{0.2}{1.1},\frac{0.1}{1.1}\right)=(0,455,0.273,0.182,0.091)$$

这个结果意味着在综合评判组中，有45.5%的人认为该人力资源的综合评判成绩为“优”，27.3%的人认为该人力资源的综合评判成绩为“良”，18.2%的人认为该人力资源的综合评判成绩为“中”，9.1%的人认为该人力资源的综合评判成绩为“差”。

下面再将等级得分考虑在内，该人力资源的最后分值为

$$S=(0,455,0.273,0.182,0.091)\begin{pmatrix}5\\3\\2\\1\end{pmatrix}=2.275+0.819+0.364+0.091=3.549$$

该分值的隶属度为

$$L=3.549/4=0.887\,3$$

该结果说明受测评的人力资源的综合评价属于量的等级，且其人力资源的价值只发挥出了88.73%，尚有潜力可以挖掘。

4. 计算人力资源的价值

最终该人力资源的价值可以计算如下：

$$14\,448\,200\times 88.73\%=12\,819\,887.86(\text{万元})$$

➢思考与练习

1. 假设巴乔是芙蓉公司的总经理，其公司总股票数为10 000万股，$S=8$元/股，$X=9$元/股，$r=7\%$，$\sigma=10\%$，$T=8$。请计算巴乔人力资源的价值。

2. 下面是石井公司拥有的一块油田的有关资料：

设该油田的石油储备估计为5 000万桶，开采成本的现值为每桶12美元，开采时滞期为2年。公司有权在未来20年里开采这块油田。当前每桶石油的边际收入为12美元(每桶石油的价格是每桶石油开采的边际成本)。一旦进行开采，每年的净生产收入将为储备价值的5%。无风险利率为8%，石油价格对数的方差为0.03。要求：按照期权模型计算该公司未开采的石油的期权价值。

3. 请说明不同人力资源估价模型的优缺点，并为一家股份有限公司(但不是上市公司)设计估计其总经理人力资源价值的模型。

4. 博学公司是一家石油公司，其目前的股价为60美元/股(该公司共发行股票1.653亿股，债务为99万元)。估计该公司的石油储备为30.38亿桶，平均开采成本为10美元/桶(时滞期为3年)，石

油储备的平均期限为 10 年，原油价格为 22.38 美元/桶，无风险利率为 8%，该公司每年的净生产收入为储备价值的 5%，石油价格波动的方差为 3%。请计算博学公司石油储备的价值。

5. 接上题，若假设该公司每年从石油的生产中可以获得 10 亿美元的净现金流量，估计该净现金流量将持续 8 年，该企业的资本加权成本为 11.5%。请确定该公司的股价是否被高估。

第十章

房地产估价

第一节　房地产估价的基本理论与方法

一、基本概念

房地产估价，全称房地产价格评估，是以房地产为对象，由专业估价人员根据估价目的、遵循估价原则、按照估价程序、运用估价方法并在综合分析影响房地产价格因素的基础上，对房地产进行客观合理的价格估计、推测或判断。它实质上是估价人员通过模拟市场的价格形成过程将房地产价格显现出来，是科学、艺术和经验三者的结合。

要学习房地产估价理论与方法，首先必须弄清几个相关的基本概念。

(一)房地产

房地产是指土地、建筑物及固着在土地、建筑物上不可分离的部分和附带的各种权益。“不可分离”是指不能分离或虽能分离，但分离后会破坏房地产的功能或完整性，固着在土地、建筑物上不可分离的部分，往往可以看做是土地或建筑物的构成部分。因此，房地产本质上包括土地和建筑物两大部分以及附带的各种权益。由于房地产位置固定，且不可移动，其通常又被称为不动产。

房地产可以区分为物质实体与权益两个方面，物质实体和权益在价值评估中都很重要。物质实体是能看见、可触摸到的；权益则包括权利、利益和收益，它是无形的、不可触摸的。物质实体是权益的载体。

房地产有三种存在形态：

(1)土地。在现实房地产估价中，即使当实物形态上土地与建筑物合成一体时，根据需要，也可能只评估其中的土地价格。例如，为征收土地税费或确定补交土地使用权出让金的数额而单独评估土地价格。

(2)建筑物。建筑物虽然必须建造在土地上，但在某些特定情况下需将它单独看待。在现实房地产估价中，也可能只评估其中的建筑物价格。例如，为建筑物入火灾保险而确定其投保价值时，只需要单独评估建筑物的价格。

(3)土地和建筑物合成一体的“房地”。即把建筑物和其占用的土地作为一个整体来考虑。

(二)土地

对于房地产估价来说，土地是立体的，是指地球外壳的表面及其上、下空间，其范围可以从“纵”、“横”两个方面来认识。在横的方面，人们可以人为划分土地，一宗土地的范围即为该宗土地四至所围绕的面积；在纵的方面，土地可以分为地面、地面以上的空间、地面以下的空间。

在现实生活中，即使拥有一块土地，在其范围内也不是可以随意开发利用的，其使用、支配权要受到多方面的制约，除受建筑技术水平、建筑材料性能和经济能力的限制外，还受拥有者能力以外的因素所限制。因土地是构成环境的重要因素，其开发利用状况会影响周围及社会大众的利益。对土地的制约大体来自三个方面：

(1)土地使用管制。其主要是指政府城市规划对土地使用的限制，如城市规划中会对建筑高度和建筑容积率进行限制。

(2)土地权利设置。土地上设置的权利归纳起来主要有所有权、使用权、地上权、地役权、永佃权、典权、抵押权。其中，所有权属于自物权，其余属于他物权。他物权是对他人之物的权利，是对所有权的限制。

(3)相邻关系。所谓相邻关系，是指两个以上相互毗邻的房地产所有人或者使用人在行使房地产的占有、使用、收益和处分权时，相互之间应给予方便或者接受限制而发生的权利义务关系。从义务方面看，相邻关系的实质就是对所有权、使用权的一种限制。在现实生活中主要有两类相邻关系：通风、采光、排水、排污的相邻关系；险情危害的相邻关系。

在现实生活中，对土地的使用、支配权还有许多不同的限制，这些限制均对地价有重大的影响，所以从事房地产估价，必须充分了解土地所受的各种限制及其内容与程度，才能求得正确的价格。

(三)建筑物

建筑物是指人工建筑而成的东西，包括房屋和构筑物两大类。房屋是指能够遮风避雨并供人居住、工作、娱乐、储藏物品、纪念或进行其他活动的空间场所，一般由基础、墙、门、窗、柱、梁和屋顶等主要要件组成；构筑物则是指建筑物中除房屋以外的东西，人们一般不直接在内进行生产和生活活动，如烟囱、水塔、水井、道路、桥梁、隧道、水坝等。

在建筑物中，必须区分住宅、房屋、建筑物这三个不同层次的概念。住宅是指人们的居住用房，是房屋的一种。房屋不仅包括居住用房，还包括厂房、仓库和商业、服务、文化、教育、办公、医疗、体育等用房。建筑物的范围更广，包括房屋及其以外的建筑，如码头、船坞、油库、水塔、烟囱、围墙等。

(四)房地产的特性

房地产的特性主要有:

(1)位置固定性。土地具有位置固定性,建筑物由于固着在土地上,其位置往往也是固定的。房地产位置的固定性派生出房地产的不可移动性、地区性和个别性,所以没有两宗房地产的实质是完全相同的,即使两处建筑物一模一样,但由于坐落位置不同、周围环境不同,这两宗房地产实质上也是不相同的。

(2)长期使用性。建筑物一经建造完成,其寿命通常可达数十年甚至上百年,正常情况下,建筑物很少发生倒塌,只是为了更好的用途或有可能提供更高的价值才会被拆除。但值得注意的是,我国房地产自然方面的长期使用性受到了有限期的土地使用权的制约。

(3)大量投资性。房地产投资所需数额往往很大,与一般商品相比,土地价格和兴建建筑物的工程造价较高。

(4)易受政策限制性。任何国家和地区对房地产的使用、支配多少都有一些限制。例如,城市规划对土地用途、建筑容积率、建筑覆盖率、建筑高度和绿地率等进行规定;政府为满足社会公共利益的需要,可以对任何房地产实行强制征用或收买。

(5)相互影响性。房地产价格与其本身的用途有直接的关系,同时往往还取决于其周围其他房地产的状况,受其邻近房地产用途的影响。

(6)保值性。一般来说,随着社会生产力的发展、人口的增加、产业的兴旺以及人们生活水平的提高,其对土地的需求量也是日益增加的,但由于土地面积不能随意增加,特别是位置较好的地段,所以长期来看,房地产价格一般会不断上涨,从而使房地产具有保值和增值的作用。

(五)房地产的分类

(1)按用途分,房地产可分为以下六种:①居住房地产(包括普通住宅、高级住宅、别墅);②商业房地产(包括商务办公楼、旅馆、商店、餐馆、影剧院等);③旅游房地产(包括公园、风景名胜、历史古迹、沙滩等休闲场所);④工业房地产(包括厂房、仓库等);⑤农业房地产(包括农场、林场、牧场、果园等);⑥特殊目的的房地产(包括政府机关办公楼、学校、教堂、寺庙、墓地等)。

(2)按收益分,房地产可分为:①收益性房地产;②非收益性房地产。

(3)按市场性划分,房地产可分为:①出售的房地产;②出租的房地产;③营业的房地产;④自用的房地产。

二、房地产估价的原则

《中华人民共和国城市房地产管理法》第33条规定:“房地产价格评估,应当遵循公正、公平、公开的原则,按照国家规定的技术标准和评估程序,以基准地价、标定地价和各类房屋重置价格为基础，参照当地的市场价格进行评估。”目前，我国房地产估价应遵循的原则主要有下列六项：

(1)合法原则。该原则主要说明房地产估价必须以房地产的合法使用为前提。例如，在对宗地进行估价时，如果城市规划对用途、容积率、覆盖率、建筑高度和建筑风格等方面已做了规定，那么估价时必须在该土地的使用符合这些限制的范围内进行。

(2)最高最佳使用原则。该原则主要说明房地产估价要以房地产的最高最佳使用为前提。所谓最高最佳使用，是估价对象的一种最可能的使用，这种最可能的使用是法律上允许、技术上可能、财务上可行，经过充分合理的论证，并给估价对象带来最高价值的使用。

(3)供求原则。该原则主要说明进行房地产估价时，必须充分考虑到房地产的供求状况和可能导致供求关系变化的因素。由于房地产具有位置的固定性、地区性和个别性，这种供求状况主要是指当地同类房地产市场的供求状况。

(4)替代原则。该原则主要说明在评估一宗房地产价格时，如果附近地区有若干相近效用的房地产价格存在，则可依据“替代原理”推断出估价对象的价格。在通常情况下，估价人员很难找到各种条件完全相近的、可供直接比较的房地产作为评估依据，因此，实际上是找一些与估价对象密切相关而又具有一定替代性的房地产作为比较参照物来进行评估，然后对其间的差别作些适当的调整。

(5)估价时点原则。该原则主要说明估价实际上只是求取某一时点上的价格，所以在评估一宗房地产的价格时，必须假定市场情况停止在估价时点上，同时估价对象即房地产的状况通常也是以其在该时点时的状况为准(期货估价除外)。

(6)公平原则。该原则主要说明房地产估价必须站在公正的立场上，估价的目标在于求得一个客观合理的价格。如果评估出的价格不客观合理，则必然影响交易某一方的利益，也有损于房地产估价工作的社会声誉和权威性。

三、房地产估价程序

房地产估价是一项较为复杂的活动，只有遵循一套科学严谨的估价程序，才能提高估价的效率和质量。房地产估价程序，是指房地产估价全过程的各个具体步骤和环节，按其内在联系性所排列出的顺序进行。具体地说，评估一宗房地产的价格，其全过程和步骤如下：

(1)获取估价任务。

(2)受理估价委托及明确估价的基本事项。其中明确估价的基本事项包括明确估价目的、明确估价对象、明确估价时点、明确估价报告的交付日期。

(3)初选估价方法及确定投入人员。

(4)制定估价作业计划。估价作业计划主要包括下列内容：拟采用的技术路线和估价方法；拟调查搜集的资料及其来源渠道；预计所需的时间、人力、经费；拟定作业步骤和作业进度。

(5)实地勘察及搜集整理相关材料。估价人员必须到估价对象现场亲身感受估价对象的位置、周围环境、景观的优劣，查勘估价对象的外观、建筑结构、装修、设备等状况，并对事先收集的有关估价对象的坐落、四至、面积、产权等资料进行核实，同时搜集补充估价所需的其他资料，以及对估价对象及其周围环境或临路状况进行拍照等。估价所需资料主要包括：对房地产价格有普遍影响的资料；对估价对象所在地区的房地产价格有影响的资料；相关房地产交易、成本、收益的实例资料；反映估价对象状况的资料。

(6)选择估价方法进行计算及决定估价额。

(7)撰写估价报告书。一份完整的估价报告书通常由六个部分组成：①封面；②目录；③致委托估价方函；④估价结果报告；⑤估价分析报告；⑥有关附件。在估价报告书中，至少要记载下列事项：估价项目名称；委托估价方名称(或姓名)和住所；受理估价方名称和住所；估价对象；估价目的；估价时点；价值定义；估价依据；估价原则；估价采用的技术路线、方法和分析测算过程；估价结论及其确定的理由；估价作业日期；估价报告书应用的有效期；估价人员；注册房地产估价师的声明、签名和盖章；估价假设和限制条件；附件(包括反映估价对象位置、周围环境、形状、外观和内部状况的图片，估价对象的产权证明，估价中引用的其他专用文件资料，估价人员和估价机构的资格证明)。

(8)交付估价报告书及收取估价服务费。

四、房地产估价的主要方法

(一)市场比较法

市场比较法是房地产估价中最重要、最常用的方法之一，也是一种很成熟的估价方法。在房地产估价实务中其往往是估价人员的首选方法。同时，在运用其他方法进行房地产估价时，又常常以市场比较法为辅助，因此，它也是最基础的方法。

1. 市场比较法的基本概念

市场比较法，又称现行市价法、交易实例比较法、买卖实例比较法、市场资料比较法、市价比较法，有时简称为比较法或市场法(market approach)。它是将估价对象房地产与在近期已经发生了交易的类似房地产加以比较和对照，从已经发生交易的类似房地产的已知价格，修正得出估价对象房地产价格的一种估价方法。所谓类似房地产，是指在用途、建筑结构、所处地区等方面，与估价对象房地产相同或相近的房地产。采用市场比较法估价求得的价格，称为比准价格。

2. 市场比较法的理论依据

市场比较法的理论依据是经济学中的替代原理。在市场经济中，经济主体的行为普遍遵循理性原则，而且追求效用最大化。由于商品购买者的行为通常只是为了满足其一定的效用需求，当同一市场上出现两种或两种以上效用相同或效用可相互替代而价格不等的商品时，购买者将力求选择价格较低的商品；而当价格相同、效用不等时，购买者又将选择效用较大的商品。这样，通过市场供求和竞争机制的作用，效用均等的商品之间将产生替代效应，最终使得市场上具有同等效用的商品获得相同的市场价格。这一替代原理作用于房地产市场上，便表现为效用相同、条件相近的房地产总是相互牵引，趋于一致。在评估房地产价格时，估价人员模拟房地产市场的这一过程，选择已成交的效用相近的价格为基础，以同一价格效用比来求出委估房地产的价格。

3. 市场比较法的评估步骤

市场比较法的评估步骤通常是：

(1)广泛选择交易实例。所搜集的交易实例内容主要包括成交价格、成交日期、付款方式、交易实例在交易时的状态(如坐落位置、用途、土地状况、建筑物状况、周围环境条件等)、交易双方及交易目的。

(2)选取较适当的房地产交易可比实例，确定市场参照物。可比实例的选取应符合下列要求：物质的统一性或类似性、地点的统一性或类似性、时间的接近性、交易情况无反常。

(3)对市场参照物进行差异调整，使其相似于委估房地产。其主要差异调整因素有交易情况因素(指交易行为中的一些特殊因素所造成的交易价格偏差，主要包括交易双方的关系、交易方式、交易费税以及价外费用等因素)、时间因素(指参照物成交时间与委估房地产评估时点不同所引致的房地产价格差异，一般采用价格指数或变动率进行修正)、区域因素(指房地产所在地区或地段条件对价格的影响差异，修正内容主要包括交通通达程度、繁华程度、小区配套设施、环境污染、城市规划等影响房地产价格的因素)、个别因素(指构成房地产本身的使用功能、质量好坏的因素，修正内容包括面积、形状、临街状态、土地使用权年限、容积率、建筑结构和新旧程度等影响房地产价格的因素)。

(4)确定委估房地产的评估价格。当交易情况因素、时间因素、区域因素、个别因素等相继完成修正后，就可以综合各修正结果，求出某一可比实例的修正价格。其公式通常为

可比实例修正价＝可比实例成交价×交易情况修正比率×时间因素修正比率
×区域因素修正比率×个别因素修正比率

通过上述修正计算后，根据每个交易实例都可计算出一个修正价格，而且不会完全一致，这就需要综合计算求出对象房地产的估价额。综合的方法主要有简单算术平均数法、加权算术平均数法、众数法、中位数法及混合法。

4. 市场比较法的适用条件

应用市场比较法进行房地产评估时，必须具备以下适用条件：

(1)要有一个充分发育、比较活跃的房地产市场，以便于寻求可资借鉴的房地产市场参照物。所谓市场参照物，是指应用现行市场比较法评估房地产时，如果不能直接取得该房地产的估价额，就应在市场上选择相似的房地产来与委估房地产进行比较，以其现行市价或成交价格为基础，再作必要的调整、修正，以此为根据来确定委估房地产的价格，这种在市场上寻找到的可与委估房地产相比较的房地产称之为市场参照物。

(2)这些市场参照物的交易是在正常情况下成交的，亦即成交价格没有过高或过低

的现象。

(3)委估房地产的市场参照物及其用于相比较的指标(项目)、技术参数等资料有转移记录，可以收集。

5. 市场比较法的适用范围

市场比较法以实际成交价格为估价参照基准，只要有类似房地产的合适交易实例即可应用，尤其在房地产市场比较发达的情况下，其是一种说服力强、使用范围广、被广泛采用的估价方法。这种方法适用于房地产交易比较活跃、类似交易实例较多的地区。长期以来，英国、美国、日本等国家以及我国的香港、台湾地区，在房地产估价中均广泛采用这种方法。但市场比较法从性质和功能上看，属于经验型评估方法，其所得出的评估结论除了取决于所获得的近期直接可供利用的房地产市场数据外，还取决于评估人员的实践经验、技能和素养。

此外，对特殊类型或市场交易案例很少的房地产(如教堂、寺庙等古建筑)的估价，市场比较法则不适用。

(二)成本法

成本法又称为原价法、合同法、承包商法、加总法等。它是与市场比较法、收益法(income approach)并列的三个最广泛用于房地产价格评估的基本方法之一。

1. 成本法的基本概念

所谓成本法，是一种以建造房地产所耗费的各种费用之和为主要依据，再加上一定的利润和应纳税金后，来确定委估房地产价格的一种评估方法。它是从生产费用的角度出发，以开发成本作为价值的基础来评估房地产价格的一种方法。采用成本法估价求得的价格，可称之为积算价格。

2. 成本法的理论依据

成本法的理论依据，从买方角度看是替代原理，即买方愿意支付的价格不能高于所预计的重新开发或建造该房地产所需花费的代价；从卖方的角度看，是生产费用价值论，即卖方愿意接受的价格不能低于为开发或建造该房地产已花费的代价，如果低于该代价就将产生亏损。一个是不高于开发或建造所需的代价，一个是不低于开发或建造所花费的代价，买卖双方可接受的共同点必然等于正常的成本(应包含正常的利润和税金)。因此，可以根据开发或建造估价对象所需的各项费用再加上正常的利润、税金来估价。

3. 成本法的基本公式

成本法的基本公式，因不同的房地产情况而有所不同，主要有三类：

(1)新开发土地价格的成本法基本公式。新开发土地包括填海造地、开山造地、征用农地后进行三通一平(或五通一平、七通一平)、拆除城市旧区中旧建筑物整理后出售土地等情形。

其基本公式为

$$新开发土地价格=待开发土地的购买费用+开发费用+正常利税$$

(2)新建房地产价格的成本法基本公式。在新建房地产的情况下，成本法的基本公式为

新建房地产价格＝土地购买费用＋建筑物建造费用＋正常利税

在新建建筑物的情况下，上述公式中不含取得土地费用，即

新建房地产价格＝建筑物建造费用＋正常利税

在实际评估时，上述公式中的具体项目可化为下列各项之和：取得土地费用(如征用农地的征地费，取得城市土地的拆迁补偿安置费，通过政府有偿出让取得土地时的地价款，通过二、三级市场有偿转让取得土地的购买价)、开发商承担的专业费用(如咨询、策划、可行性研究、规划、勘察、设计等费用)、建筑工程费用(取得土地后的建筑工程，开发商应支付给建筑商的费用)、投资利息(包括取得土地费用的利息、建筑工程费用的利息和专业费用的利息)、销售费用(包括市场推广费、委托销售代理费和销售手续费)、开发商负担的税费(包括营业税、城市维护建设费、教育费附加、印花税等)。

(3)旧有房地产价格的成本法基本公式。在旧有房地产价格的情况下，成本法的基本公式为

旧有房地产价格＝旧有房地产的重新购建价格－旧有房地产的折旧

式中，旧有房地产的重新购建价格的构成包括土地取得费用、开发成本、管理费用、投资利息、销售税费和必要的开发利润。估价上的折旧与会计上的折旧有着本质区别，是各种原因造成的建筑物价值的损失，主要包括物质上的折旧、功能上的折旧和经济上的折旧。

旧有建筑物价格＝建筑物重新建造成本－建筑物折旧

旧有房地产运用成本法估价是一种典型情况，这种情况下的成本法通常称为重置成本法或重建成本法。

4. 关于重新建造成本

重新建造成本，是假设在估价时点重新建造或购置全新状态的旧有房地产时所必要的适当成本或价格。所谓“必要”与“适当”，是强调该成本或价格不是指个别企业的擅长耗费，而是社会一般的公平耗费(即客观成本)，如果超出了社会一般的公平耗费，超出的部分不仅不能形成价格，而且是一种浪费；而低于社会一般公平耗费部分不会降低价格，只会形成个别企业的超额利润。

(1)房地产重新建造成本。求取房地产的重新建造成本，要先求取土地的重新取得价格，再加上建筑物的重新建造成本。如果土地是在既成的城市建成区内，且难以把握其重新开发成本时，则通常是采用市场比较法或收益法等其他估价方法，求取假设地上建筑物不存在时的空地价格，然后再加上建筑物的重新建造成本。

(2)建筑物的重新建造成本。求取建筑物的重新建造成本，是假设在估价时点旧有建筑物存在的土地是一块空地，而在同一场所除建筑物以外的状况均维持不变，重新建造与旧有建筑物完全相同或具有同等效用的全新状态的建筑物时，所必要的建筑费、其他费用和正常利税，即为建筑物的重新建造成本。

建筑物的重新建造成本有两种：①重建成本。即以原有的建筑材料、建筑技术与工艺、式样等，在估价时点重新建造与旧有建筑物完全相同的新建建筑物的成本。

②重置成本。即以估价时点当时的建筑材料、建筑技术与工艺等，重新建造与旧有建筑物具有同等效用的新建筑物的成本。

上述两种重新建造方式不同，得出的重新建造成本不同，一般情况下，特殊有保护价值的建筑物宜采用重建成本；普通建筑物适用重置成本；因年代久远，已缺少与旧有建筑物相同的建筑材料，或因建筑材料式样、建筑技术等变迁，使旧有建筑物重新出现存在困难时，也往往采用重置成本。

5. 成本法的估价步骤

成本法估价的基本步骤为：

(1)将土地视为空地，根据最高最佳使用原则来估计其价格。

(2)估计全部建筑物的重建或重置价格(不计入土地价格)。

(3)估算所有的应计入的折旧总额。

(4)在建筑物重建或重置价格中，扣除应计折旧总额，即可得到折旧后的建筑物价格。

(5)土地价格加上折旧后的建筑物价格，就可求得房地产的市场价格。

6. 成本法的适用条件和对象

在实际估价中，成本法有其特殊的用途，特别适用于：

(1)既无收益又缺乏交易案例资料的房地产价格评估，如学校、图书馆、医院、政府办公楼、军队营房、公园等公共建筑和公益设施。

(2)服务于某些特定目的的房地产价格评估。例如，为房地产征税、保险、申请抵押贷款等目的进行的房地产价格评估。

(3)确定投资开发效益的房地产以及单纯建筑物的价格评估。

在运用成本法估价时，必须特别注意的是：成本法所涉及的成本并非财务成本，它应当包含正常的利润和税金；要区分实际成本和客观成本，估价时必须采用客观成本(即全社会的平均成本)，不能用实际成本。

(三)收益法

收益法是进行房地产估价工作所采取的最主要的方法之一。它是从房地产的经济效用出发来评估房地产价格的方法。目前国内外将其广泛应用于收益性房地产、房产或土地的估价。

1. 收益法的基本概念

收益法又称收益还原法、投资法、收益资本化法、地租资本化法等。它是运用适当的资本化率将预期的估价对象房地产未来各期(通常为年)的正常收益折算到估价时点上的现值，求其之和，得出估价对象房地产价格的一种估价方法。采用收益法估价求得的房地产价格，通常称为收益价格。

2. 收益法的理论依据

收益法的理论依据是房地产价格形成的预期收益原理，即房地产价格是由人们对其收益能力大小的期望决定的，房地产价格的高低与人们对其未来收益的期望高低有关。由于房地产具有长期使用性的特点，具有收益性的房地产，不仅现在能取得一定的纯收益，而且能期待将来继续取得这个纯收益，因此，这宗房地产的价格就相当于能源源不断地带来与这个纯收益等量的收入，即房地产价格是将收益期内各年房地产收益用投资者所需要的回报率折现后相加求得的。

收益法是根据市场价值原理中的收益分配原理进行操作的，该原理指出房地产所获得的总收益要在劳力、技术、管理、其他资产和房地产中分配，房地产收益是在扣除了劳动力、技术市场管理、其他资产分配后的剩余。因此，在对收益性房地产进行估价时，要从总收益中扣除属于其他要素的分配，求取房地产纯收益。

3. 收益法的基本公式

收益法最一般的情形可用下面的公式表示：

$$V=\frac{a_1}{1+r_1}+\frac{a_2}{(1+r_1)(1+r_2)}+\cdots+\frac{a_n}{(1+r_1)(1+r_2)\cdots(1+r_n)}$$

式中，V 表示房地产价格；$a_1,a_2,\cdots,a_n$ 表示房地产未来各年的纯收益；$r_1,r_2,\cdots,r_n$ 表示房地产未来各年的资本化率。

上式是收益法基本原理的公式化，在实际应用过程中，需要根据 a、r、n 的变化导出相应的公式。例如，在各年纯收益、资本化率（大于零）保持不变，且年期无限的情况下，则有 $V=\frac{a}{r}$。

4. 关于纯收益的求取

收益法中，最关键的是确定纯收益和资本化率，二者的相互作用直接影响被评估房地产价格的大小。纯收益等于正常情况下的总收益减去总费用，一般以年为计算单位。房地产的收益可分为实际收益和客观收益。实际收益是在现状下实际取得的收益，一般来说它不能大于估价，因为个别企业（人）的经营能力等因素对实际收益影响很大，若以实际收益为基础进行资本化，会得到不切实际的结果。客观收益是排除了实际收益中特殊的、偶然的因素后所得到的一般正常收益，它才能作为估价的依据。

5. 关于资本化率的确定

所谓资本化率，是用以将纯收益资本化（或转换）为价格的比率，资本化率的实质是一种资本投资的收益率。资本化率是影响房地产评估价格的一个最大、最重要的因素，相同纯收益的房地产，因其选取的资本化率不同，其评估价格差别也会很大。

运用收益法评估房地产价格时，由于估价对象不同（例如，是评估整宗房地产的价格，还是评估其中某一部分的价格），应当采取的资本化率的性质也不同，因此需要区分资本化率的类型。应用最广泛的三种资本化率是综合资本化率、建筑物资本化率、土地资本化率。综合资本化率是求取土地与其地上的建筑物合为一体的价格时所应用的资本化率，所对应的纯收益是土地及建筑物合为一体所产生的纯收益；建筑物资本化率是求取单纯建筑物的价格时所应使用的资本化率，其所对应的纯收益是建筑物所产生的纯收益（即仅归因于建筑物的纯收益）；土地资本化率是求取单纯土地价格时所应使用的资本化率，其所对应的纯收益是所要评估的土地产生的纯收益。

收益法中，资本化率的确定与选取十分重要，也较为困难。目前，确定资本化率的方法很多，归结起来主要有：

(1)市场提取法，又称为直接比较法、反推法。它以市场数据为依据，通过市场上相同或相似房地产的纯收益、价格等资料，反求资本化率。因而该方法最具客观性，最能反映市场实际，但需要估价人员有相当的经验和技巧。

(2)安全利率加风险调整值法。这种方法是先找出安全利率(所谓安全利率，就是无风险的投资收益率)，在确定了安全利率的基础上，根据估价对象房地产的社会经济环境等因素，确定风险调整值，最终计算出资本化率，即资本化率＝安全利率＋风险调整值。

(3)投资收益率排序插入法。先将社会上各种类型的投资及其收益率找出，按收益率的大小从低到高排列顺序，制成图表，估价人员再根据经验判断所要评估房地产的资本化率应落在的区间范围，从而确定出所要确定的资本化率数值。

(4)投资复合收益率法。这种方法是将购买房地产的抵押贷款利息率与自有资本收益率进行加权平均，计算出资本化率。

6. 收益法的适用范围

收益法主要用于收益性房地产的价格评估，其应用时需要以下条件：委估房地产未来的年纯收益可用货币计量；纯收益的产生是连续的，且在数量上是稳定的；资本化率可以确定；取得收益过程中的风险可以计量。

因此，收益法只适用于有收益或潜在(预期)收益的房地产，如商业性用房(百货大楼、酒店、宾馆等)。对机关、学校等公益性房地产及生地地块，由于其收益往往难以用货币来度量，因此，收益法多不适用于其估价。

(四)假设开发法

在实际估价过程中，假设开发法往往被用来评估空地或各种需要开发土地的价格。

1. 假设开发法的基本概念

假设开发法也称剩余法、余值法、倒算法等。该方法是指在求取具有开发潜力的委估土地的价格时，估计将它开发形成房地产可以实现的预期价格(即被评估土地的房地产整体出售价格或类似土地的房地产整体出售价格)，减去按现时价格计算的建造和销售该房地产所花费的必要成本费用(如房屋建筑造价、专业费、利息、税费、销售费等)，以及正常的合理利润，其余额就是土地的评估价格。它常用来评估较为独特的具有开发潜力的土地价格。

2. 假设开发法的理论依据

假设开发法是一种科学实用的估价方法，其形式实际上是成本法的逆运算。假设开发法的理论依据完全类似于地租原理。只不过地租是每年的租金剩余，假设开发法计算的是一次性的价格剩余。

3. 假设开发法的适用范围

假设开发法的具体适用范围是：

(1)待开发土地的估价。

(2)待拆迁改造的再开发房地产的估价。

(3)仅将土地或旧房地产整理成可供直接建筑的土地时的被整理土地或旧房地产的估价。

(4)具有装修改造潜力的旧房地产的估价。

(5)现有新旧房地中地价的单独评估。

(6)房地产开发项目的评估。

4. 假设开发法的计算公式

(1)基本公式：

土地价格＝建筑物的预期销售收入－除地价外的房地产开发建设成本－税费－正常利润

式中，除地价外的房地产开发建设成本包括土地开发费、建筑物的建筑成本以及期间费用。

(2)适用于预期售价的公式。在开发项目建成后的出售情形下，假设开发法的理论公式为

$$V = A - (B + C)$$

式中，V 表示购置开发场地的价格；A 表示开发项目预期建成后的售价；B 表示开发项目预期的开发费用；C 表示开发利润。

(3)适用于预期租金的公式。在开发项目建成后的出租情形下，假设开发法的理论公式为

$$V = V_c - (B + C), V_c = \frac{a}{r}$$

式中，V 表示购置开发场地的价格；B 表示开发项目预期的开发费用；V_c 表示开发项目预期建成后的“资本化价值”；C 表示开发利润；a 表示开发项目预期建成后每年的平均纯收益；r 表示资本化率。

5. 假设开发法的具体操作步骤

一般情况下，采用假设开发法进行估价应遵循以下操作步骤：

(1)调查待开发房地产的基本情况。

(2)选择最佳的开发利用方式和开发方案。

(3)估价开发建设期。

(4)预测开发完成后的房地产价值。

(5)估算开发费用和开发利润。

(6)进行具体计算，决定估价额。

6. 运用假设开发法的注意事项

在现实估价中，运用假设开发法估价，关键要注意两点预测：

(1)是否根据房地产估价的合法原则和最高最佳使用原则，正确地假设了土地的最佳开发利用方式(包括用途、使用强度、档次、建筑物式样、外观、内部设计与布局等)。

(2)是否根据当地房地产市场行情或供求关系，正确地判断了未来开发完成后的房地产价值。

五、其他房地产估价方法

(一)路线价法

路线价法是对城市土地进行估价的重要方法之一。它是对面临特定街道而接近距离相等的市街土地，设定标准深度，求取在该深度上数宗土地的平均单价，并附设于街道上，得到某一街道的路线价，然后据此路线价，再配合深度指数表和其他修正率表，用数学方法算出临街同一街道的其他宗地地价。

其基本计算公式主要有：

委估土地价格＝路线价×深度指数×土地面积(或土地深度)

委估土地价格＝路线价×深度指数×土地面积(或土地深度)＋修正额

委估土地价格＝路线价×深度指数×土地面积(或土地深度)×其他修正率

路线价法的理论依据是土地价值的决定理论。土地价值主要由土地的有用性和接近性即距离街道的远近决定。对于城市土地来说，其有用性直接决定于接近街道的程度，因而城市土地的价格主要由接近性决定。

路线价法实质上是土地的市场比较法，在土地估价中运用较广，对于较大规模的土地估价，如课税估价、征地拆迁补偿估价等需要采用简便、迅速的估价方法，通常采用路线价法。该方法在美国、日本房地产估价运用中最为典型。

运用路线价法的前提条件是：有可供使用的科学合理的深度指数表和其他所需要的各种修正率，有完善的城市规划和系统完整的街道，有较多的交易案例，土地排列比较整齐。该方法适用于市街地，主要适用于商业繁华区域土地价格的估算，对道路系统完整、道路两旁的宗地排列整齐的区域和城市，其运用效果更佳。

运用路线价法评估土地的具体操作步骤主要是：划分路线价区段→设定标准深度→确定路线价→制定深度指数表→计算各地块价格。

(二)残余法

残余法实际上是一种收益法，当需要根据房地收益单独求取土地价格或建筑物价格时，可以采用残余法。残余法可分为土地残余法和建筑物残余法两种。

所谓土地残余法，是土地与地上建筑物合并产生收益，依收益法以外的方法能求得建筑物价格时，则可将该建筑物价格乘以建筑物资本化率得到归属于建筑物的纯收益，然后从土地与地上建筑物合并产生的纯收益中扣除该建筑物的纯收益，得到归属于土地的纯收益，再用资本化率进行资本化，即可求得土地价格。所谓建筑物残余法，是土地与地上建筑物合并产生收益，依收益法以外的方法能求得土地价格时，则可将该土地价格乘以土地资本化率得到归属于土地的纯收益，然后从土地与地上建筑物合并产生的纯收益中扣除该土地的纯收益，得到归属于建筑物的纯收益，再用资本化率进行资本化，即可求得建筑物价格。

在运用残余法时应当注意，残余法在土地或建筑物的价格依其他方法不能明确把握时，是最有效的方法。但在一般情况下，残余法要求建筑物比较新，并且处于最有效使用状态，同时可以获得其经济租金时其才为有效方法，否则，运用残余法也不一定能保证求得正确的价格。

（三）购买年法

购买年法是一种收益法。它是指在土地估价中将地租与一个常数相乘而求取地价的一种方法。这个常数通常被称为“购买年”，其求得的价格也可称为收益价格，主要用来评估土地价格。该方法是一种简单但较为粗略的估价方法，其可信度取决于纯收益与购买年的准确与否。

马克思正确地揭示了购买年法的理论根源：“这不过是地租资本化的另一种表现。”这就是说，购买年只能通过利息率来解释，这个数字本身是毫无经济意义的，它只是由地租资本化所演算出的数学结果。购买年只能通过利息率来解释，并不是指购买年就是利息率的倒数，其完整含义是：购买年只能通过利息率等有经济意义的因素来说明，在一般情况下仅用利息率就可以解释，但在某些情况下还要通过其他因素配合才能解释。

购买年法在实际应用中有较大的现实意义：

(1)在评估房地产价格时可不必再通过迂回的方法先知道资本化率。如果通过大量的调查资料，找出了现实房地产市场中地价是地租的若干倍数，这个若干倍数乘以年地租就可以求得所评估土地的价格。

(2)可以用来简单判断某宗土地买卖价格或评估价格是否公平合理。因为在一定范围内，地价与地租的倍数一般不会波动很大，绝对数字也不会很高。

(3)在有年租的地方，人们完全按照形成惯例的若干倍数来估算地价，因而可能形成一种估价习惯。

为了便于比较，表 10-1 列出了各主要房地产估价方法的基本情况。

表 10-1　三类主要房地产估价方法的综合比较

项目＼方法	市场比较法	成本法	收益法
定义	将估价对象房地产与在近期已经发生了交易的类似房地产加以比较对照，从中修正得出估价对象房地产价格的一种估价方法	以建造房地产所耗费的各种费用之和为依据，再加上一定的利润和应纳税金，来确定委估房地产价格的一种评估方法	运用适当的资本化率，将预期估计对象房地产未来各期的正常纯收益折算到估价时点上的现值，求其和得出房地产价格的一种方法
基本原理	替代原理	生产费用价值论	预期原理及效用价值论
主要特点	以实际成交价为估价参照基准，只要有类似房地产的合适交易实例即可应用，尤其在房地产市场比较发达的情况下，是一种说服力强、使用范围广，被广泛采用的估价方法	不考虑市场因素，主要根据开发建造房地产的“生产费用”对房地产进行估价，价格＝“成本”。“成本”包括正常的利润和税金，是客观成本而非实际成本	根据房地产未来收益权利来估计房地产的现在价值。但这种测算过程也比较复杂，一般与房地产纯收益、资本化率和获取纯收益的年限三者有关，要根据具体情况确定测算公式

续表

方法 项目	市场比较法	成本法	收益法
技术关键	对交易实例进行修正（包括交易情况、交易日期、区域因素和个别因素等方面的修正）	对待估价建筑物进行折旧计算（这种折旧不同于会计折旧，它是各种原因带来的价值损失）	对纯收益和资本化率的测算（纯收益是客观收益，而非实际收益；资本化率要与纯收益的变化和收益年限分开）
适用对象	适用于房地产交易比较活跃、类似交易实例较多的地区。但不适用于在一些没有房地产交易或农村等房地产交易发生较少的地方。对某些交易类型很少见的房地产（如教堂、寺庙等古建筑）也难以适用	适用于既无收益又很少交易的学校、医院、政府办公楼、营房、公园等公共建筑和设施的估价。某些特定目的的房地产估价（征税、保险、申请抵押贷款等目的），单纯建筑物的估价也可用成本法	适用于对有收益或有潜在收益的房地产（如商业性用房、百货大楼、酒店、宾馆等）进行估价，对于政府机关、学校、公园等公用、公益房地产的估价大多不适用
近似方法	路线价法	假设开发法	残余法、购买年法

第二节 房地产价格评估

一、地产价格评估的理论基础

（一）地产特点

地产是土地的经济形态，体现了土地产权关系，它既具有土地的商品属性和法律属性，又具有土地作为资源和资产的自然属性和经济属性。

(1)地产的自然属性。地产是土地在一定历史发展阶段的形态，它不仅具有经济学属性，而且也具有土地作为自然资源所固有的自然属性，即使用的永久性和位置的固定性。土地不是一次性的消费品，不会因使用而损耗或消灭，它可以反复使用和永续利用，并随着人类劳动的连续投入而不断发挥其性能。地产是不动产，它不能随着土地产权的流动而改变其空间位置，具有位置的固定性。

(2)地产的经济属性。一方面，地产是人类对土地的连续投入和人类劳动大量凝结的产物，它具有价值和使用价值；另一方面，地产是指土地作为资产或资产的一种形态，不单是指土地这一实体，更重要的是指占有和利用土地这一财产的权利——土地所有权，土地所有者可以凭借其拥有的土地所有权定期从土地使用者那里得到地租，人们购买土地不是购买土地本身，而是购买获得土地的收益——地租的权利。

(3)地产的商品属性。地产具有价值和使用价值，而且可以在让渡(或买卖)过程中实现其价值，所以土地具有商品属性。作为商品，它必然要实现其所有权的让渡(或买卖)，而地产只能在不改变其所有权的条件下进行土地使用权的让渡——出让、转让和出租等，这些让渡(或买卖)充分体现了地产的商品属性。

(4)地产的法律属性。地产最重要的内容不是它的实体，而是占有和利用它的权利或是产权关系。地产的产权，即财产权，是指国家法律认可的，依法保护所有者或使用者对地产的占有、使用、收益和处分等权力。地产产权关系是指在地产开发、经营、管理和使用过程中发生的人与人之间的经济关系和权力关系。因此，地产的产权和产权关系的存在和变更状况，反映了地产的法律性质。

（二）地产价格评估的理论基础

从地产价格评估的实质出发，地产价格评估的理论基础是马克思的地租理论、地价理论、区位理论和转换边际理论。

1. 地租理论

根据马克思的地租理论，城市绝对地租由农业绝对地租水平决定，以城市郊区一定区域内的相对劣等地的地租量为基准，不同区域的农业地租导致不同城市的绝对地租水平也不同。在地产评估时，特别是评估城郊农业用地与非农业土地接壤地带的地产价格时，采用相同还原资本化率的情况下，其地价要以紧邻的农业土地地价为基础，以保证至少能获得土地利用的最低效益，起到合理利用土地的作用。

级差地租是城市地租的主体，级差地租理论是地产价格评估时要遵循的最佳效用原则、预测原则以及时点原则的依据。一定区位上的城市土地，可以获得的级差地租是由土地生产力的水平所界定的，但由于利用方式不同，具体体现的级差地租却又是不同的、可变的，因此，在进行城市地产价格评估时，要首先明确评估目的。同时，级差地租呈动态增长趋势，在城市经济发展水平不断提高，第三产业不断发展，土地利用方式日趋合理的情况下，不仅级差地租的总体水平不断上升，而且任一地块的级差地租也都呈上升趋势，因此，在以此为基础评估地产价格时要遵循时点原则。

2. 地价理论

马克思的地价理论认为，价格和价值属商品经济范畴，价值的实体是劳动，交换价值是价值的表现形态，地租存在的原因是土地所有权的存在，土地价格的实质是地租资本化。西方经济学中对地租地价的理论则主要采用边际分析、供求分析等数量分析的方法，其理论基础是效用价值论、生产费用论和供求论。西方地租、地价理论侧重于对地租、地价量及其影响因素的分析，而忽视或避免从本质上分析地租、地价。马克思的地价理论则阐明了地租和地价的本质、来源及所反映的经济关系。两者存在根本的区别，但同时两者又有相同之处，如对土地的使用价值、地租和地价的关系等问题的认识有很多相似点。例如，马克思认为，地租存在的原因是土地所有权的存在，这是一种高度的理论概括，说明了土地具有效用性，存在稀缺性等经济特性。

因此，在地价评估时，应以马克思的地租、地价理论为基础，同时也吸收西方经济学对地租、地价研究分析的有用部分。地价理论在地产评估中的指导作用主要体现在其遵循的替代原则和供求原则中。

3. 区位理论

对城市土地的性质和利用方向的分析是科学进行地产评估的重要前提，在城市土地性质和土地利用中，土地区位具有决定性的意义，区位理论已广泛应用于城市土地利用、厂址选择、商业服务业网点设置、城市规划和经济区划等各个方面，区位理论也是进行地产评估工作的基础。

区位论的许多基本原理是城市土地布局的基础，从区位论的角度出发，可以帮助我们正确认识现有城市布局形态，处理各种用地之间的关系，从而有助于我们以科学的方法进行地产评估。

城市地域结构论(包括同心带模式、扇形模式、多核模式、多层向心模式、大城市圈模式、分散集团模式等)是城市土地利用形态在空间上的理论化和规范化，是城市土地空间结构的客观抽象描述，它是城市规划的基础，对分类估价具有指导意义。功能分区是土地分类的基础，也是评估分类地价的基础。

工业区位论提出了一系列自然、社会区位因子，并从经济上论证了不同区位因子组合会造成不同的收益，进而提出了工业用地优选理论。因此，它对选择、评价工业用地具有较大的指导意义。

4. 转换边际原理

地产评估不仅要划定城市土地的等级，还要揭示现实土地的经济效益，评估其合理的价格，并以合理的评估价格作为用地单位选址时衡量其支付能力的重要尺度。具体地讲，城市地产评估的目的就是揭示城市土地的租金梯度曲线，以此作为土地最优利用的依据。正确做出土地租金梯度曲线，需要以转换边际原理作基础。

转换边际法是解释土地面积在具有不同支付能力的用途间分配的有益方法。转换边际原理对地产价格评估具有广泛的作用，如在分类估价中转换边际原理起着具体的指导作用；在评定综合基准地价时其具有决定性作用，在价值规律和市场机制的作用下，由市中心到边缘必然形成与地价、地租水平相适应的基本用地布局。

(三)我国地产价格分类

随着我国社会主义市场经济体系的逐步建立，地产市场的逐步形成以及国家地产价格管理措施的增加，我国地产价格种类和地价形式也有很多。

1. 按市场交易方式的不同，其进行划分

按市场交易方式的不同，其可划分为以下几种。

(1)征用价。它是指政府征用各种地产(如农地、林地、市地等)时，向该地产的原使用者或所有者支付的赔偿额。

(2)出让价。它是指政府将国有地产出让若干年，并一次性收取的这些年的地租现值总额。

(3)出租价。它是指地产所有者或使用者出租其地产每年收取的货币金额。

(4)转让价。它是指地产使用者将其受让的地产转让出去时所收取的货币总额。

(5)入股价。它是指地产所有者或使用者将其地产使用权入股与其他投资者进行合作开发或合作经营。

2. 按评估目的的不同进行划分

按评估目的的不同，其可划分为以下几种。

(1)征税价。它是指根据地产价值，对地产占有人、所有人或使用人征税时所评估出的地产价格。

(2)清产核资价。它是指因会计核算需要反映企业资产大小时(即便地产未进行交易)，所评估出的地产价格。

(3)抵押价。它是指地产拥有人向银行贷款时，委托评估机构对其抵押的地产所评估的价格。

(4)交易参考价。它是指在发生交易前，交易双方或委托中介评估机构对即将交易的地产所评估的价格。

(5)补交价。它是指对行政划拨或无偿使用的国有地产发生转让时所收取的价额款。

(6)确认价。它是指政府有关管理部门对评估机构评估地产所认定的价格。

3. 按政府地价管理的需要进行划分

按政府地价管理的需要，其可划分为：

(1)基准地价。它是指城镇国有土地的基本标准地价，即在一定时间内，根据城镇各种类型、交易情况或土地实际收益状况，按科学的估价方法，估算出各级别土地范围或均质地域内的商业、工业、住宅等各类用地的平均价格。基准地价评估是以城镇整体为单位进行的，是我国目前区域平均价的最常见形式。

(2)标定地价。它是指各地政府对需要进行出让、出租的地块评估的宗地价格，以基准地价为依据，根据市场行情、地块大小、形状、容积率、微观区位和土地使用年限等条件估算具体地块在某一时间的价格。它为地方政府对地价实行管理、防止土地市场价格剧烈起伏、维持合理的地价水平提供了依据。

(3)土地使用权出让底价。它是指政府根据正常市场状况下宗地或地块应达到的地价水平确定的某一宗地或地块出让时的最低控制价格标准，它也是土地使用权出让时政府首先出示的待出让土地或地块的最低地价(标价)的依据和确认成交地价(或出让金)的基础。

二、城市地价评估中的基准地价方法

根据地价评估方法的差别，国际上将地价评估方法分成两大类：一类是基本估价方法，这种方法只是对某一宗地进行资料处理和估价，得到一定时点的宗地评估价格，属于这类方法的有收益法、比较法、剩余法等；另一类是应用估价法，它是在基本估价方法的基础上，利用宗地估价的结果，对价格、价格影响因素、地价变化规律进行分析，建立起一套评估标准，需要时对一个城市或多或少的区域内的宗地进行全面估价，这类方法适合于政府为管理地价、市场需要而进行的大面积估价，该类方法主要有路线价估价法、标准宗地估价法、模型法等。

城市基准地价评估方法是一种应用估价法。我国城市基准地价评估有一个不断发展完善的过程，我国从试点到全国城镇基本完成基准地价，有十几年的历史。这一项工作对于人们心中树立土地的价值观念和推进土地使用制度改革乃至经济体制改革、培育房地产市场都起到了重要的作用。基准地价评估工作收到了预期效果。

（一）基准地价的基本概念

1. 基准地价的含义

根据 1993 年国家土地管理局颁布的《城镇土地估价规程》对基准地价的定义，基准地价是指城镇国有土地的基本标准价格，即在一定时间内，按照科学的估价方法，估算出城镇各级土地或均质地域内的商业、住宅、工业等土地利用类型评估的土地使用权单位面积平均价格。

作为各种用途的土地使用权的区域平均价格的基准地价，是我国目前区域平均价格的最常见形式，其对应的使用年限为各用途土地的法定最高出让年限，一般由政府组织或委托具有一定资质的估价机构进行估价，估价结果经政府认可后定期公布。

2. 基准地价的基本特征

基准地价是代表土地市场正常水平的价格，并能客观地反映城市地价规律，是现行政策下的指导价格，基准地价有以下基本特征：

(1)全局性。城市内任何一个区域的土地，应有至少一种用途类型的基准地价。

(2)权威性。基准地价一般由政府组织有关专家组成的专门估价机构进行估算，并由政府审定、认可和定期公布，因而具有权威性。

(3)用途。同一区域中，不同土地利用类型的土地有不同的基准地价标准。

(4)均性。基准地价对应地价区、地价片(内部特性相对均一的区域)，是某地区土地等级、特定用途、一定时间内的平均价格(非简单平均)，反映了我国一定时间、一定地域的城镇土地利用所产生的实际经济效果的平均水平。

(5)有限期。基准地价是有限年期的土地使用权价格，按国家规定，不同用途土地使用权的出让最高期限是不一致的，因此，不同用途基准地价的年限也不同。

(6)时效性。基准地价作为一种价格标准，必然有一定的时效，只能反映特定时点的土地市场价格水平，只有及时更新才能保证其有效性。同时，在应用过程中也必须根据不同时间进行必要的修正。

（二）基准地价评估方法的基本原理

1. 基准地价评估方法的主要原则

为了保证基准地价评估结果的科学性、可操作性和可比性，各城市(镇)基准地价的评估应遵循一些基本原则：

(1)土地用途与实际用途相一致。虽然城市发展、建设使土地用途处于不断的变化之中，并影响基准地价，但基准地价的市场导向性、公示性等作用要求基准地价能反映一定时段内城镇土地客观存在的价格水平，因此，基准地价评估时应以土地用途与实际用途相一致为原则。

(2)土地的使用价值评价和土地的实际经济收益水平测算相结合。基准地价评估中要做到土地使用价值评价与其实际经济收益水平测算相结合，通过土地使用价值相同类型区域中土地实际经济收益水平的比较，剔除其他因素对地价的非正常影响，较好地评估基准地价。

(3)根据城镇条件和市场状况，选择合适的评估技术路线。科学、切实可行的技术路线可以使复杂的地价评估工作简单化、条理化，因此，不同城镇可根据不同的实际情况选择不同的评估技术路线。

2. 基准地价评估方法的理论依据

基准地价评估方法的理论依据主要有三方面：

(1)土地收益水平差距是基准地价评估的客观依据。土地区位是城镇内土地利用条件和社会经济活动之间相互联系和相互作用在空间位置上的反映，是决定土地收益和价格的主要因素。土地区位的差异能给相同行业和相同利用方式的土地使用者带来不同的经济收益，从而在很大程度上决定了土地所有者收取地租的标准、土地使用者支付地租的能力大小和土地购买者能承受的地价水平。基准地价的评估就是依据城镇内土地区位差异和实际经济收益状况，确定合理的土地价格标准。

(2)各行业对土地质量的不同要求及其土地利用效益水平的差异是形成不同类别基准地价的基础因素。依据土地利用的边际效益原则，城镇中的各行业在城镇中具有其最佳区位，支付相应的地租或地价。因此，不同行业用地的基准地价具有不同的变化规律，在整个城镇范围内表现出不同的空间分布特征。

(3)城镇土地利用在一定时段上的相对合理性和长期变化性是基准地价相对稳定和不断演变的前提条件。社会经济发展、行业聚集效益和土地寻租现象使不同土地利用类型分布大体合理，结构基本稳定，从而使评估的基准地价在一定时段上相对稳定。但是伴随着城镇的发展，土地利用集约度的增加或城镇的扩大以及城镇产业布局调整等，土地利用结构不断处于重组之中，因此，基准地价也处于不断变化之中。

3. 基准地价评估方法的技术路线

所谓技术路线，主要是指地价评估的基本思路、方法选择、成果表达方式和采用技术手段等方面的设计。

4. 基准地价评估方法的基本思路

目前，我国城镇基准地价是以“土地分等定级为基础，土地收益为依据，土地市场交易价格为参考”为原则进行评定的。其基本思路是：首先根据城镇土地的开发程度、基础设施状况、城镇中心地区的影响程度等因素，按城镇的土地使用价值划分城镇土地等级；其次测算各级别土地上的土地收益(地租)量，采用资本化法将土地收益还原为地价；最后参考市场的地价信息进行修订，得到基准地价，并在基准地价的基础上，建立标定地价评定标准，编制标定地价评估修订系数表。在具体评估时，通过衡量具体宗地的各种土地条件，对基准地价进行系数修订并得到所需的地价。

对以土地级别为基础进行基准地价评估的，先分土地类别计算不同级别上的土地收益、地价等，评估出各级内各类别的基准地价。然后以各种土地利用中最佳利用类型的基准地价作为各级别的基准地价，并综合评估出城镇基准地价。在此基础上，根据需要评估出部分用地的路线价和区段基准地价；对以土地均质区域为基础进行基准地价评估的，先作区域归类，然后依据各类型区域中实际存在的土地用途和宗地土地收益、交易地价等资料，评估出各区域土地的基准地价。

5. 基准地价评估的方法

城镇基准地价评估的方法经过不断探讨、研究和实践，日趋多样化。按照国家土地管理局土地定级估价规程要求和实践中的应用情况看，目前常用的方法主要有以下两种：

(1)土地市场交易实例法。它是以市场地价调查获取实际地价信息测算基准地价的方法，该方法首先以城市规划为主要依据划分均质区域(区段)，或者直接利用土地市场交易实例划分土地级别；其次通过大量的房地产市场案例调查，针对不同的情况应用假设开发法、市场比较法、收益法、成本法等基本评估方法评估案例的正常市场地价；最后计算各类用途、各区位、区段(包括路线价区段)的平均地价，根据地价高低修正、划分土地级别。

运用该方法测算基准地价更符合基准地价评估的原则，并且具有简捷、切实、可行的特点，但是，目前大多数城镇尚不具备充分的市场条件。因此，该方法适用于那些房地产市场比较发达，房地产交易样点较多且分布均匀的沿海城市。

(2)级差收益测算法，也称为土地条件因素价值分析法。它是 1985 年上海市研究会开创的，并在运用生产函数计量模型测算土地级差收益法的基础上发展完善而成的。它以生产因素边际生产力分配理论为依据，以城市土地合理分级为基础，一般先根据土地利用条件，采用多因素综合定级的方法划分土地级别，然后调查大量企业生产收益和土地、资金、劳动力三要素的数量资料，运用回归分析方法，建立反映不同级别土地利用净收益与生产因素之间数量关系的经济模型，再根据土地的边际收益系数，分别求出城市各个级别的土地收益估计值，将土地收益视同经营者交付地租的能力，再依测定的土地资本化率得出各级土地的基准地价。

该方法较适用于测算土地的理论价格，在房地产市场不够发达、房地产交易资料不足的城镇，它是结合土地定级间接测算基准地价的一种可行方法。但由于土地收益资料的取得和准确性难以把握，因此，级差收益法在实际应用中有一定的局限性。

(三)基准地价方法的操作程序

城市地价评估工作是一项涉及面广、技术性比较强的工作。它不仅需要选择科学的方法，而且要按一定的工作程序进行，才能保证工作质量，避免盲目性和操作过程的返工浪费。一个完整的基准地价评估工作一般要经历以下几个程序：

(1)划分基准地价评估区域。划分基准地价的均质区域是当前城镇基准地价评估工作的基础，其划分标准影响土地价格因素的相对一致性或地价的相近性。目前划分基准地价评估区域的方法主要有两种：一种是根据影响土地使用价值或价格的因素的差异性和一致性划分土地级别；另一种是在城镇土地利用分区的基础上，按区域土地利用条件的差异，直接划分不同的土地条件均质区域。

通常可将土地划分为商业路线区段、住宅片区段和工业片区段三类地价区段。划分区段的方法通常是就土地位置、交通、使用现状、规划、房地产价格水平及收益情形等作实地调查与观察，将情况相同或相似的相连土地划分为同一区段。区段界限应以道路、沟渠或其他易于辨认的自然界线为准，但商业路线区段应以里地线为界线。

(2)调查、收集与整理基准地价评估信息资料。在当前市场条件下，基准地价的测算资料主要有：能反映出地租、地价的资料，如土地使用权出让、转让、出租、抵押等价格资料和土地征用、拆迁过程中涉及的各项费用资料；房地产交易、出租中包含的地价资料，如房屋买卖、出租、土地联营入股资料等；企业经营活动中利用土地的效益资料，如土地上的企业生产经营资料和土地出让、转让、地租等资料。

(3)抽查评估宗地地价。在划分的各地价区段内选择数宗具有代表性的土地，由估价人员调查搜集这些宗地的相关经营收益资料、市场交易资料或开发费用资料等，再运用收益法、假设开发法、市场比较法、成本法等适当的估价方法评估出这些宗地在合理市场下可能形成的正常市场价值。

(4)计算区段地价。所谓区段地价，是某特定地价区段的单价或楼面地价，它代表或反映着该地价区段内土地价格的正常水平。区段地价的计算是求各地价区段中所抽查评估出的宗地单价或楼面地价的平均数、中位数或众数。计算出的区段地价，对商业路线区段来说是路线价，对住宅片区段和工业片区段来说是区片价。

(5)确定基准地价。在区段地价计算基础上作适当调整，可确定基准地价。但应先把握各地价区段之间的好坏层次，再把握地价的高低层次，避免出现条件较差区段的基准地价高于条件较好区段的基准地价的不合理现象。

(6)提出基准地价应用的建议与技术，形成基准地价成果。其包括该基准地价的内涵、作用，将该基准地价修正到宗地价格的方法和系数，如具体区位、土地使用权年限、建筑容积率、临街状态、土地形状等修正方法和修正系数。

(四)基准地价在城市地价评估中的应用

目前，我国基准地价有两种表现形式：一是单一基准地价，即标出基准地价与土地级别、用途的关系；二是将基准地价按其构成细分，即基准地价＝出让金＋配套费＋其他(如拆迁费或征地费)。前者简单明了，有利于规范市场；后者在目前管理体制下更有利于对资金归口管理，但较复杂，不易掌握和理解。

基准地价在城市地价评估中主要有以下应用：

(1)用于宗地地价评估。宗地地价是一宗土地的一定权利状态在某一时点下的价格，是评估标的的市场价。宗地地价原则上可以采用两种方式来评估：一是直接运用市场比较法、成本法、收益法、假设开发法等来评估；二是在有基准地价的地区，可通过基准地价的修正来评估，即通过基准地价修正法求取。具体形式为

$$宗地地价＝基准地价＋修正值$$

式中，基准地价可通过查找评估标的所在区域(或级)的基准地价图表得到。修正值通过对评估标的和所在区域(或级)的平均地价影响因素(主要是位置、容积率)的比较来确定。具体地说，将评估标的与其所在区域(级别)的基准地价土地使用标准(如容积率、位置、地块形状、环境等)进行比较，得到修正值，其过程与比较法相同。

(2)在收益法中的应用。对于有收益的房地产，要将房地价格分开时，其中地价就

是通过基准地价修正得出的。具体过程类似于宗地价格评估。

(3)在成本法中的应用。在应用成本法进行房地产价格评估时，可用成本法得到建筑物和其他建筑附属物的成本价，经折旧及其他修正后得到建筑物的价格。然后需要根据基准地价修正法得到宗地地价，两者之和即为房地产评估价格。

三、高层建筑地价的分摊

在现代城市中，随着建筑技术的日益发展和土地资源越来越稀缺，房地产开发逐步向高层化和深层化方向发展。同时，随着房地产交易活动的多样化，出现了一座建筑物内存在众多的所有者或使用者共有的情况。因此，地价分摊问题成为房地产估价中的一项重要内容。

(一)关于地价分摊的依据

地价分摊的情况十分复杂，为了便于说明问题，这里仅就房地产开发商从购买土地到售出建筑物这段时间来分析分摊的地价依据。目前，常用的主要有以下四种分摊地价的依据，它们各有利弊，因此，还难以找到一个统一的标准，需要在实际应用过程中根据实际情况进行具体分析，加以研究和确定。

(1)以房地产开发商购买土地时的实际出价为依据进行分摊。这种方法比较简单，但由于房地产开发商购买土地时的实际出价通常是以预期的未来在这块土地上建成的建筑物连同土地的售价(简称楼价)为前提的，当时预测的楼价与后来建成实际出售时的楼价往往不一致。

(2)以房地产开发商购地时的地价加上房地产开发商预估的利润、利息等的一部分为依据进行分摊。在假设开发法的计算中，房地产开发商的利润、利息等通常是以包括地价在内的总成本(全部预付资本)来估算的，但对购买者来说，在房屋出售时实际上有两种价格，即建筑物价格和土地价格。这就是说，对购买者来说，房地产开发商的利润、利息等应当由建筑物和土地来分摊。因此，这种地价分摊依据也容易产生分歧。

(3)以土地真实价格为依据进行分摊。根据房地产估价的假设开发法，在房地产现实价格已定的情况下，扣除建筑费等后就得到土地的真实价格。但是否以这种土地真实价格进行分摊，主要取决于房屋购买者是否承担房地产开发商购买土地时所负的地价责任。

(4)以真实地价加上真实利润、利息等的一部分为依据进行分摊。这里所指的真实利润、利息，不是实际的利润和利息，而是按照社会平均水平应获得的利润和利息。

(二)地价分摊的具体方法

1. 按建筑面积进行分摊

这种分摊方法是根据拥有建筑面积的多少来分摊的，其具体公式与步骤如下：

$$分摊系数=总地价/建筑总面积$$

$$某部分建筑享有的地价=分摊系数\times该部分的建筑面积$$

$$\begin{aligned}某部分建筑享有的土地份额&=该部分建筑享有的地价/总地价\\&=该部分的建筑面积/建筑总面积\end{aligned}$$

按建筑面积进行分摊，其优点是简单，可操作性强，但有一定的局限性，主要适用于各层用途相同且价格差异不大的建筑，如单一的住宅楼、办公楼。

2. 按房地价值分摊

为了克服按建筑面积进行分摊时出现的"不同楼层的价格不同，但分摊同量的地价"现象，可按照各层的"房地"价格进行分摊，即按照占有部分的房地价值占房地总价值的份额来分摊，用公式表示为占有的土地份额=占有部分的房地价值/房地总价值。

具体方法是：假设各层的楼价为 V_i（i 表示层数，当 i 为 1 时，表示地上第一层，以此类推），整座房屋占用的土地价格为 V'，各层应分摊的地价为 V'_i，那么

$$V'_i = V' \frac{V_i}{\sum V_i}$$

这种分摊办法也存在缺陷：根据这种分摊方法的结果，各层分摊的建筑物价格不相等。这在理论上难以解释，因为从理论上看，各层楼价差别的原因，除了为各层特殊的装修装饰外，应该是地价的垂直立体效果不同造成的，各层建筑物价格应相同。同时，这种分摊方法虽更符合实际，但在计算上较为复杂，主要适用于各层价格虽有差异但差异不是很大的建筑。

3. 按剩余法方式进行分摊

这种分摊方法与土地估价中的剩余法（即假设开发法）的原理基本相似，也是地价等于楼价减建筑费和利润等。由于存在四种地价选择，因此，这种分摊方法也有四种不同的情况：

（1）适用于以房地产开发商购买土地时的实际出价为依据的分摊方法。在这种情况下，由于楼价、地价都是已发生的价格，因此分摊方法是

$$V'_i = V_i - \frac{\sum V_i - V'}{n}$$

式中，n 为房屋总层数。

（2）适用于以房地产开发商购地时的地价加上房地产开发商预估的利润、利息等的一部分为依据的分摊方法。在这种情况下，假设预估的利润、利息等的比率为 r，则应分摊的地价为 $V'(1+r)$。这种情况下的分摊方法是

$$V'_i = V_i - \frac{\sum V_i - V'(1+r)}{n}$$

（3）适用于以土地真实价格为依据的分摊方法。在这种情况下，实际发生的建筑费已知，可用 c 表示，则根据上式推导，容易得出具体分摊方法是

$$V'_i = V_i - \frac{r\sum V_i + c(1+r)}{n(1+r)}$$

（4）适用于以真实地价加上真实利润、利息等的一部分为依据的分摊方法。这种情

况下的分摊方法是

$$V_i' = V_i - \frac{c(1+r)}{n}$$

（三）上述分摊方法的补充说明

(1)在上述三种可供选择的分摊方法中，第三种分摊方法在理论上较为完善，运用原理也较为简单。事实上，只要知道了房屋占用的土地价格和房屋各部分的价格，就可以进行地价分摊。

我们可把最一般的地价分摊方法表述如下：假设某房地的房地产总价格为 V ，建筑总面积为 S，土地总价格为 V' ，该宗房地中某一部分的房地价格为 V_i ，建筑面积为 S_i ，其对应分摊的地价为 V_i' ，则有 $V_i' = V_i - \frac{(V-V')S_i}{S}$ 。

(2)由于未来各楼层的楼价是不断变动的，地价也是变动的，因此，从理论上说地价分摊要不断进行，但这可能产生分摊费用较高的问题，所以，在实际应用过程中需要确定一个合理的时间间隔进行分摊。

第三节 房地产拆迁评估

随着我国城市化进程的不断加快，城市房地产拆迁逐渐成为城市发展和改造的一项重要内容，对于合理配置城区土地资源、改善居民生活条件起着重要的推动作用。但是房屋拆迁是一项集政策性、社会性、经济性于一体的工作，因而不可避免地会带来一系列的问题，其中最核心的就是拆迁补偿问题。拆迁补偿直接关系到被拆迁人和拆迁单位的经济利益，因此，确定合理的拆迁评估价格有着重要的意义，它直接关系到整个拆迁工作能否顺利进行，在整个房屋拆迁补偿程序中具有举足轻重的地位。

一、房地产拆迁评估概述

（一）概念

《城市房屋拆迁估价指导意见》第 3 条规定：城市房地产拆迁估价，是指为确定被拆迁房屋货币补偿金额，根据被拆迁房屋的区位、用途、建筑面积等因素，对其房地产市场价格进行的评估。房屋拆迁评估价格为被拆迁房屋的房地产市场价格，不包含搬迁补助费、临时安置费和拆迁非住宅房屋造成停产、停业的补偿费，以及被拆迁房屋室内自行装修装饰的补偿金额。搬迁补助费、临时安置费和拆迁非住宅房屋造成停产、停业的补偿费，按照省(自治区、直辖市)人民政府规定的标准执行。被拆迁房屋室内自行装修装饰的补偿金额，由拆迁人和被拆迁人协商确定；协商不成的，可以通过委托评估进行确定。

因此，房地产拆迁评估是为了确定被拆迁房屋的货币补偿金额的估价服务，必须综合考虑区位、用途和建筑面积等问题，具有特殊目的。

(二)拆迁评估原则

(1)合法性原则。房屋拆迁评估过程中设计的各方主体及估价过程均要符合国家法律、法规的需要。对估价委托人来说，合法性要求房屋拆迁单位在取得房屋拆迁许可证后方可实施。只有取得房屋拆迁许可证的拆迁人和具有完全行为能力的被拆迁人才能称为拆迁估计的委托人；对拆迁对象来说，合法性指拆迁范围和估价对象要符合相关法律规定；对于评估机构而言，合法性是指其必须具备有关规章制度中要求的资质。

(2)客观性原则。估价人员必须以公开的市场价值为依据进行估价，在估价过程中应严格遵守有关规章制度，落实评估程序，选择合理的方法保证估价结果的客观、公正，反映房屋应有的价值，正确保护被拆迁人的合法权益。

(3)估价时点原则。影响房地产价格的因素是随时间变化的，因此房地产估价要遵循估价时点原则，即估价结果是在由估价目的决定的某个特定时点的价值。《城市房屋拆迁估价指导意见》第 11 条指出，被拆迁房屋的估价时点一般为房屋拆迁许可证颁发之日；拆迁规模大、分期分段实施的，以当期(段)房屋拆迁实施之日为估计时点。

(4)最高最佳使用原则。这一估价原则是房地产利用竞争的结果，每个房地产商都会充分发挥房地产的潜力，采用最高最佳使用原则，从而获取最大的经济效益。因此，最高最佳使用原则要求估价结果是在法律上可行、技术上可能、经济上可行、经过充分合理的论证能够使估价对象的价值达到最大化的结果。

(5)替代原则。替代原则认为，同一种商品在同一个市场上拥有相同的价格，否则市场供求的变化将会导致其回归到正常价格。因此，在房地产估价过程中，如果存在相似的房地产，可以应用替代原则推算出估价对象的价格。作为一个评估机构，在同一城市、同一时期对不同的房地产的估价结果应该存在合理的价差，使得货币补偿和产权调换两种补偿方式的房地产价格不会出现明显的偏离。

(三)拆迁评估的特点及难点

城市房屋拆迁评估作为一种特殊目的的估价方式，不同于一般的房地产市场价值评估，其估价特点主要体现在以下几个方面：

(1)拆迁估价数量大、涉及面广、社会影响大。城市拆迁往往是因旧城改造、新建和改建道路交通设施、新建大型基础设施而引起的，因为拆迁范围广、拆迁面积大、待拆迁的户数多，因此带来的拆迁估价数量很大。同时，拆迁房屋既有住宅用房，又有商业用房、生产用房。对于居民而言，房屋是他们赖以生存的生活资源，对于企业而言，房屋是他们生存发展和职工家庭生活的必需品，因此涉及千家万户的切身利益，所产生的社会影响也很大。

(2)拆迁估价对象复杂。相对于其他估价，拆迁估价的对象比较复杂。一个拆迁项目往往包括商铺、住宅、办公楼、车库、构筑物等不同类型的物业，导致估价方法的选择存在较大的难度。同时，一次估价中还会面对大量的房屋，面对拆迁人和众多的被拆迁人，由于各自对自身利益的维护，会出现不同的意见，这导致估价的重要工作之一是协调各种利益关系。

(3)补偿结果关联性强。对于同一城市，不同类型、不同情况的拆迁估价对象，其拆迁补偿估价结果之间具有很强的关联性。这种关联性直接影响被拆迁对象间的相对利益，如果忽视了这种关联性，就可能引发拆迁冲突。只有充分考虑和密切关注这种关联性，估价结果才能更好地被当事人接受。

(4)拆迁估价选择的方法必须合理。鉴于拆迁估价的工作量较大，因而适于选用简便易操作的方法进行，以保证估价进度的完成，但是又不宜简单地只选用一种估价方法。

二、房地产拆迁估价方法

《城市房屋拆迁价格评估指导意见》中规定，拆迁评估价格的确定，一般应当采用市场比较法。不具备采用市场比较法条件的，可以采用其他估价方法，并在评估报告中充分说明原因。拆迁估价应当参照类似房地产的市场交易价格和市、县人民政府或者其授权部门定期公布的房地产市场价格，结合被拆迁房屋的房地产状况进行。因此，在拆迁估价方法选择上，应优先选择能够反映市场价格因素的市场比较法。在一些房地产市场发育尚不完善的地区及区域，或者在房地产市场比较发达地区的特殊用途的被拆迁对象，如学校、幼儿园、军事等公益用房，不具备采用市场比较法估价条件的，可采用其他方法进行评估。由于拆迁估价目的的特殊性，应尽量避免使用收益法、假设开发法、采用成本法对估价对象的拆迁补偿价格进行评估。

(一)居住房地产拆迁估价

对于存在可比的房地产交易数据的居住房地产拆迁估价，应采用市场比较法进行。即在计算估价对象的价格时，将估价对象与在估价时点近期有过类似交易的类似房地产进行比较，对这些类似房地产价格进行修正，以此估计估价对象的合理价格的方法。

在比较案例选取问题上，应在与拆迁房屋相同或相似的区域内收集房地产市场交易实例，但是成交时间一般不应超过 6 个月。在分析、删选的基础上确定与估价对象区位、用途、建筑类型、结构和设备等相同或相似的三个以上可比案例。对这些类似的房地产已知价格进行修正，最后综合得出待拆迁房地产的市场价格。具体公式为

$$\begin{aligned}比准价格=&比较实例房地产的价格\times交易情况修正系数\\&\times市场状况修正系数\times房地产状况修正系数\end{aligned}$$

式中，每项修正对可比实例成交价格的调整不应超过10%，综合调整不得超过15%。

这种评估结果最具有市场说服力，易于被利益各方所接受，因此一般为居住房地产估价中优先考虑的方法。

(二)非居住房地产评估

非居住房屋包括商场、店铺、旅馆、办公、金融、娱乐、餐饮、服务业和工厂、站场、码头、仓库堆栈、学校、文化馆、影剧院、福利院、医院、公共设施用房等经

营性和非经营性用房。若能收集到充分的可比成交案例，这类房地产拆迁的评估也应该采取市场比较法。但是由于这类房地产异质性比较强，一般很难找到多个可比的实际案例，此时，应采用成本法等其他方法进行评估。

成本法是指在求取估价对象的价格时，以开发或建造估价对象或类似房地产所需的各项必要费用之和为基础，再加上正常的利润和应纳税金来确定估计对象房地产价格的一种估价方法，也称为重置成本法。

这种方法下的房地产拆迁价格为房地产重新构建价格扣除建筑物折旧后的余额。其中，重新构建价格是假设在估价时点重新取得或重新开发全新状态的估价对象时所需要的一切合理的必要的费用、税金和应得的利润之和。建筑物重置价格的费用构成应当符合《房地产估价规范》的有关规定。建筑、安装工程费应运用工料测量法或分步分项求取。建筑物折旧是因时间流逝所造成的有形损耗和无形损耗。有形损耗是指使用和自然因素的影响而导致价值损失；无形损耗是由于技术进步、观念变化等原因引起的价值损耗。折旧方法可以采用直接观察法和直线法。直接观察法需要由专业人员进行实际考察和判断房屋的成新度，从而确定折旧比例。直线法则假定建筑物在其使用寿命中每年的折旧额相等，其计算公式为

$$D = C(1-R)t/N$$

式中，D 为折旧总额；C 为重构价格；R 为残值率；t 为已使用年限；N 为建筑物的使用寿命。

三、房地产拆迁评估过程

以居住房地产拆迁评估为例，对拆迁评估的程序进行阐述。

(一)搜集资料

通过对估价对象同一地区类似房地产交易市场的调查和分析，搜集与估价对象类似的交易实例并将其资料记录，如表 10-2 所示。

表 10-2　可比实例资料

项目＼可比实例	A	B	C
房屋用途	住宅	住宅	住宅
地段等级	住宅二级	住宅二级	住宅二级
交易情况	正常转让	正常转让	正常转让
建筑结构	砖混结构	砖混结构	砖混结构
成新度/%	90	80	70
交易单价(元/平方米)	20 000	18 000	16 000
交易时间	两个月内	两个月内	两个月内
基础设施	完备	完备	完备
配套设施	齐全	齐全	齐全

（二）交易情况修正

由于本例中三个可比案例的交易情况均为正常的转让，因此交易情况无需进行修正，可比交易情况的修正系数均为 1。

（三）时间修正

由于可比案例的交易价格均是最近两个月的市场交易价格，与估价时点较近，因此无需进行调整，交易时间修正系数为 1。

（四）区位价格修正

由于交易情况及时间的修正系数均为 1，因此修正后的交易价格与交易价格相等，区位价格的计算如表 10-3 所示。

表 10-3　价格修正表

项目＼可比实例	A	B	C
修正后的交易价格(元/平方米)	20 000	18 000	16 000
重置单价(元/平方米)	6 600	6 000	5 200
成新度/%	90	80	70
区位价格(元/平方米)	14 060	13 200	12 360

注：区位价格＝修正后交易单价－重置价格×成新度。

（五）区位环境修正

区位环境因素的考虑，应根据估价经验来进行确定。各因子的估计应以拆迁评估对象为比较基础，本例估计情况如表 10-4 所示。

表 10-4　区位环境修正表

项目＼估价对象与实例		估价对象	A	B	C
繁华程度		100	102	98	96
交通便捷	主要道路距离	100	102	100	98
	公交车站网	100	102	98	96
环境状况	环境污染	100	100	100	100
	公共卫生	100	100	100	100
景观	自然景观	100	100	98	102
	人文景观	100	101	100	98

续表

项目 \ 估价对象与实例		估价对象	A	B	C
配套设施	基础设施	100	102	98	96
	公共服务设施	100	98	100	100
	小区内配套设施	100	100	98	100
各可比实例区域因素修正系数		1	1.007	0.99	0.986

（六）评估价格计算

比准价格的计算应为区位价格与区位修正系数之间的乘积。

$$A：14\ 060\times1.007=14\ 158.42(元/m^2)$$

$$B：13\ 200\times0.99=13\ 068(元/m^2)$$

$$C：12\ 360\times0.986=12\ 186.96(元/m^2)$$

最后取可比案例的比准价格的平均值作为最终待估房地产的比准区位价格：

$$比准区位价格=(14\ 158.42+13\ 068+12\ 186.96)/3=13\ 137.79(元/m^2)$$

在具体的操作过程中，可以再运用其他方法进行估价，将不同估价结果进行对比，综合确定最终的拆迁估价结果。

➤思考与练习

1. 房地产的特性有哪些？
2. 何谓房地产估价？为什么说房地产估价是科学、艺术和经验三者的结合？
3. 房地产估价的原则、程序和方法主要有哪些？
4. 市场比较法的理论依据、适用范围和操作步骤是什么？
5. 市场比较法是如何对可比实例进行修正的？
6. 成本法的理论依据、适用范围和操作步骤是什么？
7. 客观成本和实际成本的含义及其区别是什么？
8. 收益法的理论依据、适用范围和操作步骤是什么？
9. 资本化率的含义是什么？其求取的方法主要有哪些？
10. 基准地价评估的操作程序是什么？
11. 基准地价在城市地价评估中的作用是什么？
12. 高层建筑地价分摊的方法有哪些？
13. 完全租金和成本租金的含义是什么？
14. 房地产拆迁估价有什么特殊之处？
15. 为什么居住房地产估价优先采用市场比较法？

第十一章

无形资产估价

第一节　无形资产概述

一、专利权

专利权(patent)是指专利注册机构授予专利申请人在法定期限内对其发明创造成果所享有的专有权利，包括独家制造、出售其专利产品或转让其专利等权利。我国专利法规定，依法可以取得专利权的发明创造(即专利权的客体)，包括发明、实用新型和外观设计三种。

企业可以从外部购入专利权，也可以将自身的发明创造成果依法申请取得专利权。从外部购入的专利权，所发生的全部支出(包括买价和法律费用等)应予以资本化，作为一项无形资产登记入账。如果企业购入的不是专利权本身，而是专利的使用权，所指出的专利使用费就不应记录为无形资产，而应视其用途作为管理费用、销售费用或制造费用；如果一次支出的金额较大，可以作为待摊费用或递延资产，在专利使用期内摊销，计入有关费用。

企业通过研究、开发并申请取得的专利权，从理论上说，其成本应包括研究、开发和申请过程中发生的全部支出，但是，由于研究开发能否成功并不确定，按照现行惯例，自创专利权的成本通常只包括与专利申请注册有关的法律费用等。至于研究与开发成本，则作为期间费用处理。

专利权受法律保护的时间是有限的。例如，我国专利法规定，发明专利的法定有效时间为 20 年，实用新型和外观设计专利的法定有效时间为 15 年；美国法定的专利保护期为 17 年。但是，随着科学技术的迅猛发展，专利的实际经济寿命往往短于其法定期限。因此，资本化为无形资产的专利权，其成本应在法定期限或经济寿命期(视二者孰短)内摊销，计入各期损益。摊销方法可采用直线法或产量法。

在专利权的使用过程中，有时会发生侵权行为，企业可以提起诉讼，申请依法保护自己享有的专利。如果胜诉，专利权得到保护，为此发生的费用如调查费、律师费、诉讼费等，通常应予以资本化，在专利权的剩余有效期内摊销。这是因为，这些费用的发生有助于专利权的未来经济利益的发挥，因而增加了专利权的价值。如果败诉，发生的费用必须计入当期损益，同时注销该项专利权的账面成本，因为，此时专利权已不复存在，毫无经济价值可言。

二、技术秘诀

技术秘诀(know-how)又称专有技术或技术诀窍，是指企业生产经营中使用的未公开的、未申请专利的知识和技巧，包括发明创造、工艺流程、模型、配方、计算公式、设计资料、图纸、数据、软件包等，也包括专家、技术人员掌握的不成文的知识、技巧和诀窍。和专利权一样，技术秘诀也是一种先进的知识和技术，具有优越性和实用性，因而能提高企业的竞争力，为企业带来未来经济利益。与专利权不同的是，技术秘诀不受法律保护，其保密性主要来自企业自身的保护，有时在技术贸易合同中也会做出相应的保密规定。从这方面来说，技术秘诀的安全性不如专利权。但是，专利在法定有效期届满后即不受法律保护，任何人都可以采用；而技术秘诀只要企业保密得当，就可以长期保持其优势，为企业带来持久的经济利益。因此，如果企业认为有能力对技术秘诀进行保密，往往不愿意申请专利，以期从中长期获得经济利益。例如，著名的可口可乐配方就没有申请专利，而是一项技术秘诀。有些企业甚至将一项完整的技术分割成若干部分，用其中某些部分申请专利，核心部分则不去申请专利，而是作为技术秘诀保留，从而长期获得技术优势。技术秘诀可以从外部购得，但大多数情况下是企业自创的。外购的技术秘诀，其会计处理与外购专利权相同。自创的技术秘诀，往往需要耗费大量的研究与开发费用，从理论上说应予以资本化，在预计的受益期内摊销。但是，技术秘诀通常是在科研和生产中长期积累、逐步形成的，带有一定的偶然性，在发生费用支出时并不知道能否形成一项技术秘诀。即使已经形成技术秘诀，也很难将其与特定的费用支出联系起来。因此在实务中，大多数自创的技术秘诀都不予以资本化。

三、商标权

商标(trademark or brand name)是商品或商业服务的标记，是商品生产者或经营者用以标明自己所生产或销售的商品，或商业服务者用以标明自己所提供的服务，区别于他人的商品或服务的标记。在市场经济条件下，商标是消费者辨别商品或服务的质量、性能和品位的重要标志，著名商品常能给企业带来巨额经济利益，甚至可以成为企业最有价值的资产。商标按其是否注册可分为注册商标和非注册商标。按规定程序申请注册并获得批准的商标，可以获得商标权，受到法律保护；未申请注册的商标，不能获得商标权，也不受到法律保护。

商标权是商标所有人对依法注册的商标所享有的权利，包括商标所有权和与此相关的商标专用权、转让权、续展权、许可权和法律诉讼权等。企业可以通过购买或接受投资，从其他单位取得商标权，也可以自行设计并申请注册取得商标权。外购的商标权，所支付的价款及转让注册费用往往金额较大，应予以资本化，作为无形资产登记入账。接受投资的商标权，应按双方协议价格入账。自创的商标权，其成本包括商标设计费和注册登记的有关费用，如果金额较大，应予以资本化；如果金额不大，可作为期间费用处理。一项商标只有与优质的商品或服务联系起来，并得到消费者的认同，才具有商业价值。驰名商标往往需要经过长期培植而成，企业在商品质量控制、改进服务和广告宣传等方面发生的支出与驰名商标的形成是密不可分的，但按照现行惯例，这部分支出都作为期间费用处理。

注册商标专用权的有效期，我国规定为 10 年，美国为 20 年，到期都可以申请续展。作为无须资产登记入账的商标权，其成本应在预计有效期内进行摊销，计入各期的销售费用。如果发生续展注册费，应列为商标权的成本，在续展后的期限内摊销。

四、特许经营权

特许经营权(franchise)又称专营权，通常有两种形式：一是由政府机构授予特定企业使用公共财产或一定区域内经营某种特许业务的权利，如准许企业使用公共水域经营轮渡业务、利用公共土地架设输电线路、利用街道行驶营运汽车、销售免税商品、生产经营烟酒等特殊商品等。另一种更为常见的形式是一家企业(特许人，franchiser)依照双方签订的协议，授予另一家企业(被特许人，franchisee)在一定范围内销售其产品或服务，使用其专利权、商标权、技术秘诀、商号等无形资产的权利。特许经营权的内容，往往是适销对路的商品，或驰名的商标或商号、先进的专利技术或技术秘诀等，被特许人可据以获得比较可靠的利益，特许人则可因此扩大产品销售，提高商标或商号的知名度，并可收取特许经营费。可见，特许经营对双方均有好处。特许经营方式在连锁店和快餐行业最为常见，如美国著名的麦当劳(McDonald)快餐公司、肯德基炸鸡(Kentucky Fried Chicken)快餐公司、西尔斯(Sears)百货连锁店都是以特许经营方式授权世界各地的被特许人经营快餐或零售业务的。其他如饮料公司(如可口可乐公司)与瓶装厂之间、石油公司(如爱克森公司)与加油站之间、著名饭店(如假日酒店)与连锁店之间，也经常建立特许经营关系。

特许经营权既可以有明确期限，也可以是永久性的。企业取得特许经营权的成本应资本化为无须资产，在特许经营期限内或公认会计原则允许的最长期限内摊销，计入各期损益。如果根据合同按年支付特许经营权使用费，则不必资本化，而是支付时直接计入当期损益。

五、版权

版权(copyright)是指政府依法赋予某项作品(文学、艺术、自然科学、工程技术作品等)的发表权、署名权、修改权、保护作品完整权、使用权、获得报酬权等。根据版权保护对象的不同，可分为文化艺术版权和工业版权。文化艺术版权保护的范围包括文化作品和艺术作品，这是传统的版权概念。随着科学技术的发展，出现了一些新形式的作品，它们有别于传统的文化艺术作品，而且多存在于工程技术领域。为了区别于传统的版权概念，人们将这类作品的版权称为工业版权。典型的工业版权有计算机软件权和集成电路版权。

著作者自己申请获得的版权，所发生的费用一般作为期间费用处理。通过购买或接受投资等形式从版权所有者那里取得的版权，所发生的支付必须予以资本化，并在一定期间内摊销。版权的法定期限往往较长，如我国有关法律规定，公民的作品，其发表权、使用权和获得报酬权的保护期为作者终身及其死后 50 年；法人或者非法人单位的作品，其发表权、使用权和获得报酬权的保护期为作品首次发表后 50 年；计算机软件的保护期为 25 年，届满后可续展 25 年。在会计上，版权的摊销期应是版权可以为企业带来未来经济利益的期限(可能长于或短于法定期限)，但不得超过公认会计原则允许的最长期限，如美国为 40 年。

六、土地使用权

土地是人类赖以生存和发展的先决条件和物质基础，是不可再生的稀缺资源。正如英国古典经济学家威廉·配第所言："劳动是财富之父，土地是财富之母。"在不同的社会经济制度之下，土地的产权归属关系是不同的。在实行私有制的西方国家，土地同样是可以私有的，企业不仅可以拥有土地的使用权，还可以拥有土地的所有权，在会计上则将土地作为一项固定资产加以核算，但不提取折旧。在我国，土地属于国家或集体所有，任何组织或个人不得侵占、买卖、出租或以其他形式非法出让土地。但是，土地所有权和使用权是可以分离的，单位或个人可以依法取得土地使用权，即在一定期限内对国有土地享有开发、利用、经营的权利。在会计上则将土地使用权作为一项无形资产加以核算，并在一定期限内摊销。

土地使用权的取得，可以来自政府的无偿划拨，也可以来自政府的有偿出让或其他单位的有偿转让。土地使用权的有偿出让，是指政府将国家或集体所有土地按指定地块、年限、用途和其他条件，有偿地供土地使用权受让人开发经营。土地使用权受让人则向政府支付土地使用权出让金和使用金。其中，出让金是土地使用权受让人为了获得土地使用权而支付给政府的一次性价款，使用金则是指土地使用权受让人因使用土地而按年向政府交纳的使用费。土地使用权的转让，是指土地使用权出让后，受让人将土地使用权再转移给其他单位或个人的行为，后者则要向前者支付转让金。

企业取得土地使用权后，在建造房屋建筑物之前，有时还要发生迁移补偿费、土地平整费、丈量费以及法律手续费等费用，这些费用与所支付的土地使用权出让金或转让金一起，应予以资本化，作为无形资产(土地使用权)的入账价值，并在土地使用权的期限内进行摊销，计入各期损益。至于按年交纳的土地使用费，则应在发生的当时作为期间费用处理。

七、研究与开发成本

研究与开发成本(research and development cost，R&D)本身并不是无形资产，但研究与开发活动的结果往往会导致专利权、技术秘诀或版权等无形资产的产生，因而本章一并加以讨论。

在竞争日益加剧的市场经济条件下，企业为了在竞争中处于有利地位，往往不惜投入大量的人力、财力和物力，从事研究与开发活动，以期改善工艺、改进现有产品、开拓新产品或发现新材料、新配方、新知识。国外一些大公司，特别是高科技企业，其研究与开发成本往往占销售收入的百分之十几甚至更多。

研究与开发活动可分为“研究”与“开发”两个互相联系的阶段。研究是指有计划、有目的地调查或探索，以期发现新的科技知识。开发是将研究成果或其他知识付诸实践，以期发现新材料、新产品、新工艺或新配方，或对现有的材料、设施、产品、工艺或服务进行重大改进，其过程包括商业化生产或应用之前所进行的设计、测试、模型的建造、实验工厂的运行等。研究与开发成本主要包括以下项目：

(1)研究与开发过程中所耗费的各种材料。

(2)研究与开发项目购置的固定资产和无形资产，如果没有其他用途，应全部计入研究与开发成本；如果有其他用途，应先资本化，再进行折旧或摊销，将折旧费或摊销费计入研究与开发成本。

(3)在研究与开发过程中发生的人员工资、薪金以及其他类似的人工成本。

(4)委托其他单位或个人承担部分研究与开发工作所支付的费用。

(5)在研究与开发过程中发生的间接成本。

由于将某项成本项目归属于特定的研究与开发活动比较困难，而且，研究与开发的结果很不确定，各研究项目的成功率高低不一，即使成功，其成果带来未来经济利益的程度和期限也很难确定。因此，为了减少会计处理的多样性，简化核算手续，各国的公认会计原则一般都要求将研究与开发成本在发生时计作期间费用，而不予资本化。但是，如果将研究与开发成本申请获得专利权或版权，或形成一项技术秘诀，则发生的模型图样制作费、实验费、注册登记费等直接费用应资本化为各相关无形资产的成本。

在期末财务报表附注中，应披露和研究与开发成本有关的信息，如当年计作费用的研究与开发成本，研究与开发成本的资金来源，重要研究与开发项目成功的可能性等。

值得注意的是，研究与开发成本应同销售或管理活动中的研究与开发支出区分开来，后者应计入销售费用或管理费用。例如，航空公司为改进电脑化售票系统而发生的研究与开发支出，应计入销售费用；为改进管理信息系统而发生的研究与开发支出，则应作为管理费用。

八、商誉

商誉的存在，是市场经济下的一种必然。对于那些能够获得持久的竞争优势、进行战略性成本抑减、确保市场占有份额的企业而言，商誉本身就意味着超额的盈利能力。作为可以给企业带来超额盈利的一切有利的要素及情形，商誉可以概括如下：①优秀的管理队伍；②出众的销售经理或组织；③竞争对手管理上的弱点；④有效的广告效应；⑤非专利性制造秘方；⑥良好的团队精神；⑦卓越的信用；⑧高瞻远瞩的人力资源培养计划；⑨崇高的社会威望和社会影响；⑩竞争对手经营的不景气；⑪与其他公司间良好的关系；⑫战略优势地位；⑬智能或资源的发现；⑭有利的税收条件；⑮与当地政府良好的关系。

进一步地，我们将构成商誉的因素进行划分，如表 11-1 所示。

表 11-1　商誉的构成要素及来源

构成商誉的因素	形成商誉的原因
良好的关系：	
顾客的偏爱	广告、促销、良好的售后服务
供应商的信任	谈判技巧、商业信用良好和良好的财务状况和现金流量
金融机构的信任	工资、福利及后续培训机会
员工的忠诚	企业文化
良好的团队精神	合作、互利
政府给予的优惠	公益活动、严格履行承诺
公众的信任和信赖	
高质量的员工素质：	
优秀的管理人员	货币激励、提供良好的经营环境
高素质的技术人员	招聘、培训
富有经验的销售队伍	
熟练和上进的职工	
产品：	
高质量	持续的研究开发
市场占有率	市场开拓
其他：	
有利的地理位置	高瞻远瞩的选择
良好的公司治理机制	学习、借鉴与发展

从上面的概括中我们可以清楚地看出，商誉其实意味着企业各种因素的综合影响，要理解商誉，必须从企业整体上进行把握。否则，企业计量的商誉永远不可能贴近于真实情况。

第二节　可辨认的无形资产估价

无形资产一般具有能够给企业带来超额盈利能力的特点，但同时无形资产给企业带来的超额盈利能力又具有极大的不确定性。为此，在企业的财务报表中，本着稳健的传统，一般并不确认和计量无形资产的价值，而只是将购买无形资产的成本作为无形资产的入账价值。对于自行研究开发的无形资产，企业的传统做法是将无形资产研究开发过程中发生的成本直接计入当期的管理费用，而在无形资产如专利权研究完成之后，则只将少量的注册登记费和聘请律师公证的费用作为无形资产的入账价值。如此则极大地扭曲了无形资产的价值，投资者也无法通过财务报表了解到企业无形资产的真正价值。信息不透明的结果导致中小投资者的利益在资本市场上得不到应有的保护，而最终不利于资本的趋利性流动，也不利于社会资源的优化配置，导致资本市场的规模不断萎缩，财务风险增加。

本节正是考虑到这一点，力图介绍无形资产估价的正确思路，了解无形资产的真正价值。

一、现金流量贴现模型

利用现金流量贴现模型进行无形资产投资估价的一般模式为

$$V=\sum_{t=1}^{m}\frac{\mathrm{NCF}_t}{(1+r)^t}+\sum_{j=m+1}^{n}\frac{\mathrm{NCF}_m\times(1+g)^j}{(1+r)^j}$$

式中，NCF代表公司与无形资产相关的自由现金流量；r 代表公司资本成本。假设该公司无形资产带来的前 m 年的现金流量不稳定或者并不遵循某一比率变化，而后$(n-m)$年相关的现金流量以 g 的速率稳定增长。

但是，如果无形资产贡献的自由现金流量一开始就以速率 g 增长，而且将持续下去，那么无形资产的投资估价模型简化为

$$V=\frac{\mathrm{NCF}_0\times(1+g)}{r-g}$$

不论是哪种情况，其中最关键的一个因素就是估计公司的资本成本。一般来讲，公司的资本成本可以按照以下模式来进行估算：

$$r=k_E\times\frac{E}{A}+k_D\times\frac{D}{A}$$

式中，r 代表公司的资本成本；k_E 代表股权或权益资本成本；k_D 代表债务资本成本；A 代表企业资本总额；E 代表股权金额；E/A 代表股权比例；D 代表债务金额；D/A 代表债务比例。

此外，股权资本成本和债务资本成本按照以下方式进行确定：

$$k_E=\frac{d}{1-f}+u \text{ 或 } k_E=k_f+(k_r-k_f)\times\beta$$

式中，d 代表普通股股利支付率；u 代表股利支付增长率；f 代表筹资费用率；k_f 代表无风险利率；k_r 代表风险利率；β 代表风险系数。

而

$$k_D=\frac{i\times(1-T)}{1-f}$$

式中，T 代表所得税率；f 代表筹资费用率；i 代表借款或债务利率。

下面，我们以特许权为例，说明现金流量贴现模型如何应用于无形资产的估价。

【例 11-1】 假设笃行公司拥有一家足球队的特许经营权，其基本经营数据如表11-2所示。

表 11-2 公司无形资产价值(单位：元)

收入	主场门票比赛收入	15 000 000
	客场比赛分成收入	8 000 000
	电视转播收入	12 000 000
	广告收入	6 000 000
	球队服装收入	5 000 000
	主场通车泊位收入	4 000 000
	其他收入	2 000 000
	收入合计	52 000 000
成本费用	球员薪水工资	26 000 000
	球队经营支出	7 500 000
	梯队培养支出	5 000 000
	体育馆租赁费用	4 000 000
	日常管理费用	1 000 000
	形象广告费用	800 000
	其他费用	200 000
	成本费用总计	44 500 000
EBIT		7 500 000
税金(假设为 30%)		2 250 000
净利润		5 250 000

此外，假设财务公司评估的该公司的 β 系数为 1.10，公司资本中有 60%来自于股权，而 40%来自于债权，债务利率为 10%，无风险利率为 8%，风险报酬率为 13.5%。假设该俱乐部每年预计的税后利润(本例中即为自由现金流量)增长率为 4%。

计算足球俱乐部的资本成本：

$$k_E=8\%+(13.5\%-8\%)\times1.10=14.05\%$$

$$k_D=\frac{10\%\times(1-30\%)}{1-0}=7\%$$

$$r=14.05\%\times60\%+7\%\times40\%=11.23\%$$

则

$$V=\frac{5\ 250\ 000\times(1+4\%)}{11.23\%-4\%}=48\ 619\ 768.48$$

二、利用期权模型进行可辨认无形资产的投资估价

1. 利用期权模型对产品专利进行估价的可行性

利用现金流量贴现估价模型的主要缺陷在于：无形资产贡献的现金流量具有极大

的不确定性，贴现率有时难以进行恰当的选择。此外有些无形资产可能在当前或者近期并未给企业贡献现金流量，但其在未来却极有可能给企业创造价值，对于这些无形资产，采用现金流量贴现模型要么可能低估这些公司的价值，要么可能无法完成投资估价任务，因此我们必须转而寻求新的投资估价模型。

以产品专利为例，我们发现，如果公司拥有研究和开发特定产品的权利，那么只有当开发该产品的预期未来现金流量超过研究开发费用时，公司才会选择研究开发该产品。那么，拥有产品研究开发专利的损益函数可以描述如下：

$$\text{拥有产品专利的损益}=\begin{cases}V-C, & \text{当且仅当 } V \text{ 大于 } C \text{ 时}\\0, & \text{当 } V \text{ 小于或等于 } C \text{ 时}\end{cases}$$

通过拥有产品专利的损益函数，我们可以清晰地了解到，其可以近似地被看做是以产品本身为标的的看涨期权，因为产品专利损益(图 11-1)与看涨期权比较相似。

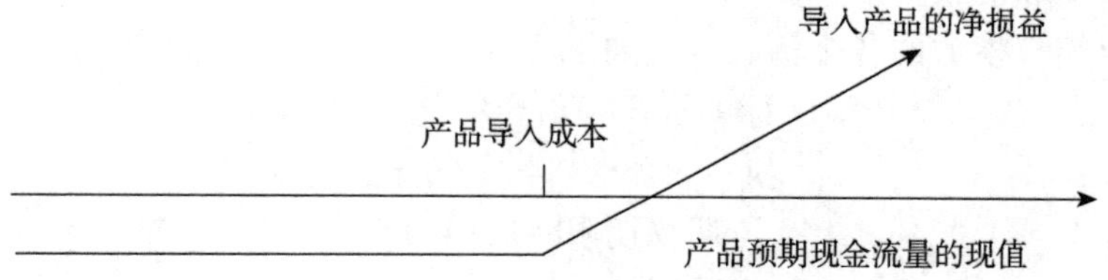

图 11-1 产品专利损益

2. 利用期权模型进行产品专利估价的相关考虑

1)标的资产的价值

对于产品专利而言，标的资产就是产品本身，资产的目前价值就是现在生产该产品的预期现金流量的现值。

2)标的资产价值方差

对标的资产价值方差的估计可以采取两种方式：第一，以类似产品的现金流量为估计基础，进行适当的调整，由此估计该产品现金流量的方差。第二，确定各种市场情况出现的概率，估计各种情况下的现金流量，并由此计算现金流量的期望值和相应的方差。

3)期权的执行价格

假定企业投入的成本的现值保持不变，那么投资成本就可以近似地看做是期权的执行价格。

4)期权的期限

一般来讲，期权的期限可以以产品专利的保护期为基础进行恰当的估计。原因在于，一旦产品专利超过了法律规定的保护期限，那么由于其他企业毫无壁垒地进入竞争领域和可能的后发优势，企业将无法获得原先的超额报酬率，竞争驱使企业的报酬率达到新的均衡点。

5)红利收益率

由于产品的专利存在法律的保护期限，这意味着在该期限之后，专利将失效。同时应该注意，当产品专利存在时滞期的时候，则意味着产品专利期权将失去该段期限

内企业创造价值的、与此相关的现金流量。为此前面可以将红利收益率简单、近似地看做等于年时滞成本。即

$$y = \frac{1}{n}$$

下面通过例 11-2 来进行说明。

【例 11-2】 笃行公司拥有一项产品专利，期限为 20 年。该专利初期的投资为 10 亿元，而当前预期的未来现金流量的贴现值为 8 亿元(换言之，目前该产品专利的研究开发净现值为负数)。但根据权威预测，生产该产品在未来极有可能成为盈利项目。假设该产品专利的估计现金流量方差为 0.03，无风险利率为 10%。

首先应该明确，虽然该专利产品目前的净现值为负数，但是由于存在着被广泛看好的未来盈利前景，因此可以认为该产品专利属于看涨期权，因此可以借助于期权模型进行该产品专利的投资估价。

其次确定期权模型的各个输入变量如下：

标的资产现值＝8(亿元)

执行价格(S)＝10(亿元)

期权期限＝20(年)

标的资产的方差＝0.03

无风险利率＝10%

最后运用 Black-Scholes 看涨期权模型进行产品专利的估价：

$$V = Xe^{-yT}N(d_1) - Se^{-rT}N(d_2)$$

$$d_1 = \frac{\ln\left(\frac{X}{S}\right) + \left(r - y + \frac{\sigma^2}{2}\right)T}{\sigma\sqrt{T}}$$

$$d_2 = d_1 - \sigma\sqrt{T}$$

$$d_1 = \frac{\ln\left(\frac{8}{10}\right) + \left(10\% - 5\% + \frac{0.03}{2}\right)\times 20}{\sqrt{0.03}\times\sqrt{20}} = \frac{-0.223 + 1.3}{0.775} = 1.3895$$

$$d_2 = 1.3895 - \sqrt{0.03}\times\sqrt{20} = 0.6145$$

$$N(d_1) = 0.9177$$

$$N(d_2) = 0.7324$$

$$\begin{aligned} V &= 8 \times e^{-0.05\times 20} \times 0.9177 - 10 \times e^{-0.1\times 20} \times 0.7324 \\ &= 2.7008 - 0.9912 \\ &= 1.71\text{(亿元)} \end{aligned}$$

如果特定的企业仅拥有专利期权，那么这类公司整体的投资估价也可以利用期权估价。下面通过例 11-3 来进行说明。

【例 11-3】 英强企业为一高科技制药企业，该公司目前正在实验一种治疗某种癌症的新药，但目前国家医药总局尚未批准通过该产品的上市。该公司根据权威预测估计，若能够通过国家医药总局的批准，则可获得期限为 25 年的专利期。此外，该公司聘请专门的预测人员预测，在目前我国市场和竞争环境下，预期现金流量为 5 亿元，

方差为0.25，研究开发该产品的成本现值为4亿元。一旦开发研究成功，未来每年的预期现金流量为现金总流量现值的4%。此外还知道25年无风险利率为8%，英强公司不存在其他贡献现金流量的资产。

首先明确该公司目前研究开发的抗癌症新药的相关专利属于看涨期权。

其次期权估价的各变量如下：

标的资产价值＝预期现金流量＝5(亿元)

期权的执行价格＝研究开发该新药的成本的现值＝4(亿元)

期权期限＝25(年)

标的资产(现金流量的)方差＝0.25

红利收益率＝预期年现金流量/现金流量总值＝4%

无风险利率＝8%

最后利用期权模型计算英强公司的价值：

$$d_1=\frac{\ln\left(\frac{5}{4}\right)+\left(8\%-4\%+\frac{0.25}{2}\right)\times 25}{\sqrt{0.25}\times\sqrt{25}}=\frac{0.223+4.125}{2.5}=1.7432$$

$$d_2=1.7432-\sqrt{0.25}\times\sqrt{25}=-0.7568$$

$$N(d_1)=0.9591$$

$$N(d_2)=0.7764$$

$$\begin{aligned}V&=5\times e^{-0.04\times 25}\times 0.9591-4\times e^{-0.08\times 25}\times 0.7764\\&=1.7642-0.4203\\&=1.34(\text{亿元})\end{aligned}$$

应该注意到1.34亿元大于1亿元(即5亿元－4亿元)，所以其对英强公司的投资估价更为合理，因为其综合考虑了市场中的各种因素。

第三节　商誉估价

一、商誉估价概述

早在中世纪，商誉概念就已经引入到商业领域。而商誉问题得到普遍关注则始于19世纪末。若干年来，商誉问题作为一个具有持续魅力的话题，一直吸引着学术界和实务界的密切关注。概括起来，关于商誉问题的争论大致集中在以下几个方面。

第一，什么是商誉？商誉的性质是什么？目前流行的观点包括：①商誉是可以给企业带来超额盈利能力的一切有利的要素和情形；②商誉是预期的未来超额盈利能力；③商誉是企业总体价值与单项可辨认的净资产价值的差额(往往体现在并购过程之中)。

第二，如果企业兼并和收购过程中形成的商誉称为外购商誉(purchased goodwill)，那么企业是否存在自创商誉(inherent goodwill)？如果说不存在自创商誉，那么企业在并购过程中的巨额商誉何以一夜之间而形成？

第三，假若存在着正商誉(positive goodwill)，那么是否存在着负商誉？

我们在本章并不打算具体一一回答这些问题，只介绍几种基本的商誉估价方法。

二、商誉估价方法之一：超额盈利贴现观

商誉估价的超额盈利贴现观认为，商誉来自于企业超过同行业其他企业的盈利的贴现，因此采取式(11.1)进行商誉估价：

$$G=\sum_{t=1}^{n}\frac{\mathrm{NA}_t\times(r_t-\overline{r_t})}{(1+i_t)^t} \tag{11.1}$$

式中，G代表商誉的估价结果；NA_t代表t期企业的净资产；r_t代表t期企业的实际净资产收益率；$\overline{r_t}$代表t期该企业所在行业的平均净资产收益率；i_t代表贴现率；$\mathrm{NA}_t\times(r_t-\overline{r_t})$代表$t$期公司的超额盈利；$n$代表超额盈利的持续时间。

如果满足以下条件：

(1)企业在n年内的净资产基本保持不变，且n趋于无穷(或者说实现的利润完全对外分配)。

(2)同行业的平均净资产收益率基本保持不变(或虽然变动，但上下波动的幅度不是很大)。

(3)贴现率每年相等。

(4)该企业产品循环处于成熟期，其净资产报酬率基本保持不变。

则式(11.1)可以简化为以下估价模型：

$$G=\frac{\mathrm{NA}\times(r-\overline{r})}{i} \tag{11.2}$$

但是，应该指出的是，估价模型(11.2)的条件相当苛刻，一般不容易满足。

此外，估价模型(11.1)的缺陷在于只考虑到同行业的横向比较，而未考虑到该企业前后各期的纵向比较。实际上这两种因素应该综合考虑。

若进行综合考虑，那么

$$G=\sum_{t=1}^{n}\frac{\mathrm{NA}_t\times(r_t-r_t^*)}{(1+i_t)^t} \tag{11.3}$$

式中，$r_t^*=\overline{r_t}\times\alpha+\underline{r_t}\times\beta$，$\overline{r_t}$代表同行业$t$期的平均净资产收益率，$\underline{r_t}$代表该企业前$m$年的净资产收益率的算术平均值，即$\underline{r_t}=\frac{r_1+r_2+\cdots+r_m}{m}$（$r_j$代表以当期为基期，前$j$年的企业净资产收益率），$\alpha$代表横向比较的权重，$\beta$代表该企业先后各期纵向因素考虑的权重，且

$$\begin{cases}\alpha<\beta\\ \alpha+\beta=1\text{(即纵向因素要比横向因素分配更多的权重)}\end{cases}$$

对于超额盈利贴现法估价模型，我们需要指出的是，该方法的思路虽然可以理解，但是仍然存在着诸多的不确定因素，如超额盈利持续的时间如何确定，贴现率如何选择等。对于这些问题，一般的选择思路是：超额盈利持续期间一般根据企业核心产品的生命循环来参考确定。

而贴现率的选择在模型(11.1)～模型(11.3)中分别选择$\overline{r_t}$、$\overline{r}$或r_t^*。

下面举例说明超额盈利贴现模型如何进行应用。

【例 11-4】 假设笃行公司根据各个方面的资料预测，企业将在今后 5 年保持超额盈利能力。假设同行业的平均净资产收益率为 15%，且保持不变，其他相关资料如表 11-3 所示。

表 11-3　基于超额盈利贴现模型的商誉估算

年度	盈利额/元	净资产/元	净资产收益率/%	$(r_t-\overline{r_t})$/%
1	38 000 000	200 000 000	19	4
2	50 000 000	240 000 000	20.83	5.83
3	45 000 000	250 000 000	18.00	3
4	59 000 000	270 000 000	21.85	6.85
5	55 000 000	300 000 000	18.33	3.33

那么

$$G=\frac{8\ 000\ 000}{1+15\%}+\frac{13\ 992\ 000}{(1+15\%)^2}+\frac{7\ 500\ 000}{(1+15\%)^3}+\frac{18\ 495\ 000}{(1+15\%)^4}+\frac{9\ 900\ 000}{(1+15\%)^5}$$
$$=6\ 956\ 521.74+10\ 579\ 962.19+4\ 931\ 371.74+10\ 574\ 576.28+4\ 922\ 049.68$$
$$=37\ 964\ 481.63(\text{元})$$

三、商誉的估价方法之二：购买价格减去被购买企业净资产的公允价值

该方法认为，商誉当且仅当企业兼并行为发生而且会计核算采取购买法时才存在。而且，商誉不能够脱离企业而单独存在。在该估价方法下，商誉被定义为

商誉＝购买企业的购买价格－被购买企业可辨认净资产的公允价值

或者用模型可以表述为

$$G=P-\text{FV} \tag{11.4}$$

式中，G 代表商誉的估价值；P 代表购买方的出价；FV 代表被购买企业可辨认净资产的公允价值。

该估价模型的难点在于被购买企业可辨认净资产公允价值的确定。所谓公允价值，是指熟悉情况的双方，在一个公平、公正的资本市场上自愿进行资产交换或债务清偿时所达成的交易金额。一项资产的公允价值既可以体现为该资产的完全竞争的市场价格，也可以体现为该资产在其经济寿命期限内为企业贡献的现金流量的贴现值。此外，在上述的估价模型中，可辨认的净资产是一个模棱两可的概念。实证研究的结果表明，在企业总体价值既定的情况下，赋予可辨认的净资产的价值越多，留给商誉估价的空间就越小。

为了解决该模型的操作性问题，我们给出了以下替代估价模型：

$$G=P-\left[\sum_{t=1}^{\infty}\frac{\text{NCF}_t}{(1+r)^t}-D\right] \tag{11.5}$$

式中，G 代表商誉的估价值；P 代表收购价格；$\sum_{t=1}^{\infty}\frac{\text{NCF}_t}{(1+r)^t}$ 代表公司的整体投资估价价值；D 代表公司债务的价值；NCF_t 代表 t 年的企业自由现金流量；r 代表企业加权

资本成本，且 $r=k_E\times\frac{E}{A}+k_D\times\frac{D}{A}$。

在该模型中，之所以没有直接利用股权自由现金流量，原因在于利用公司自由现金流量进行公司整体价值的估计，可以绕开计算债务现金流量的麻烦，而且用公司的整体价值减去公司债务的市场价值就可以得到股权即净资产的价值，即

$$V_s=\left[\sum_{t=1}^{\infty}\frac{\mathrm{NCF}_t}{(1+r)^t}-D\right]$$

式中，债务的市场价值如果不易取得，可以用债务的账面价值替代。

但是，在该估价模型下，公司债务的价值将直接影响股权价值估计的偏高或偏低。一旦公司的债务被高估，那么该模型下股权的价值将比按照股权自由现金流量直接计算净资产的公允价值要低，反之亦然。

当然，如果企业的自由现金流量在 n 年后达到稳定的增长状态，或者从一开始就处于稳定的可增长状态，那么商誉的估价模型将演变为

$$G=P-\left[\left(\sum_{t=1}^{n}\frac{\mathrm{NCF}_t}{(1+r)^t}\right)+\frac{\frac{\mathrm{NCF}_{n+1}}{r-g}}{(1+r)^n}-D\right] \tag{11.6}$$

$$G=P-\left[\frac{\mathrm{NCF}_1}{r-g}-D\right] \tag{11.7}$$

式中，g 代表预期的公司自由现金流量的稳定增长率。

【例 11-5】 假设芙蓉公司 2011 年的利息税前净收益为 5.318 98 亿元，预计今后 5 年将高速增长，5 年后将稳定增加，相关资料如下(税率为 36%)：公司债务的市场价值为 28.012 3 亿元，长期国债利率为 6%。

高速增长阶段的数据：利息税前净收益预期增长率为 8%，公司的 β 值＝1.25(风险调整的报酬率为 5%)，债务利率＝10%，负债比率＝40%，销售收入、资本性支出和折旧的增长率都为 8%。

稳定增长阶段的数据：公司自由现金流量的增长率为 5%，公司的 β 值＝1.1，债务成本为 9%，负债比率为 25%，资本性支出和折旧基本上可以相互抵消。

现在笃行公司预通过收购将芙蓉公司变为自己的全资子公司，其出价为 18.768 2 亿元，请计算收购过程中产生的相关商誉。

(1)预计高速增长阶段及稳定增长第 1 年的公司自由现金流量，如表 11-4 所示。

表 11-4 公司自由现金流量(一)(单位：亿元)

年份	1	2	3	4	5	6
利息税前净收益	6.284 5	6.204 1	6.600 4	7.236 4	7.815 4	8.206 1
－EBIT×T	2.608 0	2.233 5	2.412 1	2.605 1	2.813 5	2.954 2
－(资本性支出－折旧)	1.112 4	1.201 4	1.297 5	1.401 3	1.513 4	0
－营运资本追加额	1.445 8	1.561 5	1.686 4	1.821 3	1.967 0	1.327 7
NCF	1.118 3	1.207 7	1.204 4	1.408 7	1.521 5	3.924 2

(2)计算高速增长阶段(第1～5年)的公司价值：

$$k_E=6\%+5.5\%\times1.25=12.875\%$$

$$k_D=\frac{10\%\times(1-36\%)}{1-0}=6.4\%$$

$$r=12.875\%\times60\%+6.4\%\times40\%=10.285\%$$

第1～5年公司价值为

$$V_{1\sim5}=\frac{1.1183}{1+10.285\%}+\frac{1.2077}{(1+10.285\%)^2}+\frac{1.2044}{(1+10.285\%)^3}+\frac{1.4087}{(1+10.285\%)^4}+\frac{1.5215}{(1+10.285\%)^5}=4.7897(亿元)$$

(3)计算稳定增长阶段的公司价值：

$$k_E=6\%+5.5\%\times1.1=12.05\%$$

$$k_D=9\%\times(1-36\%)=5.76\%$$

$$r=12.05\%\times75\%+5.76\%\times25\%=10.4775\%$$

$$V_{6\sim\infty}=\frac{\dfrac{3.9242}{10.4775\%-5\%}}{(1+10.285\%)^5}=\frac{60.5820}{1.6315}=37.1331(亿元)$$

(4)计算企业总体价值：

$$V=V_{1\sim5}+V_{6\sim\infty}=4.7897+37.1331=41.9228(亿元)$$

(5)计算商誉：

$$G=18.7682-(41.9228-28.0123)=4.8577(亿元)$$

四、商誉的估价方法之三：期权估价模型

本估价方法其实是上一种方法(间接估价方法)的延续，在上一种方法中，我们是按照公司自由现金流量贴现进行商誉的间接估价，本方法中，我们将引入期权估价方法来计算商誉。

这种方法的依据在于：把公司的股权看做是一种看涨期权，因为股权本身意味着一种剩余求偿权。执行该期权的结果意味着对公司进行清算，支付债务的面值。当企业出现清算时，其股权的净损益函数可以表述为

$$股权清算时的损益函数=\begin{cases}V-D, & 当V大于D时\\0, & 当V小于等于D时\end{cases}$$

式中，V代表公司的价值；D代表债务及其他固定求偿权。

相应地，股权资本的损益如图11-2所示。

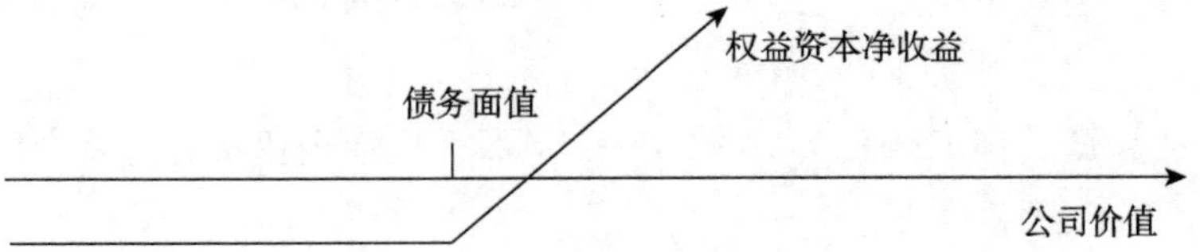

图11-2　股权资本的损益

如果将公司的股权看做是一种看涨期权，则商誉可以按照以下模式进行估价：

$$G = P - \lceil (X \times N(d_1)) - S \times e^{-r \times T} \times N(d_2) \rfloor$$

【例 11-6】 笃行公司准备收购 www 公司，收购价格为 0.823 1 亿元。www 公司目前资产价值共计 1 亿元，资产价值变动的标准差 $\sigma = 40\%$，假设 10 年期的债务面值为 8 000 万元(假定是无息债券)。此外，10 年期的国债债券利率为 10%。

(1)首先分析看涨期权的各个要素：

标的资产价值=1(亿元)

期权执行价格=0.8(亿元)

期权期限=10(年)

无风险利率=同期国债利率=10%

标的资产价值波动率标准差=40%

(2)计算作为看涨期权的股权的价值：

$$d_1 = \frac{\ln\left(\frac{1}{0.8}\right) + \left(10\% + \frac{(40\%)^2}{2}\right) \times 10}{40\% \times \sqrt{10}} = \frac{0.223 + 1.8}{1.264\,9} = 1.599\,4$$

$$d_2 = 1.599\,4 - 40\% \times \sqrt{10} = 0.334\,5$$

$$N(d_1) = 0.945\,1$$

$$N(d_2) = 0.631\,0$$

$$V_s = (1 \times 0.945\,1) - (0.8 \times e^{-10\% \times 10} \times 0.631\,0) = 0.759\,4$$

(3)则商誉的价值为

$$G = 0.823\,1 - 0.759\,4 = 0.063\,7(\text{亿元}) = 637(\text{万元})$$

五、负商誉问题

1. 负商誉问题的观点

假设目标企业各项可以辨认的净资产的账面价值之和为 BV(book value)，公允价值之和为 FV(fair value)，主并企业的收购价格为 P，进行并购过程中会发生的交易费用(transaction cost)为：假设单独出售每项可辨认的净资产的交易费用为 S_i，交易费用之和为 $\sum S_i$；假设目标企业将各项净资产"一揽子"售出的交易费用为 T。根据以上假设可以得知，如果将各项净资产分别按照公允价值出售，那么收益 $R_s = \text{FV} - \sum S_i$；如果将净资产整体出售，那么收益 $R_t = P - T$。理性的目标企业所有者或业主就会存在着以下选择：

(1)如果 $R_s > R_t$，即 $\text{FV} - \sum S_i > P - T$，那么目标企业所有者将会将净资产单项出售。

(2)如果 $R_s < R_t$，即 $\text{FV} - \sum S_i < P - T$，那么目标企业所有者将会将净资产整体出售。

问题到此并未结束，我们可以对(1)和(2)稍微进行处理便可以得到：

(3)如果 $P < \mathrm{FV} - \sum S_i + T = \mathrm{FV} - (\sum S_i - T)$，那么目标企业所有者将会将净资产单项出售。

(4)如果 $P > \mathrm{FV} - \sum S_i + T = \mathrm{FV} - (\sum S_i - T)$，那么目标企业所有者将会将净资产整体出售。

(3)和(4)不仅仅是(1)和(2)的简单变形，它们解释了不同于(1)和(2)的意义：首先，其解释了目标企业将净资产单项或整体出售的临界点或下限 $\mathrm{FV} - (\sum S_i - T)$。注意临界点并不是 FV，也不是 $\mathrm{FV} - \sum S_i$。这个临界点不仅考虑了将净资产单项出售时的交易费用，而且考虑了净资产整体出售时的交易费用，两者互为财务管理上所谓的"机会成本"。只有综合考虑，才能够得出正确的结论。如果主并企业的收购价格大于 $\mathrm{FV} - (\sum S_i - T)$，则整体出售；如果主并企业的收购价格小于 $\mathrm{FV} - (\sum S_i - T)$，则单项出售。我们进一步有结论：$\mathrm{FV} > P$ 并不必然导致目标企业所有者一定将净资产单项出售。亨德里克森的负商誉"悖论"自此开始动摇。

(5)只要 $\sum S_i - T > \mathrm{FV} - P$，即整体出售净资产的交易费用"节约"大于整体出售方案下的售出价格损失(主并企业的收购价格与公允价值的差额)，那么目标企业所有者仍会选择整体出售净资产。

(6)如果 $\sum S_i - T < \mathrm{FV} - P$，则会出现单项出售净资产的情况。

那么，负商誉的本质是什么？通过上文的分析，我们认为"负商誉是在单项出售净资产的交易费用大于整体出售净资产的交易费用的前提下，理性的目标企业的所有者为避免过高的交易费用而自愿承受的出售价格损失"(因为 $\sum S_i - T > \mathrm{FV} - P$)。注意，目标企业承担的该项损失的最大值为 $\sum S_i - T$。当然，对于主并企业而言，则是一项廉价交易(lucky bargain)。

2. 负商誉的投资估价方法

当负商誉存在时，企业存在着某些明显的特点，如当前的利润和现金流量为负值，不支付基本的股利、资产负债率偏高等。此时，利用现金流量贴现模型进行商誉估价面临诸多困难。不过，既然有其他的公司愿意收购目前具有负商誉的公司，至少说明该公司并非不可救药。此时，应该意识到负商誉的存在往往意味着很高的债务负担，因此应该使用公司自由现金流量(偿债前的现金流量)而不是股权自由现金流量进行估价。

【例 11-7】 假设笃行公司出价 10.87 亿元准备兼并处于困境且具有负商誉的胡里山企业。胡里山企业的有关资料如下：

2011 年亏损 2.79 亿元，利息税前净收益为 3 亿元，利息费用为 5.40 亿元。但是根据国家宏观经济政策的变动和相关权威预测，胡里山企业可能在未来 5 年利息税前净收益年平均增加 15%，5 年后的增长率将稳定在 5%，且 2017 年资本性支出和折旧相等。胡里山企业 2011 年的资本性支出为 12.50 亿元，折旧达到 10.41 亿元，从 2012 年开始，资本性支出和折旧每年均以 6%的速率增长。此外，胡里山公司 2011 年债务的市场价值为81.65亿元，股权资本的市场价值为43.37亿元，假设股权资本成本为13.5%，税率为25%。同时假设2017年胡里山企业的加权资本成本为8.5%。

(1)计算加权资本成本：

$$k_E = 13.5\%$$

$$k_D = \frac{5.4\times(1-25\%)}{81.65} = 4.96\%$$

$$r = 13.5\%\times\frac{43.37}{81.65+43.37} + 4.96\%\times\frac{81.65}{81.65+43.37} = \frac{9.904\ 79}{125.02} \approx 7.92\%$$

(2)计算2012～2017年的公司自由现金流量(表11-5)：

2017年的自由现金流量=450.54×(1+5%)=473.067(万元)

表11-5　公司自由现金流量(二)(单位：百万元)

年份	2012	2013	2014	2015	2016
EBIT(1－T)	257.60	296.24	340.68	391.78	450.54
－(资本性支出－折旧)	115.54	122.47	129.82	129.82	145.87
－营运资本追加额	0	0	0	0	0
NCF	142.06	173.77	210.86	254.17	304.68
现值	131.63	149.20	167.76	187.38	208.13

(3)计算公司的价值：

$$V = (131.63+149.20+167.76+187.38+208.13) + \frac{\dfrac{473.067}{8.5\%-5\%}}{(1+7.92\%)^5}$$

$$= 844.1 + 9\ 233.04$$

$$= 10\ 077.14(\text{百万元})$$

(4)计算股权的公允价值：

$$V_s = 100.771\ 4 - 81.65 \approx 19.12(\text{亿元})$$

(5)计算商誉价值：

$$G = 10.87 - 19.12 = -8.25(\text{亿元})$$

➢思考与练习

1. 你如何理解无形资产的特点？如何理解商誉与其他无形资产的区别？
2. 对可辨认的无形资产估价有哪些基本的模型，各有什么优缺点？
3. 你如何理解正、负商誉的估价模型？
4. 笃行公司目前正在研制一种新药，公司在未来25年内拥有专利权，预期新药上市后现金流量净值为5亿元，方差为20%。同时预计研究开发成本为4亿元，每年的预期现金流量为现金流量总额的5%，25年同期国债利率为6%。请根据期权模型进行该专利的投资估价。

第十二章

债券投资定价

第一节　利率和收益率

一、利率和收益率的概念

利率的含义就是通过契约来决定某种固定收益证券利息金额的比率[1]，如银行存款利率、债券的票面利率、掉期利率等。如果这些证券在金融市场中流通和交易，随着证券资产价格的波动，二级市场投资者持有证券到期的回报率将不等于初始规定的利率水平。此时，市场用收益率来度量实际回报率的强度，它的影响因素不仅包括契约规定的票面利率，还包括证券价格以及一些契约特定条款等。需要指出的是，由于在长期实际使用中人们并不是那么绝对地区分利率和收益率的概念，同时流传着许多的含有“利率”的名词(它们本该属于收益率的范畴)。本书遵从概念定义和翻译的历史习惯。

债券属于固定收益证券的一种。债券作为一份契约，包含的要素有面值、票面利率、到期期限、利息支付方式和附加条款。按照是否按面值发行，分为面值发行和折价发行；按照票面利率的确定可以分为固定利率债券(固息债)、浮动利率债券(俘息债)；按照到期期限可以分为短期债(1 年内)、中期债(1～10 年)和长期债(10 年以上)；按照利息支付方式分为每半年支付一次、每年支付一次和到期一次性支付；附加条款包括可赎回、可回售、可转换等债券衍生品种。

(一)单利、复利和连续复利

单利和复利都是计息的方式，单利与复利的区别在于利息是否参与计息。单利计算方法下在到期时段内利息不参与计息；复利计算中利息按照约定的计息周期参与计息。假设债券持有人把每期收到的利息继续按照面值价格投资到该债券上[2]，那么按照

---

① 奎斯塔 G S. 全球金融市场的固定收益分析．朱玉杰，裴宇红，等译．北京：机械工业出版社，2000：46.

② 该假设在计算复利终值时是必要的前提，简便起见，下文不再重复提起。

单利和复利计算的终值公式是不一样的。

单利计算终值：

$$FV=PV\times(1+i\times T)$$

复利计算终值：

$$FV=PV\times(1+i)^T$$

式中，FV为终值，包括本金和利息；PV为初值，即本金；i为每期的票面利率，是按利息支付次数推算的票面利率；T为期限，即期数。

如果利息是半年支付一次，票面利率就是年利率的一半，期限则是年数的两倍。例如，某种债券面值为100元，票面规定年利率为5%，期限为8年，在几种不同的环境下，计算的终值如表12-1所示。

表12-1 终值计算结果比较(单位：元)

环境	单利	复利			连续复利
		每年	每半年	每天	
终值	140	147.75	148.45	149.18	149.18

从表12-1中可以看出，如果把单利看成是每8年支付一次利息，从单利到复利，随着支付利息的每期期限逐渐缩短，复利终值逐渐增加。如果考虑把每期期限缩短到无穷小，期数无穷大，则根据

$$\lim_{n\to\infty}(1+\frac{i}{n})^{nT}=e^{iT}$$

式中，i代表年利率，为5%；n代表每期复利次数，为∞；T代表年数，等于8；e=2.71828…为自然对数的底。

连续复利的计算终值：

$$FV=e^{iT}$$

其结果与每天复利一次的复利终值几乎相等。这样，可以看出，单利、复利和连续复利是三种不同的计息方式，它们的区别在于每隔依序缩短的时间间隔付息一次，它们的本息终值依序增大。

(二)折现率、贴现率、到期收益率和收益曲线

由于历史的原因，许多文献对折现率和贴现率不加严格区分。为了符合中文的使用习惯，本书建议采纳下面的概念范畴。

折现率是把未来现金流折算成现值的利率，它和一般的复利利率概念一致，只是计算终值使用增长的利率概念，计算现值使用折减的折现率概念。到期收益率(或内部收益率、内含报酬率)本质上是使得所有现金流净现值为零的折现率。根据现金流来计算到期收益率可以借助计算机或者人工使用内插法(试误法)①。

对于某剩余期限的单个债券来说，根据未来现金流可以计算出该期限的到期收益

① 由于很多会计类和理财类书籍均有详细的阐述，本书限于篇幅略去方法介绍。

率，进一步计算各种剩余期限的债券收益率，将其连成一条曲线就是收益曲线。为了更一般地考虑各期限品种收益率变动，笔者计算了深沪两市债券1周平均收益率在两个“时点”[①]的收益曲线，选取2001年8月20日～2001年8月24日和2002年2月4日～2002年2月8日两段时间来计算和得到两条周平均收益率曲线，并计算收益率变动值，如图12-1和图12-2所示。

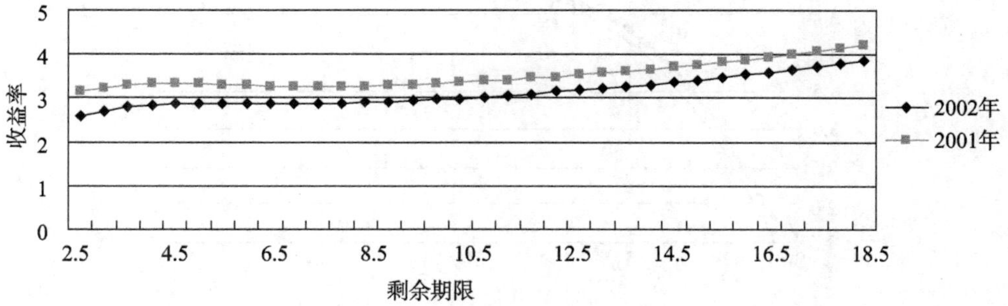

图12-1 深沪两市交易所国债收益曲线变动

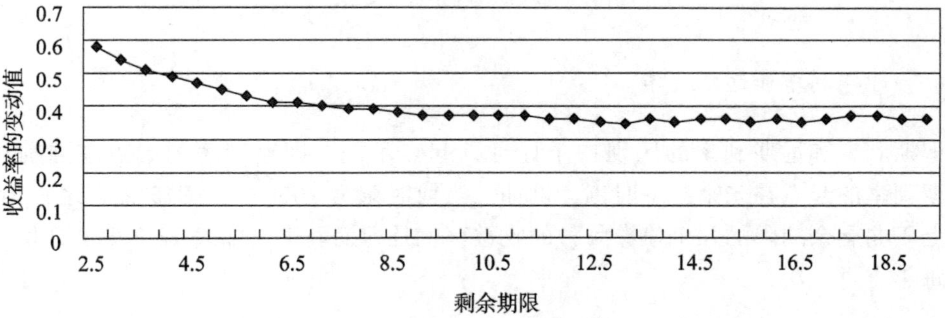

图12-2 2001年8月～2002年2月收益率曲线变动值(收益率降低值)

从图12-1和图12-2中看出，2002年2月比2001年8月的收益曲线明显更低，从2.5年到19.5年的期限中，收益率降低值大致为58个基点到36个基点，平均而言市场收益率下降了近50个基点。最终在2002年2月21日公布了降息的幅度是25个基点，降息幅度完全在市场预期范围之内。比较美国2002年2月的国债收益曲线如图12-3所示，中国的收益曲线则明显更为平缓。

贴现率(discount rate)在票据贴现中是指贴息取现的利率。在债券市场中有低于票面价格100元发行的贴水债券，不附带息票，定价按照银行票据贴现基准，用贴现率d来计算票面值(终值)的现值，如下面公式所示：

$$PV=FV\times(1-d\times T_{余})$$

式中，$T_{余}$为剩余期限；d为贴现率。

---

① 时点的概念是相对的，由于债券品种较少，为了避免奇异数据，实际计算的是一周范围内收益率的平均值。

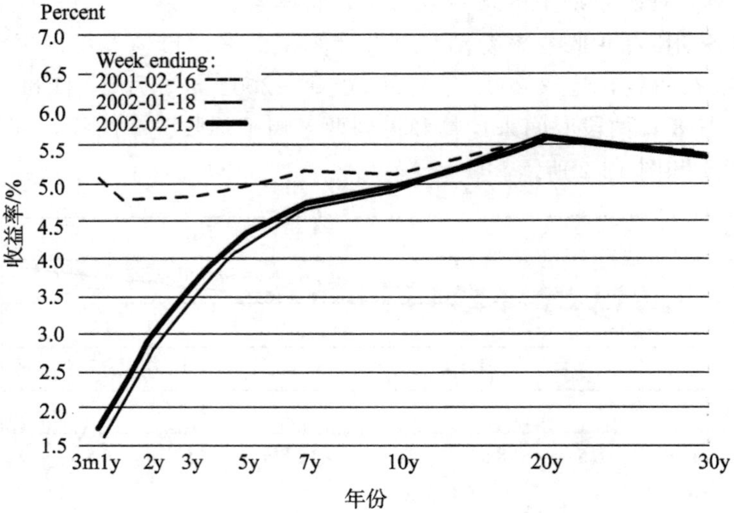

图 12-3 2002 年 2 月美国国债收益曲线

注：m 指的是月，y 指的是年。

(三)即期利率和远期利率

即期利率和远期利率的区别在于计息日起点不同，即期利率的起点在当前时刻，而远期利率的起点在未来某一时刻。例如，当前时刻为 2005 年 1 月 5 日，这一天债券市场上不同剩余期限的几个债券品种的收益率就是即期利率，如表 12-2 第 2 列所示(利息为每年支付一次)。

表 12-2 即期利率和远期利率对比(单位：%)

剩余期限	即期利率	远期利率
1	2.5	2.5
2	2.8	3.101
3	3.0	3.401
4	4.0	7.059
5	4.8	8.062

在当前时刻，市场之所以会出现 2 年到期与 1 年到期的债券收益率不一样，主要是因为投资者认为第 2 年的收益率相对于第 1 年会发生变化，如表 12-2 中的情况是市场认为第 2 年利率将上涨，所以 2 年到期的利率 2.8%高于 1 年到期的利率 2.5%。在一个无套利均衡市场中，考虑当前时刻的两个资产组合：

(1)100 元 2 年到期的债券。

(2)100 元 1 年到期的债券，到期后继续投资 1 年期债券。

在市场对第 2 年利率一致预期的前提下，两个资产组合应该有相同的预期收益。也就是

$$100(1+2.8\%)^2=100(1+2.5\%)\times(1+R_2)$$

式中，R_2 为第 2 年的利率预期。

解出 $R_2=3.101\%$。由于第 2 年的利率预期起始于未来某一时刻，即第 2 年年初，因此我们定义其为远期利率，以便同当前时刻 2 年到期的即期利率相区分。同理，我们可以继续推算出第 3 年至第 5 年的利率预期：

$$100(1+3.0\%)^3=100(1+2.5\%)\times(1+3.101\%)\times(1+R_3)$$

$$100(1+4.0\%)^4=100(1+2.5\%)\times(1+3.101\%)\times(1+3.401\%)\times(1+R_4)$$

$$100(1+4.8\%)^5=100(1+2.5\%)\times(1+3.101\%)\times(1+3.401\%)\times(1+7.059\%)\times(1+R_5)$$

它们也都属于远期利率的范畴。

上面我们演算了从即期利率推远期利率的步骤。反过来，也可以根据远期利率来解释即期利率——远期利率加 1 的几何平均数。市场投资者通过分析和判断即期利率与远期利率的关系，来决定投资短期债券还是长期债券。一般来说，在投资的各个相关期间内，如果利率的发展情况与起点时刻即期利率决定的远期利率相符合，那么长期债券投资者与短期债券投资者的收益率是一样的；如果未来发展的即期利率低于最初远期利率的水平，那么最初长期债券投资者将获得更高的收益率，反之，就是短期债券投资者胜出。

（四）真实利率

真实利率，又称为实际利率。取该名称主要是因为对于债券投资者来说，特别是长期债券投资者，最担心的莫过于通货膨胀。甚至由于通货膨胀的原因，有学者研究认为，长期来看债券投资的风险高于股票投资[①]。

目前市场衡量通货膨胀的主要指标是消费者物价指数(CPI)。CPI 以指数的复合年增长率来表示通货膨胀：

$$\pi=\left(\frac{\mathrm{CPI}_T}{\mathrm{CPI}_0}\right)^{\frac{1}{T}}-1$$

式中，π 为通货膨胀率；CPI_T 为 T 期初始时的 CPI 值；CPI_0 为 T 期结束时的 CPI 值；T 为时间期限(通常为月、季、半年、年)。

债券投资的终值经过通货膨胀调整后变成：

$$\mathrm{PV}=\left(\frac{1+r}{1+\pi}\right)^T$$

式中，r 为债券票面利率。

由上式看出，只有 $r>\pi$ 时，调整后的终值才大于 PV。这就是债券投资者担心通货膨胀的原因。进一步可以计算调整后的真实收益率：

$$r_r=\sqrt[T]{\frac{\mathrm{PV}\left(\frac{1+r}{1+\pi}\right)^T}{\mathrm{PV}}}-1=\frac{1+r}{1+\pi}-1=\frac{r-\pi}{1+\pi}$$

---

① 康奈而 B. 股权风险溢价：股票市场的远期前景．吴洪泽．北京：机械工业出版社，2000：90.

式中，r_r 为真实利率。

只有在 π 很小时，可以近似认为真实利率等于 $r-\pi$。实际上，以美国市场为例，1982～2001 年，CPI 一般水平大约在 5%以下，也就是说在不要求精确的情况下，可以作近似处理，图 12-4 是美国联邦基金利率和 1 年期国债利率的实际利率。

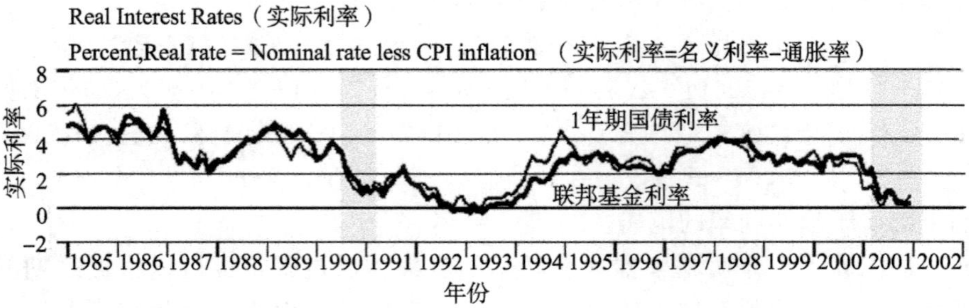

图 12-4 美国联邦基金利率和 1 年期国债实际利率走势图

但是，使用者必须清醒地认识到：第一，分母缩小的近似处理，使得真实利率被略微高估；第二，各个国家的各个时期，通货膨胀率差别很大，近似处理须谨慎；第三，如果利息收入要交税，则应该扣除税率后作为真实利率，如中国国内发行的企业债，政府征收 20%的利息收入所得税。

（五）无风险收益率

在债券市场中，无风险收益率一般是指短期国债收益率。长期国债收益率尽管票面利率固定、没有信用风险，仍然不能作为无风险收益率，因为随着利率的波动，长期债券的价格波动较大。除非投资者长期持有债券到期，否则无法保证能够全部收回投入的本金。所以无风险是对短时期而言的。

在中国，由于短期国债品种稀缺，因此一般的研究用银行存款利率、上海银行间同业拆放利率(shibor)或者国债回购市场利率来作为无风险利率的度量。对于债券投资者来说，用国债回购利率来作为无风险利率是再合适不过的。

二、利率期限结构

债券的种类品种繁多，其利率各不相同。人们习惯把影响利率大小的原因划分为两部分。一部分是债券的到期期限，一部分是除期限以外的其他原因。债券的到期期限与债券利率之间的关系称为利率的期限结构，而其他诸如利率政策、税收、流动性等因素与债券利率之间的关系称为利率的风险结构。

如果把我国单利计算的银行存款利率换算成到期收益率，并且把从 1988 年以来的历次利率调整反映到一个曲面上[①]，也就是由收益曲线汇集成下面的收益曲面图，如图 12-5 所示。

① 黄瑞庆．利率期限结构的研究．厦门大学硕士学位论文，1999.

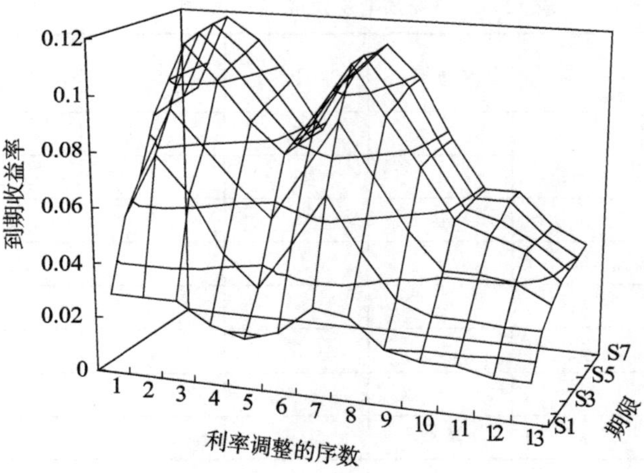

图 12-5　我国银行存款利率收益曲面图

通过对图 12-5 的分析，可以看出三个重要事实：

(1)收益曲线有向上倾斜的趋势；

(2)对于不同到期期限的品种，其利率波动趋于同方向；

(3)从时间上看，平缓型和下降型收益曲线后面都伴随着利率的下调。

研究人员归纳出影响债券收益曲线出现这些形状和规律的三种可能因素①：

(1)对未来利率变动方向的市场预期；

(2)债券预期收益中可能存在的流动性溢价；

(3)市场效率低下或资金在长、短期市场的流动存在障碍。

这样，迄今为止，出现了三种解释不同期限债券利率之间关系的利率期限结构理论，即市场预期理论、流动性理论、市场分割理论。市场预期理论认为利率期限结构只受第一种因素的影响，它可以解释第一个和第三个事实；流动性理论认为期限结构受第一种和第二种因素的影响，它可以解释三个事实；市场分割理论从另外角度考虑，它认为市场每一期限部分与其他部分是独立的，收益曲线是几个分割的部分组成的。市场分割理论显然不能解释第二个事实。三种理论互相补充，只有综合起来理解收益曲线才能得到比较全面的认识。其理论本身也在不断的实践过程中得以完善和修正。

(一)市场预期理论

利率的期限结构描绘了债券的到期期限与到期收益之间的关系。市场预期理论认为，期限结构是由市场对未来利率的预期决定的，因此长期债券的利率等于到期之前短期利率的平均值。例如，上升型的期限结构(到期收益率随到期期限的延长而上升)是因为市场预计未来短期利率将上升所导致的。预期理论对不同期限债券利率不同的解释就是对未来短期利率的预期值不同。如表 12-3 所示。

---

① 哈根 R A. 现代投资学 . 郭世坤，等译 . 北京：中国财政经济出版社，1992：351.

表 12-3 市场预期决定收益曲线(单位:%)

到期日 \ 期限	1 年期	2 年期	3 年期	4 年期	5 年期	6 年期
现在	2	2	2	2	2	2
1 年后	4	4	4	4	4	4
2 年后	5	5	5	5	5	5
3 年后	5	5	5	5	5	5
4 年后	4	4	4	4	4	4
5 年后	3	3	3	3	3	3
算术平均到期收益率	2	3	3.67	4	4	3.83
几何平均到期收益率	2	2.83	3.42	3.76	3.81	3.66

从表 12-3 中看出，在任一时点上，所有期限的债券都取得相同的收益率，即横行数据都相同。最后两行是收益曲线的数据，即算术平均到期收益率或几何平均到期收益率，它们完全取决于第 2 列数据，即现在对未来短期(一年期)利率的预期值。表12-3 中实例的收益曲线呈现出先上升后略降的形状。

市场预期理论的关键性假设在于：由于所有期限的债券都取得相同的收益率，因此债券投资者对债券期限没有偏好，各种期限不同的债券是完全替代品。这样意味着所有债券的预期回报率是相等的。市场预期理论可以解释所有不同期限的债券利率都会随时间一起同方向波动。当短期利率上升时，将提高人们对未来短期利率的预期，而长期利率是未来短期利率的平均(或者说长短期两种债券投资的预期期末总收益相等)。因此，长期利率也会随着短期利率的上升而上升。同理，短期利率下降时，长期利率也会随之下降。

市场预期理论还说明了，如果短期利率低，市场预期未来它将上升，长期利率将高出短期利率，收益曲线向上倾斜；如果短期利率高，市场预期未来它将下降，长期利率将低于短期利率，收益曲线向下倾斜。换句话说，如果收益曲线向上倾斜，市场预期理论表示未来的短期利率将上升，向下倾斜则表示未来的短期利率将下降。

然而，市场预期理论有一个最严重的缺陷就是它无法解释收益曲线通常都是向上倾斜的事实。按照市场预期理论，向上倾斜意味着预期未来短期利率的上升；但实际上，短期利率可能上升也可能下降，收益曲线应该是水平的。

(二)流动性理论

流动性理论认为长期债券有较高的利率风险，投资者偏好持有短期债券，市场必须向长期债券投资者支付正值的流动性(期限)升水。流动性理论可以解释向上倾斜的典型收益曲线：由于投资者偏好短期债券，所以随着债券期限的延长，流动性升水增加，即使未来短期利率的预期不变，长期利率也将高于短期利率，从而使收益曲线向上倾斜。如果有时收益曲线出现向下倾斜，按照流动性理论，则未来短期利率预期大幅下降，下降幅度超过正值的流动性升水，使长期利率低于短期利率。流动性升水使期限结构在预期利率上升时更陡峭地向上倾斜，而在预期利率下降时稍微向下倾斜[①]。

表 12-3 中加上流动性升水，则如表 12-4 所示。

表 12-4　附加流动性升水后的到期收益率

到期日＼期限	1 年期	2 年期	3 年期	4 年期	5 年期	6 年期
现在	2	3	3	4	4	4
1 年后	4	5	5	6	6	6
2 年后	5	6	6	7	7	7
3 年后	5	6	6	7	7	7
4 年后	4	5	5	6	6	6
5 年后	3	4	4	5	5	5
算术平均到期收益率	2	3.5	4.33	5	5.6	5.17
几何平均到期收益率	2	3.46	4.22	4.95	5.10	4.97

比较表 12-3 和表 12-4，表 12-4 的未来短期利率的预期值不变，到期收益率仍呈现出先上升后略降的形状，但整体收益率水平比表 12-3 高，这部分溢价就是长期利率的风险升水。

人们对流动性理论中的假定之一，即长期债券比短期债券风险高，持怀疑态度。实际上，长期债券和短期债券的收益方差孰大孰小取决于投资者持有债券时间间隔的长短。即使对同一时间间隔，长期债券的收益分布具有更大的方差，那也未必一定是令人厌恶的。例如，经济萎缩，利率趋于下调，长期债券的收益最大。

（三）市场分割理论

市场分割理论假定不同期限的债券完全独立，不可替代。债券投资者在投资之前有一个意愿持有期，他对这个期限的债券具有强烈的偏好。如果意愿持有期能找到匹配的债券剩余期限，那么便不存在任何利率风险。

市场分割理论可以从另一角度解释向上倾斜的收益曲线：短期债券需求较多，价格较高，利率较低；长期债券需求较少，价格较低，利率较高。各种独立的不同期限债券的利率连成一条向上倾斜的收益曲线。然而，市场分割理论不能解释为什么各种期限债券的价格会趋于一起波动的事实。

市场分割理论认为预期是无关紧要的，各种期限债券的供给和需求决定了收益曲线的总体形状。对于这样一个低效率的市场，给没有意愿持有期的套利投资者提供了赚取丰厚利润的机会。莫迪利亚尼和萨奇的优先栖所理论还进一步认为风险升水是不可知的，唯一比较肯定的是期限相同的债券应当合理地成为近似替代品而具有相同的风险升水。实际上，如果风险升水因素不能清晰确定，理论上的精确检验就难以进行。

---

① 米什金 F S. 货币金融学(第 4 版). 李扬，等译. 北京：中国人民大学出版社，1998：146.

第二节 债券的定价

一、债券定价的基本原则

不论何种债券，附带何种条款，债券的价格来自于市场对债券未来预期现金流现值的计算。因此，在做债券的定价之前需要首先估计和确定预期现金流以及相应的折算成现值的收益率。不同的投资者即使在投资同一种债券时，可能要求的回报率也不一样。每一个债券的市场价格都反映出当时的市场要求的回报率。要求的回报率反映出带有可比风险的金融工具的收益率，或类似机会成本的、可替代性的投资收益率[①]。

对于一个债务合约，从现金流角度看，全部本金可在到期时一次偿还的，该合约被称为具有子弹期限(bullet maturity)的合约。还有的合约本金在到期之前已经分批偿还，而在到期时偿还的本金剩余部分数额虽然最大，但是折回现值的分量却很小，又被称为气球支付额(balloon payment)。债券作为规范的债务合约，它的到期偿付额又被称为平价(par value)、到期价值(maturity value)或票面价值(face value)，它的未来现金流很容易确定。定义一个普通的债券：①没有违约风险；②没有税收优势；③没有内含选择权。一般地，对于息票债券来说，未来现金流包括每期收入的利息(每年一次或每半年一次)以及到期本金收入；对于零息票债券来说，到期一次收入本金和利息。

(一)个体定价原则

每个独立的投资者，根据自身要求的回报率和债券给定的现金流，对债券做出一个“期望”的价格计算：

$$P=\frac{C}{1+Y}+\frac{C}{(1+Y)^2}+\frac{C}{(1+Y)^3}+\cdots+\frac{C+M}{(1+Y)^n}$$

式中，P 为债券价格；C 为每期利息收入；M 为到期本金收入；Y 为要求的回报率；n 为期数。

例如，000696 国债，1996 年 6 月 14 日发行上市，每年 6 月 14 日支付利息一次，票面利率为 11.83%，期限为 10 年。如果在 2002 年 3 月 4 日投资者希望购买该债券，并且获得 3.5%的年收益率，那么价格必须在 141.05 元以下才符合投资者要求：

$$\begin{aligned}P=&\frac{11.83}{(1+0.035)^{0.279\,452}}+\frac{11.83}{(1+0.035)^{1.279\,452}}+\frac{11.83}{(1+0.035)^{2.282\,192}}+\frac{11.83}{(1+0.035)^{3.282\,192}}\\&+\frac{111.83}{(1+0.035)^{4.382\,192}}\\=&11.716\,82+11.320\,6+10.936\,74+10.566\,9+10.209\,57+86.302\,34\\=&141.05(\text{元})\end{aligned}$$

---

① 法博齐 F J. 投资管理学. 周刚，等译. 北京：经济科学出版社，1999：533.

根据上面的计算，如果投资者可以按照 141.05 元的价格成交买入 000696 债券(不考虑手续费)，那么他持有债券到期将可以保证获得 3.5%的收益率。因此，要求回报率同时也是到期收益率的概念：由收益率推算价格时是要求回报率，由价格推算收益率时是到期收益率。

但是需要指出，由价格推算到期收益率时，可能会出现多解问题。特别是在一个一般投资项目的评估中，未来现金流如果出现负值，那么多解问题将使得到期收益率指标几乎不可用。在债券价格分析时，由于各期现金流一般为正，因此不会出现多解问题。限于篇幅，本书在该问题上不再展开详细论述。

(二)市场定价原则

债券市场作为一个整体，跟个体一样，也根据市场整体的或平均的要求回报率来对债券品种定价。但是具体地，与其说是市场整体的要求回报率还不如说是市场对未来利率的预期。在一个理想的市场中，假设无风险套利机会不存在，也就是所有无风险资产只能获得相同的短期无风险收益率。从这点出发，考虑一个单期(期内只有一次利息支付)的债券，它的收益率应该与同期短期市场利率 r_1 相等：

$$\frac{C_1+(P_1-P_0)}{P_0}=r_1$$

式中，C_1 为息票收入；P_1 为期末债券价格；P_0 为期初债券价格；r_1 为短期利率。

解出 P_0，有

$$P_0=\frac{C_1+P_1}{1+r_1}$$

同理，如果有个两期债券品种，在第 1 期期末时，投资者期望的第 2 期债券收益率与同期短期利率 r_2 相等，r_2 相对于第 1 期期初是远期利率。

$$P_1=\frac{C_2+P_2}{1+r_2}$$

把 P_1 代入 P_0，可以得到

$$P_0=\frac{C_1}{1+r_1}+\frac{C_2+P_2}{(1+r_1)(1+r_2)}$$

重复替代，直到到期，可以发现

$$P_0=\frac{C_1}{1+r_1}+\frac{C_2}{(1+r_1)(1+r_2)}+\frac{C_3}{(1+r_1)(1+r_2)(1+r_3)}+\cdots+\frac{C_n+P_n}{(1+r_1)\times\cdots\times(1+r_n)}$$

市场对债券的定价依据分子中预期的现金流和分母中预期的远期利率，上式同时也说明了债券价格等于未来现金流的现值这一本质属性。由于未来利息收入只能按照下一期的即期利率再投资，因此，用远期利率来计算现值更能体现现金流的本来面目。而到期收益率反映的是各期收益率的几何平均。

例如，上面 000696 国债的例子，把公式变换一下可以得到

$$\frac{P}{M}=\frac{C}{M}\sum_{t=1}^{n}\frac{1}{(1+Y)^t}+\frac{1}{(1+Y)^n}$$

$$\frac{P}{M}=\frac{C}{M}\left[\frac{1-(1+Y)^{-n}}{Y}\right]+\frac{1}{(1+Y)^{n}}$$

到期收益率 Y 就是上面方程的解。P/M 称为平价关系(par value relation)，等于 1 时表示平价发行，大于 1 时表示溢价发行，小于 1 时表示折价发行。C/M 表示息票率，即每期利息与面值的比率。需要指出，2001 年我国发行了国债 010107 券，标志着中国开始有了半年付息一次的债券。而在美国等一些国家，大部分的债券都是每半年付息一次。对于每半年付息一次的债券，每次息票 $C/2$，同时每年按照 $Y/2$ 的收益率进行两次折现，这种计算方法符合市场习惯①，并且符合中国人民银行的有关规定②：

$$\frac{P}{M}=\frac{C}{2M}\left[\frac{1-(1+Y/2)^{-2n}}{Y/2}\right]+\frac{1}{(1+Y/2)^{2n}}$$

(三)浮动利率债券定价③

浮动利率债券(FRN)可以改善债务人资产和负债之间的匹配，减少金融风险。特别是对于银行来说，由于银行的负债是居民和企业存款，利率是浮动的；银行发行浮动利率债券有助于降低银行的经营风险。对于债权人来说，如果在一个利率正下滑的环境中，当然持有固定利率债比较安全；可是如果投资者认为利率水平已经偏低，或者存在对未来通货膨胀的预期，持有固定利率的长期债就不如浮动利率债券了。

浮动利率债券的利率是按照一个事先给定的利率参照指数加一个利差来确定的。浮动利率债券和其他长期债券一样，具有固定的期限，但是不具有固定的票面利率。票面利率按半年或按季度调整。票面利率重新确定的日期也称为票面利率滚动期。息票利率在每一个付息时段开始时，根据合约规定的短期货币市场参考利率[LIBOR(伦敦银行同业拆放利率)、国债利率等]决定。例如，欧洲美元的浮动利率债券通常以 LIBOR 为基础，或者有时用 LIBID(伦敦银行间拆借买价利率)和 LIBOR 的平均值作为浮动利率。利差通常是 0.125%和 0.25%的倍数。欧洲市场使用 1 年 360 天的天数计算法定价和确定票面利率，我国使用的是 365 天。

浮动利率债券交易时，价格按照价格变动的百分比来进行。浮动利率债券通常按照净价(不包括增殖的利息)报价。净价交易从 2002 年 1 月 1 日起在我国交易所市场正式实行。净价交易是指在现券买卖时，以不含有自然增长应计利息的价格报价并成交的交易方式。应计利息额计算方法为

应计利息额=票面利率/365 天×已计息天数

式中，应计利息额，零息债是指发行起息日至交割日所含利息金额，附息债是指本付息期起息日至交割日所含利息金额；票面利率，固定利率债券是指发行票面利率，浮

① 法博齐 F J，弗朗哥莫迪利亚尼 F. 资本市场：机构与工具．汪涛，郭宁译．北京：经济科学出版社，1998：390.

② 中国人民银行(货币政策司).关于统一采用债券收益率计算方法有关事项的通知(银货政[2001]51 号).2001-06-15：3.

③ 部分资料来源于中国债券网。

动利率债券是指本付息期计息利率；年度天数及已计息天数，1 年按 365 天计算，闰年 2 月 29 日不计算利息。

债券交易以每百元价格进行报价，应计利息额也须按每百元债券所含利息额列示。在净价交易条件下，由于债券交易价格不含有应计利息，其价格形成及变动能够更加准确地体现债券的内在价值、供求关系及市场利率的变动趋势。

当浮动利率债券不以面值定价时，如果市场以面值为浮动利率债券定价，将会要求怎样的利差？为此，我们计算当期利差来对有效利差做近似处理，计算公式如下：

$$\mathrm{CM} = (L + M) \times \frac{100}{P} - L$$

式中，P 为息票重新设定日相对于面值(100)的价格；L 为参考利率；M 为合约规定利差；CM 为当期利差，包括合约规定的利差部分。

合约规定的利差 M 是恒定的，因此 P 必然要根据 LIBOR 的变化而变化，以使得 CM 不变。若 LIBOR 变小，P 也要变小。但是这种方法不太精确，没有考虑发行价格溢价和折价因素导致相对于面值的资本收益和亏损。如果在票面价格以上购买浮动利率债券，就称为溢价购买；如果在票面价格以下购买，就称为折价购买。只有该债券是永续浮动利率债券，那么这种简化的利差才是最合适的。总之，这个公式不是计算浮动利率债券的一个理想和可靠的方法。如果准确地估算浮动利率债券的收益率水平，要考虑规定利差的水平、将溢价和折价摊到到期时、调整溢价和折价的利息、在两个利息支付日之间的买卖收益等因素。

(四)计算债券价格风险 VaR

到期收益率作为不同期限债券的一个可比指标，可以通过计算出一个具有可比性的 VaR 指标来测量债券价格风险。这是计算债券 VaR 的一般方法。例如，000696 国债，选定时间段为 30 天，2002 年 1 月 1 日～2002 年 1 月 31 日的 1 个月到期收益率波动率为 0.201%，期末的收盘全价为 144.29 元，到期收益率为 2.759 8%。预期 2002 年 2 月份内，到期收益率服从均值为 0、标准差为 0.201% 的正态分布。置信度取 95%，则可以计算该月内：

最大的到期收益率＝实际的到期收益率＋(1.65×波动率)

＝2.759 8%＋(1.65×0.201%)＝3.091 4%

收益率如果上升到 3.091 4%，那么相应的国债全价价格将会跌到 142.97 元，则该债券的 VaR 值为 144.29－142.97＝1.32(元)。

进一步可以用该方法来计算组合的 VaR。假设还有另外一个债券，它的 VaR 值是 1.5 元，那么分别各持有相应价值的 1 个债券的两个投资者承担的 VaR 总量是 1.32＋1.5＝2.82(元)。但是如果考虑到两个债券的相关性不等于 1，如假设相关系数为 0.9，就可以构造一个投资组合，让两个投资者共同拥有。

$$组合的\ \mathrm{VaR} = (1.32^2 + 1.5^2 + 2 \times 1.32 \times 1.5 \times 0.9)^{1/2} = 2.75(元)$$

共同持有的组合 VaR 比分别持有的 VaR 之和小 0.07 元，显示出投资组合降低风险的优势。

二、债券价格的敏感性分析

一种债券的市场价值由四个因素决定：①债券的面值，F；②定期支付给债券持有者的利息(或者债券利率)，C；③到期收益率，i；④到期期限，n。市场价格 P 是所有利息和本金的现值

$$P=\frac{C}{1+i}+\frac{C}{(1+i)^2}+\cdots+\frac{C}{(1+i)^n}+\frac{F}{(1+i)^n} \tag{12.1}$$

求等比级数的和，化简可得

$$P=\frac{C}{i}\left[1-\frac{1}{(1+i)^n}\right]+\frac{F}{(1+i)^n} \tag{12.2}$$

当 n 趋于无穷大时，P 趋于 C/i。这样，对于一个每年支付一定利息的永久债券来说，它的市价波动仅仅与市场利率有关。

(一)债券价格的若干行为特征

下面分析债券价格与名义利率的关系，若将式(12.2)改写成

$$P=\frac{C}{i}+\frac{F-\dfrac{C}{i}}{(1+i)^n} \tag{12.3}$$

而且定义名义利率为 i_0，$i_0\equiv\dfrac{C}{F}$，由式(12.3)可以观察到市场利率 i 与名义利率 i_0 的关系对债券价格的影响，当 n 比较大时，

(1)$i_0=i$，$C/F=i$，$C/i=F$，$P=F$；债券按面值出售。

(2)$i_0<i$，$C/F<i$，$C/i<F$，$P<F$；债券贴水出售。

(3)$i_0>i$，$C/F>i$，$C/i>F$，$P>F$；债券升水出售。

进一步，再分析其他收益变化和价格变动之间的关系，以五大定理的形式给出①。

定理 1 债券价格与债券到期收益率反向变动。

证明：对式(12.1)求导，得

$$\frac{\partial P}{\partial i}=-\frac{C}{(1+i)^2}-\frac{2C}{(1+i)^3}-\cdots-\frac{nC}{(1+i)^{n+1}}-\frac{nF}{(1+i)^{n+1}}<0 \tag{12.4}$$

定理 2 对于一个给定的相对于名义利率的收益率变化，到期期限越长，债券价格变化越大。

证明：需要评价的是 $\dfrac{\partial[P(i)-P(i_0)]}{\partial n}$，但是因为 $P(i_0)=F$ 为常数，所以评价 $\dfrac{\partial P(i)}{\partial n}$ 足矣。对式(12.3)求导，得

---

① Malkiel B G. Expectations, bond prices, and the term structure of interest rates. Quarterly Journal of Economics, 1962, 76(2): 197～218.

$$\frac{\partial P}{\partial n}=\left[\frac{C}{i}-F\right](1+i)^{-n}\ln(1+i) \tag{12.5}$$

(1)$i<i_0$ 时，债券升水出售，$C/i-F>0$，导数大于零，市场价格 P 随到期期限 n 的延伸而上涨；

(2)$i>i_0$ 时，债券缩水出售，$C/i-F<0$，导数小于零，市场价格 P 随到期期限 n 的延伸而下跌。

定理 3　定理 2 描述的债券价格 P 的变动百分比随 n 的增加而以递减的速度增加。

证明：式(12.5)对 n 求导，得

$$\frac{\partial^2 P}{\partial n^2}=-\left[\frac{C}{i}-F\right][\ln(1+i)]^2[(1+i)^{-n}] \tag{12.6}$$

重复上述讨论，得

(1)当 $i<i_0$ 时，$\frac{\partial^2 P}{\partial n^2}<0$，债券价格相对于面值升高的百分比$(P-F)/F$ 随 n 的延伸而增加；但增加的速度递减。

(2)当 $i>i_0$ 时，$\frac{\partial^2 P}{\partial n^2}>0$，债券价格相对于面值下跌的百分比$(F-P)/F$ 随 n 的延伸而增加；但增加的速度递减。

定理 4　价格运动和与收益率的变动是不对称的，即收益率的减少引起债券价格上涨的部分要超过等量的收益率增加引起债券价格下跌的部分。

证明：如图 12-6 所示，为了证明不对称，只需证明 $\frac{\partial^2 P}{\partial i^2}>0$ (P 是 i 的凹函数)即可，式(12.4)对 i 求导得

$$\frac{\partial^2 P}{\partial i^2}=\frac{2C}{(1+i)^3}+\frac{2\times 3C}{(1+i)^4}+\cdots+\frac{n(n+1)C}{(1+i)^{n+2}}+\frac{n(n+1)F}{(1+i)^{n+2}}>0 \tag{12.7}$$

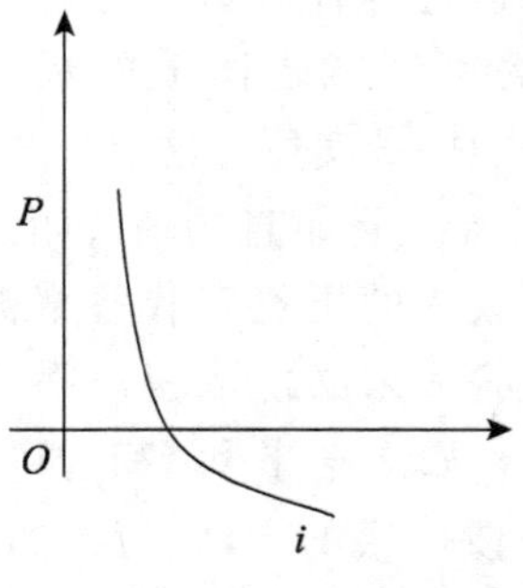

图 12-6　凹函数示意图

由图 12-6 知，斜率为负，i 增加时，斜率的绝对值减小。因此，对于某点收益率的增加，如增加了 10%，导致的债券价格绝对值和变动百分比的下降均小于该点收益率减小了 10%而导致债券价格绝对值和变动百分比的上升。

定理 5　债券息票利率越高，价格的利率弹性越小，除非一年期债券或统一公债。

证明：需要证明 $\frac{\partial\left[\frac{\partial P}{\partial i}\times\frac{i}{P}\right]}{\partial C}>0$，对于所有有限 $n>1$，式(12.2)对 i 求导，

可得

$$\frac{\partial P}{\partial i}=\frac{-C(1+i)^{n+1}+C(1+i+ni)-Fni^2}{i^2(1+i)^{n+1}} \tag{12.8}$$

乘以 i/p，再对 C 求导，化简可得

$$\frac{\partial\left[\frac{\partial P}{\partial i}\times\frac{i}{P}\right]}{\partial C}=\frac{Fi}{(1+i)[C(1+i)^n-C+Fi]^2}[1+i+(1+i)^n(ni-1-i)] \tag{12.9}$$

当 $n=1$ 时，式(12.9)等于0；可以用数学归纳法证明对于所有 $n>1$，式(12.9)大于0。特别地，当 n 趋于无穷大时，式(12.9)趋于0。

长期债券价格的易变性具有两个特征：绝对值大，边际递减。一个两年期债券相对于面额的价格升降是一年期债券的两倍；类似地，一个4年期债券的波动大约是两年期的两倍；但64年期债券的波动与32年期相比并不显著，尤其是在收益率增加的情况下。因为有一个天然的"垫层"存在于债券价格的数学形式中，它限制了长期债券价格在收益率上升时的下降。

收益曲线形状的实证研究表明，曲线在到期期限延伸时总是趋平。持有各种到期期限的长期债券的初始价格风险都大概相同。这样，这些债券由于其潜在价格波动在数学形式上近似相等，因此市场上按近似的收益率销售也不足为奇。相反，在短期和中期区域，收益曲线的期限哪怕延伸很少的几年，也将意味着价格风险和资本利得机会的很大差异。

(二)债券的久期和凸度

国债是稳健投资者和投资基金的必选品种。它几乎没有违约风险，一般还有税收优惠。近几年来，国债的流动性也在各种政策的完善和实施下得到很大增强。对于国债投资者来说，现在考虑最多的可能就是国债的利率风险。久期(duration)和凸度(convexity)是测算国债利率风险的两种实用方法。

自000696国债以来，我国开始发行附息国债。附息国债在到期日之前定期地有利息收入，计算到期收益率时利息收入的再投资收益率被假定为与附息国债相同，因此又称为内含报酬率。其实，利息收入未必能取得与附息国债相同的投资收益。假设利息收入仍旧投资于国债，一方面，如果未来利率下调，那么再投资收益率将下调，然而另一方面却又同时引起附息国债价格的上涨；反之，未来利率上升，再投资收益率上升，附息国债的价格却又下跌。利率变化引起两种相反的效应，这使人们思考能否通过债券组合投资来消除利率风险。麦考利(Macaulay)在1938年提出债券的久期概念，后来又被称为麦考利久期。

一般地，附息国债的定价公式为

$$P=\sum_{t=0}^{n}\frac{I}{(1+y)^{t+h}}+\frac{M}{(1+y)^{n+h}} \tag{12.10}$$

式中，I 为每年的利息；M 为到期支付的本金；h 为从现在到下一次付息的年数；n 为从下一次付息至到期日的年数；y 为市场利率或必要收益率。

如果对式(12.10)求一阶导数，得

$$\frac{\mathrm{d}P}{\mathrm{d}y}=\Big[\sum_{t=0}^{n}\frac{(t+h)I}{(1+y)^{t+h}}+\frac{(n+h)M}{(1+y)^{n+h}}\Big]\frac{1}{1+y} \tag{12.11}$$

$$\frac{\mathrm{d}P}{\mathrm{d}y}\frac{1}{P}=-\frac{D}{1+y} \tag{12.12}$$

其中，债券久期 D 的定义公式为

$$D=\frac{\sum_{t=0}^{n}\frac{(t+h)I}{(1+y)^{t+h}}+\frac{(n+h)M}{(1+y)^{n+h}}}{P} \tag{12.13}$$

从式(12.13)可以看出，D 表示现在至各付息日的年数对现金流的加权平均数，显然有 $D<(n+h)$ 。当把久期看成是付款时间的加权平均时，对于零息国债，它的久期就是剩余期限$(n+h)$。所以，久期可以准确地测算出债券的投资回收期。此外，式(12.13)还显示了久期的三个特性：一是剩余期限$(n+h)$越长，久期 D 越长；二是票面利率越低，中间利息权重越小，久期越长；三是到期收益率 y 与久期呈反向变动。

从式(12.12)可以看出，D 表示到期收益率变动引起价格变化的程度，是价格 P 对$(1+y)$的弹性系数：

$$D=\frac{\frac{\mathrm{d}P}{p}}{\frac{\mathrm{d}(y+1)}{y+1}} \tag{12.14}$$

因此，久期又是国债利率风险的度量指标，它相当于股票中的 β 系数，表明价格变化的百分比随$(1+y)$变化的百分比的线性关系。久期符号一般取正，式(12.12)的负号表明债券价格的变化与利率变化方向相反。两种债券，如果它们的久期相等，即使票面利率、到期期限及付息间隔有很大差别，它们的价格所受利率变化的影响也完全相同。也就是说两种债券可以相互调换而利率风险不变。

市场人士为方便起见，定义了修正久期和货币久期：

$$\frac{\mathrm{d}P}{\mathrm{d}y}\frac{1}{P}=-\frac{D}{1+y}=-\text{修正久期} \tag{12.15}$$

$$\frac{\mathrm{d}P}{\mathrm{d}y}=-\text{修正久期}\times P=\text{货币久期} \tag{12.16}$$

修正久期计算收益率变化 $\mathrm{d}y$ 一定时，价格变动的百分比 $\mathrm{d}P/P$；货币久期计算收益率变化 $\mathrm{d}y$ 一定时，价格的变动 $\mathrm{d}P$，可以衡量债券价格的易变性。通过修正久期和货币久期，可以计算凸度以提供利率变化时债券价格变化的近似值。使用泰勒级数表示价格变化：

$$\mathrm{d}P=\frac{\mathrm{d}P}{\mathrm{d}y}\mathrm{d}y+\frac{1}{2}\frac{\mathrm{d}^2P}{\mathrm{d}y^2}(\mathrm{d}y)^2+\text{误差} \tag{12.17}$$

$$\frac{\mathrm{d}P}{P}=\frac{\mathrm{d}P}{\mathrm{d}y}\frac{1}{P}\mathrm{d}y+\frac{1}{2}\frac{\mathrm{d}^2P}{\mathrm{d}y^2}\frac{1}{P}(\mathrm{d}y)^2+\frac{\text{误差}}{P} \tag{12.18}$$

观察式(12.17)右侧第一项，由于 $\mathrm{d}P/\mathrm{d}y$ 是货币久期，因此第一项是债券基于货币久期的价格变化。因为二阶导数表示函数的凹凸性，所以 $\frac{1}{2}\frac{\mathrm{d}^2P}{\mathrm{d}y^2}$ 被称为是债券的货币凸度，这样第二项是债券基于货币凸度的价格变化。式(12.17)可以改写成：

$$dP = \text{货币久期} \times dy + \text{货币凸度} \times (dy)^2 + \text{误差} \tag{12.19}$$

与久期类似，定义(货币凸度/P)为凸度，那么式(12.18)可以改写成：

$$\frac{dP}{P} = \text{修正久期} \times dy + \text{凸度} \times (dy)^2 + \text{误差} \tag{12.20}$$

凸度的测算与久期相比是从时期平方的角度进行的，因为

$$\text{凸度} = \frac{1}{2}\frac{d^2P}{dy^2}\frac{1}{P} = \frac{1}{2P}\left[\sum_{t=1}^{n}\frac{(t+h)(t+h+1)I}{(1+y)^{t+h+2}} + \frac{(n+h)(n+h+1)M}{(1+y)^{n+h+2}}\right] \tag{12.21}$$

凸度具有重要的投资意义，如图 12-7 所示。

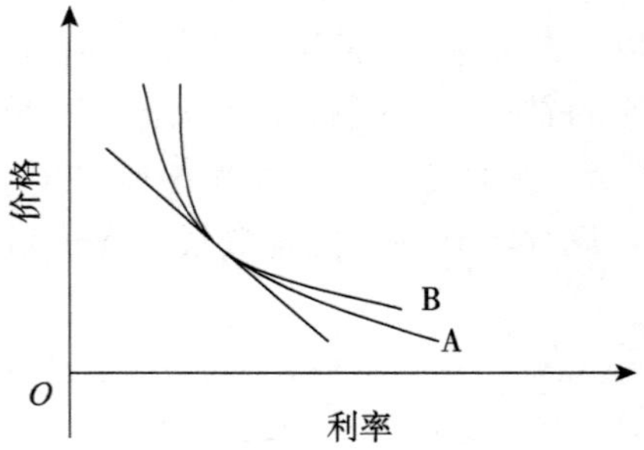

图 12-7 债券的凸度比较

债券 A 和债券 B 具有相同的必要收益率或市场利率、久期和价格，但债券 B 比债券 A 具有更大的凸度。利率下调会引起债券 B 比债券 A 更大的价格上涨，利率上升会引起债券 B 比债券 A 更小的资本损失。当然，市场将给凸度定价，使债券 B 的收益降低。所有无期权债券的凸度都有以下特点：一是正凸性，利率上升，价格下降，久期缩短，价格变化百分比减小；利率下调，价格上涨，久期伸长，价格变化百分比增加。二是给定利率 y 和偿还期 $n+h$，息票利率越低，中间利息权重越小，凸度越大。三是给定利率 y 和修正久期，息票利率越低，凸度越小。四是久期增加，凸度将以更快的速度增加。

下面以我国第一种附息国债——000696 国债为例，计算国债价格受利率变动影响的程度。000696 国债于 1996 年 6 月 14 日起息，至 2006 年 6 月 14 日截止，票面利率为 11.83%，每年 6 月 14 日付息。计算各年年末的修正久期和凸度，如表 12-5 所示。

表 12-5 000696 国债修正久期和凸度

000696 国债	收盘价/元	收益率/%	修正久期	凸度
2001-12-31	143.38	2.872 6	3.558	17.789
2000-12-29	144.79	3.881 3	4.150	23.960
1999-12-30	152.48	3.679 5	4.768	31.413
1998-12-30	149.88	4.761 8	5.228	38.014
1997-12-31	137.290	6.885 6	5.476	42.658

从表 12-5 中可以看出，随着剩余期限的减少，修正久期和凸度逐渐降低，也就是利率风险逐渐降低。在 1996～2002 年的降息环境中，000696 国债收益率水平也大幅度下降。2001 年 12 月 31 日价格是 143.38 元，收益率是 2.872 6%，如果到期收益率下降 25 个基点：

因久期引起的国债价格变动百分比为 $0.0025 \times 3.558 = 0.008895 = 0.8895\%$。

因凸度引起的国债价格变动百分比为 $0.0025^2 \times 17.789 = 0.000111 = 0.0111\%$。

合计起来因为利率变动引起的国债价格变动百分比为 0.900 6%。

第三节 债券投资组合管理

一、积极的债券组合管理

积极的债券组合管理者认为债券市场并非那么有效，所以明智的投资者有机会战胜市场，该类投资者认为市场的无效性主要体现在债券的定价错误和市场利率的可预测性上。因此，债券管理者进行债券选择，试图通过识别定价错误的债券或者预测市场利率来掌握市场时机，进行债券买卖。

假如所有的投资者都认为市场有效，但无法获得超额利润，那么所有投资者都会采用消极的策略，市场便会变得无效。此时，积极投资策略的投资者便可以获得超额利润，随着积极投资者的增加，超额利润也会随之消失。当新进入的积极投资者获得的边际利润刚好等于其边际成本时，会达到均衡。所以，即使债券市场有效，积极的债券管理策略依然有其存在的道理。当前，债券市场积极组合管理主要有期限分析、债券互换和收益率曲线等策略。

（一）期限分析

期限分析是一种基于对未来利率预期的债券组合管理策略，主要的一种形式被称为利率预期策略。在这种策略下，债券投资者基于其对未来利率水平的预期来调整债券资产组合，以使其保持对利率变动的敏感性。由于久期是衡量利率变动敏感性的重要指标，这意味着如果预期利率上升，就应当缩短债券组合的久期；如果预期利率下降，则应当增加债券组合的久期。

对于以债券指数作为评价基准的资产管理人来说，当预期利率下降时，将增加投资组合的持续期与基准指数之间的相关程度；反之，当预期利率上升时，将缩短投资组合的持续期。如果投资人对投资组合的持续期与基准指数的持续期之间的差距不做出任何规定的话，资产管理人就产生了对利率变动进行赌博的内在动力。按照对利率的预期调整债券投资组合持续期，将有可能给资产管理人带来出色的表现，也有可能造成更大的损失。为了可能获得的超额收益，资产管理人有动力对债券利率进行自身的预期，即使这种预期在某些时候是错误的。

(二)债券互换

债券互换就是同时买入和卖出具有相近特性的两个以上的债券品种，从而获取收益级差的行为。不同债券品种在利息、违约风险、期限(久期)、流动性、税收特性、可回购条款等方面的差别，决定了债券互换的可行性和潜在获利的可能性。例如，当债券投资者在观察AAA级和A级的债券收益时，如果发现二者的利差从大约75个基点的历史平均值扩大到100个基点，而投资者判断这种对平均值的偏离是暂时的，那么投资者就应买入A级债券并卖出AAA级债券，直到两种债券的利差返回到75个基点的历史平均值为止。在进行积极债券组合管理时使用债券互换有多种目的，但其主要目的是通过债券互换提高组合的收益率。

一般而言，只有在存在较高的收益级差和较短的过渡期时，债券投资者才会进行互换操作。过渡期是指债券价格从偏离值返回历史平均值的时间。收益级差越大，过渡期越短，投资者从债券互换中获得的收益率就越高。债券互换主要有以下四种类型。

(1)替代互换。替代互换是指在债券出现暂时的市场定价偏差时，将一种债券替换成另一种完全可替代的债券，以期获取超额收益。例如，债券投资者持有一种期限为30年的国债A，票息率为7%，到期收益率为7%。而市场上存在国债B，其到期收益率为7.1%，而其他方面如期限、票息率等与国债A完全相同。投资者预期债券定价的偏差是暂时的，国债B的到期收益率最终将会从7.1%降到7%的水平。这时投资者就可以进行替代互换操作，卖掉国债A而买入国债B。同时，替代互换也存在风险，其风险主要来自于以下方面：纠正市场定价偏差的过渡期比预期的更长；价格走向与预期相反；全部利率反向变化。

(2)跨市场利差互换。跨市场利差互换是不同市场之间债券的互换。投资者进行这种互换操作的动机是由于投资者认为不同市场间债券的利差偏离了正常水平并以某种趋势继续运行。与替代互换相区别的是，市场间利差互换所涉及的债券是不同的。例如，这种互换可能在国债和企业债之间进行。

市场间利差互换有两种操作思路：其一，买入一种收益相对较高的债券，卖出当前持有的债券。其操作依据是预期市场间的债券利差会缩小，新购买的债券价格相比于原先持有的债券具有更快的上升速度。其二，买入一种收益相对较低的债券而卖出当前持有的债券。其操作依据是市场间的债券利差会延续原来的趋势继续扩大，这样新购买的债券的价格会继续上升，其到期收益率还将下降，通过债券互换就能够实现更高的资本增值。进行市场间利差互换时投资者也会面临风险，如过渡期会延长、新买入债券的价格及到期收益率走势和预期的趋势不同等。因此，相比于替代互换，市场间利差互换的风险要更大一些。

(3)税收互换。税收对债券投资收益具有明显影响。其影响的主要途径有债券收入现金流本身的税收特性(如国债与企业债的投资收益适用于不同的税率)、现金流的形式(如资本增值和利息收入作为不同形式的现金流要承担不同的税负)、现金流的时间特征(相同税率条件下，越晚支付税收越好)。税差互换的目的就在于通过债券互换来减少年度的应付税款，从而提高债券投资者的税后收益率。税差互换有多种类型。其中之一是把免税的政府债券换成具有同等风险的应税企业债券，以增加投资者的税后收益率。类似地，当资本利得税率低于利息收入税率时，以面值接近的高票面利率债券就能被替换成大幅度折价出售的低票面收益率债券，这样也能够获得更高的税后收益率。

(4)利率预测互换。这是指债券管理者依据对市场利率变动的判断，从而调整所持有债券的久期，获得更高的收益或者避免更大的损失。久期越长，债券价格的利率敏感性就越大。如果预测到利率会下跌，这时候把债券换成久期更长的债券，就会从债券价格上涨中得到更大收益。反之，若预测利率会上升，那么就把所持有的债券换成久期更短的债券，那么就能减少债券价格下跌带来的损失。当然，利率互换预测获得成功的前提是正确的利率走势预测。如果预测恰恰相反，投资者不但不能获得收益，反而会受到很大损失。

(三)收益率曲线

收益率曲线策略，又称收益率曲线追踪策略，可以被视作期限分析的一种特殊形式。债券的收益曲线随时间的变化而变化，因此债券投资者就能够以债券收益曲线形状变动的预期为依据来建立和调整组合头寸。当收益率曲线向上倾斜时，若投资者预测收益率曲线在投资期内保持不变，就可以采用收益率曲线策略获得更多回报。收益率曲线向上倾斜表示长期债券收益率高于短期债券，随着时间的流逝，债券到期期限也会缩短，由于收益率曲线保持不变，所以期限已经变短的债券的到期收益率也就随之降低了。所以对于既定的投资者而言，期限长的债券的预期回报率比期限短的债券的预期回报率更高。

经验显示，收益曲线的变化方式有平行移动和非平行移动两种。非平行移动又分为两种情况：收益曲线的斜度变化和收益曲线的谷峰变动。一般认为，较平缓的收益曲线说明长期债券与短期债券之间的收益差额趋于递减；而较陡峭的收益曲线预示长短期债券之间的收益差额是递增的。

常用的收益率曲线策略包括子弹式策略、两极策略和梯式策略三种。其中，子弹式策略是使投资组合中债券的到期期限集中于收益曲线的一点；两极策略则将组合中债券的到期期限集中于两极；梯式策略是指投资组合均匀地分布在不同期限的债券上。这样，债券收益率曲线的变动将带来投资组合的不同业绩表现，投资者需要根据自身的需求和风险承受能力选择适当的投资策略。例如，子弹组合是否能够优于两极组合将取决于收益率曲线的斜率，当收益率曲线很陡时，子弹组合的业绩才会经常优于两极组合。也可以对债券收益率曲线可能发生的变化进行情景分析，以确定投资者最终将选择的投资策略。

当收益率曲线有正的斜率，并且预计收益率曲线不变时，长期债券的收益率较短期债券的收益率更高。这样，收益率曲线的投资者可购买比需求的期限更长的债券，然后在债券到期前售出，从而获得超额投资收益。但是，这种投资策略也会导致风险的提高。投资者必须权衡更高的预期收益与更高的价格波动风险，以调整其债券投资组合。

二、消极的债券组合管理

如果债券市场是有效的，债券的价格反映了所有公开、可得的信息，那么就无法通过寻找错误定价的债券来获得超额回报。这时，最好的投资策略就是消极的投资策略。消极的投资策略的目的不是战胜市场，而是控制债券组合的风险，并且获得和风险相对应的收益。一般来说，消极的债券组合有以下三点目标：一是为未来发生的债务提供资金；二是获得市场平均收益率；三是在特定的流动性和风险条件下追求最高的收益。消极的债券组合管理主要有指数化、免疫策略和现金流匹配三种。

(一)指数化

指数化投资策略的目标是使债券投资组合达到与某个特定指数相同的收益，它以市场充分有效的假设为基础，属于消极型债券投资策略之一。这种策略虽然可以达到预期的绩效，但往往放弃了获得更高收益的机会或不能满足投资者对现金流的需求。以下几种因素解释了债券指数化投资的动机：第一，经验证据表明积极型的债券投资组合的业绩并不好；第二，与积极债券组合管理相比，指数化组合管理所收取的管理费用更低；第三，选择指数化债券投资策略，有助于基金发起人增强对基金经理的控制力，因为指数化债券组合的表现不能明显偏离其基准指数的表现。

指数的选择在发达国家的债券市场上有各种不同的债券指数，投资者可以根据自身的投资范围等条件选择相应的指数作为参照物。例如，在美国债券市场中，机构投资者经常使用的三种综合类债券市场指数是莱曼兄弟综合指数、所罗门兄弟投资级债券综合指数和美林国内市场指数。

指数化的方法有以下三种：分层抽样法、优化法和方差最小化法。分层抽样法将指数的特征排列组合后分为若干个部分(一些最常用的特征包括偿还期限、票息、修正期限、发行主体的类别、信用级别、现金流的特点等)，在构成该指数的所有债券中选出能代表每一个部分的债券，以不同特征债券在指数中的比例为权重建立组合。优化法用数学规划的方法，在满足分层抽样法要达到的目标的同时，还满足一些其他的条件，并使其中的一个目标实现最优化，如在限定修正期限与曲度的同时使到期收益最大化。方差最小化法，债券组合收益与指数收益之间的偏差称为追随误差，为指数中每一种债券估计一个价格函数，然后利用大量的历史数据估计追随误差的方差，并求得追随误差方差最小化的债券组合。

以上三种方法中，分层抽样法适合于证券数目较小的情况。当作为基准的债券数目较大时，优化法与方差最小化法比较适用；但后者要求采用大量的历史数据。

指数化策略可以保证投资组合业绩与某种债券指数相同；但该指数的业绩并不一定代表投资者的目标业绩，与该指数相配比也并不意味着资产管理人能够满足投资者的收益率需求目标。例如，养老金的目标在于有足够的资金按期偿付预定的债务，指数化只能降低投资业绩劣于指数业绩的可能性：但指数的收益率与发起人的债务之间并不一定有直接的联系，也并不一定能够满足投资者的需求。

与此同时，资产管理人在构造指数化组合时将面临其他的困难，其中包括：

(1)构造投资组合时的执行价格可能高于指数发布者所采用的债券价格，因而导致投资组合业绩劣于债券指数业绩。

(2)公司债券或抵押支持债券可能包含大量的不可流通或流动性较低的投资对象，其市场指数可能无法复制或者复制成本很高。

(3)总收益率依赖于对息票利息再投资利率的预期，如果指数构造机构高估了再投资利率，则指数化组合的业绩将明显低于指数的业绩。

(二)免疫策略

金融机构在将来偿还债务的本金和支付利息时会产生一系列的现金流支出。所以，金融机构需要构造债券投资组合来满足将来还本付息的需要，这就是所谓的免疫策略。免疫策略具体可以分为目标期免疫和多期免疫。

利率风险包括价格风险和再投资风险。债券价格和利率变化呈反向变动。对于持有到期债券的投资者而言，到期前债券价格的变化没有什么影响。但是对于在债券到期日前出售债券的投资者来说，若购买债券后市场利率水平上升，债券价格下降，那么他将遭受损失。这就是利率变化带来的价格风险。

利息再投资收入的多少取决于再投资发生时市场利率水平。如果利率水平下降，得到的利息只能按照较低的水平来进行再投资，这就是再投资风险。其他条件不变的时候，债券持有期越长，债券票面利率越低，再投资风险越大。利率波动对债券价格和再投资收入的影响恰恰相反：利率上升时，债券价格下跌，但是再投资收入增加；利率下降时，债券价格上升，但再投资收入减少。通过资产负债期限的适当搭配使两种利率风险正好抵消，从而消除债券组合带来的利率风险，这便是免疫策略的基本思想。

当金融机构需要在未来的某个时期支付一笔确定的现金流时，可以采用目标期免疫策略。目标期免疫的两个条件为：债券组合和负债的现值相等，债券组合和负债的久期相等。当养老和保险等金融机构需要在未来支付一系列现金流的时候，采用的是多期免疫的策略。理论研究表明，多期免疫必须满足三个条件：债券组合和负债的现值相等，债券组合和负债的久期相等以及债券组合中资产现金流时间分布范围要比负债现金流时间分布的范围更广。

例如，某银行发行面额为10 000元的定期存单，期限为5年，年利率为8%，以复利计息，5年后需要支付14 693.28元。为保证5年后有足够的资金来支付，银行购买了按面额出售的10 000元债券，债券年利率也为8%，6年后到期。因此，该债券的久期为5年。我们考虑购买债券后利率变化的三种情况：降为7%，保持在8%和升到9%。三种情况下5年后债券的终值如表12-6所示。

表 12-6 不同利率情况下 5 年间债券现金流(单位：元)

年份	现金流	8%	7%	9%
1	800	1 088.39	1 048.64	1 129.27
2	800	1 007.77	980.03	1 036.02
3	800	933.12	915.92	950.48
4	800	864.00	856.00	872.00
5	800	800	800	800
利息收入		4 693.28	4 600.59	4 787.77
5 年后债券价格		10 000	10 093.46	9 908.26
5 年后债券组合终值		14 693.28	14 694.05	14 696.02

由此可以看出，当利率从 8%降到 7%时，债券的利息再收入减少了 92.96 元，但是价格却从 10 000 元上升到了 10 093.46 元，二者的变化基本上抵消。同样，当利率从 8%上升到 9%的时候，利息收入的增加基本上被债券价格的下降所抵消。所以，债券组合的利率风险被消除了。

免疫策略也有着一定的局限性，主要有以下三点：

首先，免疫策略是基于久期的，而久期只能近似地估计债券价格的变化，无法精确地衡量利率变化所导致的债券价格变化。通过资产负债久期的匹配并不能够完全消除利率风险。

其次，在目标期内，债券和负债的久期会随着市场利率不断地变化，而且这两者的久期变化并不是一致的。即使在一开始资产和负债的久期是相互匹配的，随着市场利率的波动，两者必然会出现不匹配的情况，这时免疫策略就失效了。

最后，债券组合的久期并不会随时间的流逝而呈现出线性减少。一般来说，债券久期的减少速度小于期限的减少速度，这也就导致随着时间的推移，资产和负债的久期会有不同的改变速度，债券组合也就不具有免疫的作用了。

(三)现金流匹配

所谓现金流匹配，就是通过债券的组合管理，使得每一期从债券获得的现金流入与该时期约定的现金支出在量上保持一致。相对于免疫策略，现金流匹配策略有以下三个特点：

(1)现金流匹配方法并不要求债券资产组合的久期与债券的期限一致。

(2)采用现金流匹配方法之后不需要进行任何调整，除非选择的债券的信用等级下降。

(3)现金流匹配法不存在再投资风险、利率风险，债务不能到期偿还的唯一风险是提前赎回或违约风险。

现金流匹配的一个最简单的方法就是购买零息债券为未来的现金支出提供恰好的资金来源。例如，债券管理者要在 1 年后偿还 100 000 元的债务，那么他可以在现在就购买一个面额为 100 000 万元的 1 年零息债券，这样就完全锁定了利率风险。

例如，某保险公司预计未来三年现金流支出和三种债券的现金流模式如表 12-7

所示。

表 12-7　保险公司未来三年现金流支出和债券现金流(单位：万元)

年限 / 现金流	第 1 年	第 2 年	第 3 年
现金流支出	1 000	1 000	1 000
3 年期附息债	50	50	500
2 年期附息债	100	300	
零息债	200		

为了满足保险公司未来三年的现金流需求，应该投资于这三种债券的比例各是多少？

解：设投资于零息债、2 年期附息债和 3 年期附息债的数量分别为 x、y、z。

$$\begin{cases} 500z=1\,000 \\ 50z+300y=1\,000 \\ 50z+100y+200x=1\,000 \end{cases}$$

解得 $x=3$，$y=3$，$z=2$。

所以，应该投资于零息债、2 年期附息债和 3 年期附息债的数量分别为 3、3 和 2。

三、投资者如何选择债券投资组合管理策略

面对各种债券投资组合管理策略，具体选择哪一种策略，投资者需要根据市场的实际情况与自身需求来确定。

第一，经过对市场的有效性进行研究，如果投资者认为市场效率较强，则可采取指数化的投资策略。当投资者对未来的现金流没有特殊的需求时，可根据自身可投资产品的范围，以及其他要求确定作为参照的指数(投资期限、变现性、信用风险的控制等)，或者根据自身的情况建立一个独立的指数，然后按照指数化投资的方法建立债券组合。同时，建立组合的监控系统，监控追随误差与信用风险的变化，在适当的情况下还可采取加强指数化的策略，进一步提高组合收益。

第二，当投资者对未来的现金流量有着特殊的需求时，可采用免疫策略和现金流匹配策略。该匹配策略需要同时考察市场的流通性。良好的流通性是实施免疫策略的必要保证，对于变现能力较差的债券，一定要在收益上给予补偿。当市场收益率曲线出现非平行变化时，投资者需要对组合进行适当的调整，以适应未来现金流的要求。在实施现金流匹配策略时，投资者往往要付出较高的成本，并要求市场有丰富的债券品种，且期限结构比较完整。

第三，当投资者认为市场效率较低，而自身对未来现金流没有特殊的需求时，可采取积极的投资策略。实施积极的投资策略的关键在于投资者对市场利率水平的预期能力。投资者可根据未来预期与自身的风险承受能力建立债券投资组合，灵活调整债

券组合，争取更大的收益。例如，可根据市场间的差价进行套利，或在风险不变的情况下通过债券替换提高收益或提高凸性。

➢思考与练习

1. 说明单利、复利和连续复利的本质区别。
2. 将各远期利率的算术平均数作为10年来的平均利率水平可以吗？为什么？
3. 阐述久期和凸度的联系、区别以及在债券价格分析中的用途。
4. 分析通货膨胀对债券的影响，分析外汇市场对债券市场的影响。
5. 思考如何改进浮动利率利差计算公式。
6. 已知债券市场即期利率期限结构如表12-8所示。

表 12-8 债券市场即期利率期限结构

剩余期限/年	即期利率/%
0.5	2.6
1	2.7
2	2.85
5	3.3
10	4.1

求：(1)市场对各年远期利率的预期。

(2)有一个剩余期限为8年的国债，票面利率为4.5%，请根据表12-8提供的数据给它定价。

7. 对于000696国债，具体条款见本章第二节，计算在2002年4月1日，价格151元的收益率、剩余期限、修正久期和凸度。

8. 2001年记账式(七期)国债于2001年8月20日起上市，面值为100元，期限为20年，年利率为4.26%。发行日期为2001年7月31日。每半年付息一次。计算在2002年3月20日收益率为2.7%时的价格、剩余期限、修正久期和凸度。

9. 免疫资产的概念与久期密切相关，它可以通过一个简单的方法来构造：事先计算需要的投资久期，然后投资于一个具有相同久期的债券资产组合。免疫就是不论利率如何变动，将不影响债券组合的投资回报。已知一个债券组合的久期等于组合中各债券久期的加权平均；收益曲线是水平的，曲线移动是平行的。请考虑：

(1)为什么要假定曲线水平，移动平行？

(2)请根据目前交易所现有品种，构造一个3.5年久期的债券组合。

10. 2002年5月5日，交易所010107债券，如果中国人民银行突然宣布其未被市场预期地降低利率25个基点，那么债券市场将如何反映，请具体计算并加以阐述。

11. 请试着从计算到期收益率开始，简单使用久期-凸度的方法计算债券VaR，并与到期收益率法计算的VaR进行比较。

12. 假如在5年后需要偿付一笔100万元的债务，希望目前投资一定的金额以保证到期偿还，有两种方案保证可以实现：一是持有一只到期时间为5年的债券，另一种是持有一个久期为5年的债券组合。试比较这两种方案。

第十三章

期货合约定价

第一节　期货与期货市场概述

一、期货

期货，即期货合约的简称，它是一种契约，是由期货交易所统一制定的、有法律效力的、规定在将来某一确定时间和地点交割一定数量和质量的商品或者金融工具(标的资产)的标准化合约。期货合约是在现货合同和现货远期合约的基础上发展起来的，它们最本质的区别在于期货合约条款的标准化。

(一)国际商品期货与金融期货

商品期货是期货交易的起源。随着国际期货市场的发展，商品期货交易的品种不断增多，目前国际上主要有以下几类商品期货。

1. 农产品期货

农产品是最早构成期货交易的商品，目前世界各地的商品期货交易所交易的农产品期货品种有以下四类：

(1)粮食期货。其标的商品主要是小麦、玉米、大豆、豆粕、红豆、大米、花生仁。

(2)经济作物类期货。其标的商品主要是棉花与棉纱、原糖、咖啡、可可、橙汁、棕榈油、菜籽。

(3)畜产品期货。其标的商品主要是肉类制品和皮毛制品。

(4)林产品期货。其标的商品主要是木材和天然橡胶。

2. 有色金属期货

目前，国际上的有色金属期货交易主要集中在伦敦金属交易所、纽约商业交易所和东京工业品交易所。交易的品种主要有 11 种，即铜、铝、铅、锌、锡、镍、钯、铂、金、银、合金。

3. 能源期货

能源期货始于1978年。目前，其交易量仅次于农产品期货和利率期货，超过了有色金属期货，是国际期货市场的重要组成部分。其交易的品种主要是原油、取暖油、燃料油、汽油、轻柴油和丙烷等。

4. 金融期货

金融期货是指以金融工具作为标的物的期货合约。虽然金融期货问世至今只有二十余年，但其发展速度却比商品期货迅速得多。在许多重要的金融市场上，金融期货交易量甚至超过了其基础金融产品的交易量。根据各种合约标的物的不同性质，可将金融期货分为三大类：外汇期货、利率期货和股票指数期货。

(1)外汇期货。外汇期货是指以汇率为标的物的期货合约。1972年5月16日，芝加哥商业交易所(CME)的国际货币市场(IMM)推出了外汇期货交易，标志着金融期货这一新的期货类别产生。目前，外汇期货交易的主要品种有美元、英镑、日元、瑞士法郎、加拿大元、澳大利亚元等。

(2)利率期货。利率期货是指以债券类证券为标的物的期货合约。1975年10月，美国芝加哥期货交易所推出了第一张利率期货合约——政府国民抵押协会(GNMA)的抵押凭证期货交易，在此之后利率期货交易得到迅速发展。目前，在期货交易比较发达的国家和地区，利率期货早已超过农产品期货而成为交易量最大的一个类别。利率期货的种类繁多，通常，按照合约标的的期限，利率期货可分为短期利率期货和长期利率期货两大类。长期利率期货的代表性品种是美国长期国债期货和10年期美国中期国债期货，短期利率期货的代表性品种是3个月期的美国短期国库券期货和3个月期的欧洲美元定期存款期货。

(3)股票指数期货。股票指数期货是指以股票价格指数作为标的物的金融期货合约。1982年2月24日，美国堪萨斯期货交易所推出第一份股票指数期货合约——价值线综合指数期货合约。在此之后，股票指数期货在美国其他交易所和世界范围内迅速发展起来。典型的有标准普尔500种股票指数期货合约、金融时报100种股票指数期货合约、恒生指数期货合约、日经225种股票指数期货合约、沪深300股票指数期货合约。

(二)期货合约条款

一般来说，目前国内外期货交易所制定的期货合约，都包括以下几个方面的基本条款：①交易单位，指在期货交易所交易的每手期货合约所代表的标的资产的数量。②报价单位，指在公开竞价过程中对期货合约报价所使用的单位，即每计量单位的货币价格。国内商品期货合约的报价单位以元(人民币)/吨表示。③最小变动价位，指在期货交易所的公开竞价过程中，标的资产的每单位价格报价的最小变动数值。最小变动价位乘以交易单位就是该合约价格的最小变动值。例如，郑州商品交易所白糖期货的最小变动价位是1元/吨，即每手合约的最小变动值是1元/吨×10吨=10元。在期货交易中，每次报价必须是其合约规定的最小变动价位的整数倍。④每日价格最大波动幅度限制，指由期货交易所规定的，某种期货价格在每个交易日的最大允许涨跌幅度，又称每日涨跌停板。每日停涨跌板是通过在某一期货合约上一交易日结算价格的基础上，增加和减少一定数量而计算得出的。制定这一限制基于这样的看法：交易者有可能对突如其来的消息反应过于激烈，设置每日价格最大波动幅度限制就可以避免期货价格发生剧烈变动。⑤合约交割月份，指期货合约到期交割的月份。⑥最后交易日，指允许某种期货合约在合约交割月份进行交易的最后期限，过了这个期限的未平仓期货合约，必须进行实物交割。⑦交割等级，指合约标的物的质量等级。它一般采用国内或国际贸易中最通用和交易量较大的标准品的质量等级。⑧交割地点，指由期货交易所统一规定的，进行实物商品交割的标准仓库，或者进行金融工具结算的指定银行。⑨交易保证金，指由期货交易所统一规定的，由期货交易者在每次开新仓时，必须存入其保证金账户的一定数额的款项。⑩交易手续费，指由期货交易所按成交合约金额的一定比例或按成交合约手数收取的费用。

1. 中国商品期货合约条款

目前，在中国的三家商品期货交易所上市交易的期货品种有 26 种。其中，在上海期货交易所上市的期货品种有黄金、铜、铝、锌、铅、螺纹钢、线材、燃料油、天然橡胶；郑州商品交易所上市的期货品种有小麦(包括优质强筋小麦和硬白小麦)、棉花、白糖、精对苯二甲酸(PTA)、菜籽油、早籼稻、甲醇；大连商品交易所上市的期货品种有玉米、黄大豆(包括黄大豆 1 号和黄大豆 2 号)、豆粕、豆油、棕榈油、线型低密度聚乙烯、聚氯乙烯和焦炭。表 13-1 列出了其中三种期货合约标准条款。

表 13-1 铜、精对苯二甲酸、豆粕期货合约标准条款

交易品种	阴极铜	精对苯二甲酸	豆粕
交易单位	5 吨/手	5 吨/手	10 吨/手
报价单位	元(人民币)/吨	元(人民币)/吨	元(人民币)/吨
最小变动价位	10 元/吨	2 元/吨	1 元/吨
每日价格最大波动限制	不超过上一交易日结算价的±3%	不超过上一交易日结算价的±4%	不超过上一交易日结算价的±4%
合约交割月份	1～12 月	1～12 月	1 月、3 月、5 月、7 月、8 月、9 月、11 月、12 月
交易时间	每周一至周五 9：00～11：30 13：30～15：00	每周一至周五 9：00～11：30 13：30～15：00	每周一至周五 9：00～11：30 13：30～15：00
最后交易日	合约交割月份的 15 日(遇法定假日顺延)	交割月第 10 个交易日	合约月份第 10 个交易日
交割日期	最后交易日后连续 5 个工作日	交割月第 12 个交易日	最后交易日后第 4 个交易日
交割品级	标准品：标准阴极铜，符合国标 GB/T467—1997 标准阴极铜规定，其中主成分铜加银含量不小于 99.95% 替代品：高纯阴极铜，符合国标 GB/T467—1997 高纯阴极铜规定；或符合 BS EN 1978：1998 高纯阴极铜规定	符合工业用精对苯二甲酸 SH/T 1612.1—2005 质量标准的优等品 PTA。详见《郑州商品交易所精对苯二甲酸交割细则》	大连商品交易所豆粕交割质量标准

续表

交易品种	阴极铜	精对苯二甲酸	豆粕
交割地点	交易所指定交割仓库	交易所指定交割仓库	交易所指定交割仓库
最低交易保证金	合约价值的5%	合约价值的6%	合约价值的5%
交易手续费	不高于成交金额的万分之二(含风险准备金)	不高于4元/手(含风险准备金)	不超过3元/手
交割方式	实物交割	实物交割	实物交割
交易代码	CU	TA	M
上市交易所	上海期货交易所	郑州商品交易所	大连商品交易所

资料来源：上海期货交易所网站http://www.shfe.com.cn/；郑州商品交易所网站http://www.czce.com.cn/；大连商品交易所网站http://www.dce.com.cn/。

2. 中国金融期货合约条款

目前在中国金融期货交易所上市交易的金融期货只有沪深300股票指数期货合约，外汇期货、利率期货的具体上市规则还在进一步研究之中。表13-2是我国沪深300股指期货合约的标准条款。

表13-2 中国金融期货交易所沪深300股指期货标准合约

合约标的	沪深300指数
合约乘数	每点300元
报价单位	指数点
最小变动价位	0.2点
合约月份	当月、下月及随后两个季月
交易时间	上午：9:15～11:30，下午：13:00～15:15
最后交易日交易时间	上午：9:15～11:30，下午：13:00～15:00
每日价格最大波动限制	上一个交易日结算价的±10%
最低交易保证金	合约价值的12%
最后交易日	合约到期月份的第3个周五，遇国家法定假日顺延
交割日期	同最后交易日
交割方式	现金交割
交易代码	IF
上市交易所	中国金融期货交易所

资料来源：中国金融期货交易所，http://www.cffex.com.cn/。

(三)期货合约的现金流

期货交易所要求每天对期货合约的差价进行结算，并相应增减交易双方的保证金余额，这被称为盯市制度(marking to market)。同时，作为盯市制度的一部分，期货结算所每天用一个新的合约来代替已存在的合约。无论是买方还是卖方，账户上的权益都由以下两方面组成：①存入的初始保证金；②未平仓期货合约中每日的盈利减去亏损后的净值。

为了说明期货合约买卖双方的现金流，我们来看一个例子。

【例 13-1】 某客户在 4 月 1 日买入绿豆期货合约 20 手(10 吨/手)，成交价为2 800 元/吨，交易保证金比例为 10%，该客户需交纳的初始保证金为

$$20\times10\times2\,800\times10\%=56\,000(\text{元})$$

假定在 4 月 1 日交易结束时，该合约的当日结算价为 2 840 元/吨，则该客户作为多头当日盈利(2 840－2 800)×20×10＝8 000(元)，其保证金账户余额为 64 000 元，相应地，该合约的空头方当日损失 8 000 元。

假定 4 月 2 日该合约的当日结算价为 2 860 元/吨，则该客户当日盈利(2 860－2 840)×20×10＝4 000(元)，其保证金账户余额升为 68 000 元，相应地，该合约的空头方当日损失4 000元。

假定 4 月 3 日该合约的当日结算价为 2 890 元/吨，则该客户当日盈利(2 890－2 860)×20×10＝6 000(元)，其保证金账户余额升为 74 000 元，相应地，该合约的空头方当日损失 6 000 元。如表 13-3 所示。

表 13-3　该期货合约买卖双方的现金流(单位：元)

日期	期货价格	现金流		保证金账户余额	
		买方	卖方	买方	卖方
	2 800			56 000	56 000
4 月 1 日	2 840	8 000	－8 000	64 000	48 000
4 月 2 日	2 860	4 000	－4 000	68 000	44 000
4 月 3 日	2 890	6 000	－6 000	74 000	38 000

二、期货市场

期货市场是进行期货交易的场所，是多种期货交易关系的总和。它是按照“公开、公平、公正”原则，在现货市场基础上发展起来的高度组织化和高度规范化的市场形式。它既是现货市场的延伸，又是市场的又一个高级发展阶段。从组织结构上看，广义上的期货市场包括期货交易所、结算所或结算公司、经纪公司和期货交易员；狭义上的期货市场仅指期货交易所。期货交易所是买卖期货合约的场所，是期货市场的核心。

(一)国际期货市场的产生与发展

期货市场产生的原动力主要是投资者回避风险的客观需要。在欧洲中世纪时期，许多国家的集市已发明和应用了一种叫“交易券”的单据，它是一种远期合约，只是未经标准化。17 世纪，第一宗有案可查的有组织的期货交易在日本的米市出现。

现代意义上的期货交易产生于美国。1848 年，芝加哥的 82 位商人发起并组建了芝加哥期货交易所。当时的芝加哥期货交易所并非是一个市场，而只是一家商会组织，它为会员提供价格信息服务，促成买卖双方达成交易。直到 1851 年，芝加哥期货交易

所才引进了远期合同。但由于远期合约是非标准化的，买卖双方经常发生违约现象，交易纠纷颇多。于是，1865 年，芝加哥期货交易所推出了一种被称做期货合约的标准化协议，以取代原有的远期合约。标准化期货合约的诞生，标志着现代意义上的期货交易及其基本交易原则的萌芽，被视为期货交易产生、发展过程中的第一个里程碑。同年 5 月，芝加哥期货交易所又推行履约保证金制度。履约保证金制度的实施，被视为期货交易产生、发展过程中的第二个里程碑。1883 年，芝加哥期货交易所成立了结算协会，它为会员提供对冲工具，结算体系的出现被视为期货交易产生、发展过程中的第三个里程碑。

20 世纪 70 年代初，布雷顿森林体系解体后，浮动汇率制取代了固定汇率制，这使得各跨国公司、进出口商，甚至是整个国家暴露在汇率变动的风险之中，为了满足投资者回避汇率风险的需要，外汇期货应运而生。汇率的剧烈变动，使得各国的中央银行纷纷以利率为工具来调节本币的汇率，再加上 20 世纪 70 年代石油危机和通货膨胀的影响，使得利率成为一个起伏不定的经济变量。正是由于利率的变动，芝加哥期货交易所推出了世界上第一张利率期货合约。

20 世纪六七十年代，美国证券市场取得了巨大的发展，与此同时，股票市场中投资者结构也在发生悄然的变化，以养老基金、共同基金为代表的机构投资者在市场中占有越来越大的比例，并逐步取代个人投资者而居于主导地位。机构投资者通过分散投资以降低投资风险，然而进行组合投资的风险管理只能降低和消除股票价格的非系统风险，而不能消除系统性风险。随着机构投资者队伍的不断壮大，其规避系统性风险的要求也越来越强烈。为满足这一需求，美国堪萨斯期货交易所推出第一份股票指数期货合约——价值线综合指数期货合约。随后，股指期货在美国其他交易所和世界范围内迅速发展起来。

金融期货的三大类别一经推出，便成为发展最迅速的期货，而盛行了一百多年的实物商品期货逐渐退居次要地位。

1982 年 10 月 1 日，美国长期国债期货期权合约在芝加哥期货交易所上市，为其他商品期货和金融期货交易开辟了一方新天地，引发了期货市场的又一次革命。

随着经济全球化的快速推进，金融风险无处不在、永不停息，金融风险的管理将会继续成为投资者及货币管理当局的基本目标。而将金融衍生产品继续用作风险管理工具是确信无疑的。

(二)我国商品期货市场的建立与规范

除去新中国成立前的期货交易不说，我国商品期货市场的产生起因于 20 世纪 80 年代的改革开放。在价格改革过程中出现了农产品价格大起大落，农业生产大升大降，买难卖难问题此消彼长的情况，为了解决价格波动这一难题，一批学者提出了建立农产品期货市场的构想。1987 年，国务院发展研究中心和国家经济体制改革委员会等部门联合成立了期货研究工作小组。1988 年 3 月第七届全国人民代表大会第一次会议上的《政府工作报告》中指出：“加快商业体制改革，积极发展各类批发市场贸易，探索期货交易。”经过一段时期的理论准备之后，我国商品期货市场开始进入到实际运作阶段。

到目前为止，大致可以分为以下三个时期。

1. 探索与盲目发展时期：1990～1994 年

1990 年 10 月 12 日，中国郑州粮食批发市场经国务院批准，以现货交易为基础，引入期货交易机制，作为我国第一个商品期货市场正式开业，迈出了中国期货市场发展的第一步。1991 年 6 月 10 日，深圳有色金属交易所宣告成立，并于 1992 年 1 月 18 日正式开业，同年 5 月 28 日上海金属交易所开业；1992 年 9 月，第一家期货经纪公司——广东万通期货经纪公司成立，同年年底中国国际期货经纪公司开业。

到 1993 年，由于人们在认识上存在偏差，尤其是受部门和地方利益驱动，在缺乏统一管理的情况下，各地各部门纷纷创办各种各样的期货交易所。到 1993 年下半年，全国各类期货交易所达五十多家，期货经纪机构近千家，中国期货市场建设一度一哄而起、盲目发展。

2. 治理整顿时期：1994～1998 年

针对期货市场盲目发展的局面，政府有关部门从 1993 年年底开始进行治理整顿。1993 年 11 月 4 日，国务院发出了《关于制止期货市场盲目发展的通知》，要求坚决制止期货市场盲目发展。1994 年 5 月 16 日，国务院办公厅转发国务院证券委员会《关于坚决制止期货市场盲目发展若干意见的请示》，开始了对期货市场的全面治理整顿。整顿后的期货交易所只剩下 14 家，其他数十家期货交易所被陆续关停。

自 1994 年期货市场第一次治理整顿以来，后续几年又对期货市场进行了进一步的治理整顿。1995 年 9 月，中国证券监督管理委员会(简称中国证监会)要求各期货交易所着手进行会员制改造；1997 年 7 月，中国证监会对期货公司进行年检，并公布了第一批不予通过 1996 年年检的 11 家期货公司名单。在这 5 年间，我国期货交易所运作逐渐规范，期货市场在治理整顿中也日渐成长。

3. 规范发展时期：1998 年至今

1998 年 8 月 1 日，国务院发布《国务院关于进一步整顿和规范期货市场的通知》，要求中国证监会对期货市场再次进行治理整顿，期货交易所被精简合并为只有上海期货交易所、郑州商品交易所和大连商品交易所三家。1999 年 6 月 2 日，国务院颁布了《期货交易管理暂行条例》，与之相配套的《期货交易所管理办法》、《期货经纪公司管理办法》、《期货经纪公司高级管理人员任职资格管理办法》、《期货业从业人没资格管理办法》等其他规章制度也相继发布实施，这标志着期货市场的法制监管架构开始确立。

2004 年 3 月，《国务院关于推进资本市场改革开放和稳定发展的若干意见》明确规定期货公司属于金融机构，这改变了长期以来期货经纪公司属于服务行业的不合理状况，为期货市场的发展奠定了基础。

2007 年 3 月 16 日，国务院颁布了《期货管理条例》，将金融期货纳入管理范围，并删除了原《期货交易管理暂行条例》中金融机构不得从事期货交易、不得为期货交易融资和提供担保的禁止性规定。

(三)我国金融期货市场的建立及沪深300股指期货合约

伴随着我国商品期货市场的规范发展，2006年9月8日，经国务院批准，以金融期货交易为目标的中国金融期货交易所(简称中金所)在上海挂牌成立，成为继上海期货交易所、大连商品交易所、郑州商品交易所之后的我国第四家期货交易所，这标志着我国金融期货交易市场正式形成。中金所的成立，对于深化金融体制改革，完善金融市场体系具有重要的战略意义。

中金所的宗旨是发展社会主义市场经济，完善资本市场体系，发挥金融期货市场的功能，保障金融期货等金融衍生品交易的正常进行，保护交易当事人的合法权益和社会公共利益，维护金融市场的正常秩序。其主要职能是组织安排金融期货等金融衍生品上市交易、结算和交割；制定业务管理规则；实施自律管理；发布市场交易信息；提供技术、场所、设施服务等。中金所在交易方式、结算制度等方面充分借鉴了国际市场的先进经验，实行结算会员制度，采用电子化交易方式，这既强化了整体抗风险能力，也体现了高效、透明、国际化的发展思路。

2007年6月27日，中金所发布了《中国金融期货交易所交易规则》和相应的8个实施细则：《中国金融期货交易所交易细则》、《中国金融期货交易所结算细则》、《中国金融期货交易所结算会员结算业务细则》、《中国金融期货交易所会员管理办法》、《中国金融期货交易所风险控制管理办法》、《中国金融期货交易所违规违约处理办法》、《中国金融期货交易所套期保值管理办法》、《中国金融期货交易所信息管理办法》。同时，中金所发布了《中国金融期货交易所沪深300股指期货合约》文本，不久，中金所就开始组织该期货合约的仿真交易。

2008年3月，根据中国证监会统一部署，结合中国资本市场建设进度和股指期货仿真交易运行情况，参考国外金融期货市场的发展动态，中金所启动了对原定交易规则和实施细则的修改工作。

2010年2月20日，中国证监会正式批复中金所沪深300股指期货合约和相关业务规则。同日，中金所发布了新的《中国金融期货交易所交易规则》及相关实施细则、办法和沪深300股指期货合约。

2010年4月16日，首批4只沪深300股指期货合约在中金所成功上市，标志着中国期货市场正式跨入金融期货时代，中国期货市场体系得到了进一步完善。

第二节　期货合约定价方法

所有的期货合约都可以使用套利理论进行定价。套利理论认为，一旦出现无风险套利机会，市场即处于不均衡状态，套利力量将会推动市场重建均衡，市场一旦恢复均衡，套利机会就会消失。因此，任何投资者都不可能通过构造总价值为0的期货合约和标的资产的组合头寸来获得无风险收益。下面将通过一些期货合约来检验这一定价关系。

一、易坏商品

因为进行套利活动要求必须储存标的商品，所有以易坏商品为标的资产的期货合约无法通过套利理论来定价。易坏商品的期货价格将受到两个因素的影响，一是预期标的商品的现货价格。二是持有期货头寸的风险补偿。风险补偿的大小和方向因情况不同而各异。即有以下关系：

$$期货价格=预期的现货价格\pm风险补偿 \tag{13.1}$$

在期货市场中，当套期保值者在期货市场上以空头出现时，投机者是多头。因为承担多头的角色有风险，它需要获得相应的补偿。因此，期货价格将低于预期的现货价格，即

$$期货价格=预期的现货价格-风险补偿$$

这种关系被称为期货折价(normal backwardation)。

当套期保值者是以多头出现，而投机者是空头时，因为持有空头头寸要承担风险，所以空头要求一个正的风险补偿作为回报。因此，期货价格将高于预期的现货价格，即

$$期货价格=预期的现货价格+风险补偿$$

这种关系被称为期货溢价(normal contango)。

在绝大多数的商品期货市场中，无论是套期保值者还是投机者都不占优势，多空双方都可以从交易中获得益处，人们没有绝对的理由相信风险补偿应是正还是负。这样，期货价格应等于预期的现货价格。如表 13-4 所示。

表 13-4　易坏商品期货价格与预期现货价格的关系

$F=E(S_t)\pm$风险补偿			
假设	预期假设 投资者是风险中性	1. 套利者是净空头 2. 投机者是净多头	1. 套利者是净多头 2. 投机者是净空头
期货价格	$F=E(S_t)$	$F<E(S_t)$	$F>E(S_t)$

注：F 代表期货价格，$E(S_t)$代表预期的现货价格。

二、可储存商品

易坏商品与可储存商品的区别在于对可储存商品而言，以现货价格购进标的商品并一直存放到期货合约到期日，与买进期货合约并在到期日交割的实际效果是等同的。既然这两种策略可以实现相同的结果，期货合约的理论价格就应等于以现货价格买入标的商品并持有到到期日所耗费的全部费用。即有以下关系：

$$\begin{aligned}期货合约的理论价格=&现货价格+融资购买资产所支付的利息\\&+存储费用-资产的便利收益\end{aligned} \tag{13.2}$$

如果以 F 代表期货价格，S 代表现货价格，r 代表年利率，t 代表合约到期时间，k

代表商品年净存储费用(总存储费用减去便利收益后的净额，以现货价格的百分比表示)。则两种策略及其费用如下。

策略 1：买入商品期货，于到期日交割支付货款 F。

策略 2：借钱以现货交割买入标的商品并储存到期货合约到期日，支付利息费用 $S[(1+R)^t-1]$和净存储费用 Skt。

如果两种策略的成本相同，则有期货的理论价格(F^*)如下：

$$F^*=S+S[(1+R)^t-1]+Skt=S[(1+R)^t+kt]$$

关键假设：

(1)投资者能够以无风险利率借贷。

(2)买入或卖空商品不存在交易费用。

(3)卖空商品者可以因为卖空而收回节约的全部存储费用。

图 13-1 中列示的就是期货价格与现货价格之间的基本的套利关系。与这一关系的任何偏离都可以产生套利机会，即通过投资于总价值为零的投资组合获得正的无风险收益。图 13-1 中的套利过程需满足三个假设，如果这些假设与实际不符，期货合约的理论价格将因无法进行套利而成为一个区间。即

$$(S-t_s)(1+r_a)^t<F^*<S[(1+r_b)^t+kt]$$

$F^*=S[(1+R)^t+kt]$

如果 $F>F^*$

时间	行动	现金流
现在	1. 卖出期货合约	0
	2. 以无风险利率借款	S
	3. 买入现货	$-S$
t 时刻	1. 支付商品存储费	$-Skt$
	2. 交割期货合约	F
	3. 偿还贷款	$-S(1+r)^t$

NCF= $F-S[(1+R)^t+kt]>0$

如果 $F<F^*$

时间	行动	现金流
现在	1. 买入期货合约	0
	2. 卖空商品	S
	3. 以无风险利率借贷	$-S$
t 时刻	1. 收回贷款	$S(1+r)^t$
	2. 交割期货合约	$-F$
	3. 归还卖空的商品收回存储费用	$+Skt$

NCF= $S[(1+R)^t+kt]-F>0$

图 13-1 可储存商品期货合约的定价和套利

如果期货价格超出该范围，则存在无风险套利的可能。正如图 13-2 所示。

修正的假设：

(1)投资者的借款利率为 $r_b(r_b>r)$，贷款利率为 $r_a(r_a<r)$。

(2)卖空的交易成本为 t_s(t_s 是以美元表示的交易成本)。

(3)卖空商品者无法因卖空而收回节约的存储费用。

$$F_h^* = S[(1+r_b)^t + kt]$$
$$F_l^* = (S-t_s)(1+r_a)^t$$

如果 $F > F_h^*$			如果 $F < F_l^*$		
时间	行动	现金流	时间	行动	现金流
现在	1.卖出期货合约	0	现在	1. 买入期货合约	0
	2.以利率 r_b 借款	S		2. 卖空商品	$S-t_s$
	3.买入现货	$-S$		3. 以利率 r_a 放贷	$-(S-t_s)$
t 时刻	1.支付商品存储费	$-Skt$	t 时刻	1. 收回贷款	$(S-t_s)(1+r_a)^t$
	2.交割期货合约	F		2. 交割期货合约	$-F$
	3.偿还贷款	$-S(1+r_b)^t$		3. 归还卖空的商品	0
$NCF=F-S[(1+r_b)^t+kt]>0$			$NCF=(S-t_s)(1+r_a)^t-F>0$		

图 13-2 可储存商品期货合约——修订前提假设后的定价和套利

三、股票指数期货

股票指数期货使买方可在股票指数上涨时获得好处，使卖方在股票指数下跌时获得收益。如果 F 代表股指期货价格，S 代表指数股票价格，S_t 代表合约到期日的指数股票价格，r 代表年利率，y 代表指数股票的红利收益率。为了使用套利理论对股票指数期货定价，考虑以下两种策略。

策略 1：买入指数股票，成本为 S，并持有到合约到期日卖出，其现金流入为 S_t+Sy。

策略 2：购买一张期货合约，以无风险利率贷出 S，到合约到期日时收回贷款，交割期货合约，并卖出指数股票，其现金流入为 $S(1+r)+S_t-F$。

由于这两个策略的成本相同，那么其到期日的现金流入应该相等，否则，就可以构造一个总价值为 0 的组合来获得无风险收益。如图 13-3 所示。

令两个策略的到期日的现金流入相等，得到

$$S_t+Sy=S(1+r)+S_t-F$$

将该等式简化，得到

$$F=S(1+r-y)$$

这就是股票指数期货合约的理论价格，如果期货价格偏离上面的理论价格，则会存在无风险套利机会。例如，当 $S_t+Sy>S(1+r)+S_t-F$ 时，就可以在策略 1 上做多、在策略 2 上做空，即以无风险利率借入 S，买入指数股票，卖空期货合约，于是便可以进行无风险的指数套利(index arbitrage)；相反地，当 $S_t+Sy<S(1+r)+S_t-F$ 时，便可以通过在策略 1 上做空、在策略 2 上做多进行无风险套利。上述套利过程在图 13-4 中有进一步的阐述。

$F^*=S(1+r-y)$

如果 $F>F^*$

时间	行动	现金流
现在	1. 卖出期货合约	0
	2. 以无风险利率借款	S
	3. 买入指数股票	$-S$
t 时刻	1. 收到股票红利	Sy
	2. 交割期货合约	F
	3. 偿还贷款	$-S(1+r)$
NCF=$F-S(1+r-y)>0$		

如果 $F<F^*$

时间	行动	现金流
现在	1. 买入期货合约	0
	2. 卖空指数股票	S
	3. 以无风险利率放贷	$-S$
t 时刻	1. 收回贷款	$S(1+r)$
	2. 交割期货合约	$-F$
	3. 偿还借入股票应支付的红利	$-Sy$
NCF=$S(1+r-y)-F>0$		

图 13-3　股票指数期货——定价和套利

关键假设：

(1)投资者能够以无风险利率借贷。

(2)买入或卖空股票没有交易费用。

(3)红利支付已经明确知道。

图 13-3 中的套利过程需满足三个假设，如果这些假设与实际不符，期货合约的理论价格将因无法进行套利而成为一个区间。即

$$(S-t_s)(1+r_a)-Sy<F^*<(S+t_c)(1+r_b)-Sy$$

如果期货价格超出该范围，则存在无风险套利的可能。如图 13-4 所示。

$F_h^*=(S+t_c)(1+r_b)-Sy$

$F_l^*=(S-t_s)(1+r_a)-Sy$

如果 $F>F_h^*$

时间	行动	现金流
现在	1. 卖出期货合约	0
	2. 以利率 r_b 借款	$S+t_c$
	3. 买入指数股票	$-(S+t_c)$
t 时刻	1. 获得股票的红利	$-Sy$
	2. 交割期货合约	F
	3. 偿还贷款	$-(S+t_c)(1+r_b)$
NCF=$F-(S+t_c)(1+r_b)-Sy>0$		

如果 $F<F_l^*$

时间	行动	现金流
现在	1. 买入期货合约	0
	2. 卖空指数股票	$S-t_s$
	3. 以利率 r_a 放贷	$-(S-t_s)$
t 时刻	1. 收回贷款	$(S-t_s)(1+r_a)$
	2. 交割期货合约	$-F$
	3. 归还借入的股票支付借入期内的红利	$-Sy$
NCF=$(S-t_s)(1+r_a)-Sy-F>0$		

图 13-4　股票指数期货——修订前提假设后的定价和套利

修正的假设：

(1)投资者的借款利率为 $r_b(r_b>r)$，贷款利率为 $r_a(r_a<r)$。

(2)卖空的交易成本为 t_s(t_s 是以美元表示的交易成本)，买入指数股票的交易成本为 t_c。

四、外汇期货

外汇期货市场的参与者有套期保值者和投机者。套期保值者的目的是减少或消除未来从一国向另一国支付货币时所面临的汇率变动风险，而当投机者认为当前的外汇期货合约价格与他们预测的到期日的现汇汇率有显著差别时也会参与到外汇期货市场中来。

为了用套利理论对外汇期货合约进行定价，假定你用一笔数额为 M 的人民币进行为期一年的投资。考虑以下两种策略(图 13-5)。

策略 1：将这笔钱以无风险利率 R_c 贷出，一年后的现金流入为 $M(1+R_c)$。

$$F^*=S\left(\frac{1+R_c}{1+R_{us}}\right)$$

如果 $F>F^*$			如果 $F<F^*$		
时间	行动	现金流	时间	行动	现金流
现在	1. 卖出美元外汇期货	0	现在	1. 买入美元外汇期货	0
	2. 以无风险利率借入人民币	M		2. 以无风险利率借入美元	M/S
	3. 把人民币兑换成美元并贷出	$-M$		3. 把美元兑换成人民币并贷出	$-M/S$
t 时刻	1. 收回贷款，并交割期货合约	$M/S(1+R_{us})F$	t 时刻	1. 收回贷款，并交割期货合约	$M(1+R_c)/F$
	2. 偿还借款	$-M(1+R_c)$		2. 偿还借款	$-M/S(1+R_{us})$
NCF=$M/S(1+R_{us})F-M(1+R_c)>0$			NCF=$M(1+R_c)/F-M/S(1+R_{us})>0$		

图 13-5　外汇期货——定价和套利

注：S 为美元现汇汇率(直接标价法)，F 为美元期汇价格。

策略 2：将这笔钱兑换成美元，以美国的无风险利率 R_{us} 贷出，同时，卖空必要数量的一年期美元外汇期货，一年后的现金流入为 $\frac{M}{S}(1+R_{us})F$。

由于这两种投资策略的原始成本相同(M)，它们的最终收入一定是相同的，即

$$M(1+R_c)=\frac{M}{S}(1+R_{us})F$$

于是得到美元的理论期汇价格如下：

$$F=S\left(\frac{1+R_c}{1+R_{us}}\right)$$

关键假设：

(1)投资者能够以无风险利率借贷。

(2)货币兑换没有交易费用。

五、利率期货

利率期货的定价遵循股票指数期货的定价原理，只是将股票指数年红利替换成国债票面利息。利率期货的理论价格应为

$$F^* = (S - \text{PVC})(1+r)^t$$

式中，S 为国债的现货价格；PVC 为在期货合约期内全部利息的现值；r 为与期货合约期相对应的无风险利率；t 为期货合约期限。

如果期货价格偏离其理论价格，则会出现无风险套利机会。这些套利过程在图 13-6 中有进一步说明。

$$F^* = (S - \text{PVC})(1+r)^t$$

如果 $F>F^*$

时间	行动	现金流
现在	1. 卖出期货合约	0
	2. 以无风险利率借款	S
	3. 买入国债	$-S$
t 时刻	1. 获得债券收益并再投资	$\text{PVC}(1+r)^t$
	2. 交割期货合约	F
	3. 偿还贷款	$-S(1+r)^t$
$\text{NCF}=F-(S-\text{PVC})(1+r)^t>0$		

如果 $F<F^*$

时间	行动	现金流
现在	1. 买入期货合约	0
	2. 卖空国债	S
	3. 以无风险利率放贷	$-S$
t 时刻	1. 收回贷款	$S(1+r)^t$
	2. 交割期货合约	$-F$
	3. 归还卖空的国债，并支付卖空期间的票面利息	$-\text{PVC}(1+r)^t$
$\text{NCF}=(S-\text{PVC})(1+r)^t-F>0$		

图 13-6 利率期货——定价和套利

关键假设：

(1)投资者能够以无风险利率借贷。

(2)买入或卖空国债没有交易费用。

➢思考与练习

1. 什么是期货？它与远期合约、期权有什么区别？

2. 期货合约条款一般包括哪些内容？

3. 国际上的商品期货有哪几类？金融期货主要由哪三大类构成？

4. 某人于 2011 年 11 月 7 日买入 12 月份到期的铝期货合约 2 手(共 10 吨)，成交价为 16300 元/吨，交易保证金比例为 8%，他应交纳多少保证金？11 月 8 日、11 月 9 日和 11 月 10 日该合约的结算价分别是 16230 元、16230 元和 16150 元。请分析该合约的买卖双方的现金流和保证金账户余额。

5. 期货交易产生、发展过程中的三个里程碑是什么？

6. 我国商品期货市场发展过程中经历了哪几个时期？

7. 简述我国金融期货市场的建立情况。

8. 表 13-5 摘录于《华尔街日报》期货版，它包括了黄金的期货价格。当前黄金的现货价格是 403.25 美元。请根据给出的期货价格估计当前的无风险利率(用套利理论，假设黄金的净存储费用为 0)。

表 13-5 黄金的期货价格

合同期限	价格/美元	无风险利率
1 月	404.62	
2 月	406.11	
3 月	407.70	
6 月	412.51	
12 月	422.62	

9. 假定沪深 300 股票指数的当前值为 2 661 点，如果半年期的无风险利率为 2.5%，沪深 300 股票指数半年期红利收益率为 2%，假如半年期沪深 300 股票指数期货的值为 2 714 点，有潜在的套利机会吗？你该怎么做？

10. 假定英镑与美元之间的现汇价格为 1 英镑兑换 1.80 美元。如果 6 个月无风险利率在美国和英国分别是 3%和 3.5%，6 个月以美元表示的英镑期货价格应为多少？期汇价格为什么比现汇价格高或低？

11. 如果 6 个月期国库券的现货价格为 98 美元，3 个月无风险利率为 1%，那么一张 3 个月、90 天的国库券期货价格应为多少？

第十四章

公司整体价值评估

第一节　公司整体价值概述

一、公司整体价值评估的意义

所谓公司整体价值，是指某一公司所拥有的全部资产的总价值，它是反映公司整体实力和竞争能力的重要指标。在美国和其他发达国家，有大量的投资咨询服务机构从事公司整体价值评估工作，较著名的有标准普尔公司、穆迪投资者服务公司和价值线(value line)杂志社等，这些机构进行公司整体价值评估主要有三方面的用途。

1. 提供股权买卖的基础

投资银行向客户提供经纪服务、提出对某公司股票的买卖建议时，一般是基于对该公司整体价值的评估结果，因为即使是在最发达、最成熟、最高效的证券市场，也可以发现一些被高估或低估的证券。评估机构在一定假设的基础上，运用评估程序对信息进行处理加工，并采用特定的估价模型以寻找是否有某家公司被错误定价。

当然，评估公司整体价值往往是非常困难的，只有最优秀的分析家才能慧眼识珠，指出市场定价的缺陷；不过，一旦某分析家多次预测成功，被视为权威后，他所做的分析报告即使不正确，也会导致证券市场的波动。

2. 为首次公开招股定价

公司在首次公开发行股票(IPO)时，需要对公司整体价值作评估，并根据这一评估结果，为新股确定合适的发行价格。定价是 IPO 过程中一个很重要的环节：定价过低，影响公司发行收入；定价过高，市场难以接受，损害股性和公司形象。此外，其他评估机构也会根据 IPO 公司的情况和市场的整体情况，预测股票上市后合理的价格区域，向投资者提出建议。

除了首次公开招股，已上市公司在二次招股(配股或增发)乃至发行债券时，都需要向投资者提交对公司整体价值的评估报告。

3. 提出兼并收购的合适价格

精确的公司整体价值评估是兼并收购或反收购成功的基石。收购公司需要在仔细评估的基础上确定目标公司的价值区域，订出可接受的最高收购价格，以保证不过度支付；反之，目标公司也需要确定自己可接受的出售底价，从而保证原股东的利益不受损害或尽量提高原股东的收益。同时，在评估中考察到的内在现金流，也有助于选择完成收购的最优融资途径和支付方式。

二、公司整体价值与单项资产价值

公司整体价值包括了固定资产、流动资产、长期投资、无形资产等单项资产价值在内的全部资产价值，但它并不是各单项价值的简单加总，这是因为在公司内部总存在着某些不可确指的、难以在单项资产价值中列示的无形资产。因此，在通常情况下，按各单项资产价值加总得到的结果和真实的公司整体价值之间会有一个差额，这就是“自创商誉”。

对公司整体价值与各单项资产价值之和的上述差别，有学者是这样描述的：“……购买企业是买猪，而不是买猪肉。这中间的差别在于，是把企业看做由物质组成的财产，还是把它看成是由人组成的运转着的组织；是不同生产要素的简单堆积，还是一个有机的整体。一个运转着的组织、一个有机的整体意味着，存在着一种资源与资源、尤其是人与人之间的合作关系，如企业内部的组织结构、企业的销售网络或企业在公众心目中的商誉，等等。”

具体来说，公司整体价值评估和单项资产价值评估的区别体现在以下三个方面：

首先，从质的规定性来看，两种方法得出的全部资产估价的含义不同。单项资产评估获得的是公司各项资产价格的简单堆积，其经济含义或规定性是指购建这个公司的全部成本或变现价格；公司整体价值评估则是将公司作为一个整体，是综合了单项资产价值、获利能力、社会效益和投资环境等因素后进行的综合性价值评估，其经济意义或质的规定性是指出售、购买整个公司的效益现值。

其次，从评估目的来看，当一个公司发生产权变动时，采用何种方式对其全部资产评估不取决于人的主观意志，它受资产评估特定目的的制约。当公司的各类资产作为一般生产要素转让时，只能采用单项资产评估然后加总的办法，但当公司不是被视为各种生产要素的简单组合，而是作为获利能力的一个有机体转让时，就应采取综合评价的方式进行。

最后，从评价结果看，两种方法计算出的结果不可能完全一样，由于具有不可确指的无形资产的存在，公司整体价值评估计算的结果一般要大于各单项资产评估价值之和，其差额就是自创商誉。

三、商誉和企业整体价值

所谓商誉，是指没有实物形态的、具有资产性质的、能给公司带来超额盈利能力的一种特殊的信誉和优势，其价值通过公司收益水平与社会或行业平均收益差额部分的资本化价格来体现，具体表现为一家企业的盈利能力超过同类规模企业的一般盈利能力，从而获得较高的收益。可见，商誉具有其内在的特点：

(1)商誉与作为整体的公司紧密相关，因此它不能单独存在，也不能与公司的可辨认的各种资产分开出售。

(2)商誉形成的各种因素不能单独计价，即有助于形成商誉的个别因素，不能用任何方法或公式单独计价，它们的价值只有在把公司作为一个整体看待时才能按总额加以确定。

(3)在公司合并时可辨认的商誉的未来利益，可能和建立商誉过程中所发生的成本没有关系，商誉的存在，未必一定有为建立它而直接发生的各种成本。

四、账面价值、重置价值与清算价格

一般来说，企业整体价值评估需要以会计报表为基础，按照账面价值、重置价值或清算价格来评估。

账面价值就是根据资产负债表上总资产减总负债再加上商誉后的价值。根据《中华人民共和国公司法》的规定，公司必须在每一会计年度终了时制作反映企业财务状况和经营成果的财务报表，其中资产负债表最能集中反映公司在某一特定时点的价值状况，揭示企业所掌握的资源、担负的债务及所有者在企业所持有的权益。资产负债表上各项目的净值即为公司的账面价值，通过审查这些项目的净值，可以为估算公司真实的整体价值提供依据。

重置价值是指重新购买同样新旧程度、功能相近的资产所应付的价格，其优点在于真实地反映了资产的现实价值。需要注意的是，重置价值仅适用于单项资产价值评估，而不适用于以产权交易为动机的公司整体资产价值评估。

清算价格是指在公司破产或因其他原因需要停业清算时，将资产拍卖出售后，公司可能得到的收入，因此，其只适用于停业清算时的公司整体价值评估。一般来说，清算价格要低于重置价值，其原因有两个：一是由于在清算时公司资产一般只有折价才能出售；二是由于清算时还有一笔清算成本。

五、对资产、负债项目的调整

对公司进行整体价值评估时，需要对某些资产负债项目进行详细的审查估算，并作相应的调整。

首先，应当检查资产负债表的账面记录是否正确、账实是否相符，并核实债权债务。实物资产项目的盘盈盘亏，可以直接增加或减少公司的所有者权益；确实不能收回的债权可以冲销“坏账准备”账户，如果已经没有“坏账准备”可资冲抵，就应减少公司的所有者权益；如果有不能偿付的债务，就应该增加公司的所有者权益。

其次，要分析资产负债表中的“待摊费用”、“长期待摊费用”和“预提费用”等递延及应付项目。由于公司整体价值评估是以持续经营为基本假设的，待摊费用中的某些项目可能仍然对今后的经营有影响。因此，凡是有益于今后各种经营活动的，如预付的财产保险费、职工安全保险费以及购买的印花税票等，仍应允许保留在原来的账户上，作为被评估公司的一项资产。此外，由于产业结构调整、生产经营活动的变化，不能使公司以后受益的待摊费用，则不予承认，将其冲销所有者权益，如由于公司合并，将不再适用的租入包装物退还给出租方，而被对方没收的预付租金，以及尚未摊销的修理费等。

再次，预提费用也要经过分析后加以处理，今后不必支付的部分增加其所有者权益，如预提的固定资产修理费。尚需支付的部分则作为负债继续保留，如预提利息费用等。

最后，对资产负债表上的资产和负债项目要进行详细的审查估算，如公司有外贸业务，则应注意汇兑产生的损益；对于有价证券，则应注意市价是否低于账面价值；应收账款应比较账龄长短及标准销售信用期，再计算可能发生的坏账损失，如果有可能，最好能与客户一一联系，确定债权的存在；对于应收票据，也应查明到期无法兑现的可能性有多大；对存货应作实地盘点，并估算目前的可变现净值。

对各项负债进行审查时，应详细列明所有明细，核对是否漏列，对已发生但未入账的负债应予以估算并列示，如职工退休金、预收货款、预提费用等。对已经发生的担保事项及各类或有负债更应详细列明，如涉及诉讼案件、法院尚未终审判决的或有负债，其他如未决仲裁、商业票据贴现、产品质量担保负债以及未核定的税负、公司合并过程中所支付的清理维护费等。

六、确认公允价格

对资产负债表的账款进行审查和调整，并不一定能够准确反映公司整体价值，存货、固定资产项目的账面价值可能与公允价格不一致，从而影响公司整体价值。例如，采用后进先出法计算存货成本时，期末存货成本很有可能与当时的市价大相径庭；即使按先进先出法或加权平均法计算的期末存货，虽然可能接近市价，但由于物价常常处于波动中，其仍很可能与市价有出入。又如，固定资产和无形资产会因为估计的折旧年限和摊销年限与实际情况不符，或选用不同的折旧方法，导致其账面价值和实际价值不一致。所以，进行公司整体价值评估时必须考虑这些因素，通常是聘请独立的专业资产评估机构或会计师事务所，审查公司资产负债表的真实性，评估公司各项资产的公允价格。

根据资产的不同类别，确定公司价值的公允价格，应该坚持以下标准：

(1)有价证券按当时市价确定。

(2)对于应收账款及应付票据，将未来收取的数额用合适的利率计算出现值，如果有必要，也可以减去估计的坏账损失和收账成本。

(3)存货按其存在的形成分别确定。如原材料按现行市价估价；在产品按估计售价减去至完工时尚需发生的成本、变现费用以及合理的利润后的余额估价；产成品按估计售价减去变现费用和合理的利润后的余额估价。

(4)固定资产要区分不同情况处理。对可以继续使用的固定资产，按同类生产能力的固定资产的现行重置成本估价，除非预计将来使用这些资产会产生较低的价值；对于将要出售、可持有一段时间(但尚未使用)后再出售的固定资产，按可变现净值估价；对暂时使用一段时间、而后出售的固定资产，在确认将来使用期的折旧后，按可变现净值估价。

(5)对专利权、商标权、租赁权、土地使用权等可确指的无形资产按评估价值估价。

(6)其他资产如自然资源、不能上市交易的长期投资等按评估价值估价。

(7)应付账款、应付票据、长期借款等负债按以未来需要支付的数额用当时合适的利率折现所得的金额估价。

第二节 公司整体价值评估的一般方法

从理论上来说，公司整体价值评估可以沿用单项资产价值评估的思路，因此，我们以前学习的各种评估单项资产价值的模型和方法，大部分都可以用于评估公司整体价值。在具体的评估实践中，被广泛认可的方法有三大类，即收益法、市场法和资产基准法(asset-based approach)，其中又以收益法，特别是现金流贴现法(discounted cash flow method，DCF)应用最为普遍。

一、公司整体价值评估的基础

进行公司整体价值评估，最重要的是分析和知晓公司的运作、财务和市场状况。在深入评估之前，必须了解被评估公司和它在行业中的竞争地位，据此形成对该公司生存能力和发展前景的判断，而这一判断将决定应采取的评估方法并影响评估的每一方面。

1. 被评估公司的特征考察

要考察的公司特征包括以下各个方面：公司近年运营状况、所有权变动情况、当前股东和股东的利益及股权报酬率、公司经营管理战略、最近和历史上的业务转变、目前的经营范围、主要产品或服务、客户和供应商情况、过去和未来的财务状况、损益表中一次性项目和任意项目、管理和人事制度、过去和正在进行的投资等。获得这些信息的主要渠道则有各类经审计的财务报表、公司内部经营计划书、公布在媒体上的信息等。此外，也可以通过实地走访、与公司管理层和顾问会谈来获取第一手信息。

2. 行业的特征考察

分析目标公司所在的行业有时比考察公司本身更为重要。行业的最重要特征之一，是国家宏观经济景气度对行业的影响，据此可以区分出周期性行业、防卫性行业和成长性行业。属于周期性行业的有钢铁、汽车、建筑业等，食品业和服务业属于防卫性行业，而电脑软件、生物工程等则属于成长性行业。对行业的特征考察包括所属行业和市场的定义、市场的规模和属性、过去和将来的市场增长、市场和子市场的演化趋势、市场进入障碍、竞争者的地理分布、行业的外部环境等。对公司进行整体价值评估前应估测行业状况对被考察公司现状和未来的影响。

3. 被评估公司在行业中的竞争性考察

竞争性考察的内容包括被评估公司的市场占有率、公司的竞争优势和劣势、公司的增长策略、分支机构的地理布局、营销渠道和方法、潜在的机会等。

需要注意的是，正如我们在第一节中所强调的，在评估过程中，需要对公司过去的财务报表作一些调整，如除去非经营性资产以突出核心业务、剔除偶然事件对公司业绩的扭曲等。作这些调整有利于揭示公司真实的盈利能力，同时在运用市场法评估时也能与选定的参照公司在较公允的基础上进行比较。

公司的整体价值很大程度上取决于该公司过去的财务和业绩表现以及它们未来的预期表现。体现公司财务和业绩状况的关键指标有公司规模(包括销售净收入和总资产)、增长率(包括销售增长率和息税前收益增长率)、利润率、回报率(包括股权回报率、投入资本回报率和资产报酬率)、体现财务杠杆运用情况的股东权益对总资产比率、市场占有率。一般来说，规模大、增长率高、利润率高、回报率高、杠杆比率低(即股东权益比率高)的公司，其整体价值评估值也较高。

二、现金流贴现法

现金流贴现法的评估原理是：先预测出未来各年公司能带来的剩余现金(即现金流)，然后用一定的贴现率计算出未来现金流和终值的现值(这里贴现率反映的是经过风险调整后的资本成本)，最后加总得出公司整体价值。

现金流贴现法从现金流量和风险角度考察公司的价值：给定风险，被评估公司未来能产生的现金流越多(假定产生剩余现金流的每一年，所有的剩余现金均支付给股东)，公司的价值就获得越高的评估，即价值与现金流成正比。而给定现金流，价值与风险成反比。因此，运用现金流贴现法时，要求深刻掌握被评估公司过去和现在的业绩表现，并能对公司未来收益和增长率作较准确的预测。

现金流贴现法的具体步骤如下。

1. 选定预测期间

通常是选定5～10年作为预测期间(forecast horizon或forecast period)，而以5年最为常见。不过，理性地确定预测年限，应该考虑以下因素：

(1)预期的市场情况、被评估公司的增长率和竞争强度。

(2)被评估公司的市场份额和为竞争而拟定的战略和投资。

(3)预期公司将经历快速增长或不均衡增长的年份。

(4)预期公司将经历利润率(含毛利、营运利润或税前利润)提高(或下降)的年份(一般来说，应将预测期的最后一年定在公司进入稳定增长期和稳定利润率的那一年以后)。

(5)能够合理估计资本支出的年份。

(6)对目标公司未来各年财务和业绩表现所做的预测的可信度(包括对终值所做预测的可信度)。

2. 明确各年的现金流

有两种计算现金流的方法：无债法(debt-free method)和杠杆法(leveraged method)，它们对现金流的定义和计算公式各不相同，由此计算出的现金流和公司整体价值也有所差异。

【例 14-1】 无债法假定公司在预测期间不承担债务，运用"完全现金流"(free cash flow)的定义，即"营运现金收入减去所有的营运现金支出，而不论这些项目被记录在损益表上还是资产负债表上"。由于无债的假设，可以认为公司不存在利息支出、债务偿还、举借新债以及相应的债务融资成本。无债法不是扣减实际发生的利息支出和所得税，而是用预计的利息税前净收益进行扣减来计算现金流。现举例说明，如表 14-1 所示。

表 14-1 运用无债法计算 ABC 公司的完全现金流

年份	销售量/元	收入(EBIT①)	预计所得税	去税后的无债收入②	加：折旧	减：资本支出	减：营运资本追加额③	完全现金流
1	21 000	1 400	−600	800	300	−400	−200	500
2	22 000	1 500	−500	1 000	300	−400	−200	700
3	23 000	1 600	−600	1 000	300	−400	−200	700
4	24 000	1 700	−600	1 100	400	−500	−200	800
5	26 000	1 900	−600	1 300	400	−500	−400	800
6	28 000	2 100	−700	1 400	400	−500	−400	900
7	30 000	2 300	−800	1 500	500	−600	−400	1 000
8	33 000	2 600	−900	1 700	500	−600	−600	1 000
9	36 000	2 900	−1 000	1 900	500	−600	−600	1 200
10	39 000	3 200	−1 100	2 100	600	−700	−600	1 400

①这里 EBIT 用于反映公司的营运利润。

②没有债务负担的 ABC 公司的税后利润。

③因公司扩大经营规模而在应收账款和存货等项目上追加的现金投资。

杠杆法中使用的是"净现金流"(net cash flow)概念，它以公司目前的资本结构为出发点，在现金流的计算中考虑了债务融资成本，用利息支出、所得税、债务融资的净变化对收入进行扣减而求取净现金流。实际上，杠杆法暗含了两个假设，一是利率维持目前水平不变；二是公司的资本结构在未来不作调整，股权对债权的比例固定。

3. 估测公司的资本成本

这一步骤要求确定一个能将未来各年现金流和终值转换成现值的贴现率。这个贴现率也反映了投资该公司所承担的经营风险和财务风险。为了反映整个行业的经营风险和财务风险，常常会将贴现率向上调整，以体现预测的现金流不一定实现的可能。

在现金流贴现分析中，使用最多的贴现率是公司的资本成本(COC)。杠杆法中使用的贴现率是公司的股权资本成本(COEC)，而无债法则适用公司的资本加权平均成本，它综合了股权资本成本和债权资本成本(CODC)。下面，分别介绍股权资本成本、债权资本成本和加权成本。

(1)股权资本成本。股权资本成本反映的是为弥补投资者承担的经营风险和财务风险，投资者预期要得到的税后回报。在计算公众公司(包括上市公司)的股权资本成本时，最常用的方法是资本资产定价模型(参见第四章)。根据该模型得出的股权资本成本计算公式为

$$\text{COEC}=R_f+\beta\times R_p+S_p$$

式中，R_f 为无风险收益率，可以用国债收益率来代替；β 为该公司股票的风险系数；R_p 为投资股票这一风险证券所要求的风险溢价，用百分率表示；S_p 为小型股票溢价，表示投资小型股票所要求的超出股票投资平均收益率的额外收益率(因为小型公司的经营风险和财务风险较大)。

【例 14-2】 假设中期国债利率为 5.5%，ABC 公司股票的 β 系数为 1.07，R_p 为 7%，ABC 公司是小型公司，S_p 为 5%。根据上述公式可得

$$\text{COEC}=5.5\%+1.07(7\%)+5\%=18\%$$

(2)债权资本成本。债权资本成本代表的是公司借入长期资金所负担的税后成本，它的计算公式为

$$\text{CODC}=i(1-\text{TD})$$

式中，i 为借款利率；TD 为公司所得税率。债权资本成本随着公司负债的增加而上升，因为公司举债越多，财务风险就越高，债权人所要求的利率也就越高。这里假定 ABC 公司的债权资本成本为 6%。

(3)资本加权平均成本。资本加权平均成本综合了股权资本成本和债权资本成本，需要注意的是，应按股权和债权的市值而不是账面价值分配权重。假定 ABC 公司资本结构为股权资本占 60%，债权资本占 40%，可知其资本加权平均成本为

$$\begin{aligned}\text{WACC}&=\text{COEC}\times 60\%+\text{CODC}\times 40\%\\&=18\%\times 60\%+6\%\times 40\%\\&=13.2\%\end{aligned}$$

其实，按账面价值衡量，ABC 公司股权资本和债权资本的比例并不是 1.5∶1，但是债权资本的市场价值依然是账面价值，而股权资本的市场价值经过评估，被估计为债权资本价值的 1.5 倍(这一估计值根据市场法计算得出)。因而在计算资本加权平均成本时，公司的资本结构就被调整为股权资本占 60%、债权资本占 40%。

(4)估算公司在预测期末的终值。为了估计某个公司若干年后的价值，应该建立终值的假定。根据假定的不同，可将终值的估算方法分为恒定法(perpetuity method)和乘数法(multiples method)。

恒定法假定自预测期的最后一年开始，公司每年营运所得的现金流保持不变。这一假设的理由是：竞争者会进入被评估公司所在的行业，从而降低公司的回报率，直到公司的价值不能通过追加投资来提高。也就是说，除了为维持公司固定资产已经达到的规模而投入资金外，公司不会再有另外的追加投资，公司的增长率为零。在恒定法下，根据无债法确定的预测期间最后一年的现金流将等于公司的税后营运收入，而根据杠杆法确定的最后一年的现金流等于公司的净收入。恒定法的一个变种是假设自预测期的最后一年开始，公司每年预期的现金流按固定的比率持续增长，而这个假设成立的原因是通货膨胀或产品价格上升，也就是说，永恒的真实增长或产量增长在理论上是不可能实现的。

乘数法是将乘数(如当前的或经过调整后的利息税前净收益乘数、利息税前净收益加折旧的乘数、收入乘数、账面价值乘数等)与预测期间最后一年财务数据相乘获得估计值的一种方法。应用乘数法时应了解哪些乘数适用于无债法、哪些乘数适用于杠杆法。一般来说，适用于无债法的比率有总资本对利息税前净收益之比、总资本对账面价值加债务之比、市价对盈利之比(即市盈率)、市价对 n 年平均盈利之比(n 可以是 3、4 或其他数值)，而适用于杠杆法的比率有股权市值对净收入之比、股权市值对 n 年平均净收入之比等。

应该注意到，无债法估算的终值是整个公司(包括股权和债权)在预测期末的价值，而杠杆法估算的终值则是预测期末公司股权的价值。

为了提高终值预测的准确度，最好运用多种方法来计算终值，并予以比较。这里，特别需要提及的一个终值参照数据是预测期末公司账面价值的估计值。通常，终值转置而来的现值占了应用现金流贴现法计算出来的现值总值的一半以上，所以终值的确定是现金流贴现法能否准确反映公司整体价值的关键所在。

(5)对现金流和终值进行贴现并加总现值。

在杠杆法下，对每年的净现金流和终值用股权资本成本进行贴现，加总后即得出公司的整体价值。

在无债法下，对每年的完全现金流和终值用加权资本成本进行贴现，加总后得出的是包括股权和债权的公司总资本的市场价值。为了求出归属于股东的那部分价值，还要从总资本的市场价值中扣除公司所负担的债务的现值，这是因为债权人较股东优先拥有求偿权。

【例 14-3】 下面继续运用无债法对 ABC 公司进行整体价值评估，如表 14-2 所示。

表 14-2 运用无债法评估 ABC 公司整体价值(设定贴现率为 13%)

年份	完全现金流	贴现因子	现值	现值加总
1	500	0.885	442	442
2	700	0.783	548	990
3	700	0.693	485	1 475
4	800	0.613	491	1 966
5	800	0.543	434	2 400
6	900	0.480	432	2 832
7	1 000	0.425	425	3 257
8	1 000	0.376	376	3 633
9	1 200	0.333	399	4 032
10	1 400	0.295	412	4 444
残值	16 200①	0.295	4 779	9 223②
减：所负债务的现值				−1 000
加：非营运资产				1 100
ABC 公司股权价值				9 323

①假设从第 10 年起，ABC 公司每年的现金流均为 2 100 元，即第 10 年税后的无债收入，恒定现金流的现值可以用现金流除以贴现率得出。在此例中，即为 2 100/0.13＝16 200。

②根据营运现金流计算出来的 ABC 公司全部资本(含股权与债权)的价值。

公司整体价值的最后确定还涉及非营运资产(non-operating assets)。由于现金流贴现法评估的只是公司营运资产的价值，而忽略了未参与公司营运的那部分资产。但是，这些资产也是构成公司整体价值的一部分，因此，所有的非营运资产，如闲置现金、有价证券、未被使用的土地、建筑物、厂房和机器以及投入其他企业而未带来效益的投资，均应予以确认、评估和加总。

三、股息贴现定值模型

股息贴现定值模型实质上是现金流贴现法的一个分支，它从股东的角度来确定公司股票的价值。由于股东所得到的现金流是公司每年派发的股息(即红利)，因此，被评估公司股票的价值应等于该公司预期股息流的贴现值加总，用公式表示为

$$\hat{P}_0 = \frac{D_1}{1+K_s} + \frac{D_2}{(1+K_s)^2} + \cdots + \frac{D_\infty}{(1+K_s)^\infty} = \sum_{t=1}^{\infty} \frac{D_t}{(1+K_s)^t}$$

式中，$\hat{P}_0$ 为对股票现值的预期；D_t 为第 t 年的股息；K_s 为可接受的股票投资最低回报率(包括风险补偿)。

股息贴现定值模型要求对被评估公司的收入、股息及增长速度做出判断。根据股息的增长情况，上式可以演变为多种形式。

1. 股息不变情况下的股息贴现定值模型

股息不变可能是因为被评估公司已进入成熟期，公司的增长速度为零，这时公式演化为

$$\hat{P}_0 = \frac{D}{1+K_s} + \frac{D}{(1+K_s)^2} + \cdots + \frac{D}{(1+K_s)^\infty} = \frac{D}{K_s}$$

【例 14-4】 假设被评估公司每年发放 1.15 元股息，投资者最低回报率要求为 13.4%，则股票定价为

$$\hat{P}_0 = 1.15/0.134 = 8.58$$

2. 股息按固定速率增长的股息贴现定值模型

股息按固定速率增长时，第 t 年的股息 $D_t = D_0(1+g)^t$，这里的 g 为增长率。这样，可以推导出股息按固定速率增长情况下的股票定值公式：

$$\hat{P}_0 = \frac{D_0(1+g)}{1+K_s} + \frac{D_0(1+g)^2}{(1+K_s)^2} + \cdots + \frac{D_0(1+g)^\infty}{(1+K_s)^\infty} = \frac{D_0(1+g)}{K_s-g} = \frac{D_1}{K_s-g}$$

上式是由戈登(Myron Gordon)提出的，所以被称为 Gordon 稳定增长模型，简称为稳定增长模型。要使稳定增长模型有意义，K_s 必须大于 g。当 g 为 0 时，稳定增长模型就演化成股息不变情况下的股息贴现定值模型。

【例 14-5】 假设某个被评估公司每年发放的股息按 8% 的速率增长，D_0 为 1.15 元，K_s 为 13.4%，可得出该公司股票定价为

$$\hat{P} = \frac{1.15 \times 1.08}{0.134 - 0.08} = \frac{1.242}{0.054} = 23$$

3. 股息非常规增长的股息贴现定值模型

一般来说，任何公司的发展都会有其生命周期，在最初几年里，它的增长率可能

高于整体经济的增长率，经过这段成长期后，公司的增长率与整体经济大体保持一致，进入衰退期后，公司的增长率就会慢于整体经济。对这类公司的股票定价可以采用两步成长模型。

首先，计算出超常规增长期股息的现值；其次，计算出第 n 年该公司的股价(可以用稳定增长模型计算演变为常规增长公司后的股息贴现值)，并将第 n 年的股价贴现为现值；最后，将上述两部分现值加总得出该公司股票的价值。

【例 14-6】 设某公司在预测期的前 3 年以 30%的超常规速度 g_s 增长，3 年以后按常规速率 g_n 增长。其他数据照搬稳定增长模型中的例子，即 $D_0=1.15$，$K_s=13.4\%$，$g_n=8\%$。则该公司股票的估值过程可以用图 14-1 表示。

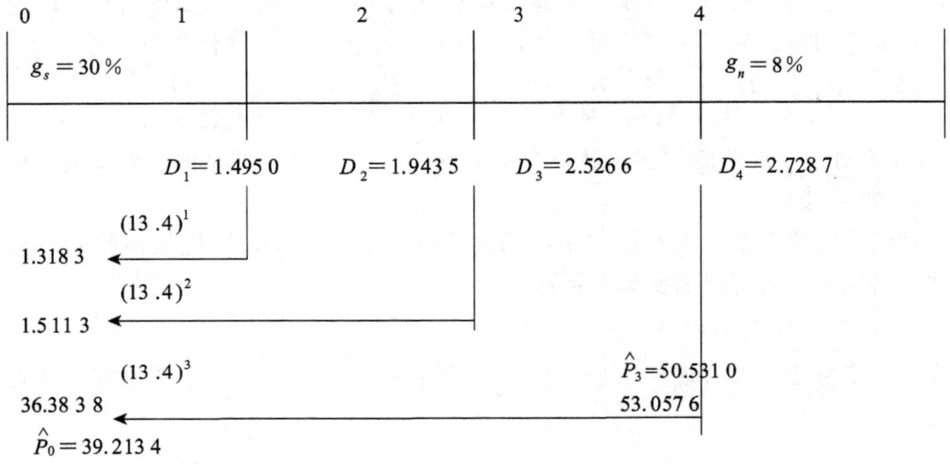

图 14-1 公司股票的估值过程

具体计算过程如下：

第一步，计算前 3 年的股息现值。

第 1 年股息 $D_1=D_0(1+g_s)=1.15(1+0.3)=1.4950$，贴现值为 1.318 3

第 2 年股息 $D_2=D_1(1+g_s)=1.4950\times(1+0.3)=1.9435$，贴现值为 1.511 3

第 3 年股息 $D_3=D_2(1+g_s)=1.9435\times(1+0.3)=2.5266$

第二步，计算第 4 年的股息。

$$D_4=D_3(1+g_n)=2.2566\times(1+0.08)=2.7287$$

根据稳定增长模型计算出第 3 年的股价预测值 $\hat{P}_3$：

$$\hat{P}_3=\frac{D_4}{K_s-g_n}=\frac{2.7287}{0.134-0.08}=50.531$$

这样，投资者在第 3 年年末卖出股票，预期可得到 50.531 元。所以，投资者在第 3 年的总现金流为 $D_3+\hat{P}_3=2.5266+50.531=53.0576$(元)，其贴现值为 36.383 8 元。

第三步，把两部分现金流加总。

$$\hat{P}_0=1.3183+1.5113+36.3838=39.3134$$

四、市场法

把k值和g值作为独立于市场背景的单个公司数据是用现金流贴现法评估企业整体价值的核心所在，但是，由于无法准确预测公司股利的未来增长率，且对采用何种贴现率较为恰当也缺乏共识，因此运用现金流贴现法做出的公司评估价值大相径庭。尤为甚者，即使在表面上存在一个对股利以及股东收益合理预期的共识，对P、g和k值期望的细微差异也会造成巨大的价值差异。这些困难限制了现金流贴现法的广泛使用。这时，可以考虑采用市场法。

市场法是一种比较分析法，也称相对价值法或比率估价法，它是以比较作为定价的基础，其原理是：对处于同一行业的公司来说，那些具有可比历史记录或资产负债表的公司可以作为定价标准，因此，可以根据某一财务指标，考察同类可比公司价值，借以评估公司整体价值。

市场法依据其用途，可以分为"可比公司法"(comparable company method)、"可比收购法"(comparable acquisition method)、和"可比首次公开招股法"(comparable IPO method)三种。可比公司法是提取交易活跃的同类上市公司的股价与财务数据，计算出一些主要的财务比率，然后运用这些比率作为资本乘数来推断非上市公司或交易不活跃的上市公司的整体价值。可比收购法是从类似的收购事件中获取有用的财务数据，来求出一些相应的收购价格乘数，据此评估收购目标公司。可比首次公司招股法是收集其他上市公司上市前后的财务数据和上市之初的股份表现，计算出一些乘数，以预测即将上市公司的股票价格。这里主要介绍可比公司法。

在可比公司法中经常采用的指标包括收益、现金流、账面价值或销售额，如市价/账面价值比、股价/每股销售额比(share price to sales per share ratio)，而最常用的指标是市盈率。此外，也有许多行业特定比率，如零售行业中的股价/每股存货比、有线电视业中的股价与每股所代表的接线家庭数量之比、水泥公司中的股价与每股生产能力之比等。如果被评估公司的比率明显低于其同类企业，并且这种差异的存在没有充分理由，则这类公司就具有投资价值。

用可比公司法评估公司整体价值，可按以下步骤实施。

1. 选出参照公司

从理论上说，参照公司必须在营运和财务上与被评估公司有相似的特征。但实际上，寻找与被评估公司的营运特征和财务特征都相近的参照公司是很困难的，因此，有时只能作一些变通，选出一系列参照公司，其中的部分公司在财务上与被评估公司相似，而其余的公司在营运上与被评估公司相似。

选择参照公司的第一步是从宽确定被评估公司的业务领域，如明确被评估公司是一家百货公司，也可以通过"标准行业分类手册"来明确被评估公司的主要业务，如明确被评估公司是一家经营高档电器的商业零售公司。假定被评估公司主业的行业分类代码是7645，则可以寻找行业分类代码也是7645的上市公司作为营运上相似的参照公司。从综合的角度上说，参照公司的选择标准是与被评估公司有相似的投资特征，且得到众多理性投资者认可。

2. 计算相关的“市场/价格乘数”

“市场/价格乘数”又称为资本乘数，它反映的是公司价值和业绩之间的关系。市场/价格乘数计算公式中的分子是参照公司股权的价值或公司总资本的价值，而其分母是被认为对分子具有决定意义或做出贡献的财务业绩特征，如公司的收入、现金流和账面价值。

市场/价格乘数按其分子是公司股权的市场价值还是股权和债权账面价值的市场价值，可以分为“股权乘数”和“总资本乘数”(又称“投入资本乘数”)。在股权乘数中，分子是参照公司普通股每股股价乘以其发行在外的普通股股数。常用的股权乘数有市盈率(分母可以选择近 12 个月的、上个财政年度的、3 年平均的、本财政年度预测的、下个财务年度预测的盈利)、价格对净现金流比率(分母可以是上个财政年度的净现金流，也可以是 3 年平均的净现金流)、价格对有形资产的账面价值比率。在总资本乘数中，分子是参照公司股权的市场价值加上它未清偿的长短期债务(债务数据由最近的资产负债表得出)。常用的总资本乘数有总资本对利息税前净收益比率(分母可以选择近 12 个月的、上个财政年度的、3 年平均的、本财政年度预测的、下个财政年度预测的利息税前净收益)，总资本对纳税和付息前净现金流的比率、总资本对加上债务的有形账面价值的比率。

由于总资本乘数中考虑了债务对公司价值的影响，因此应用较多一些。具体选用哪一个或几个乘数应视被评估公司的行业和财务特征而定，如价格对收入乘数可能对评估诸如保险经纪公司或投资管理公司等服务性公司较为合适，而对生产性公司则未必妥当，因为生产性公司常根据一些行业标准来调整其成本结构和利润。反之，价格对有形账面价值乘数可能对生产性公司的价值评估有较高的使用价值，而对服务性公司则未必。再如，对一家历史上亏损累累或最近发生亏损的公司，应更多地关注价格对有形账面价值比率，对该乘数予以较高的权重，因为公司的清算价通常是公司整体价值的地板价。

【例 14-7】 假设评估一家化工公司的整体价值，可以从上市公司中选出若干个专业化工公司，并计算出这些参照公司的总资本乘数，如表 14-3 所示。

表 14-3 运用市场法评估 Y 化工公司的整体价值(单位：万元)

总资本乘数[①]	与近一年 EBIT 之比	与上年 EBIT 之比	与 3 年平均 EBIT 之比	与 5 年平均 EBIT 之比	与近一年 EBITDA 之比	与上年 EBITDA 之比	与 3 年平均 EBITDA 之比	与 5 年平均 EBITDA 之比	与总资产之比
A 公司	8.9	9.7	11.9	11.4	7.9	8.5	10.3	10.0	2.0
B 公司	8.4	8.5	10.1	11.7	6.4	6.5	8.0	9.5	1.3
C 公司	7.2	7.5	8.1	9.7	5.8	6.0	6.5	7.7	1.2
D 公司	7.0	7.3	6.0	6.2	6.6	6.8	5.7	5.9	0.8
E 公司	8.0	8.1	9.0	9.2	6.9	7.1	7.9	8.2	1.7
F 公司	8.6	9.6	11.5	10.1	6.3	6.9	8.5	8.1	1.2
G 公司	9.6	11.0	13.4	14.2	3.2	9.3	11.1	11.6	1.2

续表

总资本乘数①	与近一年EBIT之比	与上年EBIT之比	与3年平均EBIT之比	与5年平均EBIT之比	与近一年EBITDA之比	与上年EBITDA之比	与3年平均EBITDA之比	与5年平均EBITDA之比	与总资产之比
H公司	7.2	7.8	9.9	11.6	4.6	4.9	6.0	6.8	1.0
综合	8.2	8.3	10.0	10.8	6.5	6.9	8.0	8.2	1.2
Y公司相应财务数据	1 522	1 475.8	1 173.9	994.8	1 843.5	1 772.2	1 295.8	1 074.6	6 588.6
股权和债权的价值	12 480.4	12 249.14	10 739	110 743.84	11 982.75	12 228.18	10 366.4	8 811.72	7 906.32
权重	0.15	0.15	0.08	0.08	0.15	0.15	0.08	0.08	0.08
加权后数据	1 770	1 840	940	860	1 800	1 830	830	700	630

①分子均为总资本。

3. 运用选出的众多乘数计算被评估公司的多种价值

将每一个市场/价格乘数与被评估公司经调整后对应的财务数据相乘就得到被评估公司的一个市场价值估计数。例如，运用市盈率、价格对现金流比率和价格对账面价值比率这3个不同的乘数，就可以得出被评估公司市场价值的3个不同的估计数。根据多个乘数计算出的各个公司价值估计数越接近，说明评估的准确度越高。

运用股权乘数得出的是被评估公司股东权益市场价值的估计数，而运用总资本乘数得出的是被评估公司股权和债权在内的总资本的市场价值估计数。因此，在后一种方法中，要确定股东权益的市场价值，还要减去公司所负的短期和长期债务。

4. 对公司整体价值的各个估计数做加权平均处理

由于运用各个乘数得出的公司整体价值各不相同，因此，为取得一个客观的估值，应对各个价值数据进行加权平均处理。这里，权数的分配带有较多的主观性，一般是对最能影响公司市场价值的乘数赋予最高的权数，同时，对各个参照公司计算出来数据较为一致的乘数也给予较高的权数。

把表14-3中加权后的数据加总，得到Y公司股权和债权的总市场价值为11 300万元，假设其最新资产负债表上显示的未清偿债务是2 990万元，则Y公司的整体评估价值为8 310万元。

五、资产基准法

资产基准法(asset-based approach)又称经重估的资产负债平衡表法(restated-balance-sheet method)或经调整的账面价值法(adjusted-book-value method)。这种方法认为，一家正在营运的公司的价值取决于总资产减去负债后得出的净资产。

【例14-8】 运用资产基准法时，先对各项有形资产和无形资产及每一项负债进行评估，得出它们各自的公允市场价值(fair market value)，然后加总各类资产的公允市场价值，得出被评估公司总资产的公允市场价值，最后减去各类负债的公允市场加总数，求出净资产的公允市场价值，即公司股权的市场价值。如表 14-4 所示。

表 14-4 运用资产基准法对某公司资产和负债进行重估确定公允市场价值

项目	资产负债表	经调整的资产负债表
资产		
流动资产		
现金和有价证券	1 150 000	1 100 000
应收账款和应收票据	4 070 000	3 600 000
存货	400 000	400 000
预付支出	200 000	200 000
流动资产总额	5 820 000	5 300 000
人寿保险退保解约金额	310 000	310 000
当前到期的应收票据净额	200 000	200 000
厂房设备		
土地	170 000	2 900 000
厂房	570 000	1 400 000
机器和设备	2 640 000	1 700 000
运输设备	4 390 000	2 190 000
	7 770 000	8 190 000
减：累积折旧和摊提	5 000 000	
厂房设备加总	2 770 000	8 190 000
总资产	9 100 000	14 000 000
负债		
流动负债		
应付票据	700 000	700 000
长期负债的当前应偿部分	300 000	300 000
应付账款	3 240 000	3 240 000
应计费用	570 000	570 000
流动负债总额	4 810 000	4 810 000
不含当前应偿部分的长期负债	2 250 000	2 000 000
延付所得税	1 040 000	700 000
长期负债总额	3 290 000	2 700 000
股东权益	1 000 000	6 490 000
总负债(含股东权益和负债)	9 100 000	14 000 000

六、各种方法的比较

现金流贴现法是根据公司预计的剩余现金流来评估公司的价值，它关注的是被评估公司未来的财务表现。在给定的情况下，如果被评估公司当前的现金流为正，并且可以比较可靠地估计未来现金流的发生时间，同时，根据现金流的特性又能够确定出恰当的贴现率，那么就适合采用现金流贴现法。现金流贴现法技术性强，揭示的内容最为细致，因此受到了广泛重视，既可以用于评估公众公司，也可用于评估私人公司。尤其在发达成熟的证券市场和经济环境较为稳定时，现金流贴现法能够较为准确地揭示公司的价值域，因为公司未来的财务、业绩和现金流较容易预测，而且高效率的市场也较能灵敏地反映公司的真实价值。当然，现实情况往往并非如此，实际条件与模型假设的前提条件相差越远，其运用就会变得很困难。

市场法与现金流贴现法相比，少了各种必要的假定，技术性处理的要求较低，简单而且易于使用，可以迅速获得被评估公司的价值，尤其是当市场上有大量“可比”公司，而且市场在平均水平上对这些公司定价正确的时候。但是，要找到与被评估公司在经营和财务上完全一致的参照公司几乎是不可能的，加之需要对各类评估数据加权平均，以及在选择可比公司时有可能存在偏见，决定了用市场法评估出来的公司整体价值带有较多的主观倾向性。此外，市场法的另一个问题是，它会将市场对其他公司定价的错误引入评估过程，这也是它相比现金流贴现法的一个不足。

资产基准法的困难之处在于要对每项资产和负债进行评估，既繁重复杂，而且有些处理没有定规，容易产生分歧。这在一定程度上影响了评估结果的可信度。但资产基准法特别适用于重大资产的市场价值或重置成本与资产负债表上所列的账面价值有较大出入的公司，在收购兼并中常常用于辅助确定目标公司的价值。资产基准法既可在持续经营假定下运用，也可在清算假定下运用。在前一假定下，公司每项资产按公司持续经营、资产照常运用的情况进行市场估值；在后一假定下，公司每项资产按清算、资产即日出售或在短期内有秩序地出售这一条件进行市场估值。具体采取何种假定则视被评估公司的收入和其他业绩及公司的生存能力而定，如被评估公司持续亏损时，一般会采用清算假定对公司运用资产基准法估值。

需要强调的是，为了提高评估的质量，应该用多种方法对公司进行评估，这样有助于提高结果的权威性和准确性。当然，各种评估方法得出的结果在大多数情况下有一定差异，甚至差异很大，这是因为评估过程受到较多主观判断的影响，因此有人说“评估是门艺术而不是科学”。在运用多种方法得出不同的结果后，应决定哪几种方法有较高的准确度，然后在做最后的公司价值评估时，赋予这些方法较高的权重。此外，在综合各个评估值求取被评估公司合理的市场价值时，宜定出一个价值区域而不只是一个数值点，以更好地容纳各种评估结果和评估误差。

第三节　边缘企业定价

在公司整体价值评估的实践中，有一些公司情况较为特殊，我们将其称为“边缘企业”。对这类公司进行评估时需要作一些特别处理，主要有以下三类：

(1)基于历史经营记录的公司定价。这类公司有很好的历史经营记录，但是在最近的几年中经历了一次重大失败。

(2)投机性公司定价。这往往是业绩反复无常、周期性或者是亏损的公司，这类公司的未来收益前景相对于第一类公司来说更具投机性。

(3)有未来收益前景的公司定价。这类公司常具有庞大的、未被充分利用的不动产或重要的自然资源，如油田、矿山或林场等，要获得收入，必须将不动产出售或开发自然资源。此外，经营不善的政府垄断特许权企业如电视台、移动电话及有线电视等，也属于这一类，这些公司的核心资产不是像自然资源那样的“有形资产”，然而一旦它们落入能够改进特许权利用状况的买主手中，其经营状况将会大大改善，从而迅速增值。

一般来说，从没有被充分利用的资产中获取丰厚回报的公司，不仅是管理密集型的，也是资本密集型的。例如，对一家有丰富矿藏资源的公司，开发这些资源往往需要投入庞大的费用，如购买采掘设备、铁轨铺设、水电配套设施以及启动成本等都体现为巨大的投资。因此，对这类公司评估时，必须考虑如何安排这些基础设施以及矿藏资产的风险，因为在开发工作进行了一段时间后，它们也许会呈现出和购买时设想不一致的情况，而且未来矿藏价格的趋势也是不确定的。

一、基于历史经营记录的公司定价

这类公司又可以分为两类，一类是在损益表上具有反常收益或损失的公司。所谓反常事件，是指那些在非常罕见的情况下才发生的事件，通常把这类事件看做是不会再发生的一次性事件。因此，在运用收益乘数的过程中，计算目标企业的净利润和利息税前净收益时应扣除反常的收益或损失，从而反映出公司的真实价值。

第二类是在损益表上有终止业务的公司，这通常发生在跨国大公司中，它们往往会出售某些部门以适应长期目标。在剥离以后，出于会计目的，这些被抛弃部门的销售额和利润(或损失)在大多数情况下会被放在公司损益表的某个独立部分。因此，需要将中止业务从被评估公司的历史记录中扣减出去。

二、投机性公司定价

在对收益反复无常的公司进行整体价值评估时，不能用收益稳定公司将单独一年的收益数据(如净利润和利息税前净收益)与各类交易乘数相乘进行估计的一般做法，为此，通常的补救方法是取 3～5 年的平均业绩来“抚平”这种不稳定性。

典型的周期性公司包括钢铁、汽车和房地产公司，它们的“繁荣时期”之后常常就是“衰败时期”，其历史记录常常会显示一系列不断重复的波峰和波谷。还有一些公司的收益模式并不和整体经济周期相联系，但却会和别的一些经济变量相关，如证券经纪公司会显示出基于股票和债券价格的周期性波动；而农业公司的收益则和农产品价格周期相联系。在对这类公司整体价值的评估中，往往采用以下两种以收益为基础的乘数：

(1)按最近波峰年份收益的一定倍数计算的价值。考虑被评估公司所处行业中最近发生的评估案例所使用的公司价值与波峰年份利息税前净收益的比，然后以这个比值作为乘数与目标企业波峰年份的利息税前净收益相乘就得出被评估公司的合理价值。

(2)按最近波谷年份收益的一定倍数计算的价值。按照上述过程中周期底部的收益进行运算。

三、亏损公司定价

对于亏损公司，投资者可能有以下三类目的：池底渔夫、市场份额或战略选择。每一类投资者都希望获得收益，要么是以更高的价格出售企业，要么是将该亏损公司的产品融入其自身的产品系列，要么是通过获取新的技术或建立一个更好的管理层使企业扭亏为盈。

虽然亏损公司有上述种种获利途径，但其经营、管理以及财务等方面的问题会给评估过程带来障碍，增加了估价的难度。在实践中，评估亏损公司整体价值往往有两种特殊处理方式：一是考虑亏损公司相对于盈利公司的折扣率；二是采用一些与特定行业相关的简易定价指标。

对于第一种处理方式，我们首先应注意到，即使是亏损公司，它也可能由于较大规模的折旧和摊销费用而产生正的现金流，因此，可以用最近年份的现金流乘以一个5～6倍的乘数以粗略确定其整体价值。其次，虽然亏损公司通常无法产生利润，但它的股东权益账户却常常是正的，这表明资产的账面价值超过了负债。由于盈利的生产性公司的市值/账面价值比通常为2～3倍，因此，亏损公司的类似比率可以定为1倍或更低。最后，对一家有很大销售额的亏损公司，通过削减不必要的费用或提高产品与服务价格，也许能够有所盈利。因此，可以比较类似上市公司的市价/销售额比：如果最近评估的一家办公用品公司的平均市值/销售额比率为0.6倍，则对一家亏损的办公用品公司的合理报价可能为0.4倍，折扣率相当于33%。

此外，评估亏损公司整体价值时，也可以采用一些与特定行业相关的简易定价指标，这往往是作为其他评估方法的有效补充。例如，亏损零售公司的价值常常被表述为公司价值除以店铺数之比的一个表达式，然后将每间店铺的公司价值数据与其他零售公司相比较。

几乎每一行业都有自己的一套简易比率，下面列示了按行业分类的、常用的简易定价比率。

(1)饭店业：每间饭店价值$=\frac{\text{公司价值}}{\text{营运饭店间数}}$。

(2)电话服务业：

有线电话：每条电话线价值$=\frac{\text{公司价值}}{\text{电话线条数}}$。

移动电话：每个使用者的价值$=\frac{\text{公司价值}}{\text{覆盖范围内的使用人数}}$。

有线电视业：每一用户的价值$=\frac{\text{公司价值}}{\text{用户份数}}$。

(3)水泥、钢铁、石油化工：每吨生产能力的价值$=\frac{\text{公司价值}}{\text{年生产能力(吨)}}$。

(4)旅馆业：每间客房的价值$=\frac{\text{公司价值}}{\text{客户数}}$。

(5)航空业：每英里航程价值$=\frac{\text{公司价值}}{\text{年航程(英里)}}$。

每一使用舱位的价值$=\frac{\text{公司价值}}{\text{年舱位使用数}}$。

(6)影剧院：每一荧幕价值$=\frac{\text{公司价值}}{\text{拥有荧幕数量}}$。

(7)石油、天然气、林业、矿山：公司价值＝净流动资产＋固定资产－会计负债＋基于最近成交价的自然资源储量价值(如 1995 年地下石油储量的价格为每桶 6 美元，而开采出来的石油的价格为每桶 16 美元)。

四、其他特殊情况

除了上述几种情况外，还存在一系列特殊的定价方法，它们与特定的收购战略有关，包括杠杆收购、资产清算以及“拆散”(break-up)交易。这些交易定价属于金融工程学的范畴，它们寻求从各笔单个交易中获利，而不是像收购那样把新购公司并入母公司以实现某种统一的公司战略。金融工程师们单笔交易的利润导向与大多数公司收购背后的战略目标有根本性的不同，限于篇幅，这里不作深入介绍。

小公司也需要特殊的定价方法。在大多数人看来，任何价格低于 2 000 万美元的公司都可看做小公司，对这些公司进行估价时，往往会有相当大的折扣，有时可能仅为大公司的 50%。这是因为小公司的收益或业绩完全依赖于某一两个经理，投资者面临较大风险。

➢思考与练习

1. 为什么要进行公司整体价值评估？公司整体价值评估和单项资产价值评估有何联系与区别？商誉是如何产生的，有何特点，如何评估商誉的价值？

2. 账面价值、重置价值和清算价值有何区别？在对公司进行整体价值评估时，为什么要对某些资产和负债项目做出调整？为什么要确认某些项目的公允价格？确认公允价格的原则是什么？

3. 作为公司整体价值评估的基础，应如何判断被评估公司的生存能力和发展前景？

4. 现金流贴现法的评估原理是什么？它有何缺陷？简述现金流贴现法的基本步骤。在现金流贴现法中，风险、现金流和公司整体价值三者之间的关系如何？

5. 无债法和杠杆法对现金流的定义有何不同？

6. 贴现率的经济含义是什么？三种资金成本的适用性和相互关系怎样？

7. 终值在公司整体价值评估中的意义如何？应怎样对其进行估算？无债法和杠杆法估算的终值有何差异？

8. 如何理解股息贴现定值模型是现金流贴现法的特例？它有哪几种具体形式？

9. 用市场法评估公司整体价值的原理是什么？用可比公司法评估公司整体价值的步骤是什么？

10. 在可比公司法中，如何正确应用市场/价格乘数？

11. 试比较现金流贴现法、市场法和资产基准法评估公司整体价值的优劣。

12. 对具有反常收益、投机性、周期性和亏损的公司进行整体价值评估时应做哪些特殊处理？

参考文献

财政部会计司编写组．2007．企业会计准则讲解．北京：人民出版社
陈仁栋．1991．人力资源会计．厦门：厦门大学出版社
陈蓉，郑振龙．2011．固定收益证券．北京：北京大学出版社
陈文浩．1999．现代企业理财．上海：上海社会科学院出版社
陈余有，张传明．1999．企业财务管理学．北京：中国财政经济出版社
陈珍珍，赵华．2003．不同交易制度下 CAPM 的统计检验．厦门大学学报，(3)：26～32
杜兴强．1997a．人力资源会计的确认、计量与报告．会计研究，12：10～13
杜兴强．1997b．试论会计计量的精确性、近似性和模糊性．吉林会计，6：15～18
杜兴强．1999．科斯定理、负商誉悖论及负商誉的确认与计量．会计研究，7：30～36
杜兴强．2000．人力资源会计的理论基础及其确认与计量．会计研究，6：30～36
杜兴强．2007．中级财务会计学．北京：高等教育出版社
方荣义．1995．论商誉会计．厦门大学博士学位论文
高阿山，王苏苏．2001．市盈率指标的理论分析．复旦学报(社会科学版)，5：81～124
高鸿桢．1996．关于上海股市市场效率性的探讨．厦门大学学报，(4)：13～18
葛家澍．1996．市场经济下会计基本理论与方法研究．北京：中国财政经济出版社
葛家澍．2001．中级财务会计．北京：中国人民大学出版社
葛家澍，杜兴强．2007．中级财务会计学(第三版)．北京：中国人民大学出版社
郭斌．2008．房地产估价理论与实务．北京：化学工业出版社
洪登永．2000．人力资本的效用及企业伦理．江西财经大学学报，(2)：3～9
候龙文，周朝琦．1998．企业资本经营．成都：西南财经大学出版社
黄良文．1999．投资学．北京：中国对外经济贸易出版社
黄良文．2000．统计学原理．北京：中国统计出版社
类承曜．2008．固定收益证券(第二版)．北京：中国人民大学出版社
李常青．2001．股利政策理论与实证研究．北京：中国人民大学出版社
李国华，张凯．2010．期货与期权市场简明教程．北京：经济管理出版社
李慧军，袁启华．2001．利用红利折现模型分析股票价值及投资时机．技术经济与管理研究，(6)：53～54
李建德，潘宁．1999．最稀缺的生产要素决定生产力的性质．江西财经大学学报，(4)：18～23
李忠民．1999．人力资本——一个理论框架及其对中国一些问题的解释．北京：经济科学出版社
林少宫，李楚霖．1993．简明经济统计与计量经济．上海：上海人民出版社
林毅夫．2001-03-16．中国股市的四个问题．经济导报(哈尔滨)
凌宗诠，王孝平，沈鹤良．1998．金融租赁理论与实务．上海：立信会计出版社
罗孝玲．2010．期货投资学．北京：经济科学出版社
罗孝玲，杨艳军．2010．期货与期权教程(第四版)．北京：清华大学出版社
欧阳良宜．2006．期权期货市场理论与操作．北京：中国发展出版社
曲卫东，叶剑平．2007．房地产估价(第二版)．北京：中国人民大学出版社
谭术魁．2008．房地产开发与经营(第二版)．上海：复旦大学出版社
汤谷良，王化成．2000．企业财务管理学．北京：经济科学出版社
王华．1999．关于人力资源价值的探讨．载：中国会计学会．人力资源会计专题．北京：中国财政经济出版社

王家庭 . 2001. 房地产估价 . 大连：东北财经大学出版社
吴世农 . 1996. 我国证券市场效率分析 . 经济研究，(4)：13～20
严星，林增杰 . 1999. 城市地价评估(修订版). 北京：中国人民大学出版社
杨红云 . 2000. 金融经济学 . 武汉：武汉大学出版社
张亦春 . 1999. 金融市场学 . 北京：高等教育出版社
郑振龙，陈蓉 . 2008. 金融工程(第二版). 北京：高等教育出版社
中国房地产估价师学会 . 1998. 房地产估价理论与方法 . 北京：中国物价出版社
中国证券业协会 . 2011. 证券业从业资格考试统编教材——证券市场基础知识 . 北京：中国财政经济出版社
中国注册会计师协会 . 2007a. 财务成本管理 . 北京：经济科学出版社
中国注册会计师协会 . 2007b. 会计 . 北京：经济科学出版社
中华人民共和国财政部 . 2006a. 企业会计准则 . 北京：经济科学出版社
中华人民共和国财政部 . 2006b. 企业会计准则应用指南 . 北京：中国财政经济出版社
朱启贵 . 1999. 可持续发展评估 . 上海：上海财经大学出版社
宗永红 . 2010. 房地产估价 . 北京：科学出版社
Alford A W. 1992. The effect of the set of comparable firms on the accuracy of the price-earnings valuation method. Journal of Accounting Research，30：94～108
Ball R. 1978. Anomalies in relationships between securities yields and yield-surrogates. Journal of Financial Economics，6：103～126
Basu S. 1977. Investment performance of common stocks in relation to their price-earnings ratios：a test of the efficient market hypothesis. Journal of Finance，32：663～682
Beaver W H，Morse D. 1978. What determines price-earnings ratios? Financial Analysts Journal，34：65～76
Boatsman J R，Baskin E F. 1981. Asset valuation with incomplete markets. The Accounting Review，56：38～53
Bodie Z，Kane A，Marcus A J. 1989. Investments. Boston：Irwin，Homewood ILL
Brealey R A，Myers S C. 2003. Principles of Corporate Finance. New York：Mcgraw Hill
Capaul C，Rowley I，Sharpe W F. 1993. International value and growth stock returns. Financial Analysts Journal，49：27～36
Chan L K，Hamao Y，Lakonishok J. 1991. Fundamentals and stock returns in Japan. Journal of Finance，46：1739～1789
Cragg J G，Malkiel B G. 1982. Expectations and the Structure of Share Prices. Chicago：University of Chicago Press
Damodaran A. 1999. 投资估价 . 朱武祥，邓海峰，等译 . 北京：清华大学出版社
Estep T. 1985. A new method for valuing common stocks. Financial Analysts Journal，41：26，27，30～33
Estep T. 1987. Security analysis and stock selection：turning financial information into return forecasts. Financial Analysts Journal，43：34～43
Fairfield P M. 1994. P/E，P/B and the present value of future dividends. Financial Analysts Journal，50：23～31
Fama E F. 1970. Efficient capital market：a review of theory and empirical work. Journal of Finance，25：383～417

Fama E F, French K R. 1992. The cross-section of expected stock returns. Journal of Finance, 47: 427～465

Fuller R J, Hsia C. 1984. A simplified common stock valuation model. Financial Analysts Journal, 40: 49～56

Goodman D A, Peavy J W. 1983. Industry relative price-earnings ratios as indicators of investment returns. Financial Analysts Journal, 39: 60～66

Gordon M J. 1962. The Investment, Financing and Valuation of the Corporation. Boston: Irwin, Homewood ILL

Graham B, Dodd D L, Cottle S. 1962. Security Analysis: Principles and Technique. New York: Mcgraw Hill

Hackel K S, et al. 2001. 现金流量与证券分析. 张凯, 刘英译. 北京: 华夏出版社

Hull J C. 2008. Options, Futures, and Other Derivatives. 7th ed. Upper Saddle River: Prentice Hall

Hull J C. 2010. 期权与期货市场基本原理. 王勇译. 北京: 机械工业出版社

Hurley W J, Johnson L D. 1994. A realistic dividend price models. Financial Analysts Journal, 50: 50～54

Jacobs B I, Levy K N. 1988. On the value of "Value". Financial Analysts Journal, 44: 47～62

Jaffee J, Keim D B, Westerfield R. 1989. Earnings yields, market values, and stock returns. Journal of Finance, 44: 135～148

Jr Farrell J L, Reinhart W J. 2000. 投资组合管理. 齐寅峰译. 北京: 机械工业出版社

Jr Senchack A J, Martin J D. 1987. The relative performance of the PSR and PER investment strategies. Financial Analysts Journal, 43: 46～56

Kay J A. 1976. Accountants, too, could be happy in the golden age: the accountants rate of profit and the internal rate of return. Oxford Economic Papers, 28: 447～460

Lakonishok J, Shleifer A, Vishny R W. 1994. Contrarian investment, extrapolation and risk. Journal of Finance, 49: 1541～1578

Levy H, Lerman Z. 1985. Testing P/E ratio filters with stochastic dominance. Journal of Portfolio Management, 11: 31～40

Litzenberger R H, Rao C U. 1971. Estimates of the marginal rate of time preference of average risk aversion of investors in electric utility shares: 1960-1966. Bell Journal of Economics and Management Science, 2(1): 411～433

Molodovsky N. 1953. A theory of price-earnings ratios. Financial Analysts Journal, 51: 29～43

Molodovsky N, May C, Chattiner S. 1965. Common stock valuation-principles, tables and applications. Financial Analysts Journal, 21: 104～123

Myddelton D R. 1995. The Essence of Financial Management. Upper Saddle River: Prentice Hall

Penman S H. 1996. The articulation of price-earnings ratios and market-to-book ratios and the evaluation of growth. Journal of Accounting Research, 34: 235～259

Peter D J. 1991. Valuing a growth stock. Journal of Portfolio Management, 17(3): 49～51

Porter M E. 1980. Competitive Strategy: Techniques for Analyzing Industries and Competitors. New York: Free Press

Preinreich G A D. 1932. Stock yields, stock dividends and inflation. The Accounting Review, 7: 273～289

Rosenberg B, Marathe V. 1979. Tests of capital asset pricing hypotheses. Research in Finance, 1:

115～124

Rosenberg B, Reid K, Lanstein R. 1985. Persuasive evidence of market inefficiency. The Journal of Portfolio Management, 11: 9～17

Senchack A J, Martin J D. 1987. The relative performance of the PSR and PER investment strategies. Financial Analysts Journal, 43: 46～56

Sorensen E H, Williamson D A. 1985. Some evidence on the value of dividend discount models. Financial Analysts Journal, 41: 60～69

Whaley R E. 2010. 衍生工具．胡金焱，王起，李颖译．北京：机械工业出版社

Wilcox J W. 1984. The P/B-ROE valuation model. Financial Analysts Journal, 40: 58～66

Yao Y L. 1997. A trinomial dividend valuation. The Journal of Portfolio Management, 23: 99～106